辉煌中国70年

中国工业发展70年

70 YEARS OF CHINA'S INDUSTRIAL DEVELOPMENT

◎金 碚 等／著

Industrial

中国财经出版传媒集团

经济科学出版社

Economic Science Press

图书在版编目（CIP）数据

中国工业发展 70 年／金碚等著．—北京：经济科学
出版社，2019.9

（辉煌中国 70 年）

ISBN 978 - 7 - 5218 - 1037 - 0

Ⅰ.①中… Ⅱ.①金… Ⅲ.①工业史 - 研究 - 中国 -
1949 - 2019 Ⅳ.①F429.07

中国版本图书馆 CIP 数据核字（2019）第 220524 号

责任编辑：赵　蕾　杨　梅
责任校对：刘　昕
技术编辑：李　鹏

中国工业发展 **70 年**

金　碚　等／著

经济科学出版社出版、发行　新华书店经销

社址：北京市海淀区阜成路甲 28 号　邮编：100142

总编部电话：010 - 88191217　发行部电话：010 - 88191540

网址：www. esp. com. cn

电子邮箱：esp@ esp. com. cn

天猫网店：经济科学出版社旗舰店

网址：http://jjkxcbs. tmall. com

北京季蜂印刷有限公司印装

787 × 1092　16 开　26 印张　400000 字

2019 年 10 月第 1 版　2019 年 10 月第 1 次印刷

ISBN 978 - 7 - 5218 - 1037 - 0　定价：98.00 元

（图书出现印装问题，本社负责调换。电话：**010 - 88191510**）

（版权所有　侵权必究　打击盗版　举报热线：**010 - 88191661**

QQ：**2242791300**　营销中心电话：010 - 88191537

电子邮箱：**dbts@ esp. com. cn**）

辉煌中国 70 年

编 委 会

编委会主任：蔡　昉

编委会成员：高培勇　金　碚　金维刚　王国刚

魏后凯　张车伟　张燕生

总 序

新中国70年经济发展历程和启示

蔡　昉

习近平总书记指出，"无论我们走得多远，都不能忘记来时的路"，"历史是最好的教科书"。回顾和理解中华人民共和国的经济建设和发展的光辉历程、伟大成就和宝贵经验，应该把新中国成立70年、改革开放40年和党的十八大以来三个重要历史时期凸显出来进行考察，弄清楚前后承继创新的有机联系和发展逻辑。

在实现宏伟目标的过程中，通过把握历史发展大势，不断总结经验教训和修正错误，抓住历史变革时机，党领导人民团结奋斗，经过了70年光辉历程，创造了人类历史罕见的发展奇迹，积累了有益的经验并上升为中国智慧，产生了与中国日益提高的国际地位相匹配的世界意义。中国智慧和中国方案不仅对于我们自身进一步前行弥足珍贵，也是对人类社会发展规律探索的中国贡献。

孔子在谈到人的70岁年龄时说：七十而从心所欲，不逾矩。将其用来形容中华人民共和国70年走过的经济发展道路和取得的辉煌成就，可以进行一个引申性的解读，即经过长期的探索我们加深了对一般发展规律的认识，也形成了中国特色社会主义的道路、理论、制度、文化，更坚定树立了"四个自信"。

一、经济发展历程

中华人民共和国成立以来，中国由新民主主义走向社会主义，确立了社会主义基本制度，开创和拓展了中国特色社会主义道路，把社会主义理想在中国大地变为现实，为中华民族实现伟大复兴提供了重要的制度保障。党的十一届三中全会具有深远的转折意义，开启了改革开放和社会主义现代化的伟大征程。党的十八大以来，中国特色社会主义进入新时代，近代以来久经磨难的中华民族迎来了从站起来、富起来到强起来的伟大飞跃，中国特色社会主义迎来了从创立、发展到完善的伟大飞跃。

中华人民共和国成立后，中国共产党领导实施了土地改革，使农业经济摆脱封建土地制度的束缚，近3亿无地少地的农民分到了7亿亩土地和大量的农具、牲畜和房屋等，免除了每年向地主缴纳约350亿千克粮食的地租；完成了对农业、手工业和资本主义工商业三个行业的社会主义改造，奠定了社会主义工业化基础。

在新中国成立后的前30年中取得历史性发展成绩的同时，也犯了急于求成和"左"的错误，使国家发展遭遇了严重的挫折。特别是在经济建设中，忽视客观经济规律的作用，以集中计划代替市场机制，导致在微观层面生产和劳动的激励机制缺失，在宏观层面资源配置效率低下，国民经济结构失衡以及积累与消费比例失调等弊端。特别是在"文化大革命"期间，党的工作重心远离了经济建设。到了"文化大革命"后期，我国的国民经济濒临崩溃的边缘，人民温饱都成问题，国家建设百业待兴。

正视前30年计划经济的体制弊端和经济建设中的错误和挫折，中国共产党勇于拿起手术刀革除自身病症，靠自己解决自身的问题。党的十一届三中全会重新确立了解放思想、实事求是的思想路线，把全党的工作重心转向经济建设，从此中国进入改革开放这个崭新的时期。习近平总书记指出："改革开放是我们党的一次伟大觉醒，正是这个伟大觉醒孕育了我们党从理论到实践的伟大创造。"改革开放就是革除病症，消除一切阻碍提高社会生产力、增强国家综合实力和改善人民生活水平的体制障碍与弊端。

首先，以从计划经济向社会主义市场经济体制转变为取向不断推进经济体制改革。从实行家庭联产承包制、废除人民公社到农村承包地"三权"分置；从提高农产品价格、取消农业税到打赢脱贫攻坚战；从促进乡镇企业发展到实施乡村振兴战略；从对国有企业放权让利、发展非公有制经济、建立现代企业制度，到深化国资国企改革、发展混合所有制经济，坚持"两个毫不动摇"；通过双轨制过渡的方式推动价格形成机制改革，发育产品市场和要素市场，到使市场在资源配置中起决定性作用和更好发挥政府作用。

其次，不断扩大全方位对外开放，日益走近世界舞台中央。从兴办经济特区、沿海、沿边、沿江、沿线和内陆中心城市对外开放，到加入世界贸易组织；从扩大对外商品贸易到引进外商投资；从"引进来"到"走出去"；从以资源比较优势参与全球分工体系，到国内国际联动开放发展；从共建"一带一路"、设立自由贸易试验区，到谋划中国特色自由贸易港；从多边贸易体制的积极参与者、坚定维护者，到经济全球化的积极推动力量和国际经贸规则改革负责任的参与方。

最后，从以经济体制改革为主转向全面深化经济、政治、文化、社会、生态文明体制和党的建设制度改革。特别是党的十八大以来，一系列重大改革扎实推进。按照党的十九大确定的路线图和时间表，在庆祝中华人民共和国成立70周年之后，2020年我们将全面建成小康社会、实现第一个百年奋斗目标，随后就要乘势而上开启全面建设社会主义现代化国家的新征程，向第二个百年奋斗目标进军。可见，中国正处在"两个一百年"奋斗目标相交汇的历史时点上，面对着实现中华民族伟大复兴中国梦的千载难逢机遇。

二、奇迹般的成就

1949年新中国成立，结束了半殖民地半封建社会的历史，中国人民从此站了起来，从此不断创造伟大的成就。在前30年即1949~1979年期间取得的成就为改革开放时期的发展奠定了不可低估的物质基础。

首先，结束了旧中国战乱频仍的灾难，国民经济迅速得到恢复和发展，人民开始安居乐业，生活状况得到极大的改变。随着死亡率大幅度下降，人口转变从高出生率、高死亡率和低自然增长率的第一阶段，进入高出生率、低死亡率和高自然增长率的第二阶段，成为改革开放以后向低出生率、低死亡率和低自然增长率转变的一个必经阶段。这一时期，健康事业和教育事业得到大的发展，积累了经济发展必要的人力资本，为改革开放后经济高速增长时期收获人口红利，创造了必要的条件。

其次，提出了中国建设社会主义现代化的宏伟目标。在新中国成立前后和20世纪50年代，毛泽东主席就多次提出建设现代化问题。例如，1957年毛泽东在党的八届三中全会上提出，将我国建设成为一个具有现代工业、现代农业和现代科学文化的社会主义国家。后来他在现代化内容中又加上了现代国防。根据毛泽东建议，周恩来总理分别在1964年第三届全国人民代表大会第一次会议和1975年第四届全国人民代表大会第一次会议上正式提出了"四个现代化"（1975年表述）："全面实现农业、工业、国防和科学技术的现代化。"

第三，建立起独立的比较完整的工业体系和国民经济体系。虽然新中国成立之前已经存在一定比重的工业经济，但真正意义上的工业化是从第一个五年计划时期开始的，并取得了明显的成效。1953年，全国83.1%的劳动力从事农业生产，工业就业比重仅占8.0%，工业增加值占国内生产总值（GDP）比重仅为17.6%。"一五"期间，工业总产值实际增长了81.0%，工业增加值占GDP比重在"一五"结束时增加到23.2%，提高了5.6个百分点。直到改革开放前，我国工业化水平不断提高，工业增加值占GDP比重在1978年达到44.1%。

最后，结束了长期以来经济停滞落后的状况，实现了较快的经济增长。自鸦片战争以后，中国GDP增长率长期处于徘徊不前的状态，经济总量占世界的比重和人均GDP与世界平均水平的比率都一路下降。到中华人民共和国成立之前这两个指标都降到了谷底。根据国际数据进行比较，1913～1950年期间，GDP年均增长率的世界平均水平为1.82%，而中国为−0.02%，也就是说中国经济增长处于停滞状态。由于人口的较快增长，这期间中国的人均GDP反而大幅度下降了20.5%。

新中国经济建设开始以后，这种状况得到根本的改变。1952～1978年期间，中国GDP的年均实际增长率为4.4%，略快于当时被定义为高收入国家的增长速度（4.3%），但是，仍然低于世界平均水平（4.6%）。正是在这个时期，世界上很多国家和地区，特别是日本和亚洲"四小龙"迅速发展，实现了对发达国家的赶超。也就是说，这个时期中国经济和人民生活水平，从纵向比较来看发生了天翻地覆的变化；然而，如果进行横向的比较，仍然落后于世界的发展。

实行高度集中的计划经济体制，造成了劳动和生产积极性不足、资源配置效率低下、经济结构失调等诸多弊端。特别是一系列政治运动干扰了经济建设的正常进行，使得在新中国成立后的前30年里中国经济落后于世界的发展潮流，未能实现对发达国家的赶超，仍然是一个贫穷落后的国家。这一时期的"大跃进"和"文化大革命"对国民经济造成巨大的损害，最终使这一时期人民生活水平的改善甚微。到改革开放前夜的1978年，全国农村有约2.5亿人口未能解决温饱问题，人均年收入不到100元。按照世界银行确定的标准，按照不变价购买力计算，每人每天收入低于1.9美元就意味着处于绝对贫困状态。据此，1981年中国有高达8.8亿绝对贫困人口。

从1978年开始，经济体制改革率先从农村起步，通过调动劳动和生产的积极性显著增加了农产品产量和农民收入，降低了贫困发生率；随后改革推进到城市部门，通过价格改革和发育市场、搞活国有企业和发展非公有制经济，加快了经济增长速度；与此同时，对外开放以多种方式渐进地得到推进。上述改革开放措施，针对了计划经济体制弊端，从改善微观激励机制入手，进而赋予企业和农户自主配置生产要素的权利，在不断消除阻碍资金、劳动力等生产要素流动的体制障碍的条件下，资源重新配置带来效率的改进，也通过引进外资、发展外向型经济和扩大贸易，把资源比较优势转化为国际竞争力。

1978～2018年期间，中国的GDP年平均实际增长率高达9.4%，是同期世界上最快的增长速度。而在世界经济发展的其他历史时期，也未见在如此长的时间里以如此快的速度增长的先例。史无前例的高速增长，使中国的经济发展水平在40年中实现了奇迹般的赶超。根据世界银行数据，从人均GDP来看，1978年中国属于典型的低收入国家。随着改革时期高速增长的持续，中国于1993年跨入中等偏下收入国家行列，继而在2009年跨入中等偏上收入国家行列，并同时在经济总量上超过日本成为世界第二大经济体。2018年，中国现价人均GDP达到9771美元，距离高收入国家的门槛已经近在咫尺。

更为世人所瞩目的是中国减贫事业取得的成就。1981年生活在世界银行绝对贫困标准（按 2011 年购买力平价计算每天低于 1.91 美元）以下的全球人口共 18.9 亿人，其中中国贫困人口高达 8.8 亿人，占世界贫困人口的 46.4%。2015 年，全球贫困人口减少到 7.5 亿人，中国则只剩下 960 万人，仅占全球贫困人口的 1.3%。这期间，中国对世界减贫的直接贡献高达 76.2%。实际上，2015 年之后中国按照高于世界银行的标准继续实施农村脱贫攻坚战略，2018 年末，全国农村贫困人口仅剩 1660 万人，贫困发生率为 1.7%。

在新中国成立以来的 70 年中，中国社会生产力的提高、综合国力的增强和人民生活水平的改善，都显现出历史性跨越的特点，创造了人类发展历史上罕见的奇迹。英国古典经济学的先驱大卫·休谟在 1742 年的一篇文章中曾经预言，当艺术和科学的发展在一个国家达到至真至善之后，将不可避免地走向衰微，此后艺术和科学极少有可能甚至永远不会在同一国家得到复兴。

历史上，中华文明曾经达到过辉煌的高峰，科学技术也长期在世界上居于领先地位，然而，在西方国家纷纷跟进工业革命，加快科技和经济发展的同时，近代以来的中国发展却大大落后了。直到新中国成立以后特别是改革开放以来，中国的经济、社会和科技发展才再创辉煌。迄今为止中国在各个领域赶超与发展所创造的奇迹，已经打破了这个"休谟预言"，并且将继续打破这个预言。

三、弥足珍贵的经验

新中国发展和建设的探索历程、改革开放时期取得的经济奇迹，特别是党的十八大以来在"五位一体""四个全面"全面创造的新辉煌，表现出的是一幅波澜壮阔、气势磅礴的历史画卷。这里仅选择有限角度和一些侧面进行概括，从中观察这个过程所体现的中国智慧和中国方案。

第一，从国情出发进行建设和推进改革开放。中国以建立社会主义市场经济体制为改革取向，是根据自身国情进行的选择，而不是照抄照搬任何先验的发展模式。虽然改革开放也意味着学习和借鉴国际上先进的技术、管理和发展经验，我们在过去的改革开放过程中也的确从各种有益的国际发展经验中得到启发、获得助益，然而，我们从未原封不动地照抄照搬他国的模式和路径，而是服从于发展生产力、提高综合国力和改善民生的根本目的，坚持了渐进式改革方式，秉持了改革促进发展、发展维护稳定、边改革边分享的理念，因而走出了一条符合自身国情的独特改革开放发展分享之路。

第二，发展经济必须形成适用的体制机制，调动各方面的积极性。针对传统经济体制的弊端，改革首先从建立有效的激励机制出发，取得"点石成金"的效果。实行农村家庭联产承包制、价格形成机制改革、鼓励和发展非公有制经济、打破国有企业"大锅饭"、调整中央和地方财政事权和支出责任关系等一系列改革措施，都着眼于改善激励机制，从而立竿见影地取得了调动劳动积极性、增强经营活力、加快经济增长的效果，同时也使改革获得了最广泛的共识，得到社会各方面的拥护、支持和积极参与。

第三，坚持建立社会主义市场经济体制的改革方向。矫正计划经济体制下的资源配置低效率问题，围绕建立和完善产品市场和生产要素市场进行改革，不断消除妨碍资金、劳动力、土地和其他资源要素有效配置的体制障碍，促进了生产要素的积累、流动和重新配置，在使其得到有效利用的同时，提高了劳动生产率。

第四，坚持改革开放发展同步推进，国内经济发展与参与国际分工联动。中国的经济改革与对外开放是同时发生的。始于 1979 年建立经济特区，先后经历了沿海城市开放到全面开放过程；于 1986 年提出恢复关贸总协定缔约国地位的申请，到 2001 年加入世界贸易组织。贸易扩大、引进外资和沿海地区外向型经济发展，为转移劳动力提供了大量就业机会，引导产业结构转向符合资源比较优势，也为制造业产品赢得了国际竞争力。2018 年，中国引进的外商直接投资净流入额占到全球的 19.0%，出口货物和服务总额占世界的 10.6%。

第五，坚持在发展中保障和改善民生，实现共享发展。世界发展经验和教训表明，经济增长、技术变迁和经济全球化，总体上无疑都具有做大"蛋糕"的作用，却并不能自动产生分好"蛋糕"的效果，即不存在所谓收入分配的"涓流效应"。中国经验表明，只有坚持以人民为中心的发展思想，通过体制机制建设和政策体系安排，才能解决好这个做大"蛋糕"和分好"蛋糕"的两难。

四、关于这套系列丛书

这里呈现给读者的"辉煌中国 70 年"书系共包括八部专著，分别从中国经济的整体、中国财政、中国金融、中国对外经济贸易、中国工业发展、中国农村发展、中国社会保障和中国人口发展等领域，回顾经济发展历程，展示改革开放辉煌成就，提炼世界意义和经验启示。每部著作力图以史实为基础，对中国 70 年经济建设和社会发展做出简明且全面的梳理，以编年史的手法将我国经济发展的历史经验讲清楚、讲透彻，并对未来做出展望。在习近平新时代中国特色社会主义经济思想的指导下，本丛书力争在总结中国经济发展智慧、提出解决人类发展问题的中国方案方面，从学术角度做出贡献。

本丛书所选择的八个方面，尚不能充分反映新中国经济发展 70 年的全貌。虽然作者和编者团队分别认真写作和编辑，付出了努力，但是，囿于我们的学识和能力，不足和遗漏之处也在所难免，敬请读者提出宝贵意见和建议。同时作者和编者也愿意承担必要的责任。

在丛书即将付梓之际，还有一些感谢的话要说。

丛书从 2017 年底开始策划到最终出版，历时近两年时间。期间召开了多次讨论会，就丛书的写作方式、内容安排做出了统一部署。丛书写作过程中，各位作者付出了大量的时间和心力，最终将这套丛书呈现在读者面前。

丛书的选题与出版得到了相关部门的关注与肯定。2018 年 7 月，丛书被国家新闻出版总署列入"十三五"国家重点出版物出版规划项目；2019年，丛书入选中宣部 2019 年主题出版重点出版物项目。这些荣誉，既是对丛书选题和作者的肯定，也是对我们的鞭策与鼓励，让我们不敢懈怠。

丛书出版得到了中国财经出版传媒集团和经济科学出版社的大力支持。他们以出版人独到的眼光和敏锐的视角捕捉到了这一有意义的选题并以强大的执行力付诸实施，保证了丛书得以高质高效地展现给读者。

最后，当然还要感谢我们的读者，你们的关注和阅读一直是我们前进的动力。

2019 年 8 月

前　言

在中华人民共和国成立70周年之际，回顾中国工业发展的历程是一件十分令人兴奋的事情，因为，工业发展所主导的工业化是中国当代史的主题，工业化彻底改变了中国经济和社会的面貌。每逢整十年的大庆之时，人们都会应时回顾自共和国诞生以来工业发展所取得的成就并展望未来。不过，站在不同的历史时点上，回望曾经走过的十年、二十年……五十年、六十年，都会有不同的观察视角和历史感慨，甚至对同样的历史事实也会有不同的判断评价，这其实是一次又一次的认识升华。

70年大庆，同以往的逢十大庆的不同之处在于：今天，中国工业已经从非常弱小变得十分巨大，其规模已居世界前列。大而求强，向深度发展，向高度攀登，成为新时代中国工业发展的新课题和新挑战。因此，本书在回顾和总结中国工业发展70年历史时，更致力于以现今为基点，以历史为借鉴，以未来为视野。期望让历史启示未来，使挑战激发创新，准备迎接百年未有的大变局的年代。

除第一章导论外，本书分五篇十五章：第一篇，从战后恢复到完成第一个五年计划的初建时期（1949~1957年）；第二篇，从"大跃进"到"文化大革命"的曲折时期（1958~1977年）；第三篇，改革开放到20世纪末的转型时期（1978~2000年）；第四篇，21世纪初的奋发时期（2001~2012年）；第五篇，进入新时代的启程时期（2013~2019年）。导论由金碚撰写，第一至第五篇分别由杨世伟、陈晓东、王燕梅、刘戒骄、李曦辉撰写。各篇初稿完成后，金碚进行了全书统编和审定。

在本书出版付梓之际，谨向支持和帮助我们的各位学友、同仁、编辑等，致以衷心感谢！

作者
2019年9月16日

1

目　录
CONTENTS

第一章

导论：回顾历史，思考未来

今天已经没有人会否认，中国 70 年来的经济发展是人类发展史上的一个伟大奇迹。有国外的经济史学者研究了人类经济发展的漫长过程后感慨："这是世界史上最为成功的发展故事。"[①] 从世界范围看，在此之前 200～300 年开始发生的西方工业革命和工业化历史，也曾经是人类发展史上的一个伟大奇迹。中国今天所创造的发展奇迹，当然得益于和受启示于前一个奇迹，希望以其为榜样，承认其为"师傅"，但中国经济发展的奇迹并非是对西方工业化奇迹的简单模仿和复制，而是一个非常有特色的过程。中国经济发展 70 年的历史，也非西方工业化的同样理论可以充分解释。有学者总结，关于中国经济史的研究主要有两种范式或学派：历史学范式和经济学范式。"历史学派的研究重心和优势是史料的收集、整理和熟练运用史料。体现着研究问题的'中国化'。经济学派的研究重点和优势则是经济学的分析工具和经济理论，强调研究问题的'西方化'。"[②] 那么，如果以更贴近"中国化"的思维和与"西方化"对比的方式来认识及解释中国工业化和经济发展 70 年的进程，我们将看到一幅怎样的图景呢？如果基于传统经济学范式难以解释，或其所描述的图景与现实差异巨

---

① ［南非］伊恩·戈尔丁、［加］克里斯·柯塔纳：《发现的时代：21 世纪风险指南》（李果译），中信出版集团 2017 年版，第 83 页。

② 赵学军：《改革开放以来的中国现代经济史学：范式、进展与前瞻》，收录于武力主编：《产业与科技史研究》（第四辑），科学出版社 2019 年版，第 16、18 页。

1

大，那么，应以怎样的理论来刻画中国经济发展 70 年的历史逻辑呢？

一、解释中国经济须有新的范式思维

世界绝大多数国家的经济现代化都起始于工业革命。据估计，从世界范围看，与工业革命前相比，现代经济增长了 1500% 以上，超过其 16 倍。工业化和现代经济增长被称为人类发展历史中的"史诗般的、非常规的大事件"。所以，"现代经济的大飞跃不可能仅靠捕捉可计算的常规预期利润来推动"[①]。可以说，以工业革命和工业化为核心的经济现代化是人类发展历史中的一个奇迹。由于经济现代化首先表现为显著快于人类发展长期过程的经济增长，于是，经济学家们力图以各种理论来解释现代经济增长的原因，即经济增长特别是高速经济增长是如何发生的呢？他们提出了例如"节俭论""储蓄推动""贪欲正当论""资本积累""地理优势""产权激励""掠夺""大推进"等各种关于经济增长和工业化动因的理论。也有一些学者认为，是观念的力量（如宗教革命、文艺复兴运动等）改变了世界，或者是制度变革促进了工业化和经济现代化。当然，对于信仰马克思主义唯物史观的人，会进一步提问："那么，观念为什么会改变（革命）呢？""制度变革是怎样发生的呢？"按照马克思的历史唯物论观点，基本的规律是：生产力进步决定了生产关系变革，经济基础决定了上层建筑。那么，在近现代为什么会在一些西方国家发生生产力的非常规性进步，而出现工业革命和工业化现象呢？

关于现代经济增长的一个具有哲学意义的争论是：现代经济增长以及制度形成和变革是理性主导的吗？是因为人类追求经济合理性才导致现代经济增长吗？如果突出理性的力量，那么，是谁的理性产生的根本性作用呢？对此有两种根本性的不同认识。

一种认识是，个人当然有一定的理性，大多数人都会努力做对自己有利的事情，但是，人类的个体即使都具有理性，也根本没有处理整个社会

---

① ［美］迪尔德丽·N. 麦克洛斯基：《企业家的尊严——为什么经济学无法解释现代世界》（沈路等译），中国社会科学出版社 2018 年版，第 446、447 页。

经济中大量分散的经济信息的能力，无数个人只得靠自发的交换行为来（不自觉地）决定资源的配置，每个人的"贡献"和所取得的"分配"额之所以能够相匹配，是因为相信"市场竞争"机制会像一只"看不见的手"那样发挥调节作用。这一认识的根源实际上就是不相信存在集体理性，更不相信社会可以有一个"计划中心"来体现或代表集体理性，有效地实行"计划经济"。所以，关于社会经济的资源配置决策归根到底只能在一定的规则秩序下由个人的自由选择来决定，经济学上说就是由自由竞争的市场机制来决定资源配置。著名经济学家弗伦德里希·奥古斯特·冯·哈耶克说："苏格拉底有句名言——承认无知乃是智慧之源，此言对于我们认识社会具有深刻意义。要认识社会，我们就必须首先意识到我们对许多有助于人们实现自己目标的东西必然是一无所知的。""文明是人行动的产物，或者更恰当一些说，是数百代人行动的产物。但这并不意味着文明就是人们设计的产物，甚至也不意味着人们清楚文明发挥功能或继续存在的基础。"① 也就是说，他相信个人是有理性的，但社会却不可能有代表集体理性的"计划中心"，也无法"设计"出"文明"。不过，他也不认为个人理性就是追求经济价值最大化的工具理性，而认为人并没有与生活的其他目的毫无关系的"纯粹的经济目的"。哈耶克说："除开守财奴的病态案例以外，就不存在纯粹的经济目的。有理性的人都不会以经济目的作为他们的活动的最终目标。严格说来，并没有什么'经济动机'，而只有作为我们追求其他目标的条件的经济因素。在日常用语中被误导性称为'经济动机'的东西，只不过意味着人们对一般性机会的希求，就是其希冀取得可以达到不能——列举的各种目的的能力。"② 换句话说，经济动机并不是人的最终动机，而只是到达最终动机或本真价值动机的手段（工具）。

另一种认识是，不仅可以相信集体利益和集体理性的存在，而且相信人类具有理性能力，可以（至少在相当程度上）自觉地把握社会经济发展规律和方向，并做出体现集体理性的集中决策，避免社会经济发展的盲目

---

① ［英］弗伦德里希·奥古斯特·冯·哈耶克：《自由宪章》（杨玉生等译），中国社会科学出版社 2012 年版，第 44、45 页。

② ［英］弗伦德里希·奥古斯特·冯·哈耶克，《通往奴役之路》（王明毅等译），中国社会科学出版社 1997 年，第 109 页。

性所导致的矛盾和恶果。这就是社会主义观念以及主张政府可以发挥经济调控作用（以至实行经济计划）的认识论基础和逻辑根由。当然，即使是最极端的自由主义者也不否认政府的作用，不过，他们认为政府总是会犯错的，因此，虽然不可避免地需要有政府作用，维护竞争秩序，但必须把政府干预减少到最低限度。

基于对人类理性的认识，关于社会经济运行和发展的理解与解释，逐步形成了西方主流经济学的基本范式（当然对此在西方学界也有各种不同观点和相异学术立场），即微观经济学和宏观经济学。这一学术范式假定，经济活动的主体是具有经济理性（工具理性）的个人或私有企业（并假定企业的行为目标取决于个人理性），个人和企业作为市场经济的微观主体，依据市场价格信号（把市场想象为所有人进行产品交换的"大集市"，假定每个人都有关于产品交换比率的经验），自主决策，自由交易，决定了社会资源的配置（贡献和分配的匹配）。所以，只要给微观主体（个人和企业）以充分的竞争自由和产权保护，以个人主义行为所推动的市场经济，就可以实现经济增长，以至发生工业革命和工业化。当然，除此之外，还假定有一个被称为"政府"的宏观决策主体，维护市场秩序和对经济活动的宏观（总量）态势进行"调控"。并且假定政府具有唯一性（也可以是超越行政机构的独立机构，如美国联邦储备系统）和决策行为的独断性（政府的决策过程可以通过"公共选择"机制来实现），这实际上暗含着假定：至少在经济"总量"关系层面，政府是具有或者可以代表集体理性的（例如，要求达到总需求与总供给的平衡，或实现充分就业等社会目标）。总之，微观—宏观范式成为解释经济运行和发展的基本思维框架。

那么，以这样的学术范式和理论思维也可以解释中国经济发展70年的进程吗？只要稍微接触历史事实，就会发现，中国的现实国情显然非常不同于上述微观—宏观范式所设想的情况，特别是中国的经济主体和参与角色显著不同于西方主流经济学的范式承诺（假定）。其最大特点之一，是中国经济发展中具有决定性作用的一个角色或因素是"中国共产党"，即由《中华人民共和国宪法》确认的居于执政地位的中国共产党（以下简称"党"），她所发挥的作用非常强大，但在经济学的范式框架中却没有她的存在。党既不是一般的微观经济主体，也不是经济学范式承诺中的"政府"，她的作用也不同于宏观经济范式所认定的"宏观经济政策"调控行为。

中国经济的一个基本特质是：以党领政（共产党领导政府）和以党导经（共产党指导经济）。而在主流经济学的"微观—宏观"范式中，是完全没有党这样的角色和因素的。由于西方国家率先实现工业化和进入现代经济社会，成为世界经济中的主流，所以，在此背景下形成的西方主流经济学的"微观—宏观"理论范式同西方经济的"域观"性质基本吻合（其实各国情形也不完全一致）。但如果在观察和解释中国经济的理论范式中，也承诺"微观—宏观"范式，直接采用以这一范式为基础的分析方法，而无视党的存在和作用，那么，就像是一个"有眼无珠"的观察者，似乎在观察，其实根本不见实情。无须勉强，只要"睁开眼睛"聚焦事实，不受先入为主的范式教条所禁锢，不带偏见地观察、讨论和研究中国经济，大概所有的经济学家都会承认，忽视、无视或舍弃党的角色和作用，在理论范式中假设没有党的存在，就根本无法理解和解释中国经济与中国工业化。不过，遗憾的是，主流经济学的现有范式承诺中却又偏偏完全没有这个重要的、关键性的因素。

笔者曾提出，面对经济现实，主流经济学的"微观—宏观"范式应拓展为"微观—宏观—域观"范式。即经济学观察和解释现实经济时，除了微观和宏观假定及理论刻画之外，还必须识别其域观特征（任何经济体和经济关系都有不可忽视的重要域观特征），在一定的域境范围及域际关系视角下进行理论刻画和现实研究。而中国经济中最大的域观特征就是中国共产党的角色和作用。①

在经济研究中，人们往往将党默认为"政府"中的一个组成因素，用"政府"功能的假设行为来涵盖党的作用。那么，中国经济中的党所发挥的作用或党的经济角色和行为，可以纳入西方主流经济学范式承诺中关于"政府"角色的假设含义之中吗？这显然是行不通的。因为，党在中国经济运行和发展中的作用强烈地影响制度构建（及改革）倾向、经济决策倾

---

① 金碚：《关于开拓商域经济学新学科研究的思考》，载于《区域经济评论》2018 年第 5 期；金碚：《试论经济学的域观范式——兼议经济学中国学派研究》，载于《管理世界》2019 年第 2 期；金碚：《经济学：睁开眼睛，把脉现实——敬答黄有光教授》，载于《管理世界》2019 年第 5 期。

向和观念行为倾向，但党又并不是如同经济学假设中的"政府"那样的宏观经济决策（调控）主体或管制机构，而是具有超然性。也就是说，她的经济地位和角色功能是超宏观的，具有极强的影响力和穿透性，是经济学的微观—宏观范式和企业—政府关系构架所根本无法涵盖及驾驭的因素。所以，观察和研究中国经济70年的发展道路及中国工业化的历史与现实，必须有新的范式思维，不可拘泥于现有的经济学范式承诺框架。

美国经济学家约瑟夫·熊彼特说："人类的社会进程，宛如一条恣意汪洋的大河，生生不息而又浑然一体。所谓的经济事实，只不过是研究者用分类的手段，从这条大河中人为地分离出来的东西。当我们说某个事实是经济事实时，这其实是一种抽象的说法，因为所谓的事实，只不过是现实在一定技术条件下，在心灵中形成的复本而已，而抽象就是这个过程的第一步。"①

那么，西方经济学是如何进行经济事实的人为抽象，而导致了主流经济学的范式局限性的呢？美国经济学家布莱恩·阿瑟评论道："一方面，经济学的'门户'得到了清理，以前已经被接受为'经济学理论'的大量松散的、草率的论断被排除掉了；另一方面，人们对市场和资本主义制度的内在优势更加尊重，理解也更加透彻了。但是，我相信这种努力也导致了思想的僵化，还导致了一种貌似正义、实为党同伐异的判断准则。某些东西可以被承认为经济学理论，而另一些东西则不被允许，最终的结果是经济学成了一个无法接纳其他思想的封闭体系。由此进一步导致了政治、权力、阶级、社会、根本的不确定性、创造生成和发展对经济的影响，全都被'关在了经济学殿堂的门外'。最终结果则事与愿违，这个研究纲领，至少它的超理性版本，已经失败了。"主流经济学无法看到，或者有意无视："社会和经济生活中有一个一般规律：给定任何一个系统，总会有人找到一种利用它、剥削它的方法。或者说得更简洁一些，所有系统都会被玩弄。……即任何政治制度、任何法律制度、任何监管制度、任何企业制度、任何选举制度、任何政策组合、任何组织规则、任何国际协

---

① ［美］约瑟夫·熊彼特：《经济发展理论》（郭武军、吕阳译），华夏出版社2015年版，第1页。

议，人们都能够以你意想不到的方式，利用它来谋取自己的私利。"①

尽管在主流经济学范式中排除了上述复杂因素，无视即使是具有强大影响力的"超然"因素，但在现实中，人类却总是不得不竭尽全力来试图解决所面临的这些复杂问题，并非因为这些重要因素在经济学范式承诺中被忽视而在现实经济中人们也完全束手无策。宪法确定了中国共产党的领导和执政地位，体现和代表社会理性（全体人民利益）而对重大社会经济问题的解决拥有主导权与决定权。这至少是人类发展中探寻各种可能的制度构建，以应对上述社会系统缺陷的解决方案之一。因此，中国经济制度和机制具有特色的建构，不应被轻率地断定为是不可接受和难以理解的例外或怪异现象，而被排除于人类发展的历史推理解释过程和经济学的理论范式框架之外。更不应拒绝能够反映中国特色的经济学范式变革的理论探索，相反，要提倡在观察和研究中国经济时承认及重视这个具有中国特色的最重要的域观现象。其实，在中国经济的现实域境中，忽视、无视或拒绝承认党的客观存在，不仅不是理论逻辑的合理抽象，反而是对客观世界的严重歪曲；可以说，经济学家们面对的所有关于中国经济的重要事实和文献，都离不开党的角色及其所发挥的重要（往往是决定性的）作用。换句话说，如果要求客观现实服从理论范式承诺，而不是理论范式承诺符合客观现实，那就无异于削足适履，如同企图把丰富的真实世界硬塞进陈旧狭隘的陶罐之中。

总之，在中国经济运行和发展的过程中，共产党的角色存在、重要地位和极具穿透性的作用是一个不可否认的客观事实，回避这个客观事实绝不是经济学的科学态度。在研究中国经济时，如果人为抽象掉党的因素，只会使理论范式失去现实意义和解释力。如经济学家哈耶克所说，经济学"是有关人们为解释如何最有效地为不同目标而发现和利用不同手段的理论"②，而"人类的多样性无与伦比"③。具有"不同目标的""多样性无与

---

① ［美］布莱恩·阿瑟：《复杂经济学：经济思想的新框架》（贾拥民译），浙江人民出版社2018年版，第23、166页。

② ［英］弗里德里希·奥格斯特·冯·哈耶克：《致命的自负》（冯克利、胡晋华等译），中国社会科学出版社2000年版，第111页。

③ 同上，第145页。

伦比"的人类经济，如果只能被形式化地纳入微观经济学和宏观经济学的"政—微"范式结构（而且往往被简化为"政—企"关系结构）中，怎么能解释各国经济发展丰富多彩的历史，特别是中国工业化和经济现代化奇迹般的历史？

因此，作为研究中国经济的一个域观范式承诺，以"党—政—微"（中国共产党—政府—微观主体）范式架构来提升西方主流经济学的宏—微（政府—市场）范式结构，用更贴近现实的科学思维和分析方法反映中国经济运行及经济发展的根本性域观特质，是认识和解释中国经济70年发展，以至预见未来经济和社会发展前景的一个科学的、有价值的学术研究进展。

二、中国经济70年是"翻覆折腾"还是"变不离宗"

中国工业化和70年的经济发展既然被承认是一个奇迹，那么，必有其极大特色和非常规性的因素。如果没有新的理论范式思维，就难以把握真实历史的脉络，也无法形成理论逻辑的清晰推理线索。如果一方面承认中国经济发展70年创造了人类发展的伟大奇迹，使亿万人获益和致富，国家从极端贫困中和平崛起，成为世界第二大经济体，而且没有人怀疑她很快将为成为世界第一大经济体；另一方面又无视她的重大域观特征（中国特色），拒绝接受反映她的域观特性的经济学范式变革，则是自相矛盾和缺乏逻辑自洽性的。

如果按照西方主流经济学的"宏观—微观"范式承诺来观察，那么，70年来中国经济发展似乎是一部"翻来覆去"反复"折腾"的历史，每一次历史性转折都会被简单理解为一次又一次的"否定以往""认识错误""纠正偏向""拨乱反正"；每一次变化都可以被比喻为"革新洗面"，"往事不堪回首"。所看到的往往是许多过去的政策即使"主观动机是好的"，也都执行不力，或"过犹不及"，为了追求主观选择的目标而付出了巨大代价，得不偿失；或者是"小和尚念歪了经"，"走了弯路"；由于过去的作为难以为继，就不得不进行"调整""整顿"，肃清旧观念，树立新思想。如果这样观察和解释中国经济发展，那么整个70年的工业化过程似乎支离破碎，没有逻辑。但是，如果按照"党—政—微"的范式构架来深入观察和透彻研究，就不难发现，中国经济发展曲折前行的 70 年历史中，存在一以贯之的逻辑线索和内在根据。

按照这样的范式承诺来看中国经济发展，党的角色和行为具有重要意义：70 年的历史分期大多是由中国共产党的行为和决策（通常是党的重要会议和重大决定）来划定的；各发展时期的秩序规则特征、战略决策倾向以至社会行为心理状态，都受到党的意志和行为的重大影响；甚至判断行为正确与否，以及政策目标优先顺序的准则，也受制于党的意志。中国政府的行为，包括经济计划、重大决策、制度安排等，都是在党的领导下做出的。总之，只要实事求是地正视中国经济的这一重大域观特征，就会看到，影响以至决定中国经济 70 年走势的关键因素，是党的角色和行为所发挥的毋庸置疑的重大作用：

1949 年，中国共产党第七届中央委员会第二次全体会议决定，"党今后的工作重点由农村转移到城市，以恢复和发展生产为一切工作的中心"，提出中国"由农业国转变为工业国"的基本政策和总任务。这就是中国工业化和经济现代化进程的起点。

1956 年，中国共产党第十八次全国代表大会确定了"为建设一个伟大的社会主义中国而奋斗"的总任务，并确定"经济建设方针是既反冒进又反保守，在综合平衡中稳步前进"。而 1958 年中国共产党第八届中央委员会第二次全体会议却通过了"鼓足干劲，力争上游，多快好省地建设社会主义的总路线"。这决定了中国工业化在取得初步成就后，由于"超宏观"因素的影响，中国经济进入了挫折和动荡时期，体制上越来越倾向于实行计划经济，忽视客观经济规律，使国民经济发生了严重的比例失调。

1966 年，中国共产党第八届中央委员会第十一次全体会议通过了《中国共产党中央委员会关于无产阶级文化大革命的决定》，标志着中国进入"以阶级斗争为纲"的时代。当时虽然也提出"我们一定要把占世界人口四分之一的社会主义中国建设好"，讨论了"打破洋框框，走自己工业发展道路"和"经济建设和国防建设的体系和布局"等经济问题，但主要倾向是"突出政治"，政策目标的优先顺序严重地向"政治正确"倾斜，经济工作的指导思想是"抓革命，促产生"。这导致了给党和人民造成严重灾难的"文化大革命"爆发。不过，这仍然是"以党领政"和"以党导经"的表现，根本的内在机理并无颠覆性变化。只不过是党的超宏观导向发生了偏差。其实，任何决策机制的失误和失灵都是理论范式承诺所容忍的，世界上从来不存在绝对不会发生失误、失灵现象的经济主体、经济体制和决策机制（无论是市场还是政府），即使假定其行为和决策均基于理性。所以，超宏观、宏观和微观层面，都存在失灵的可能。当然，一方面，微观、宏观、超宏观的决策都是人类行为，因而都可能发生失灵；另一方面，发生失灵后的纠错机制各有差别，但无论如何都是可以理解的客观现象，具有其内在规律性。只不过是一个在其过程中人们是否能够认识规律性以提高经济决策和行为选择的正确性的问题。

1978 年，中国共产党第十一届中央委员会第三次全体会议完成了党的思想路线、政治路线的拨乱反正，这是一次伟大的正视失灵和坚决纠错的超宏观行为：作出把党和国家的工作重心转移到经济建设上来，实行改革开放的伟大决策。标志着中国进入现代化建设新的历史时期。党的路线方针端正了，各种扭曲关系得以拨乱反正，经济发展走向快车道。

1984 年，中国共产党第十二届中央委员会第三次全体会议通过了《关于经济体制改革的决定》，确认我国社会主义经济是公有制基础上的有计划的商品经济。以城市为重点的经济体制改革全面展开。

1992 年，中国共产党第十四次全国代表大会提出坚持党的基本路线，加快改革开放，集中精力把经济建设搞上去，并明确提出，经济体制改革的目标是建立社会主义市场经济体制。提出用邓小平建设中国特色社会主义理论武装全党。这是中国经济的决定性进步，影响深远。

2002 年，在经历 2001 年的美国"9·11"事件和 2001 年底中国加入世界贸易组织之后新的国际形势下，中国共产党第十六次全国代表大会提出：高举邓小平理论的伟大旗帜，全面贯彻"三个代表"重要思想，继往开来，与时俱进，全面建设小康社会，加快推进社会主义现代化，为开创中国特色社会主义事业新局面而奋斗。2007 年，中共十七大提出解放思想是发展中国特色社会主义的一大法宝，改革开放是发展中国特色社会主义的强大动力，科学发展、社会和谐是发展中国特色社会主义的基本要求，全面建设小康社会是党和国家到 2020 年的奋斗目标，是全国各族人民的根本利益所在。2002～2012年是中国工业化和经济现代化的一个黄金时期。期间，以GDP总量计算，中国超过日本成为仅次于美国的世界第二大经济体。

2012年，中国共产党第十八次全国代表大会进一步明确，确保到2020年实现全面建成小康社会的宏伟目标，在发展平衡性、协调性、可持续性明显增强的基础上，实现国内生产总值和城乡居民人均收入比2010年翻一番。中共十八大和中国共产党第十八届中央委员会第一次全体会议，产生了以习近平同志为核心的新一届党中央领导集体。中国进入一个新的历史时期，经济发展和国家治理态势发生重大变化。

从以上对中国共产党若干重要会议的回顾可以看到，中国经济70年的发展历程尽管艰难曲折，政治形势跌宕起伏，有弯路，有错误，有机制失灵，但是，建设社会主义的主线始终没有改变；即使发生巨大时局变迁，民族和国家复兴的主题始终如一，并没有发生根本性的转向。中国经济运行和发展的超宏观因素，即中国共产党的领导，稳固地保持了中国70年经济发展的内在逻辑一致性。尽管中国从一度倾向于建立计划经济体制到坚决转向市场经济体制，从封闭的自力更生倾向到融入经济全球化的全方位开放，经济发展的战略和路线发生过重大变革，但是，实现民富（小康）国强（复兴）的意志和努力矢志不渝。在不同的体制条件下，中国70年经济发展的动力机制有所变化，但是，以工业化推进经济增长，以科技进步实现经济现代化，相信综合实力就是竞争力，相信奋发图强、变革求新是竞争力的根本源泉，是中国经济发展一以贯之的动机机理和经济活动的价值取向。因此，前赴后继谋复兴，强国富民为宗旨，艰苦创新求发展，成为中国经济70年的发展主题和历史主线。

中国经济发展70年，有其变不离宗的内在逻辑。这也许是中国的伟大实践对历来的"经济学神话"的挑战。英国经济学家罗杰·E.巴克豪斯说："无论是在社会，还是在经济学学术领域，主导的神话观念都是：竞争市场和低效、腐败的政府。经济学家十分清楚地认识到，这些观念都不是普遍真理。但支持这类神话的新思想比质疑它们的思想更受欢迎。……还有罗纳德·里根和玛格丽特·撒切尔时期主宰公共话语的那一代思想家对集体主义的抨击，推动了私人经济活动比公共经济活动更有效这一神话的进一步发展。而世界社会主义出现的严重曲折再次强化了这一观念。"[①] 历来的经济学家主要用"微观—宏观"即"市场—政府"的范式来刻画现代经济发展过程的逻辑，而中国 70 年经济发展的历史，显然难以用这一学术范式来刻画。而"党—政—微"范式，却可以更具现实性和逻辑自洽性地刻画中国经济发展和工业化的 70 年历史及其所体现的演化机理，并可能对我们前面所讨论的个体理性和集体理性关系在经济发展现实过程中的体现，有更深刻的理论认识和学术刻画。

三、工业化的强国与富民逻辑

从"党—政—微"的范式框架来观察和刻画中国经济现代化进程，特别是工业发展历史具有极为显著的重要域观特征。公元 1500 年前后，世界经济发生了一些历史学家所说的"大分流"现象，从那时开始，整个世界趋向于分为西方和其他两大部分。在大分流之前，中国经济处于相对强大、富裕的状况，中国之外的世界则是落后、愚昧、野蛮的。但进入大分流时期以后，一些西方国家进入高速经济增长状态；而西方以外的国家和地区，包括中国，处于（如亚当·斯密所说的）静止状态，成为落后、愚昧的国家和地区。这样，"先进的西方"和"落后的非西方"成为近现代经济发展史的一个基本特征。

如果从 1919 年的"五四运动"算起，到 2019 年，中国经济现代化进程正好历经 100 年。其中，前 30 年向着"西方化"方向推进。1949 年中华人民共和国成立，党的领导成为中国经济现代化的重要因素。按照朴素的思维，基于这一制度优势，可以实行体现集体理性的计划经济，即以国家集中计划的方式，构建推动工业化的特殊商域形态——国营经济，从而有条件采取强烈的"条块"倾斜政策，通过高积累重点发展重工业，并以"赶美超英"为目标，实现工业化和经济现代化。

走这样的工业化和经济现代化道路，意图实行"大一统"的体制机

---

① ［英］罗杰·E. 巴克豪斯：《经济学是科学吗？——现代经济学的成效、历史域方法》（苏丽文译），格致出版社、上海人民出版社 2018 年版，第 222 页。

制，对中国庞大而复杂的经济体进行人为分割，以行政性命令方式实施调度，无视中国经济的域观特质和生产力状况，以为只要采取政治动员方式，"鼓足干劲，力争上游"，就能实现"大跃进"，而且可以做到"多快好省"。但结果却是事倍功半，事与愿违，可以说是经历了一次典型的"理性的非理性"冲动和冒进过程。作为一次"失败是成功之母"的社会实验，留下深刻教训，启发创新思考。

1978 年中国决然开始实行改革开放，尽管吸收了微观经济和宏观经济的范式启发（因为没有其他的经济学范式可以借鉴）。例如，放权让利，搞活经济，进行企业改革和公司化构建，形成市场经济的微观基础；并进行价格改革，逐步实现由市场价格信号引导资源配置的机制。宏观经济体制上（"宏观"这个概念也是从西方经济学引入的）也逐步形成财政金融的货币运行机制。但是，深入观察可以发现，在实质上，中国经济的改革开放并没有完全遵循"微观—宏观"范式逻辑（如果按此逻辑，理应实行西方经济学家所主张的"休克疗法"），而是从中国经济的域观特质出发，实事求是地实行了分域推进的渐进改革、梯度推进、试点推广，稳住一些领域（商域）、突破一些领域（商域）的改革路径。从"微观—宏观"范式逻辑看，这样的改革道路是无法取得成功的，因为，规则的差异必然会产生各种矛盾、冲突和混乱，就像在公路上，汽车随意左行或右行，哪能不撞车呢？

但是，事实胜于雄辩，中国庞大的经济体，客观上是复杂的域观结构，即是由各种商域或域类（域观类型）所构成的非匀质空间，而不是一个大一统的匀质空间。在这样的客观现实条件下，所谓市场绝非如主流经济学所假设的"空盒子"般的"大集市"，所以，即使断然完全放开市场，不做任何人为干预，也难以有效发挥市场竞争"搅拌机"的功能，使域观差异很快消失，让经济空间匀质化。中国经济改革，无论是地区间、产业间、行业间、部门间，还是不同所有制经济主体之间、城乡之间，采取的都是域际分步推进，即不同商域（域类）采取不同的改革进度和开放进度的渐进方式。作为一个具有深厚历史文化因素的巨大型国家，经济体中的域类关系极为复杂，中国改革开放取得成功的最大特点之一，就是最大限度地发挥了域观效应在推进经济现代化中的积极作用，成效显著，为世界所公认，尽管这是坚持"微观—宏观"范式的经济学家们感到很费解的。总之，不可否认的客观事实是：中国经济现代化的壮观成效，彻底改变了500年来世界经济发展的"大分流"态势，人类发展的全球格局从此彻底改变。

20世纪90年代，世界总人口中的43%，即近20亿人，处于世界银行划定的国际贫困线之下；从那时到2015年，全球人口又增长了20亿，但极度贫困人口却减少到9亿，"历史上首次出现了这种情况：人类总人口增长的情况下，贫困人口的数量却下降了"。其中，中国经济增长让人们的平均收入增长了20倍，5亿多人脱贫。

1978年美国人均GDP是中国的22倍，到2017年中国人均GDP达到8827美元，美国人均GDP为5.9万美元，是中国的6倍多，两国间差距显著收窄。1980年中国人均GDP只有世界平均水平的7.7%，到2017年这一数字已上升到82.4%（见表1-1）。今天，中国人均GDP正在步入跨越世界人均GDP平均水平的关键点，这标志着中国经济现代化进入新时代。

表1-1　　　　　　　中国经济在世界经济发展中的地位变化

项目	人均GDP							
	1980年	1990年	2000年	2005年	2010年	2015年	2016年	2017年
世界（美元）	2516	4268	5484	7271	9514	10172	10201	10714
中国（美元）	194	317	959	1753	4561	8069	8117	8827
中国位次	143	159	133	128	109	83	78	73
中国/世界（%）	7.7	7.4	17.5	24.1	47.9	79.3	7.96	82.4

资料来源：根据《中国统计年鉴（2018）》数据整理，比例数为作者计算。

1960年，中国人均寿命只有40岁左右，美国已达到70岁。而到2018年，中国人均寿命已达到76.4岁，美国人均寿命为78.5岁，两国间差距越来越小。这也反映出中国的经济现代化和人民生活水平已摆脱了落后境地，正在迈向高收入国家行列。可见，自20世纪90年代以来，中国不仅是对世界经济增长贡献最大的国家，也是对世界经济现代化和人类发展贡献最大的国家。

读者从本书各章的内容中可以清楚地看到：70年来中国工业化取得了

巨大成就，也有挫折，走过弯路，但是，无论是微观经济的能量发挥还是政府的调控作用，都是在强有力的中国特色域观因素——党的意志引领下展现的。所以，中国发展70年，是一个集体意志的发展过程，而且集体意志是有其有效实现机制的，因而能够循着强国与富民地逻辑和方向，一路走到今天，并将继续走向未来。

四、以创造性思维迈入经济现代化新征程

从全国平均水平来看，目前中国的人均GDP还低于世界平均水平，尽管可以认为中国进入了中等收入国家行列，但仍然属于发展中国家。总体上说，我们同高收入的发达国家相比，经济现代化水平还有不小的差距。但是，如前所述，经济现代化是一个域观现象，中国各地区的经济发展水平及特征有较大差距，即使是实行同样的经济政策，在不同的地区也会产生非常不同的结果。东部沿海与中西部之间、城乡之间、各类区域之间，各具域观特征，不可同日而语。目前，人们发现，南北差距也是中国经济发展中的一个很显著的特征。因此，进入新时代，各地区的经济发展更要以域观经济的思维，探索和创造各地区继续推进经济现代化的可行道路。

例如，据统计，2017年苏南地区人均生产总值超过15万元，按汇率折算超过2.2万美元，即已达到世界人均GDP水平的2倍以上，无疑已进入高收入发展阶段。在南方的珠江三角洲地区，也有许多人均收入远超2万美元的地区。因此，中国经济发展的含义已经不再是模仿、跟跑，而是正在转向越来越具有领先性和探寻性。当然，基于中国国情，发达地区经济发展的领先性并不意味着经济和社会的高度成熟，保持较高的经济增长仍然有很大空间。不过，高收入阶段的较高经济增长，在世界经济发展的历史上是很罕见的现象。那么，中国高收入地区如何进一步实现高质量发展和经济现代化新征程的探索，就成为一个具有世界意义的创新性实践。

亚当·斯密曾经说过，即使是相对富裕的国家，只要处于停滞静止状态，就会陷入僵化和衰落境地。在他那个时代，中国正处于他所说的长期"停滞静止状态"，即一个曾经繁荣富强的国度停止了经济发展的脚步。他

认为，当时的中国只有鼓励自由贸易和小型工商业，精简层级，减少裙带主义，才能摆脱衰退和没落。亚当·斯密没有到过中国，但他当年对中国开出的"药方"，似乎具有很强的历史穿透力。

今天，中国已经彻底摆脱了停滞静止状态，又一次站在繁荣富强的发展平台之上。而苏南、华南等经济较发达地区，有责任率先探索高水平（高收入）经济现代化的道路。客观地说，过去70年来，中国工业化和经济现代化都具有相当程度的模仿性，前有标杆国家可以对照和作为追赶对象。而对于今天的中国，特别是经济较发达地区来说，前面已经没有模仿对象和标杆国家了，正如任正非先生所说的，我们进入了"无人区"，前面的道路不再有前车之鉴，需要靠我们自己探寻。

特别需要思考的是：从人类发展的历史看，经济高速增长是一个工业化现象，迄今为止，经济现代化的核心内容是工业化，高增长是工业化时代的奇迹。工业化之前，人类发展数千上万年，经济增长一直十分缓慢，国外有专家做过估算，从1600年到1820年，全世界人均国民生产总值年均增长率只有0.02%。而从1820年到1990年，一些国家进入工业化过程，使全世界人均国民生产总值的年均增长率达到1.21%。从全人类漫长的发展历史看，这已经是一个非常惊人的速度了，因为如前所述，工业化还只是发生在少数国家和地区。问题是，当率先工业化的国家达到了高收入的经济发达阶段后，出现了去工业化现象，即工业特别是制造业在整个产业中的比重显著下降。20世纪中后期，发达国家进入以电子信息技术和网络经济等为代表的新产业创新周期，人们满怀信心地认为并宣称进入了"新经济时代"，可以使世界摆脱20世纪70年代的石油危机所导致的经济衰退，再次走上强劲增长的经济发展路径。

但是，道路并不平坦。从美国奥巴马政府宣称进入"新经济时代"以来，仅仅20多年就发生了三次严重的经济危机，即：1997年的亚洲金融危机；2000年开始以美国纳斯达克综合指数大幅度下跌为标志的高技术产业和"新经济"股（主要是网络股和生物股）泡沫破灭；2007年美国次贷危机所诱发的2008年世界性经济衰退。这些表明，对于如何以高技术产业推动经济进一步增长，摆脱进入高收入阶段后的停滞静止状态，人们尚缺乏深刻认识，还有许多没有解开的谜团，因而在实践中产生了一系列矛盾。可以说，这是许多经济发达国家进行产业发展战略选择和政策安排所面临的极大困惑。例如，高技术产业为什么也会让社会失去信心，导致泡沫膨胀后的崩盘？为什么在所谓高技术、新经济时代，传统产业（如房地产业）仍然会是经济增长的中流砥柱，具有决定性的影响，而高技术产业却要依赖"高杠杆"来支撑？也就是说，企业盈利不佳却要靠估值来融资。虽然人们可以相信高技术产业具有巨大发展潜力，但为什么经济增长却表现为不断下行？这可以仅仅用"转型"来解释吗？那么，转型完成后，经济增长的表现会是怎样的呢？

于是，人们考虑是否不应过快去工业化，而且要追求再工业化？因为，历史事实表明：不仅没有哪个国家特别是大国可以不通过工业化而实现经济现代化，而且，如果认为完成了初步工业化后要去工业化，也会直接削弱一个国家或地区的经济竞争力，使之增长乏力。一些欧美学者开始认识到，制造业和服务业是互补关系而不是替代关系，服务业难以取代制造业推动强劲的经济增长，因而主张实施再工业化对策，重新平衡制造业和服务业的关系。当前的美国特朗普政府，正表现出这样的强烈政策意向。不管他是否真的能做到，但重整美国制造业确实是他实现"让美国再次强大"政治意图的一个重要手段。因此，我们也要在世界工业化大背景下来思考中国经济现代化进一步推进的问题。要"让历史告诉未来，让未来启示现在"。

70年来，中国经历过极为辉煌的工业化历史。从工业技术路线看，中国工业沿着世界工业化的产业核心技术路线急速发展，取得了震惊世界的成就，同时也因"追求极度压缩过程的显示性结果"而导致许多问题，甚至在一些方面受到盲目性的诱惑而付出不小的代价。因此，高速度增长转向高质量发展，成为经济现代化的根本方向。高质量发展就是更具方向自觉性的现代化道路。所谓方向自觉性，首先体现为：一方面，中国工业化进程必须继续推进，不容迟缓；另一方面，必须高度重视资源、环境约束以及社会公平等问题。与高增长不同，高质量意味着政策目标的多元性，在权衡中绝不可顾此失彼。历史告诉我们，"以经济建设为中心"不能动摇，"使市场发挥资源配置的决定性作用"不能动摇，"以公平竞争方式实现效益和效率提高"不能动摇。以发展解决发展中出现的问题，是工业化时代唯一可行的经济现代化政策选择。同时，也必须深刻认识经济和社会结构，特别是利益结构的变化，充分估计工业化进入更高阶段必然发生的社会在价值目标选择上的变化。环保、公平、廉洁、保障、安全、稳定等都将成为必须重视的政策目标。因此，未来启示我们：注入新价值因素，不断创新，保持和提升国际竞争力，是中国经济现代化战略须解决的最根本问题。

联合国在确定千年发展目标，亚洲开发银行在提出旨在解决世界人口贫困、增长持续性以及更为民众所认同的理念时，使用了"包容性增长"的概念。这对正在经济现代化进程中因面临艰难抉择而苦苦思索的中国是一个重要启示。

所谓包容性，实际上就是要秉承以人为本理念，坚持公平正义原则，以公平促进效率，实现经济增长、社会进步和人民生活改善的同步，实现经济发展与生态环境保护的协调，让工业化和经济现代化所创造的财富和福利惠及所有人群，特别是弱势群体。党的十八大以后，习近平总书记以及其他中央领导人多次提倡和强调经济发展的包容性。"人类命运共同体"理念是中国给世界的一个重要贡献。而理念的实现，要靠实践的努力。继续创新发展、全面协调、清洁高质、开放包容、善治为民，才能体现经济现代化高质量发展和命运共同体的包容性。

五、经济全球化中的中国角色

按照西方主流经济学的"微观—宏观"范式的思维定式，经济发展的结果是各国"趋同"——企业性质趋同、国家经济职能趋同，因而任何国家包括中国实现工业化和经济现代化，从不发达国家（发展中国家）发展成为发达国家后，就都会变得"和美国一样"。但是，中国的现实表现却使他们失望：中国经济发展了，壮大了，尽管有些方面确实表现出同发达国家间的差异收敛，但在许多重要方面却并没有变得像美国等西方发达国家的经济形态趋同，而是顽强地表现得非常具有中国特色。换句话说，中国经济的域观特征是极为稳固的，不会因模仿或教训而轻易改变。据此，发达国家的一些人认为"被中国欺骗了"，并断定中国一直在以隐瞒意图的"百年马拉松"战略悄悄实行称霸世界的谋略。2015年美国战略家白帮瑞出版的一本影响很大的书《百年马拉松——中国取代美国成为全球超级大国的秘密战略》。他认为，"原本是制订规则以推动自由贸易和开发市场的这个机构现在却陷入新兴市场的泥坑里。中国在加入世界贸易组织时有许多承诺，现在都刻意拖延兑现，而且迟迟不加强市场开放，这伤害了世界贸易组织。"① 这样的观察实际上是基于西方经济理论的范式思维，认为只要经济发展了，新兴市场国家就会（或者应该）变得跟西方发达国家，特别是"跟美国一样"，否则就是同发达国家对抗的阴谋行为。他们对于各国必然具有的不一样、有特色的域观特征无法理解，认为那是对合理规则的违反，甚至是对美国的威胁。其实，中国从谈判恢复在关税贸易总协定的地位和参加世界贸易组织，均坚持要以发展中国家的身份加入和坚持权利与义务平衡的原则，即承担与本国经济发展水平相一致的义务。关于贸易政策透明度和公正透明原则，以及国有企业待遇等极具中国特色的问题，中国做了一定的承诺，并且在"入世"后通过改革和进一步完善体制而接近了世界贸易组织的规则。但是，要求中国的经济形态和秩序规则完全达到与美国所要求的"一样"的标准，并且要中国按照发达国家的条件实行世界贸易组织规则，则是一个强中国所难的要求。

2018年美国以实行惩罚性关税的方式对中国强硬发难，中国则不得不实行对应的征税政策，令世界担忧的"中美贸易摩擦"爆发，进而进入艰难的贸易谈判过程。这实际上反映出中国在经济全球化格局中的地位和角色发生了根本性变化，也反映了经济全球化格局本身正在发生根本性变化。

经济全球化实际上是由人类发展的两个"奇迹"所推动的：一是西方国家二三百年来的工业化，直到20世纪下半叶所形成的以美国为主导的世界自由贸易格局和全球性秩序；二是中国工业化使全世界进入工业社会的人口翻了一番，极大地改变了经济全球化的格局，因而，世界自由贸易秩序也必然会有所改革。其深刻性在于：第一次奇迹所导致的是从大英帝国称霸世界到以美国一霸独大的秩序格局，而第二次奇迹所导致的是多极

---

① 上海市社会科学联合会主办：《上海思想界》2019年第1—2期合刊，第101页。

世界的秩序格局，可以说，经济全球化的空间域观性质发生了根本性变化，即自由贸易的施展空间不是（如想象中那样）匀质的，而是（在现实中存在）非匀质的域态空间，所以，域际关系将深刻体现于自由贸易格局和秩序规则之中。通俗地说，就是世界各国即使发展为经济发达国家，也不可能都成为"跟美国一样"的国家。那么，世界贸易规则必须从原先那种假设各国成为发达国家后都会"跟美国一样"的原则，转变为适合于各国国情，具有特色条件下的自由贸易原则。具有不同国情的"不一样"国家，如何进行公平的自由贸易，是中国奇迹对世界贸易制度所提出的新课题，这也是中美贸易摩擦和贸易谈判的根源与深刻意义所在。即使中美贸易磋商结束，形成双方认可的贸易协议，这个深刻问题还将会以其他形式表现出来，世界将进入多事之秋和大变迁时代。

这并不是白邦瑞所说的中国欺骗了美国，也不是如他所说的世界贸易组织会因中国而陷入"新兴市场的泥坑"，即一些国家坚持发展中国家待遇，中国代表发展中国家与发达国家对抗，从而破坏世界贸易组织的自由贸易规则，而是人类共同面临的客观世界新现象所产生的世纪性问题，必须通过协商、改革来共同应对。

中国的发展不仅改变了自己，也彻底改变了世界。今天的世界已经不是"微观—宏观"经济学范式所能刻画的世界（世界贸易组织正是以这样的范式承诺所构建），而是具有显著的域观特征和域际关系的世界。在这个世界中，具有不同域类特征的国家，互通共存，利益相依，在竞争（甚至对抗）中实现域观均衡状态，才能实现世界的可持续经济关系和深度全球化格局。这突出地表现在中美两国间的大国经济关系中。英国历史学家弗格森在《巨人》一书中论述道："这是一个资本流动的全球化的世界，所有美国外交政策的动议都不能脱离一个关键的事实：美国是一个负债帝国。"这是一个异常的而不是常规的事态，"在欧洲帝国的鼎盛时期，占统治地位的大国一般是债权国，并将自己大部分的储备投入殖民地属地的经济发展之中。……一百多年前，当一个伟大的英语帝国驾驭世界的时候，资本输出是其权力的基础之一"。但是，"今天，即使美国英勇无畏地颠覆了一个又一个的流氓政权之后，它还是这个世界最大的债务国"。"美国债券的绝大部分实际上是东亚地区的一些中央银行所持有，并且其比例还在不断上升。""从严格的经济学角度来看，这样做可以不用担心失手，因为亚洲各中央银行这样的安排，与最大的借方有相同的利益。中国对美国的出口是该国创造就业和经济增长的主要发动机之一。从另一个角度看，美国人的消费倾向和中国人的储蓄倾向之间存在一个极佳的对称。中国基本上扮演了日本在 20 世纪 80 年代所扮演的角色，即把自己的盈余储蓄导入美国经常账户和财政赤字之中。"在这样的"利益共同体"关系下，任何一方发动对另一方不利的攻击，对自己也是不利的。例如，美国如果"采取反华措施将会伤害美国公司，越来越多的美国公司现在对华直接投资，以利用其廉价而相对高质量的劳动力与明显稳定的体制环境的组合优势。海外直接投资现在总计高达中国国内生产总值的 40% 左右"，反之，中国如果"考虑通过卖掉几十亿美元债券以降低其受美国经济的影响"，那么，采用这样的策略也会使中国自己付出代价，不仅"会立即对其出口行业造成冲击。也会对他们的经济造成强大的全面货币紧缩效应。而且，更重要的是会给持有美元储备的中国机构带来严重的损失。亚洲地区的银行的运作方式通常是持有美元储备而长期出借他们的本国货币。美元的贬值会倾覆中国的银行体系使其陷入危机"。当然，这种全球性域际关系也存在失衡风险，如弗格森所说："问题的症结在于，亚洲和美国的经济关系并不对称。""谁也无法知道什么事情会促使 2003 年的平衡状态向非常不同的方向转变。"[①] 如果按"微观—宏观"的经济学范式来观察，期望看到的是一个乌托邦幻想图景，那么，加入域观视角的经济学范式来观察，所看到的是一个充满希望也潜伏风险的现实经济世界。

总之，中国 70 年的经济发展取得了人类发展历史中继西方工业化以来的第二次最巨大的成就，使世界面貌再次彻底改观，这种改观不仅是宏观性的，即经济总量、规模的扩大，发展水平的提高；而且是域观性的，即世界经济的域观格局和域际关系发生巨大变化，中国经济之"域"及其域观特征，将深刻影响世界。中国从与世界接轨，到融入经济全球化，进而成为经济全球化和自由贸易的强有力的推动者，并使经济全球化发生格局之变，推进更加广泛、更具深度的自由贸易。特别是，在科技革命和新

---

① ［英］尼尔·弗格森：《巨人》（李承恩译），中信出版社 2013 年版，第 266～272 页。

兴产业发展背景下，中国正在为经济全球化和更高质量自由贸易做出重大贡献，例如，电子商务和电子支付等交易方式和创新技术，正在为自由贸易创造更加"润滑"的机制。世界不会因各国间的域观差异而发生去全球化，反而必然会因丰富多彩的世界形成新型域际关系，实现更大范围和更高质量的经济全球化格局。中国所倡导的"一带一路"，就是迎接经济全球化新格局的一个重要构想和各国共创全球化"公共产品"，以使"海洋时代"的沿海繁荣格局向欧亚非大陆腹地的共享繁荣格局的转变，有望成为人类发展史上的第三次奇迹。纵观世界千年文明史，人类发展经由西方工业化、中国工业化和"一带一路"推动的全球腹地工业化，将使这个地球的"人类故事"演绎得更为精彩纷繁。

第一篇
初建工业经济基础（1949~1957年）

中华人民共和国成立初期，作为工业发展基础的农业，发展落后、基础设施配套不足，在种种不利条件之下，经过短短几年的恢复建设，工业经济实现了快速发展，不仅工业产值规模增大、经济效益增加，而且工业结构更趋合理，这得益于建立处于主导地位的社会主义国有工业制度、保护并有限制地发展民族资本主义工业、保护并发展个体手工业。这一时期，工业经济开始建立高度集中的计划经济体制。1952年底，恢复国民经济的任务已经完成。1954年，第一届全国人民代表大会第一次会议上确定了"党在过渡时期的总路线和总任务，是要在一个相当长的时期内，逐步实现国家的社会主义工业化，并逐步实现国家对农业、对手工业和对资本主义的工商业的社会主义改造"。1955年第一届全国人民代表大会第二次会议依此编制了"一五"计划的基本任务。第一个五年计划的主要任务是集中力量进行工业化建设，加快推进各经济领域的社会主义改造，探索高度集中的计划经济体制。至"一五"计划完成时，工业经济取得显著成效，工业和农业主要产品的产量，除个别的以外，都超过了历史最高水平；运输和邮电有了相应的恢复和发展。中国渴望由自给自足的农业国转变为现代化的工业国。

新中国成立初期
国民经济恢复和体制初建

新中国成立初期工业发展的概况

新中国成立初期，作为工业发展基础的农业发展落后、基础设施配套不足，同时宏观环境不容乐观：巨额财政赤字、物价飞速上涨、配套的人才教育十分落后。在种种不利条件之下，短短几年的战后恢复时期内，工业经济实现了快速发展，不仅工业产值规模增大、经济效益增加，而且工业结构更趋合理。此外，战后恢复时期的工业表现出农业和工业增长速度对比关系更加合理、工业和农业的产品价格"剪刀差"缩小、工业投资总额逐年增加且投资比重大、工业基本建设投资固定资产交付率高且投资效益好、主要工业品产量增加明显且基建新增生产能力增强、财政收入增加且来自国营企业的比重增加、物价趋于稳定、进出口贸易增加的特征。

一、新中国成立时工业发展的基础和条件

新中国成立初期，部分地区尚待解放，以美国为首的帝国主义对中国实行经济封锁；由于美国发动朝鲜战争，中国从 1950 年 10 月起又被迫进行了抗美援朝战争；财政巨额赤字，通货急剧膨胀，人民生活困难；作为恢

复、发展工业的基础产业、设施和条件的农业，以及交通运输、邮电通信、商业和教育、科学事业原本十分落后，又遭长期战争严重破坏。但在国民经济恢复时期，新中国克服重重困难，在恢复国民经济方面取得了巨大成就。

1. 工业的生产基础——农业概况

作为恢复和发展工业生产基础的农业，本来水平低下，又遭到长期战争的严重破坏，导致农业生产量、农村劳动力、生产资料、耕作量和农业管理等方面遭到不同程度的影响，加上自然灾害频发，农业生产雪上加霜。

（1）农业产量明显下降。新中国成立前，粮食和棉花的最高年产量分别为2774亿斤和1698万担，1949年两者分别下降到2162亿斤和889万担，分别下降了221%和47.4%。[①]

（2）农村劳动力大量减少。根据零星材料：新中国成立时华北区劳动力比1936年减少1/3。战前每个壮丁负担耕地16亩8分，1948年负担22亩5分。战争剧烈地区劳动力减少尤为显著。如陕甘宁边区有3个乡，原有劳动力1240人，新中国成立后只剩劳动力525人，减少了58%。[②]

（3）生产资料严重不足。当时主要的农业生产资料是牲畜和农具。一是牲畜锐减。华北在"七七事变"前有耕畜525万头，1948年仅有288万头，减少45%。东北地区在1945年以前有354万头，1948年减至297万头，减少16%。不仅牲畜数目减少，质量也较战前降低。因此，按每头牲畜负担耕地数，大大超过了牲畜的正常负担能力。二是农具损失严重。据1948年华北区武邑、冀、景、冠、馆陶、邱、恩、安国8县45个村的调查：大车减少30%，犁减少11%，耧减少12%。[③]

（4）耕作量减少、农业管理落后。由于耕作方法更加粗放，农业管理落后，耕作量和施肥量减少。据华北区阜平、行唐等23县55个村的调查，耕犁次数1948年较1937年减少20%；据阜平、行唐、曲阳等40县84个村的调查，1937年施肥量324千担，1948年施肥量为235千担，减少27%。[④]

（5）自然灾害频发。1949年自春至秋，旱、冻、虫、风、雹、水、疫等灾害相继，尤以水灾最为严重。当年全国被淹耕地达1.2亿亩，灾民4000万人，减产粮食至少在100亿斤以上，是仅次于1931年的一次大水灾。[⑤]

---

① 国家统计局：《伟大的十年》，人民出版社1959年版，第105页。

②③④⑤ 中国社会科学院、中央档案馆：《1949—1952中华人民共和国经济档案资料选编》（综合卷），中国城市经济社会出版社1990年版，第69~73页。

2. 发展工业的基础设施概况

新中国成立时，作为恢复和发展工业的基础设施的交通运输、邮电通信业原本就十分落后，大部分内地省份，几乎还是用原始的交通工具，只有沿江沿海各省份较为发达。加上之前在长期的战争中，特别是解放前夕，又遭到国民党反动派的严重破坏，尽管经过1949年的艰苦努力，在恢复受破坏的交通运输事业方面已经取得了重大成效，但这方面的任务仍然十分艰巨。

（1）铁路。全国原有铁路268572公里（包括台湾和海南），到1949年底，已解放24794公里，约占总里程的92%。经过1949年的修复工作，全国已通车里程为21046公里，占已解放里程的85%。[1]

（2）航运。全国原有运输船只共计2805艘，总吨数为116万吨，其中私营50万吨。1949年解放区（西南、华南未列入）共有船只2357艘，计38万吨。其中，公营1001艘，27万吨；私营1356艘，11万吨。此外，在南洋、香港、台湾等地还有448艘，计78.2万吨。其中，公营150艘，34万吨；私营298艘，44.2万吨。[2]

（3）公路。旧中国公路的发展只有十六七年的历史。到1936年全国已通车公路约为10.9万公里，新中国成立前为25万余公里，到1949年底，全国公路已解放的（除西南、华南外）约有20.3万公里。经过军民抢修，到1949年底，能通过的只有5.9公里，不到已解放公路的30%。[3]

（4）邮电通信。到1949年底，恢复邮政局所47773处，为战前的4/7；已解放的邮路53.2万公里，为战前的5/6；邮政一般业务恢复了80%，包裹业务恢复了30%。[4]

（5）电信。截至1949年底全国已恢复电信局所1200多个，电报、电话线路恢复80%，长途电话线路恢复5886公里，仅为战前的12.5%。[5]

3. 发展工业的宏观环境概况

（1）巨额财政赤字。新中国成立时，国家的财政收支存在巨额赤字，如表2-1所示，总的财政赤字为46.4粮亿斤。其中，东北地区由于战争

---

[1][2][3][4][5]　中国社会科学院、中央档案馆：《1949—1952中华人民共和国经济档案资料选编》（综合卷），中国城市经济社会出版社1990年版，第83~95页。

结束，财政赤字较小；关内各个地区由于战争规模较大，财政赤字占支出的比例均在60%以上。

表 2-1 　　　　　1949 年全国财政收支情况　　　　单位：粮亿斤

地区	收入	支出	赤字	赤字占支出（%）
东北	172	182	10	5.5
华东	71	192	121	62.9
华北	28	78	50	64.7
中南	22	77	55	71.2
西北	8	31	23	74.1
西南	2	7	5	71.4
合计	303	567	264	46.4

资料来源：中国社会科学院、中央档案馆：《1949—1952 中华人民共和国经济档案资料选编》（综合卷），中国城市经济社会出版社 1990 年版，第 119～120 页。

巨额财政赤字形成的原因，一方面是财政支出巨大。首先是军费支出数额庞大，约占全部支出的 60%，如果加上支援战争所支付的运粮等开支，比例会更大；其次是政务支出增长迅速，随着革命胜利形势发展，各级政府工作人员大量增加，扩大了财政支出；最后是经济建设投资比例也很大。另一方面是财政收入渠道单一。主渠道还是农民缴纳的公粮，1949 年公粮收入约占财政总收入的 50%，各种税收与其他收入（包括战争缴获）各占总收入的 25%。[1]

（2）物价急剧上涨。由于存在巨额财政赤字，需要靠巨额的通货发行来弥补，导致物价急剧上升。据统计，从 1949 年 4 月至 1950 年 2 月，全国物价先后发生过四次大的波动。第一次发生在 1949 年 4 月间，以同年 3 月份平均物价为基期，4 月份物价上涨了 1.8 倍。第二次发生在 7 月和 8 月间，以 6 月份平均物价为基期，7 月份物价上涨了 1.8 倍。第三次发生在 10 月 15 日至 11 月 25 日，也是最大的一次。以 9 月份平均物价为基期，11 月份物价上涨了 3.5 倍。第四次发生在 1950 年 1～2 月间，以 1 月上旬平均物价为基期，2 月份物价上涨了 0.9 倍。[2]

---

[1] 中国社会科学院、中央档案馆：《1949—1952 中华人民共和国经济档案资料选编》（综合卷），中国城市经济社会出版社 1990 年版，第 119～120 页。

28

[2] 同上，第 118 页。

自人民币①发行以来，截至 1950 年，共发行 41000 亿元。每月发行的新钞票依当时的物价计算，总值 214 亿斤小米。而当物价上涨、人民币实际贬值之后，只值 49 亿斤小米，中间整整相差了 165 亿斤小米，人民币的大幅贬值给人民生活造成了很大的困难。②

（3）人才教育情况十分落后。新中国成立以前，中国的教育事业非常落后，以新中国成立前的最高年为例，全国高等学校仅有 207 所，中等学校5892 所，小学 289300 所，而且分布极不合理，内地、边远地区和少数民族地区更加落后。全国高等学校的在校学生仅有 15.5 万人，中学 187.9 万人，小学 2368.3 万人，学龄儿童入学率仅有 20% 左右，全国人口中有 80% 以上是文盲，全国各级各类学校学生仅占全国人口的 5.6%，如表 2-2 所示。

表 2-2 　　　　　　　　新中国成立时教育情况统计

	各级各类学校数（所）		各类学校学生数（万人）		专任教师数（万人）		职工数（万人）	
	新中国成立前最高年份	1949 年	新中国成立前最高年份	1949 年	新中国成立前最高年份	1949 年	新中国成立前最高年份	1949 年
高等学校	207	205	15.5	11.7	1.7	1.6	1.3	3.0
中等学校	5892	5216	187.9	126.8	10.7	8.3	5.5	4.5
中等专业学校	1626	1171	38.3	22.9	2.9	1.6	1.0	0.8
中等技术学校	724	561	13.7	7.7	1.3	0.7	0.5	0.4
中等师范学校	902	610	24.6	15.2	1.6	0.9	0.5	0.4
普通中学	4266	4045	149.6	103.9	7.8	6.6	4.5	3.7
高中			31.8	20.7	1.4	1.4		
初中			117.8	83.2	6.4	5.3		
小学	289300	346800	2368.3	2439.1	86.4	83.6	1.4	1.3
幼儿园	1300		13.0		0.2		0.0	

资料来源：中国社会科学院、中央档案馆，《1949—1952 中华人民共和国经济档案资料选编》（综合卷），中国城市经济社会出版社 1990 年版，第 136~137 页。

---

① 这里的人民币是指第一套人民币。
② 人民出版社：《陈云文选（一九四九——九五六年）》，人民出版社 1984 年版，第 57 页。

二、新中国成立初期的工业规模和效益

1. 产值规模

国民经济恢复时期，我国工业生产规模增长迅速。按当年价格计算，1949 年工业总产值为 140 亿元，1950 年为 191 亿元，1951 年为 264 亿元，1952 年为 343 亿元；按可比价格计算，1950 年工业总产值比 1949 年增长 36.4%，1951 年比 1950 年增长 37.9%，1952 年比 1951 年增长 30.3%，1952 年比 1949 年增长 145%，平均每年增长 34.8%。[①] 1952 年工业总产值超过了抗日战争以前的水平，比 1936 年增长了 22.5%。

如表 2-3 所示，1952 年主要工业产品产量大大地超过了 1949 年，主要工业产品产量也超过了新中国成立前全国的最高年产量。

表 2-3 1952 年主要工业品产量与 1949 年和新中国成立前最高年份对比

产品名称	单位	新中国成立前最高年份		1949 年		1952 年		
		年份	产量	产量	产量占新中国成立前最高年份产量的百分比	产量	产量占1949年产量的百分比	产量占新中国成立前最高年份产量的百分比
原煤	亿吨	1942	0.62	0.32	51.6	0.66	206.3	106.5
原油	万吨	1943	32.00	12.00	37.5	44.00	366.7	137.5
发电量	亿度	1941	60.00	43.00	71.7	73.00	169.8	121.6
钢	万吨	1943	92.30	15.80	17.1	135.00	854.4	146.2
生铁	万吨	1943	180.00	25.00	13.9	193.00	772.0	107.1
水泥	万吨	1942	229.00	66.00	28.8	286.00	433.3	124.9
平板玻璃	万标准箱	1941	129.00	108.00	83.7	213.00	197.2	165.1
硫酸	万吨	1942	18.00	4.00	22.2	19.00	475.0	105.6
纯碱	万吨	1940	10.30	8.80	85.4	19.20	218.2	186.4
烧碱	万吨	1941	1.20	1.50	125.0	7.90	526.7	658.3

---

① 国家统计局：《伟大的十年》，人民出版社 1959 年版，第 14~17、74 页。

产品名称	单位	新中国成立前最高年份		1949 年		1952 年		
		年份	产量	产量	产量占新中国成立前最高年份产量的百分比	产量	产量占1949年产量的百分比	产量占新中国成立前最高年份产量的百分比
金属切削机床	万台	1941	0.54	0.16	29.6	1.37	856.3	253.7
纱	万吨	1943	44.50	32.70	73.5	65.60	200.6	147.4
布	亿米	1946	27.90	18.90	67.7	38.30	202.6	137.3
火柴	万件	1947	860.00	672.00	78.1	911.00	135.6	105.9
原盐	万吨	1943	392.00	299.00	76.3	495.00	165.6	126.3
糖	万吨	1943	41.00	20.00	48.8	45.00	225.0	109.8
卷烟	万箱	1947	236.00	160.00	67.8	265.00	165.6	112.3

资料来源:《中国统计年鉴（1984）》。

工业产品的品种方面，在国民经济恢复时期，原有工业产品的品种有了很大的增长。以钢为例，新中国成立以前，我国能生产的钢不到 100 种，1952 年增加到 400 种。同时，又增加了许多新的工业产品。新中国成立以前，冶金设备、发电设备、大型机床、机车、民用钢质船舶、电影放映机和缝纫机等重要工业产品都无法自主生产。但到 1952 年，上述工业产品已经实现自主生产。

2. 经济效益

国民经济恢复时期，我国经济效益显著提高。主要体现在以下四个方面。

（1）劳动生产率。按 1980 年不变价格计算，国家所有制独立核算工业企业全员劳动生产率，1949 年为 3016 元，1952 年上升到 4184 元，增长了 38.7%，平均每年增长 11.5%。这个时期，劳动生产率的提高在发展工业方面发挥了重要作用。1950 年工业总产值由劳动生产率的提高而增加的工业产值占 41.1%，1951 年占 43.5%，1952 年占 37.8%。[①]

---

① 《中国统计年鉴（1983）》，中国统计出版社 1983 年版，第 297 页。

（2）生产设备利用率。1949～1952 年，钢铁工业的大中型高炉利用系数由 0.62 吨/立方米·昼夜提高到 1.02 吨/立方米·昼夜，平炉利用系数由 2.42 吨/平方米·昼夜提高到 4.78 吨/平方米·昼夜；煤炭工业的大中型煤矿的回采率由 63.1% 增长到 76%；电力工业的发电设备利用小时由 2330 小时增加到 3800 小时；纺织工业的棉纱每千锭时产量由 16.6 千克增加到 19.64 千克，棉布织机每台时产量由 3516 米增加到 3988 米。[①]

（3）物质消耗的比重。1949～1952 年，工业生产的物质消耗是逐年下降的。例如，发电标准煤耗率由 1.020 千克/千瓦时下降到 0.727 千克/千瓦时，减少了 28.7%；每件纱用棉量由 205.85 千克下降到 198.97 千克，减少了 3.3%。[②]

（4）工业产品成本。工业劳动生产率的提高，生产设备利用率的上升，以及物质消耗的下降，导致了工业产品成本的降低。例如，1952 年国家所有制工业企业可比产品成本比 1951 年下降了 2.5%。

三、新中国成立初期的工业特点

新中国成立后，随着国家在经济恢复和发展方面采取各种政策措施，工业恢复和发展很快，与新中国成立时形成鲜明的对比，其主要特点如下：

1. 农业和工业的增长速度对比关系更合理

战后恢复时期，国家采取了一系列有效措施促进农业、运输邮电业和商业的恢复与发展。1949～1952 年，农业总产值由 326 亿元提高到 416 亿元，3 年增长 48.4%，平均每年增长 14.1%。这三年，工业总产值年平均增长速度为 35.7%。农业和工业年平均增长速度对比关系为 1：2.5，表明农业与工业增长速度对比关系是合适的。[③]

2. 工业和农业的产品价格"剪刀差"缩小

为了促进农业的恢复和发展，国家提高了农产品的价格。1952 年与 1950 年相比，农村工业品零售价格总指数只提高了 9.7%，而农副产品收购

---

①② 国家统计局：《伟大的十年》，人民出版社 1959 年版，第 97 页。
③ 《中国统计年鉴（1983）》，中国统计出版社 1983 年版，第 16～19 页。

价格总指数提高了 21.6%。以 1950 年为基期,定为 100,则工农业商品的综合比价指数在同一期间提高了 10.8%[1],即农民用同样多的农副产品,1952 年比 1950 年可以多交换 10.8% 的工业品。如果与 1936 年工农业产品的交换比价相比,1948 年扩大了 82.3%,1952 年只扩大了 34.3%,即农民用同样多的农副产品,1952 年大约可比 1948 年多换 3/5 的工业品。[2] 表明工业和农业的产品价格"剪刀差"缩小,这对提高农民积极性,尽快恢复新中国成立初期的农业生产规模,进而夯实工业发展基础,具有十分重要的意义。

3. 工业投资总额逐年增加,投资比重较大

陈云在新中国成立初期说过,1950 年和 1951 年国家经济建设"投资的重点是铁路、水利和重工业"[3]。1952 年中央人民政府政务院财政经济委员会又确定,当年国家基本建设投资的"重点:第一是重工业(包括燃料工业),第二是铁路,第三是水利"[4]。1950 ~ 1952 年,如表 2 - 4 所示,工业投资总额逐年增加,投资比重一直在 30% 左右,三年合计超过 38%。

表 2 - 4　　　　　　　按主管部门分类的投资总额及其比重

	合计	工业	农业水利	运输邮电	商业
投资额(亿元)					
1950 ~ 1952 年合计	78.4	30.1	10.3	17.7	2.7
1950 年	11.3	4.2	1.3	3.4	0.6
1951 年	23.5	7.0	2.6	6.3	0.9
1952 年	43.6	18.9	6.4	8.0	1.2
投资比重(%)					
1950 ~ 1952 年合计	100.0	38.4	13.1	22.6	3.4
1950 年	100.0	38.1	11.5	30.1	5.3
1951 年	100.0	29.8	11.1	26.8	3.8
1952 年	100.0	43.3	14.7	18.3	2.8

资料来源:中国社会科学院、中央档案馆,《1949—1952 中华人民共和国经济档案资料选编》(基本建设投资和建筑业卷),中国城市经济社会出版社 1989 年版,第 254 页。

---

① 《中国物价统计年鉴(1988)》,中国统计出版社 1989 年版,第 21 页。

② 胡定邦:《当代中国的物价》,中国社会科学出版社 1988 年版,第 27 ~ 28 页。

③ 中国社会科学院、中央档案馆:《1949—1952 中华人民共和国经济档案资料选编》(基本建设投资和建筑业卷),中国城市经济社会出版社 1989 年版,第 246 页。

④ 同上,第 248 页。

4. 工业基本建设投资固定资产交付率高，投资效益好

虽然工业基本建设存在资金、人才、生产资料方面的限制，但是由于措施得当，仍然取得较好的投资效益。如表 2 - 5 所示，1950 ~ 1952 年工业基本建设投资固定资产交付使用率为 64.1%[①]，低于"一五""二五""五五""六五"等时期，但高于"三五""四五"等时期。

表 2 - 5 　　　　1950 ~ 1952 年工业基本建设投资固定资产交付使用率

年份	工业基本建设投资（亿元）	新增工业固定资产（亿元）	新增工业固定资产占工业基本建设投资比重（%）
1950	4.2	3.0	71.4
1951	7.0	5.0	71.4
1952	18.9	11.3	59.8
合计	30.1	19.3	64.1

资料来源：国家统计局，《1950 ~ 1985 中国固定资产投资统计资料》，中国统计出版社 1987 年版，第 124 ~ 125 页。

5. 主要工业品产量增加明显，基建新增生产能力显著增强

1949 ~ 1952 年，由于有重点地进行投资和建设，主要工业产品的产量明显增加，由建设带来的新增生产能力在工业方面发挥重要作用。如表 2 - 6 所示，12 种主要的工业产品的产量均有增加，其中由基建新增生产能力占增加产量比重超过 50% 的有 2 种，超过 40% 的有 5 种。

当然，1952 年基建新增生产能力并不是都在当年增产中发挥了作用，而 1952 年相比于 1949 年增加的产量，主要是依靠发挥当时现有工业的潜力、恢复现有的工业生产而获得的，依靠基建新增生产能力而增加的产量只是其中一小部分。不过，表 2 - 6 表明，国民经济恢复时期的工业恢复确实取得了巨大成就，而且当时新增的基建生产能力对以后的工业发展影响深远。

---

① 中国社会科学院、中央档案馆：《1949—1952 中华人民共和国经济档案资料选编》（基本建设投资和建筑业卷），中国城市经济社会出版社 1989 年版，第 254、266 页。

表 2 - 6   1949~1952 年主要工业产品产量和基建新增生产能力的增长

产品名称	单位	1952 年比 1949 年增加产量	1952 年比 1949 年基建新增生产能力	新增生产能力占增加产量的比重（%）
生铁	万吨	168.0	76.4	45.5
钢	万吨	119.2	55.8	46.8
原煤	万吨	3400.0	1564.0	46.0
原油	万吨	32.0	12.7	39.7
发电量	万千瓦	30.0	22.0	74.0
合成氨	万吨	3.3	0.8	24.2
硫酸	万吨	15.0	2.5	16.7
烧碱	万吨	6.4	1.5	23.4
纯碱	万吨	10.4	9.1	87.5
水泥	万吨	220.0	55.8	25.4
机制纸	万吨	26.0	9.4	36.2
机制糖	万吨	25.0	1.3	5.2

资料来源：国家统计局，《伟大的十年》，人民出版社 1959 年版，第 88~89 页。

6. 财政收入增加，来自国营企业的比重增加

国民经济恢复时期，国家财政总收入大幅增加，如表 2 - 7 所示，从 1950 年的 65.2 亿元增加到 1952 年的 183.7 亿元。其中，各种经济类型收入比例有较大变化，来自国营经济的比重由 33.4% 上升到 55.04%，来自公私合营经济的比重由 0.4% 上升到 1.04%，来自集体所有制经济的比重由 0.29% 上升到 1.14%，来自私营经济的比重由 30.20% 下降到 18.61%，来自个体经济的比重由 34.52% 下降到 17.98%。可见，在国民经济恢复时期，尽管国家财政收入来自国营经济的比重大大上升了，来自私营经济和个体经济的比重大大下降了，但后两种经济成分所占比重还是相当大的。

表 2 - 7   1950~1952 年国家财政总收入和分经济类型收入及比重

年份	总收入	国营	公私合营	集体所有制	私营	个体	其他
一、绝对值（亿元）							
1950	65.2	21.75	0.27	0.19	19.67	22.51	0.80
1951	133.1	59.74	1.03	0.61	34.97	27.15	1.47
1952	183.7	101.10	1.91	2.09	34.18	33.03	1.72

续表

年份	总收入	国营	公私合营	集体所有制	私营	个体	其他
二、比重（%）							
1950	100.0	33.40	0.40	0.29	30.20	34.52	1.22
1951	100.0	44.88	0.77	0.46	26.27	20.39	1.10
1952	100.0	55.04	1.04	1.14	18.61	17.98	0.94

资料来源：《中国统计年鉴（1992）》。

7. 物价趋于稳定

统计资料显示，如果以 1950 年为 100%，则 1952 年全国批发物价总指数为 118.1%，零售物价总指数为 111.8%，职工生活费用价格总指数为 115.5%，农副产品收购价格总指数为 121.6%，农村工业品零售价格总指数为 109.7%。① 可见，1950 年 3 月以后，物价上升的幅度大大低于此前的速度。在此以后，物价基本稳定下来，为恢复工业生产创造了前提条件。

8. 进出口贸易增加

1950~1952 年，我国的进出口贸易总额如表 2-8 所示，进出口总额为 50.3 亿美元，1952 年比 1950 年增长了 71.68%，其中，进口总额增长了 1.03 倍。其中，进口的生产资料为 24.56 亿美元，增长了 1.06 倍，占进口总额的比重由 83.4% 上升到 89.4%，特别是进口设备等增长了 3.75 倍，占进口总额的比重由 22.5% 上升到 55.7%。出口的农副产品及其加工品为 18.28 亿美元，增长了 34.93%，出口的工矿产品为 3.04 亿美元，增长了 1.88 倍，前者的比重由 90.7% 下降到 67.2%，后者的比重由 9.3% 上升到 17.9%。②

表 2-8　　　　　　1950~1952 年进出口贸易总额　　　　单位：亿美元

年份	进出口总额	进口额	出口额
1950	11.3	5.8	5.5
1951	19.6	12.0	7.6
1952	19.4	11.2	8.2

资料来源：中国社会科学院、中央档案馆，《1949—1952 中华人民共和国经济档案资料选编》（基本建设投资和建筑业卷），中国城市经济社会出版社 1989 年版，第 552 页。

---

① 胡定邦：《当代中国的物价》，中国社会科学出版社 1989 年，第 26~27 页。

② 中国社会科学院、中央档案馆：《1949—1952 中华人民共和国经济档案资料选编》（基本建设投资和建筑业卷），中国城市经济社会出版社 1989 年版，第 552 页。

1950 年 12 月 26 日，美国等国家对中国实行禁运以后，中国同主要资本主义国家的贸易额，无论是绝对量或者相对量都大幅度下降，比重由 1950 年的 74.06% 下降到 1952 年的 34.11%。在这期间，中国同苏联和东欧社会主义国家的贸易额比重由 25.94% 上升到 65.89%。[①]

四、新中国成立初期工业结构

1. 五种经济类型在工业总产值中的比例发生重大变化

在国民经济恢复时期，五种经济类型工业产值的绝对额都有了大幅度上升。但它们各自在工业总产值中所占的比重却有了不同的变化。如表 2-9 所示，社会主义性质的国家所有制工业和集体所有制工业由 1949 年的 26.7% 上升到 1952 年的 44.8%；半社会主义性质的公私合营工业由 1.6% 上升到 4%，民族资本主义工业由 48.7% 下降到 30.6%，个体手工业由 23% 下降到 20.6%。可以看出，国家所有制工业在国民经济中逐渐占据主导地位。

表 2-9　　　　　　国民经济恢复时期各经济类型
工业产值及比重变化

年份	合计	国家所有制工业	集体所有制工业	公私合营工业	私营工业	个体手工业
一、绝对值（亿元）						
1949	140	36.8	0.7	2.2	68.3	32.7
1950	191	62.5	1.5	4.1	72.8	50.8
1951	264	90.8	3.4	8.0	101.2	60.1
1952	343	142.6	11.2	13.7	105.2	70.6
二、比重（%）						
1949	100.0	26.2	0.5	1.6	48.7	23.0
1950	100.0	32.7	0.8	2.1	38.1	26.3
1951	100.0	34.5	1.3	3.0	38.4	22.8
1952	100.0	41.5	3.3	4.0	30.6	20.6

资料来源：《中国统计年鉴（1984）》。

---

① 中国社会科学院、中央档案馆：《1949—1952 中华人民共和国经济档案资料选编》（基本建设投资和建筑业卷），中国城市经济社会出版社 1989 年版，第 552 页。

2. 重点发展重工业，重工业和轻工业间的比例关系更加协调

在半殖民地半封建的中国，工业畸形发展，重工业比重很小，轻工业比重很大，这是旧中国经济落后的最鲜明的标志。为了改变这种状况，实现社会主义工业化，需要加快恢复和发展的重点是重工业。另外，考虑到新中国成立初期的国际形势，特别是1950年10月底抗美援朝战争爆发以后，更需要加快恢复和发展与国防工业紧密相关的重工业。

为了实现轻、重工业的协调发展，国家将重点放在了基本建设投资的分配上。（1）按照中财委《关于中华人民共和国1950年国民经济计划概要》，当年投资比重最大的地区是东北，占全国投资总额的51.66%；用于工业的投资占东北投资的64.7%；其中，用于重工业的投资占57.9%，用于轻工业投资占68%。关内投资占全国投资总额的48.34%；用于工业投资占关内投资的22.03%；其中，用于重工业的投资占20.61%（其中燃料工业投资占8.64%），用于轻工业的投资占1.41%。[1]（2）按照1951年3月召开的全国第一次工业会议的结论，当年工业投资用于重工业的占70.2%，其中钢铁工业和燃料工业分别为32.9%和18%；用于轻工业的占22.4%，其中纺织工业和食品、造纸等工业分别为16.2%和6.2%。[2]（3）1952年，用于重工业的投资占工业投资总额的76%，用于轻工业的投资占24%。[3]总体来看，1950～1952年这三年，特别是后两年，重工业投资占70%以上，轻工业投资占20%以上。

1949～1952年，在优先发展重工业的同时，实现了轻工业的迅速增长，两者的比例关系更加协调。按当年价格计算，1949～1952年，轻工业产值由103亿元增加到225亿元，重工业产值由37亿元增加到124亿元，重工业的年平均增长速度为49.4%，轻工业为29%，两者年平均增长速度的对比关系为1∶1.7。[4]按可比价格计算，二者分别增长了1.15倍和2.3倍。这个时期，轻工业产值占工业总产值的比重由73.6%下降到64.5%，

---

① 中国社会科学院、中央档案馆：《1949—1952中华人民共和国经济档案资料选编》（基本建设投资和建筑业卷），中国城市经济社会出版社1989年版，第257～261、1001页。

② 同上，第245～246页。

③ 国家统计局：《伟大的十年》，人民出版社1959年版，第52页。

④ 《中国统计年鉴（1983）》，中国统计出版社1983年版，第17页。

重工业产值由 26.4% 上升到 35.5%。轻重工业之间协调的比例关系适应了新中国成立初期经济发展的需要，并发挥了重工业和轻工业的相互促进作用，是推动工业恢复、发展的重要因素。

3. 优先发展东北地区，沿海和内地的工业比重更趋合理

优先发展东北地区的原因是，虽然半殖民地半封建时期的中国整体工业发展十分落后，但相对关内来说，东北地区工业要发达很多。新中国成立之前，近代工业在国民经济中只占 10% 左右，而 1943 年东北工业在国民经济中占 56% 左右。据估算，1943 年东北煤碳产量占全国的 49%，生铁产量占 87% 左右，钢材产量占 93%，电力占 78%，铁路线占 42%。而且东北地区自然资源也很丰富。例如，新中国成立前估计全国铁矿储量为68 亿吨，其中 80% 以上集中在东北。① 另外，东北解放得早，受战争破坏的时间也较关内为短。因此，新中国成立初期将恢复和发展工业的重点放在东北地区，有利于充分利用该地区的工业基础，有利于该地区乃至全国工业的恢复和发展。

按照重点发展东北地区的经济恢复和发展计划，1950 年国家基本建设投资的 51.66% 用于东北地区，关内地区只占 48.34%。1952 年全国基本建设投资的 24.8% 投到了东北地区，投资比重虽然下降了，但仍居全国第一位。如果仅就工业基本投资的分析来看，1950～1952 年全国累计完成的投资总额中，有 50% 以上投到了东北地区。② 大幅度的基本建设投资有力地促进了工业经济的恢复和发展，据统计，1952 年东北地区实际完成的工业建设投资比 1951 年增长了 21.5%；新增的工业固定资产增长了114.5%，其中新增重工业固定资产增长了 125.9%。③

由于东北地区率先恢复和发展，使新中国成立初期沿海和内地工业的比例更趋合理。按 1952 年不变价格计算，1949～1952 年，沿海工业产值由 100.2 亿元增加到 243.2 亿元，内地工业产值由 40 亿元增加到

① 中国社会科学院、中央档案馆：《1949—1952 中华人民共和国经济档案资料选编》（基本建设投资和建筑业卷），中国城市经济社会出版社 1989 年版，第 968 页。

② 《当代中国的基本建设》（上），中国社会科学出版社 1989 年版，第 17 页。

③ 中国社会科学院、中央档案馆：《1949—1952 中华人民共和国经济档案资料选编》（基本建设投资和建筑业卷），中国城市经济社会出版社 1989 年版，第 1002、1004 页。

100.1 亿元，二者分别增长了 1.43 倍和 1.5 倍。这个时期，沿海工业产值占工业总产值的比重由 71.5% 下降到 70.8%，内地工业产值由 28.5% 上升到 29.2%。[1]

第二节 社会主义工业经济体制初建

一、建立处于主导地位的社会主义国有工业制度

1. 没收官僚资本主义工业企业

抗日战争胜利以后，官僚资本主义工业在半殖民地半封建的中国工业系统中居于垄断地位。据估算，1946 年，官僚资本主义工业资本约占中国全部工业资本（包括东北地区和台湾）的 80% 以上。据计算，1947 年，官僚资本主义工业企业提供的工业产品占国民党统治区全部工业产品的比重，电为 78%、煤为 80%、石油和有色金属为 100%、钢铁为 98%、机械为 72%、水泥为 67%、烧碱为 65%、硫酸为 80%、盐酸为 45%、化学肥料为 67%、纺锭为 60%、机制纸为 50%、机制糖为 90%、漂白粉为 41%、出口植物油为 70%。[2]

所谓没收官僚资本主义工业企业，主要是指没收由国民党各级政府（包括中央政府、省政府和县市政府）经营的工业企业（包括国民党政府在抗日战争以后接收的日、德、意帝国主义在中国的工业企业），以及由国民党大官僚经营的工业企业。至于由小官僚和地主经营的工业企业，以及官僚资本主义工业企业中的民族资本的股份，都不属没收之列。

通过没收官僚资本主义工业企业，使社会主义国家所有制经济掌握了经济命脉，成为国民经济的领导力量，并为国民经济的恢复、发展和改造奠定了最重要的基础。据统计，1949 年，社会主义国营工业产值占全国工

---

① 《中国工业经济统计资料（1949—1984）》，中国统计出版社 1985 年版，第 144 页。

② 陈真：《中国近代工业史资料》（第 3 辑），三联书店 1961 年版，第 1445～1446 页；《中国近代工业史资料》（第 4 辑），三联书店 1961 年版，第 56 页。

业总产值的 26.2%，占全国大工业产值的 41.3%；国营工业拥有全国电力产量的 58%、原煤产量的 68%、生铁产量的 92%、钢产量的 97%、水泥产量的 68%、棉纱产量的 53%。[①]

除了直接没收之外，国家还从清除帝国主义在工业方面的侵略势力入手，进一步扩大社会主义国有工业和其他经济事业的阵地。根据中央工商行政管理局的统计资料，从全国解放到 1953 年，外国资本的企业从 1192 个减少到 563 个，职工由 12.6 万人减少到 2.3 万人，资产由 12.1 亿元减少到 4.5 亿元。其中，英国资本的企业由 409 个减少到 223 个，职工由 10.4 万人减少到 1.5 万人，资产由 6.9 亿元减少到 3.1 亿元；美国资本的企业由 288 个减少到 69 个，职工由 1.4 万人减少到 1500 人，资产由 3.9 亿元减少到 1600 万元。

2. 建立政务院财政经济委员会

政务院财政经济委员会是建立统一领导的全国财政经济工作的重要机构，政务院财政经济委员会的建立为社会主义国家所有制工业提供了强有力的组织保障。

新中国成立以后，1949 年 10 月 21 日成立了中央人民政府政务院财政经济委员会（以下简称"中财委"）。中财委成立以后，华东、中南、西北、华北、西南和东北等大行政区也都建立了各区的财政经济委员会，并统归中财委领导。

新中国成立初期，在统一财经管理、稳定物价、调整工商业、恢复生产和重点建设等方面，中财委都进行了卓有成效地工作，为完成国民经济恢复任务做出突出的贡献。历史已经证明，建立中财委是贯彻新民主主义社会的经济纲领、恢复发展工业和国民经济的重要组织保证。

3. 统一财政经济工作

1950 年 3 月开始实行的统一财政经济工作，不仅对稳定物价、争取国家财政经济状况的好转、恢复国民经济起了关键性的作用，而且是建立高度集中的计划经济体制雏形的首要一环。

---

① 汪海波：《新中国工业经济史（1949.10—1957）》，经济管理出版社 1994 年版，第 108 页。

1950 年 3 月 3 日，政务院颁布《关于统一国家财政经济工作的决定》。① 规定统一管理的主要内容是统一财政收支，重点在财政收入，即国家的主要收入，如公粮、税收及仓库物资的全部、公营企业的利润和折旧金的一部分，统归国库。没有中央人民政府财政部的支付命令，不能动支。这样，就保证了国家收入的统一使用。在财政支出方面则规定：军队供给统一于人民解放军总司令部后勤部，政府机关、学校、团体则规定编制，规定供给标准，编外和编余人员由全国编制委员会统一调配，不经批准，不得自招新的人员。机关、学校和工厂企业，按照工作和生产情况，均须规定工作人员的数量和每人的工作额，一切可节省和应该缓办者，统统节省和缓办，反对百废俱兴。要集中财力于军事上消灭残敌，经济上重点恢复。此外，全国国营贸易机构资金、物资的运用调拨集中于中央人民政府贸易部，一切军政机关、学校、团体和公营企业的现金，除留若干近期使用外，一律存入国家银行。当然，统一管理并不否定分散经营。实际上，在统一管理之后，仍然存在分散经营。例如，农业生产，在中央人民政府农业部规定总的方针之后，必须由地方政府担任具体的组织和领导；国营工厂，一部分完全划归地方政府和军事机关管理，另一部分属于中央人民政府所有的，也暂时委托地方政府或军事机关管理。但这种分散经营是在统一管理前提下进行的，同过去基本上分散经营是有原则区别的。

这个决定是依据新中国成立以后的经济发展新形势提出的，也是适应当时消除通货膨胀、支援革命战争和恢复国民经济的迫切需要而提出的。实践已经证明：正是由于这个决定的贯彻执行，才迅速、有效地遏制了当时的通货膨胀，从而有力支持了革命战争的需要，并为迅速恢复国民经济创造了最基本的条件。

但是，鉴于一年来的实践经验，为了在继续保证国家财政经济工作统一领导、计划和管理的原则下，把财政经济工作中一部分适宜由地方政府管理的职权交给地方政府，以利于地方政府的因地制宜，又利于国家财政经济工作的统一领导方针的贯彻执行，1951 年 5 月 24 日政务院又颁布了

---

① 《新华月报》，1950 年 4 月号，第 1393～1395 页。

《关于划分中央与地方在财政经济工作上管理职权的决定》。[①] 基于上述原则，这个决定划给地方的职权大体分为两类。（1）把一部分国营企业或一部分财经业务全部划给地方管理，如地方工业、地方财政、地方贸易、地方交通事业等。在这些事业上，除保证政策、方针、重要计划、重要制度的全国统一性外，一切经营管理工作与一切政治工作，全部由地方负责。（2）分散在各地的由中央财经部门直接管理的企业单位，其一切政治工作均归大行政区人民政府指定的地方当局领导。这些企业在执行上级交付的任务上，必须受地方当局的监督、指导、协助。这样划分，是适合上述原则的。

后来的事实证明：上述《关于划分中央与地方在财政经济工作上管理职权的决定》，对调动地方政府的积极性，促进国民经济的恢复，发挥了积极作用。

与1951年政务院《关于划分中央与地方在财政经济工作上管理职权的决定》相适应，1951年4月6日政务院通过了《关于1951年国营工业生产建设的决定》。这个决定扩大了地方政府在发展地方工业方面的权力和责任，并就发展地方工业的方针，地方工业的经营方向、范围和资金来源，以及利润使用等一系列重要问题作出了规定。

这个决定指出：国营地方工业在发展国民经济中具有重要作用，必须采取积极发展的方针，鼓励各级地方政府经营工业的积极性。后来的事实证明，这个决定在推动地方工业的恢复和发展方面发挥了重要的促进作用。到1952年，地方国有工业的企业数达到7272个，占国有企业（包括中央工业和地方工业）总数的76.4%；职工人数达887044人，占总数的32.7%；总产值达38.2686亿元，占总数的28.4%。[②]

4. 建立社会主义国有工业企业管理制度

新中国成立后，在没收官僚资本主义企业时实行原职、原薪、原制度的政策。这样，反映官僚资本主义剥削压迫关系以及某些不适应社会化大生产要求的企业管理制度就被保存下来，显然，这些都是束缚社会生产力发展

----

① 中国社会科学院工业经济研究所情报资料室：《中国工业经济法规汇编（一九四九——九八一）》，经济管理出版社1981年版，第108～109页。

② 中国社会科学院、中央档案馆：《1949—1952中华人民共和国经济档案资料选编》（工商体制卷），中国社会科学出版社1993年版，第280页。

的，必须改变。同时，国家还要建立适应社会生产力发展和社会主义制度的企业管理制度。在我国，这些都是通过民主改革和生产改革完成的。[①]

（1）民主改革。在1949年完成了对官僚资本主义企业的没收工作以后，我国就开始了企业的民主改革。这项改革工作到1952年"三反"（反贪污、反浪费、反官僚主义）运动结束后就基本完成了。民主改革的主要内容包括四个方面。第一，国家委派厂长（或经理）。为了彻底改变官僚资本主义企业的领导机构，由接收时派遣军事代表进行监督和间接管理的办法，进一步发展到由国家委派厂长（或经理）直接管理企业。第二，开展镇压反革命和"三反"运动。民主改革的一些重要方面，如清除隐藏的反革命分子，改造旧人员的思想作风，建立社会主义新型的企业领导者、管理人员、工程技术人员和工人群众的关系，是通过镇压反革命、"三反"和知识分子思想改造等运动进行的。第三，废除带有封建性的、剥削压迫关系的制度。废除旧社会资本主义企业留下的带有封建性的、剥削压迫关系的制度，这大大地激发了工人群众作为社会主义企业主人翁的积极性。第四，实现管理民主化。实现工厂管理民主化，在国营企业民主改革中处于极其重要的地位。例如，中财委在1950年2月28日发布的《关于国营、公营企业建立工厂管理委员会的指示》[②] 中提出：这种改革的中心环节，就是建立工厂管理委员会，实行工厂管理民主化。在尚未建立工厂管理委员会的工厂企业中，应根据1949年华北人民政府所颁布的《关于在国营、公营企业中建立工厂管理委员会与职工代表会议的实施条例》[③]，立刻开始认真执行。总体来说，国营企业的民主改革，在纯洁工人阶级队伍，建立

① 中国社会科学院工业经济研究所情报资料室：《中国工业经济法规汇编（一九四九——一九八一）》，经济管理出版社1981年版，第7～9页。

② 中国社会科学院工业经济研究所情报资料室：《中国工业经济法规汇编（一九四九——一九八一）》，经济管理出版社1981年版，第489页。说明：1952年9月8日政务院《关于各级政府所经营的企业名称的规定》指示："关于各级政府所经营的企业，目前有称'国营企业'的，有称'公营企业'的，名称殊不一致。为此，政务院特作如下规定：一、凡中央及各大行政区各部门投资经营的企业（包括大行政区委托城市代管的），称'国营企业'。二、凡省以下地方政府投资经营的企业，称'地方国营企业'。"

③ 《关于在国营、公营工厂企业中建立工厂管理委员会与工厂职工代表会议的实施条例》（华北人民政府1949年8月10日公布），中国社会科学院工业经济研究所情报资料室：《中国工业经济法规汇编（一九四九——一九八一）》，经济管理出版社1981年版，第487～488页。

新型的社会主义企业管理制度和人与人之间的关系，提高职工的主人翁地位等方面，都起到了重要作用。

（2）生产改革。生产改革是在民主改革的基础上进行的。在国民经济恢复时期，多方面地进行了生产改革工作。在1952年"三反"运动结束、基本完成了民主改革之后，工作重点就由民主改革转到了生产改革。生产改革的主要内容包括四个方面。第一，建立健全企业管理机构和生产责任制度。建立健全企业管理机构，实行科学的分工，是工业企业进行正常生产和提高生产的基本条件。但新中国成立初期，从官僚资产阶级手中接收过来的国营企业，管理机构很不健全，缺乏科学的分工，很不适合社会主义工业发展的需要。因此，解决这个问题，就成为生产改革中的一项重要工作。建立生产责任制，不仅因为它是管理工业企业的基本原则，而且因为它是新中国成立初期工业企业管理中最薄弱的环节。建立生产责任制，要求做到人人对生产负责，事事有人负责。为此，需要建立各种生产责任制，特别是建立企业领导者的责任制以及质量责任制和安全责任制。为了保证各种生产责任制的贯彻执行，还需建立健全检查部门和检查制度、奖惩制度。第二，推行经济核算制。在初步建立的计划经济体制下，经济核算制是管理国营企业的基本原则。其目的是在国家计划的集中指导下，发扬各企业的经营积极性与责任心，提高劳动生产率，努力增加产量，提高质量，消灭浪费，降低成本，加速资金的周转与增加国家资金的积累，从而保证工业的扩大再生产与提高劳动者的物质文化生活水平。第三，改革工资制度，贯彻按劳分配原则。新中国成立初期，对没收过来的企业里的职工还需要实行原薪制，一般按新中国成立前3个月内每月所得实际工资的平均数领薪。其后进行的民主改革，废除了把头制等封建性剥削，并对少数极不合理的职工和地区的工资做了调整。但这些并没有从根本上触动旧社会留下的工资制度。面对新中国成立初期通货膨胀的局面，人民政府对职工实行了以实物为基础计算工资的办法。这对于保证职工生活和实现社会稳定起到了重要作用。但这同样没有从整体上改变工资制度的混乱局面。1950年8~9月间，中财委召开了全国工资会议。会议肯定了新工资制度，并同意以工资分作为全国统一的工资计算单位。会议还确定了改革工资制度的三项原则：一是在可能范围内，把工资制度改得比较合理，打下全国统一的、合理的工资制度的初步基础；二是一定要照顾现实，尽可能做到为大多数工人拥护；三是要照顾国家财政经济能力，不能过多增加国家负担。这次改革对于建立符合按劳分配原则的新工资制度，提高工资水平，激发职工的劳动热情，都起到了有益作用，并为进一步贯彻按劳分配原则和改革工资制度创造了有利条件。第四，开展生产竞赛运动。随着官僚资本主义经济的被没收和民主改革、生产改革的进行，职工群众成为社会主义国家和企业的主人，劳动积极性趋于高涨，生产竞赛也随之逐步开展起来。据统计，新中国成立至1950年，有68.3万名职工参加了生产竞赛；1951年增长到238万人；1952年，参加爱国增产节约竞赛运动的职工占职工总数的80%以上。1949～1952年，先进集体单位达到1.9万个，其中先进小组1.8万个；先进生产工作者20.8万人，其中女性有2.6万人。[1] 这三年，职工群众在改进机器、操作方法和劳动组织等方面，创造了很多先进经验，提出了很多合理化建议。这三年合理化建议达到近40万件，其中被采用的就有24.1万件。[2]

二、保护并有限制地发展民族资本主义工业

在国民经济恢复时期，保护并有限制地发展民族资本主义工业的经济纲领，主要是通过扶植有益的民族资本主义工业，打击投机资本和调整民族资本主义工业，开展"五反"运动（反对行贿、反对偷税漏税、反对盗窃国家资财、反对偷工减料、反对盗窃国家经济情报）和进一步调整民族资本主义工业这样依次相连的三个环节实现的。民族资本主义工业的恢复、改组和国家资本主义的初步发展，也是在这个过程中实现的。[3]

1. 扶植有益的民族资本主义工业

新中国成立初期，民族资本主义工业（或称私营工业）在工业中居于重要地位。1949年，民族资本主义工业产值为68.3亿元，占工业总产值

---

① 国家统计局：《伟大的十年》，人民出版社1959年版，第165页。

② 《中华人民共和国三年来的伟大成就》，人民出版社1953年版，第151～152页。

③ 汪海波：《新中国工业经济史（1949.10—1957）》，经济管理出版社1994年版，第180页。

的 48.7%，[①] 其中，原煤占 28.3%、烧碱占 59.4%、电动机占 79.6%、棉纱占 46.7%、棉布占 40.3%、纸占 63.4%、火柴占 80.6%、面粉占 79.4%、卷烟占 80.4%。[②] 这就决定了在当时的条件下还必须利用有益于国计民生的民族资本主义工业。为了利用民族资本主义工业在发展国民经济方面的积极作用，人民政府采取了一系列措施帮助民族资本主义工业解决原料、市场和资金等方面的问题。这些措施主要是：供给原料或以原料换成品、委托加工或代销成品、发放工业贷款，以及降低工业税率，使其低于商业税率等。这就促使有益的民族资本主义工业能在较短的时间内得到不同程度的恢复。例如，解放较早的沈阳市，在 1949 年 6～12 月的半年中，私营工业企业由 9727 家增加到 12007 家，增加了 23%。又如，解放较晚的上海市，据 1949 年 12 月对全市 68 个工业行业的调查，在 10078 家私营工厂中，开工的已达 61.7%，其中有些行业已经达到 80% 以上（如棉纺织业），甚至达到 100%（如碾米业）。[③]

2. 打击投机资本和调整民族资本主义工业

新中国成立以后，由于国家没收了官僚资本，清除了帝国主义在经济方面的侵略势力，市场投机活动主要来自民族资本。这种投机资本的活动正是 1949 年下半年和 1950 年初物价急剧上升的最重要因素。这就决定了必须打击破坏国民经济的投机资本。这场斗争在 1950 年 3 月统一全国财政经济工作以后就取得了胜利。

由于 1950 年初平抑物价的措施过猛，1950 年 5 月开始，民族资本主义工业暂时地发生了严重的困难，商品滞销、生产萎缩、工厂停工、工人失业。同 1950 年 1 月相比，全国私营工业 5 月份主要产品产量大幅度下降。其中，棉布减少 38%、绸缎减少 47%、毛纱减少 20%、卷烟减少 59%、烧碱减少 41%、普通纸减少 31%。针对上述问题，党的七届三中全会重申了调整工商业在恢复国民经济方面的重要作用，所谓调整工商业，"就是说，在半殖民地半封建的国民经济轨道拆毁了之后，应该按照新民主主义的轨道来安排工商业的问题。其中最突出的是三个基本环节：第

① 《中国统计年鉴（1984）》，中国统计出版社 1984 年版，第 194 页。
②③ 汪海波：《新中国工业经济史（1949.10—1957）》，经济管理出版社 1994 年版，第 180 页。

一，调整公私关系。第二，调整劳资关系。第三，调整产销关系"。① 为了巩固调整民族资本主义工业的成果，进一步把民族资本主义工业纳入新民主主义经济的轨道，1950 年 12 月政务院颁布了《私营企业暂行条例》。

经过大力调整私营工商业，各地经济情况已发生了显著的变化，迅速取得了显著成效。从 1950 年 4 月开始调整，半年之后，私营工商业户数从歇业多、开业少，转变为开业多、歇业少；市场活跃，成交量增加，城乡物资交流增进；产量显著增加。到 1951 年更明显地表现出来。1951 年与 1950 年相比，全国私营工业的户数增加了 11%，职工人数增加了 11.4%，产值增长了 39%。②

3. 开展"五反"运动和进一步调整民族资本主义工业

由于调整工商业政策的贯彻执行，民族资本主义工业获得了迅速的恢复。在这个过程中，资本主义唯利是图的本质又有了进一步的暴露，他们转而采用"五毒"的办法，即偷工减料、偷税漏税、盗窃国家资财、盗窃国家经济情报和行贿等办法来获取暴利。为了解决以上问题，在党中央的领导下，1952 年上半年，全国开展了一次大规模的"五反"运动。这场运动的目的是打退资产阶级的猖狂进攻，取缔他们的违法活动，使之遵守政府的法令，接受国营经济的领导。"党和国家的基本方针，是通过这些斗争使那些坚持不法行为的少数资产阶级分子在人民群众中，同时也在资产阶级内部陷于完全的孤立，而把那些愿意服从国家法令的大多数资产阶级分子团结起来。"③

为了贯彻这一基本方针，党和国家在处理违法私营工商户的原则、方法等方面作了一系列的严格规定。第一，正确掌握在"五反"运动中处理违法私营工商户的基本原则：过去从宽，今后从严；多数从宽，少数从严；坦白从宽，抗拒从严；工业从宽，商业从严；普通商业从宽，投机商业从严。其主要精神就是要实现宽大与严肃相结合，实事求是地进行定案

---

① 陈云：《中华人民共和国过去一年财政和经济工作的状况》，载于《新华月报》1950 年 10 月号，第 1320~1321 页。

② 汪海波：《新中国工业经济史（1949.10—1957）》，经济管理出版社 1994 年版，第 193 页。

③ 刘少奇：《中国共产党中央委员会向第八次全国代表大会的政治报告》，收录于《中国共产党第八次全国代表大会文件》，人民出版社 1980 年版，第 22 页。

处理工作，做到合情合理，才能既有利于清除资产阶级的"五毒"，又有利于团结资产阶级发展生产和营业。第二，正确掌握在"五反"斗争中对于工商户分类的标准、比例和处理办法。① 区别各类工商户的界限，应以其违法所得数目和违法情节作为同等重要的条件，并将二者结合起来，加以评定。同时，根据团结和改造资产阶级、有利于他们发展生产和营业的实际需要，在确定类别时，还应照顾到其他一些重要因素，如资本家一贯的政治态度、在经济生活中的作用等，加以全面考虑。这对于确定政治上与中国共产党的资产阶级代表人物及若干大户特别是大工业户的类别时更为重要。

一般工商户分为以下五类：（1）守法户的处理办法，即给予守法户通知书；（2）基本守法户的处理办法，一般免退或减退，并给予基本守法户处理通知书；（3）半守法半违法户的处理办法，是"补退不罚"，并给予半守法半违法户处理通知书；（4）严重违法户的处理办法，除令其退出违法所得外，同时按情节酌处罚金；（5）完全违法户的处理办法，除令其退出违法所得并按其情节从重处以罚金外，或判徒刑，最重者可判死刑，并没收其财产的一部分或全部。工商户分类的比例：在各大城市的工商户总数中，守法户约占 10%，基本守法户约占 60%，半守法半违法户约占25%，严重违法户和完全违法户约占 5%。这种比例大体上是合乎各地基本情况的。② 对工商界中大户的处理还要宽些。

上述各项政策的贯彻执行，保证了"五反"运动的健康发展及其胜利。"五反"斗争不仅为工业和国民经济的恢复，而且为私人资本主义接受社会主义创造了有利的条件，并对廉政建设起了重要的促进作用。但是，"五反"运动也带来了影响社会经济发展的问题。主要是"五反"期间，许多城市工业产品积压，商品销售不畅，工人失业增加；许多资本家惶惶不安，感到今后经营无所适从；有些工人和干部则希望多搞公私合营。③ 这样，为了利用

---

① 1952 年 3 月 8 日政务院批准的《北京市人民政府在"五反"运动中关于工商户分类处理的标准和办法》；1952 年 5 月 20 日中共中央《关于争取"五反"斗争胜利结束中的几个问题的指示》；中国社会科学院、中央档案馆：《1949—1952 中华人民共和国经济档案资料选编》（综合卷），中国城市经济社会出版社 1990 年版，第 481 ~ 489 页。

② 汪海波：《新中国工业经济史（1949.10—1957）》，经济管理出版社 1994 年版，第 198 页。

③ 薄一波：《若干重大决策与事件的回顾》（上卷），中共中央党校出版社 1991 年版，第 175 ~176 页。

私人资本主义工业有益于国计民生的作用，需要在"五反"运动获得胜利的新的条件下进一步贯彻调整工商业的政策。这次调整主要也是围绕调整公私关系、调整劳资关系和调整产销关系三方面进行的。

4. 民族资本主义工业的恢复、改组和国家资本主义的初步发展

民族资本主义工业的恢复方面，1949～1952年，民族资本主义工业户数由12.32万户增长到14.96万户，增长了21.4%；职工人数由164.38万人增长到205.66万人，增长了25.1%；总产值由68.28亿元增长到105.26亿元，增长了54.2%。但在此期间，由于社会主义工业的增长速度更快，因而民族资本主义工业产值占工业总产值的比重还是逐年下降的。1949年这个比重为48.7%，1950年下降到38.1%，1951年略有上升，为38.4%，1952年再下降到30.6%。[①]

民族资本主义工业的改组方面。有利于国计民生的工业部门，在人民政府和国营经济的领导和帮助下得到了较快的恢复与发展；那些不利于国计民生的部门则趋于衰落的状态，陷入被淘汰的境地。同时，这期间民族资本主义工业改组还派生了两个重要特点：一是与半殖民地半封建的中国生产资料工业不发达的情况相比，新中国成立初期，民族资本主义的生产资料工业比消费资料工业有了较快的发展；二是现代工业比工场手工业得到了更快的发展。

国家资本主义工业的初步发展方面。根据社会主义经济与资本主义经济发展的方式和程度不同，国家资本主义的初级形式有加工、订货、统购、包销、收购五种具体形式，其中加工订货有了比较迅速的发展。1949～1952年，加工订货的产值由8.11亿元增长到58.98亿元，占私营工业和公私合营工业总产值的比重由11.88%上升到56.04%；自产自销的产值由60.17亿元下降到46.28亿元，占比由88.12%下降到46.93%。[②] 这个时期，加工订货的发展主要还是为了利用民族资本主义工业的积极作用，以便国家掌握更多的日用工业品，实现同农民的农产品交换，也为了调整私营工商业，促进民族资本主义工业的改组。另外，这个时期作为国家资本

---

① 中国社会科学院、中央档案馆：《1949—1952中华人民共和国经济档案资料选编》（工商体制卷），中国社会科学出版社1993年版，第729～732页。

② 同上，第739页。

主义高级形式的个别企业的公私合营也有了一定的发展，这类公私合营企业的一个主要特点是公股比重大，公私合营企业是由国家委派干部参与领导管理，因此，它具有半社会主义的性质。至于那些公股比重很大的公私合营企业，则具有更多的社会主义性质。

三、保护并发展个体手工业

1. 恢复个体手工业生产

新中国成立初期，手工业在全国工业生产中占有相当重要的地位。据统计，1949 年个体手工业产值为 32.7 亿元，占工业总产值的 23%。[①] 因此，新中国成立初期，恢复个体手工业生产是恢复国民经济的一个重要方面。

当时，为了促进手工业生产的恢复，党和政府采取了以下重要措施：一是加强组织领导；二是指导手工业的发展方向；三是疏通流通渠道；四是运用税收和信贷手段促进手工业生产大发展。

取得的成就包括三个方面。（1）手工业生产得到了迅速恢复和发展。全国手工业生产总值从 1949 年的 32.7 亿元，增加到 1952 年的 70.6 亿元，3 年增长了 1.16 倍。[②]（2）手工业行业结构发生了重大变化。迷信品，如香烛、鞭炮、锡箔、烧纸等行业都迅速地没落了；有些产品，如土烟、土面、皮革、肥皂、锯木等，由于机械工业的发展及人民生活的提高，逐渐为机制品所代替；还有些行业，如铜锡、酿酒等，或由于原料缺乏，或由于国家专卖，也多转为专业经营。这类没落的行业户数约占总户数的 20%。[③] 但也有很多行业，如铁、木、竹农具，建筑器材，翻砂，机器修配，家具，以及一般食品和日用品等行业，都有了不同程度的发展。这是由于在土地改革后，农业的发展、基本建设的开展、对外贸易的增长以及人民购买力普遍上升的缘故。这类发展的行业户数约占总户数 50%。[④] 还有需要维持的行业，如五金制造、丝麻毛纺织、棉织、针织、漂染、造纸、

---

①② 《中国统计年鉴（1984）》，中国统计出版社 1984 年版，第 194 页。
③④ 汪海波：《新中国工业经济史（1949.10—1957）》，经济管理出版社 1994 年版，第 228 页。

榨油、榨糖等行业，机制品供应不足部分还需要维持这些行业的手工业生产。这些行业户数约占总户数25%。[①] （3）手工业在城市与农村的布局也发生了一定程度的变化。这是由于农村手工业增长的速度比城市快。这种情况表明：新中国成立初期，相对城市而言，手工业生产对农业生产更具重要性。

2. 初步发展手工业合作组织[②]

为了促进手工业合作化，1950年6月召开了第一次全国手工业生产合作会议。会议总结了手工业合作化的成就及经验。据统计，1950年全国有手工业生产合作社1300个，社员26万人，股金151亿元。这些合作社经营的行业有纺织、针织、食品加工、农具制造、服装制鞋、日用品制造和小型矿产等。这些合作社有的已经建立了经济核算制度、技术管理制度、工资制度，并订立了劳动公约，组织了生产竞赛，因而提高了产品的质量和产量、降低了生产成本、积累了生产资金、改进了生产、举办了文化福利事业。这次会议确定的方针的贯彻，推动了手工业合作化的发展。

为了适应手工业合作化的需要，1952年8～9月又召开了第二次全国手工业生产合作会议。会议肯定了第一次全国手工业生产合作会议"先整顿，再发展"的方针。各地手工业生产合作社经整顿后，到1951年底，社员由26万人减少到13.9万人。社员数量虽然减少，但社员质量纯洁了，为合作社的巩固和发展打下了基础。到1952年6月，社员又增加到20万人，这就证明"先整顿，再发展"的决定是完全正确的。会议还讨论、修改了《手工业生产合作社章程准则》（修正草案），并将该准则下发试行。[③] 该准则依据中华人民共和国成立初期手工业合作化初步发展的经验，对发展手工业生产合作社一系列基本问题进一步作了明确规定。主要有：负责推销社员所制产品，购置社员所需生产资料，以发展生产并减除中间剥削；组织社员劳动，实行合理分工；实行"按劳取酬"的工资制和奖励

---

① 汪海波：《新中国工业经济史（1949.10—1957）》，经济管理出版社1994年版，第228页。

② 这里所说的手工业合作组织，包括具有社会主义因素的手工业生产小组、半社会主义性质的手工业供销合作社和社会主义性质的手工业生产合作社。

③ 《中国手工业合作化和城镇集体工业的发展》（第1卷），中共党史出版社1992年版，第550～561页。

工资制等。

值得注意的是，国民经济恢复时期，除了组织具有社会主义因素的手工业生产小组和半社会主义的手工业供销合作社以外，还试办了一批社会主义性质的手工业生产合作社。1949～1952年，手工业生产合作社（组）由311个增加到3658个，增加了10.8倍；人员由8.9万人增加到22.8万人，增加了1.6倍；产值增长了19.4倍，占手工业总产值比重由0.4%上升到3.5%。其中，1952年手工业生产合作社达到3280个，比1949年增加了10.1倍；手工业生产合作社社员达到21.8万人，比1949年增加了1.5倍，占同期手工业者总数的3%；手工业生产合作社的产值达到2.46亿元，比1949年增加了19倍，占同期手工业总产值的3.4%。[1] 这种情况说明：国民经济恢复时期，手工业生产合作社虽属试办阶段，但也初步显示了优越性，有力地推动了手工业生产。[2]

第三节　宏观经济政策的配套实施

一、重点恢复工业的基础——农业和运输邮电业

农业是工业发展的基础，运输邮电业也是基础产业，在半殖民地半封建的中国，这些产业本来就很落后，又遭到长期战争的严重破坏。所以，恢复和发展农业、运输邮电业就成为恢复和发展工业的基础与条件。

国民经济恢复时期，发展农业的政策措施包括：第一，土地改革，这是恢复和发展农业的根本途径；第二，提高农产品价格，有利于提高农民积极性，扩大再生产能力；第三，增加国家对农业的基本建设投资和农业贷款；第四，推动群众性的技术改进工作，以促进农业生产技术的初步改进；第五，初步发展了农业生产互助合作组织。正是由于采取了一系列有效措施促进了农业的恢复和发展，1949～1952年，农业总产值由326亿元

---

① 赵艺文：《我国手工业的发展和改造》，中国财政经济出版社1956年版，第37页。
② 汪海波：《新中国工业经济史（1949.10—1957）》，经济管理出版社1994年版，第206页。

提高到 416 亿元，3 年增长 48.4%，平均每年增长 14.1%。[①]

国民经济恢复时期，发展农业的政策措施包括：第一，民主改革和生产改革；第二，国家的基本建设投资。1949~1952 年，货物周转总量由 255 亿吨千米增长到 762 亿吨千米，其中铁路货物周转量由 184 亿吨千米增长到 602 亿吨千米，两者的年平均增长速度分别为 44% 和 48.4%。邮电业务总量在此期间由 0.97 亿元增长到 1.64 亿元，增长了 69.1%。[②]

二、重点发展工业和农业的纽带——商业

新中国成立初期，由于长期战争的破坏，很多商品流通渠道被堵塞，因此，打开城乡之间的物资交流渠道，发展城乡之间的商品流通显得十分重要。

这个时期建立的商业体制，在恢复、发展商业方面也起了十分重要的作用。一方面，这一时期为了适应打击投机资本和稳定市场的需要，开始建立了国家对国有商业的高度集中的管理体制，即由中央人民政府贸易部通过建立全国性的各种专业总公司对设在各地区的分支机构实行统一管理、统一经营和统一核算，把各个分支机构的资金、收入和商品调拨均集中于中央贸易部。这在确立和巩固国有经济在商业方面的领导地位，稳定市场，为恢复包括工业在内的国民经济创造必要前提等方面，都发挥了重要作用。另一方面，这一时期国家在大力发展国有商业和合作社商业的同时，又对私营商业的发展做了统筹安排。这样，就开始建立了以国有商业为领导，合作社商业为助手，同时包括国家资本主义、私人资本主义和个体商业在内的多种经济成分并存的商业结构，因而能够在国有商业领导下，发挥各种经济成分办商业的积极性。例如，1952 年社会商品零售总额为 276.3 亿元，其中国有商业合作社商业占 34.4%，公私合营商业占 0.4%，私人资本主义和个体的商业占 65.2%。[③]

由于国家加大了对国有商业的投资，使这一时期的商业得到了较快的

---

①② 王海波：《新中国工业经济史（1949.10—1957）》，经济管理出版社 1994 年版，第 268 页。
③ 《中国统计摘要（1984）》，中国统计出版社 1984 年版，第 78 页。

恢复和发展。按可比价格计算，1950 年社会商品零售总额为 170.6 亿元，1952 年为 276.3 亿元，增长了 62.3%。其中，农业生产资料零售额由 7.3 亿元上升到 14.1 亿元，增长了 93.2%。在这期间，农副产品采购总额由 80 亿元上升到 129.7 亿元，增长了 62.1%。[①] 这些数字表明：国民经济恢复时期，商业的发展一方面开拓了工业品（包括生产资料和消费资料）的市场，另一方面为工业的恢复发展提供了粮食、副食品和原料。在工农业产品交换价格"剪刀差"存在的条件下，由商业承担的城乡之间的商品交流还为工业积累了资金。这些都说明，国民经济恢复时期商业的恢复和发展有力地促进了工业的恢复和发展。

三、稳定物价

1949 年是人民解放战争在全国取得胜利的一年，同时又是财政困难的一年。财政支出中赤字就占了 2/3，不得不依靠发行货币来弥补，导致物价飞速上涨。

新中国成立后，为了稳定物价，政府做出以下调整：

（1）加强行政管理。一方面是金融管理，政府在建立、发展社会主义金融体系的同时，发动各地人民群众展开反对银元、金钞投机的斗争，还公布了金银、外币的管理办法，禁止金银、外币自由流通，并由中国人民银行收兑。对于私营的金融机构也加强了管理，对专门经营高利贷的地下钱庄等违法金融机构坚决取缔，对一般的私营银行、钱庄则加强监督。这样就基本制止了金融投机活动，并把私营金融机构的业务活动逐步纳入国家银行的控制之下。另一方面是市场管理。当时的主要措施有：公布工商业登记办法，工商企业必须登记校准，不经核准不得开业；管理市场交易，建立交易所，实行主要物资的集中交易；管理市场价格，主要是保护国营商业牌价不受私商破坏，使之成为市场上的主导价格；管理采购，把大宗采购工作置于政府监督之下，防止争购；取缔投机活动，对一般私营工商业的投机违法行为要依据情节轻重予以处理，对少数敌视人民政府、

---

① 国家统计局：《伟大的十年》，人民出版社 1959 年版，第 146、148、150 页。

带头哄抬物价的反动资本家则依法制裁；保护正当的私营工商业。这些措施对于打击投机资本的破坏活动、稳定物价，发挥了重要的作用。

（2）依靠国营贸易部门掌握主要商品，平抑物价。1949年，由于国营工业的恢复，又加强了公粮的征收工作，以及主要的工农业产品的收购和调运工作，实行了对外贸易的管理，迅速集中了大量的物资。当时国营商业控制了商品粮的1/3左右，棉纱供应量的30%，棉布的50%，食盐的66%。在掌握了这种物资力量的前提下，国营商业选择有利时机，集中抛售大量物资，以严厉打击囤积居奇、哄抬物价的投机者，把疯涨的物价平抑下来。

（3）实现统一的财政经济工作。1950年3月国家开始实行了统一财政经济工作。其方针是实现财政收支平衡、物资供求平衡、现金吐纳平衡，以遏制通货膨胀，争取物价、通货的稳定。在这个财经方针指导下，中财委采取了现金管理、增加税收、发行公债和大力推销商品、大量回笼货币等办法，基本上成功遏制了通货膨胀、物价上涨的局面，使物价趋于稳定。

四、及时配套资金、技术和人才等生产要素

为了恢复和发展工业，其最重要的生产要素——资金、技术和人才必须同时配套，才能切实解决问题。为此，战后恢复时期主要采取的措施包括：

（1）多渠道地开辟资金来源。首要的资金来源是国家投资（也称政府投资）。新中国成立初期，与社会主义国有经济在国民经济占主导地位相适应，国家投资占了主要地位。1950年初，全国实行财政经济工作统一以后，在基本建设投资方面实行了中央和地方分级管理体制。1951年以后，在巩固中央的经济管理体制的前提下，又扩大了地方在管理经济方面的权限。这样，在国民经济恢复时期，国家投资就分为中央政府投资和地方政府投资两个方面，前者始终占主要地位，后者的比重趋于上升。1950～1952年，国家投资依次分别为11.34亿元、23.46亿元和43.56亿元。其中，中央政府投资所占比重依次分别为84.7%、83.6%和77.5%，3年合计为80.4%；地方政府投资所占比重依次分别为15.3%、16.4%和

22.5%，3年合计为19.6%。[1]

政府投资来自财政收入，而财政收入是来自各种经济成分的，从这种相互联系的意义上说，政府投资是由各种经济成分负担的。1950～1952年，国家财政收入分别为65.2亿元、133.1亿元和183.3亿元。其中，来自国营经济的比重由33.4%上升到55.04%，来自公私合营经济的比重由0.4%上升到1.04%，来自集体所有制经济的比重由0.29%上升到1.14%，来自私营经济的比重由30.2%下降到18.61%，来自个体经济的比重由34.52%下降到17.98%。[2] 可见，在国民经济恢复时期，尽管国家财政收入来自国有经济的比重大大上升了，来自私营经济和个体经济的比重大大下降了，但后两种经济成分所占比重还是相当大的。

国家财政来自私营经济的收入，主要是通过税收和公债两种形式；来自个体农民经济的收入，主要是通过税收、工农业产品价格"剪刀差"和公债；来自国营经济的收入，主要是通过税收、企业上缴的收入和公债。企业上缴的收入主要包括企业固定资产的折旧费和利润。在国有企业上缴国家财政的收入增长方面，新中国成立初期开展的增产节约运动起到了重要作用。

此外，国家银行贷款在国民经济恢复时期提供工业生产建设资金方面也起到过重要的作用。

（2）培养技术力量，推广先进生产技术。一方面是加强技术人才培训。当时采取了专业院校培养、短期培训、业余培训、冬季整训等多种办法培养干部和技术人员。并且通过技工学校、艺徒学校、技术夜校、师徒合同、冬学夜校等多种方式普遍加紧提高工农文化水平。例如，1949～1952年，普通高等学校的毕业生由2.1万人增加到3.2万人，中等技术学校的毕业生由2.4万人增加到4.1万人。[3] 另一方面是推广先进的工业生产技术和方法。

① 中国社会科学院、中央档案馆：《1949—1952中华人民共和国经济档案资料选编》（基本建设投资和建筑业卷），中国城市经济社会出版社1989年版，第107页。
② 《中国统计年鉴（1992）》，中国统计出版社1992年版，第215、217页。
③ 中国社会科学院、中央档案馆：《1949—1952中华人民共和国经济档案资料选编》（基本建设投资和建筑业卷），中国城市经济社会出版社1989年版，第501页。

（3）提高广大劳动者的生产积极性。包括增加就业和提高职工实际工资水平、提高职工消费水平、改善劳动环境等。这些条件的改善，都是广大劳动者生产积极性提高的重要因素。

五、发展以苏联为主的对外贸易

（1）开展对外贸易，主要是开展对苏联和东欧人民民主国家的贸易。1950年12月26日，美国等国家对中国实行禁运以后，中国同主要资本主义国家的贸易额，无论是绝对量或者相对量都大幅度下降，比重由1950年的74.06%下降到1952年的34.11%。在这期间，我国同苏联和东欧人民民主国家的贸易额比重由25.94%上升到65.89%。

（2）从苏联引进资金。依据1950年2月14日中苏两国《关于贷款给中华人民共和国的协定》，从1950年1月1日起的5年内，苏联政府给予中国政府3亿美元的贷款，按35美元等于1盎司纯金计算，贷款年息为1%。贷款用于偿付苏联提供的机器设备等款项，其价格按世界市场价格计算。中国政府将以原料、茶、美元等支付上述贷款和利息，原料和茶的价格也按世界市场价格计算。贷款将在1954年12月31日至1963年12月31日10年内归还，每年还贷款总额的1/10。贷款利息按使用贷款实数并自使用之日起计算，每半年交付一次。[1]

需要着重指出的是，苏联的资金援助是在帝国主义封锁禁运、中国资金供给异常困难的情况下提供的；贷款利息和还款期限等方面的条件都是很优惠的，特别是这项资金对中国社会主义工业化建设增添技术设备具有极重要的作用。这笔贷款尽管在新中国成立初期基本建设投资方面占的比重不是很大，但其意义是很大的。

（3）从苏联和东欧人民民主国家引进设计技术人员。这一点对于新中国成立初期进行重大的工业基本建设项目具有重大的意义。

（4）与苏联合办股份公司，引进苏联的生产设备、技术和管理经验。

---

[1] 中国社会科学院、中央档案馆：《1949—1952中华人民共和国经济档案资料选编》（综合卷），中国城市经济社会出版社1990年版，第183~185页。

1950 年 3 月 27 日，中苏两国政府签订了三个股份公司的协定：《关于在新疆创办中苏石油股份公司的协定》《关于在新疆创办中苏有色及稀有金属股份公司的协定》《关于建立中苏民用航空股份公司的协定》。前两个协定是有关工业的，第三个协定是有关交通的。这些协定在引进苏联的生产设备、技术和管理经验等方面起了重要作用。

总之，在国民经济恢复时期，发展对外经济贸易关系，主要是发展对苏联的经济贸易关系，在扩展进出口商品、筹集资金、引进技术设备和技术人才等方面，为恢复和发展工业生产建设创造了重要条件。

第三章

振奋人心的"一五"

1952 年底，恢复国民经济的任务已经完成。列宁提出的建立社会主义社会的真正的和唯一的基础就是大工业，如果"没有高度发达的大工业，那就根本谈不上社会主义，而对于一个农业国家来说就是更谈不上社会主义了"[1]。社会主义的工业化是中国在过渡时期的中心任务，而社会主义工业化的重要任务是优先发展重工业。党中央按照毛泽东的建议，提出了党在过渡时期的总路线。这条总路线的内容是："从中华人民共和国成立，到社会主义改造基本完成，这是一个过渡时期。党在过渡时期的总路线和总任务，是要在一个相当长的时期内，逐步实现国家的社会主义工业化，并逐步实现国家对农业、对手工业和对资本主义的工商业的社会主义改造。"[2] 1954 年第一届全国人民代表大会第一次会议上确定了国家在过渡时期的总任务，并写入了宪法，在总路线的指导下，统一了全党、全军和全国人民的思想认识。1955 年一届人大二次会议依此编制了"一五"计划的基本任务：集中力量进行工业化建设，加快推进各经济领域的社会主义改造，探索高度集中的计划经济体制。

---

① 《列宁全集》（第 32 卷），人民出版社 1958 年版，第 399 页。

② 汪海波：《新中国工业经济史（1949.10—1957）》，经济管理出版社 1994 年版，第 122 页。

第一节 "一五"计划的社会主义工业化

我国曾经是一个半殖民地半封建社会的国家，经济是极其落后的。在新中国成立前，我国生铁在历史上最高年产量不过 180 多万吨，钢不过 90 万吨，并且没有制造主要生产工具的机器制造工业。1952 年恢复阶段终结的时候，虽然生铁和钢的产量都超过新中国成立前的数字，但生铁也还只有 190 万吨，钢只有 135 万吨。鉴于我国经济这种极端落后的情况，我们必须实行积极的社会主义工业化政策，来提高我国生产力的水平。采取积极的工业化的政策，即优先发展重工业的政策，其目的就是建立巩固国防、满足人民需要和对国民经济社会主义改造的物质基础。加之 20 世纪 50 年代以苏联为首的社会主义阵营与以美国为首的资本主义阵营之间的矛盾不断激化。两个阵营不仅在政治制度与军事实力上展开全方位竞争，还围绕着两种不同的经济发展道路展开了激烈较量。中国处于以苏联为首的社会主义阵营，苏联与一些东欧国家以资金和技术援助的形式积极支持中国的经济建设，来自苏联与东欧国家的经济援助在中国工业化的进程中起到了重要作用。

第一个五年计划早在 1951 年春开始由中央人民政府政务院财经委着手试编。1954 年 4 月，中央成立编制五年计划纲要 8 人小组，陈云任组长，开始全面编制工作。到 1955 年 3 月 31 日，中国共产党全国代表会议同意中央委员会提出的第一个五年计划报告。同年 6 月，中央对"一五"草案做了适当修改，建议由国务院通过并提请全国人大一届二次会议审议通过（1955 年 7 月 30 日通过）。第一个五年计划的主要任务有两点：一是集中力量进行工业化建设；二是加快推进各经济领域的社会主义改造。

一、第一个五年计划的基本任务

第一个五年计划的基本任务是，把重工业的基本建设作为制定发展国民经济第一个五年计划的重点，集中主要力量进行以苏联帮助我国设计的

156个建设单位为中心的、由限额以上的694个建设单位组成的工业建设，建立中国的社会主义工业化的初步基础；发展部分集体所有制的农业生产合作社，并发展手工业生产合作社，建立对于农业和手工业的社会主义改造的初步基础；基本上把资本主义工商业分别纳入各种形式的国家资本主义的轨道，建立对于私营工商业的社会主义改造的基础。

围绕着这些基本任务，第一个五年计划与实现社会主义工业化相关的各项具体任务包括三个方面：（1）建立和扩建电力工业、煤炭工业和石油工业；建立和扩建现代化的钢铁工业、有色金属工业和基本化学工业；建立制造大型金属切削机床，发电设备、冶金设备、采矿设备，以及汽车、拖拉机、飞机的机器制造工业。这些都是我国重工业的新建设。（2）随着重工业的建设，相应地建设纺织工业和其他轻工业，建设为农业服务的新的中小型工业企业，以便适应城乡人民对日用品和农业生产资料的日益增长的需要。（3）在建设新工业的同时，必须充分、合理地利用原有的工业企业，发挥它们的潜在生产力量。在第一个五年计划期间，重工业和轻工业生产任务的完成，主要还是依靠原有的企业。[1]

二、以工业为主导的基本建设投资

为保证第一个五年计划的顺利实现，五年内国家对于经济事业和文化教育事业的支出总数为766.4亿元（其中，国家财政拨款741.3亿元，由中央各经济部门和各省市动员的内部资金25.1亿元），用于各部门的基本建设投资为427.4亿元，占支出总数的55.8%，其中工业部门为248.5亿元，占基本建设投资的58.2%。可以很明显地看出，分配的重点是工业，特别是在基本建设投资中，工业占有最重要的地位。工业部门基本建设的投资，再加上中央各工业部以外的其他各部的有关工业基本建设投资17.7亿元，五年内工业基本建设投资共计266.2亿元。除此之外，公私合营工业的公积金中，将有一部分投入工业基本建设，私营企业也将有一些资金

---

① 《中华人民共和国发展国民经济的第一个五年计划（1953—1957）》，人民出版社1995年版，第1页。

投入工业基本建设。工业基本建设投资266.2亿元，按管理部门划分，其分配情况如下：重工业部为64.9亿元，占24.4%；燃料工业各部为67.9亿元，占25.5%；机械工业各部为69.3亿元，占26%；纺织工业部为11.6亿元，占4.4%；轻工业部为6.9亿元，占2.6%；地质部为2亿元，占0.8%；建筑工程部（包括地方建筑企业）为6.9亿元，占2.6%；地方工业为19亿元，占7.1%。中央各工业部以外的其他各部的工业（包括林业部的木材工业，商业部、粮食部的加工工业，铁道部和交通部的机车、车辆、船舶的修配工业和建筑业，文化部的电影工业，等等）为17.7亿元，占6.6%。[①]

在工业基本建设投资中，制造生产资料工业的投资占88.8%；制造消费资料工业的投资占11.2%。投资的比例关系必须根据生产资料优先增长的原理来决定，而在每个发展时期中，这种比例关系的具体规定又应该照顾到当时的具体条件。我国第一个五年计划中重工业投资的比重特别大，这是因为我国需要积极地扩大重工业的基础以促进国民经济的全面发展，同时，我国国营和私营的轻工业在当时又还有相当大的潜在力量，并且还有广大的手工业可以做重要补充。因此，我国第一个五年计划关于轻重工业投资比例的规定是合适的。

在工业生产的增长中，一方面，国营工业（包括国营的现代工业和工场手工业）的发展速度是比较快的。国营工业产值在1957年比1952年增长了130.1%，即平均每年递增18.1%。因此，把1957年同1952年做比较，国营、合作社营、公私合营、私营各类工业产值在工业总产值中所占的比重将发生如下变化：国营工业将由52.8%上升为61.3%，合作社营工业将由3.2%上升为4.4%，公私合营工业将由5%上升为22.1%，这三类工业产值合计在工业总产值中所占的比重将由61%上升到87.8%。[②]

另一方面，私营工业产值1952年为105.3亿元，除去其中将在五年内实现公私合营的51.5亿元以外，还有53.8亿元；到1957年，私营工业的产值为65.6亿元，即比53.8亿元增长22%，但私营工业在工业总产值中

①② 《中华人民共和国发展国民经济的第一个五年计划（1953—1957）》，人民出版社1995年版，第3页。

所占的比重将由39%下降为12.2%。①

以重工业为主的工业基本建设的目的，是要把我国国民经济从技术极端落后推进到现代化技术的轨道上，而为我国的工业、农业和运输业创造现代化的技术基础。为此目的，工业的基本建设计划就要建立由现代先进技术装备起来的新的工业，同时要用现代的先进技术逐步改造原有工业。上述计划是我国五年计划的中心，而在苏联援助下的156个单位的建设，又是工业建设计划的中心。这种基本建设代表着我国人民的长远利益。

五年内，工业方面限额以上的建设单位，包括苏联帮助设计的在五年内开始建设的145个单位在内，共694个；其中，属于中央各工业部的573个，属于中央其他各部的39个，属于地方的82个。限额以下的建设单位2300个左右，其中，属于中央各部的约900个，属于地方的约1400个。②

限额以上的694个建设单位，在第一个五年计划期间能够建成的是455个，其中属于苏联帮助设计的是45个；在第二个五年计划期间陆续建成的是239个，其中属于苏联帮助设计的是100个（包括第一个五年计划期间已经部分建成并投入生产的18个在内）。限额以下的建设单位一般都可以在五年内建成。③

苏联帮助设计的单位在五年内的投资是110亿元，占工业部门基本建设投资248.5亿元的44.3%。同时，直接配合这些建设单位的，还有143个限额以上的建设单位，五年内对这些建设单位的投资是18亿元，占工业部门基本建设投资248.5亿元的7.2%。两项合计共占51.5%。这就是说，在第一个五年内我们是集中主要投资来保证苏联帮助设计的重点工程及其直接配合工程的建设。④

在集中主要力量进行上述两类工程建设的同时，中央各工业部和各地方还必须用适当的资金来改建现有的若干中小型厂矿，并新建新的中小型厂矿，如中小型煤矿、发电厂和肥料制造厂等。这类改建和新建的中小型厂矿，能够在较短的时间内建设完工并投入生产，能够迅速地发

①②③ 《中华人民共和国发展国民经济的第一个五年计划（1953—1957）》，人民出版社1995年版，第3页。
④ 同上，第7页。

挥投资效果并增加生产能力，不但对满足社会需要能够发挥重大作用，而且对于资金积累的增加以及支援和配合重点工程的建设，也都是不可缺少的力量。那种只醉心于大型厂矿的建设而忽视对中小型厂矿的利用和建设的倾向是错误的。但是这类中小型厂矿的建设必须是有计划的，不能是盲目的。各地方在进行这类厂矿建设的时候，中央各工业部应该给予帮助。

三、工业的地区分布和新工业基地的建设

我国工业原来畸形地偏集于一方和沿海的状态，在经济上和国防上都是不合理的。我们的工业基本建设的地区分布，必须从国家的长远利益出发，根据每个发展时期的条件，依照下列原则，即在全国各地区合理分布工业生产力，使工业地区接近原料、燃料的产区和消费地区，并有利于巩固国防，用这些措施来逐步改变不合理的状态，提高落后地区的经济水平。

为改变原来工业地区分布的不合理状态，必须建设新的工业基地，而首先利用、改建和扩建原有的工业基地，则是创造新工业基地的一种必要条件。

不论改建和扩建原有的工业基地或建设新的工业基地，企业地点的布置都应该避免过分集中，应该适当地分开安排在具有一定距离的邻近地带，大、中、小企业的建设应该互相配合。

总的来说，第一个五年计划对于工业基本建设的地区分布主要作了下列部署：

第一，合理地利用东北及上海和其他城市已有的工业基础，发挥它们的作用，以加速工业的建设。最重要的是要在第一个五年计划期间基本完成以鞍山钢铁联合企业为中心的东北工业基地建设，使其能够更有能力地在技术上支援新工业地区的建设。除了对鞍山钢铁联合企业做重大改建以外，东北各工业区原有的工业，如抚顺、阜新和鹤岗的煤矿工业，本溪的钢铁工业，沈阳的机器制造工业，吉林的电力工业，也都将在五年内加以改建。

第二，积极地进行华北、西北、华中等地新的工业地区建设，以便第二个五年计划期间在这些地区分别组成以包头钢铁联合企业和武汉钢铁联合企业为中心的两个新的工业基地。

第三，在西南开始部分的工业建设，并积极准备建设新工业基地。根据上列主要工业基本建设的部署，在完成第一个五年计划的基础上，到第二个五年计划完成的时候，我国就将有分布在东北、华北、西北和华中各地区的巨大工业基地，这样也就将在相当大的程度上改变我国广大地区的经济生活。这种工业的地区分布是建立在发展重工业的基础上，从而改变了过去工业分布的性质。

除了上述重工业分布的部署以外，五年计划对于轻工业（主要是纺织工业）的新建设也作了比较合理的新部署，部分地改变轻工业过去集中在沿海的现象，而移往接近原料产区和消费地区的内地。根据内地的需要，逐步把沿海城市某些可以迁移的工业企业向内地迁移。[①]

四、实现工业基本建设计划的必要措施

工业基本建设，特别是重大工程的建设，规模巨大，技术复杂，时间紧张，而我们主观的力量和经验又还很不够，虽然156个单位是由苏联帮助设计并供应成套设备，对于保证完成计划是一个很大的有利条件，但我们的困难还是很多的。因此，必须加强对工业基本建设的领导，学习和推广苏联工业基本建设的先进经验，采取有效措施，用最大的努力来保证工程的质量，降低工程成本，按时完成建设任务。

第一，提高基本建设工作的计划性和组织性。按照首先保证重点工程建设、适当照顾必要的配合重点工程和能够迅速发挥投资效果增加生产能力的工程，以及尽可能地扩大生产性固定资产的比例原则，来具体安排工程项目，掌握工作量和工程进度，研究定额，使地质勘察、设计、施工和设备材料的供应能够平衡和衔接，克服盲目被动的现象。

[①]《中华人民共和国发展国民经济的第一个五年计划（1953—1957）》，人民出版社1995年版，第9页。

第二，按照专业分工的原则，调整和继续充实设计机构，培养新的设计力量，加强对设计工作的政治思想领导，广泛地采用先进的技术成就，提高设计工作的质量，并逐步建立设计的各种定额、标准和制度。

第三，根据适用和经济的原则，在提高设计工作的质量和保证工程质量的基础上，力求降低工程造价。关于企业中的非生产性的建设，必须根据人民的生活水平，大大降低建筑标准和工程造价。

第四，加强新工业城市的规划和建设工作。城市建设的标准要适合国家现在生产力发展的水平。城市公用事业的建设应该同新工业企业的建设密切配合。

第五，在重要的新工业城市建立综合性的建筑企业，同时调整和提高现有的专业性的建筑企业，以担负建筑任务。

第六，纯洁建筑企业的工人职员队伍，不断地对工人职员进行教育，以提高他们的政治觉悟和业务技术水平。

第七，在重点工程中，努力推行工厂化的施工方法，尽可能地采用钢筋混凝土结构和预制的配件，力求缩短施工时间，节约建筑材料。

第八，加强工业基本建设施工的管理工作。（1）在各建筑企业和施工单位中，实行一长制和按生产区域管理制，以纠正无人负责的现象。（2）逐步贯彻计划管理和推行作业计划；按照需要和可能，有重点地推行施工的机械化和施工的常年作业；合理地使用人力物力，防止窝工，消除破坏纪律的现象；注意施工的安全。（3）加强施工的技术指导，积极推广工人职员群众先进的施工经验，鼓励合理化建议，不断提高劳动生产率，提高工程质量。

第九，逐步健全和贯彻经济核算制，厉行节约，同一切浪费现象作斗争。对基本建设单位实行拨款监督，逐步建立设计预算的管理制度，健全建设工程的验收制度。

第十，加强工业基本建设同运输、对外贸易、工业生产各部门之间的平衡协作。

第十一，加强对于工业基本建设计划执行情况的经常检查，以便帮助基本建设单位克服缺点，改善工作。

第二节 实现资本主义工业的社会主义改造

1953 年 6 月，中共中央召开了两次政治局扩大会议，确定了对资本主义工商业进行社会主义改造的方针。随后，中共中央又确定对资本主义商业也不采取单纯"排挤"的办法，而采取国家资本主义的办法。[1] 毛泽东于 9 月着重讲了党在过渡时期对资本主义工商业进行社会主义改造的方针，明确指出：根据三年多的经验，党确定的方针是经过国家资本主义，逐步完成对私营工商业的社会主义改造。国家资本主义在工业方面有公私合营、加工订货或统购统销和收购经销三种形式。[2]《中华人民共和国发展国民经济的第一个五年计划（1953—1957）》关于对资本主义工业的利用、限制和改造中指出，国家对资本主义工业的改造，第一步是把资本主义转变为各种不同形式的国家资本主义，第二步是把国家资本主义转变为社会主义。根据国家的这种政策，在第一个五年计划期间，私营工业的大部分将转变为各种形式的国家资本主义，而私营的现代工业的大部分将转变为高级形式的国家资本主义——公私合营。[3]

一、公私合营是国家资本主义的高级形式

为了规范和促进公私合营工业企业的发展，1954 年 9 月 2 日，政务院颁布了《公私合营工业企业暂行条例》（以下简称《条例》）。《条例》就总则、股份、经营管理、盈余分配、董事会和领导关系等问题作了规定。[4]

关于总则。由国家或者公私合营企业投资并由国家派遣干部，同资本

---

[1] 胡绳：《中国共产党的70年》，中共党史出版社 2010 年版，第 327 页。

[2] 转引自房淮中：《中华人民共和国经济大事记（1949—1980 年）》，中国社会科学出版社 1984 年版，第 102 页。

[3]《中华人民共和国发展国民经济的第一个五年计划（1953—1957）》，人民出版社 1955 年版，第 25 页。

[4] 中国社会科学院工业经济研究所情报资料室：《中国工业经济法规汇编（一九四九——九八一）》，经济管理出版社 1981 年版，第 77~79 页。

家实行合营的工业企业，是公私合营工业企业。对资本主义工业企业实行公私合营，应当根据国家的需要、企业改造的可能和资本家的自愿。企业的公私合营，应当由人民政府核准。合营企业中，社会主义成分居于领导地位，私人股份的合法权益受到保护。合营企业应当遵守国家计划。

关于股份。对于企业实行公私合营，公私双方应当对企业的实有财产进行估价，并将企业的债权债务加以清理，以确定公私双方的股份。合营企业的股东对于合营企业的债务负有限责任。

关于经营管理。合营企业受公方领导，由人民政府主管业务机关所派代表同私方代表负责经营管理。公私双方代表在合营企业中的行政职务，由人民政府主管业务机关同私方代表协商决定并加以任命。他们在企业行政职务上，都应当有职有权，守职尽责。合营企业应当采取适当的形式，实行工人代表参加管理的制度。合营企业在生产、经营、财务、劳动、基本建设、安全卫生等方面，应当遵照人民政府有关主管机关的规定执行。

关于盈余分配。合营企业应当将全年盈余总额在缴纳所得税以后的余额，就企业公积金、企业奖励金、股东股息红利三个方面，依照下列原则加以分配：（1）股东股息红利，加上董事、经理和厂长等人的酬劳金，合计可占到全年盈余总额的25%左右；（2）企业奖励金，参酌国营企业的有关规定和企业原来的福利情况适当提取；（3）发付股东股息红利和提取企业奖励金以后的余额作为企业公积金。

关于董事会和股东会议。合营企业的董事会是公私双方协商议事的机关，对下列事项进行协商：（1）合营企业章程的拟订或者修改；（2）有关投资和增资的事项；（3）盈余分配方案；（4）其他有关公私关系的重要事项。董事会听取合营企业的生产经营情况和年度决算报告。公私双方董事的名额由公私双方协商规定。公方董事由人民政府主管业务机关派任，私方董事由私股股东推选。董事会可以定期召开私股股东会议，报告董事会的工作、处理私股股东内部的权益事项。

关于领导关系。合营企业应当分别划归中央、省、直辖市、县、市人民政府主管业务机关领导。人民政府工商行政机关负责管理合营企业有关工商行政的事项。人民政府财政机关和所属的交通银行负责监督合营企业的财务。

《条例》的颁布实施，对规范公私合营企业的行为发挥了积极作用。

二、形成全行业公私合营的高潮

1956 年初，资本主义工商业全行业公私合营"高潮的出现，不是偶然的，而是 1949 年以来我国各种社会条件发展成熟的必然结果"①。1956 年 1 月 1 日，北京市资本主义工商业者首先踊跃地提出了公私合营的申请。这时申请合营是一个行业一个行业进行的，因而很快就形成了热火朝天的运动。到 1 月 10 日就实现了全市资本主义工商业的公私合营。同时，北京市个体的农业、手工业的社会主义改造也全部取得了决定性的胜利。北京市开始的这个高潮，大大地推动了其他城市的资本主义工商业的社会主义改造高潮。到 1 月底，我国资本主义工商业集中的大城市以及中等城市都相继实现了全市的全行业公私合营。到 3 月末，除西藏等少数民族地区外，全国资本主义工商业基本实现了全行业公私合营。

1956 年初，全国原有资本主义工业 88000 余户。到年底，已有 99% 实现了社会主义改造，除极少数转入地方国营工业外，共组成了 33000 多个公私合营企业。同时，有 48200 多户个体手工业户由于他们或者与私营工厂原有协作关系，或者是行业户数不多，根据他们的申请，也参加了公私合营。全国 240 余万私营商业户，到 1956 年底，已有 82% 实现了改造，其中除少数转入国营商业或供销合作社商业外，分别组成了公私合营商店、合作商店、合作小组。私营轮船的 98.62% 和几乎全部的汽车运输业也实现了全行业公私合营或合作化。私营饮食业有 86% 实现了改造。到 1957 年底，私营服务业有 77% 实现了改造。②

经过全行业公私合营以后，资本主义私有制仅仅表现在定息上，在其他方面同社会主义国家所有制已经没有区别。这时的公私合营企业的经济性质基本上已经是社会主义的了。所以，全行业公私合营高潮以后，我国原来存在的社会主义经济与资本主义经济之间的矛盾，以及私营企业内部

① 《刘少奇选集》（下卷），人民出版社 1982 年版，第 180、208 页。
② 当代中国丛书编辑部：《当代中国经济》，中国社会科学出版社 1987 年版，第 136～138 页。

的劳资矛盾已经基本得到解决，资本主义工商业的社会主义改造获得了基本胜利。这样，在 1956 年就基本完成了资本主义工商业的社会主义改造，远远超过了"一五"计划"基本上把资本主义工商业分别纳入各种形式的国家资本主义的轨道"的要求。

三、全行业公私合营高潮中的定股、定息和安排资方人员的工作

在全行业公私合营的过程中及以后的一段时间内，政府对资产阶级继续贯彻赎买政策。因此，在合营高潮中，全国各地都进行了定股、定息和人事安排工作。

定股，即对资本家公私合营时的生产资料进行估价，核定私股股额。在个别企业公私合营阶段，定股工作是按户由政府派工作组到企业，同资本家共同进行。这种做法细致，工作量大，时间长。为适应全行业公私合营高潮的形势，定股工作采取了在企业工人监督下，由资方自报、同业评议、行业合营委员会（由公方、工人、资方三方面代表组成）核定的方式。

定股的原则，仍和个别企业公私合营时一样，要求做到公平合理。但在全行业公私合营高潮中，为了顺利地推进改造，政府对定股提出了"宽"和"了"的方针。"宽"，即对与财产估价有关的公私关系方面的问题，一般都从宽处理。"了"，即对企业各种债务关系，能够在公私合营时了结的，都尽量了结。这样清理的结果，连同 1956 年以前合营的企业在内，全国公私合营企业的私股股额共为 24.1864 亿元。

定息，即企业在公私合营期间，按期由国家根据核定的私股股额发给私股股东固定息率的股息。

定息在个别企业公私合营阶段就开始实行了。原来的公私合营企业给资本家分配利润有两种形式：一种是"四马分肥"，把企业的盈利分成四份（所得税、企业公积金、职工福利基金、资方股息红利），资本家取得其中的一份；另一种就是定息，主要在公私合营的银行、钱庄、煤矿、锡矿和某些公私合营的公用事业单位中实行。[1]

---

① 薄一波：《若干重大决策与事件的回顾》（上卷），中共中央党校出版社 1991 年版，第 425 ~ 426 页。

为适应全行业公私合营的需要，定息作为赎买形式被普遍采用了。国务院于 1956 年 7 月间规定："全国公私合营企业的定息户，不分工商、不分大小、不分盈余户亏损户、不分地区、不分行业、不分老合营新合营，统一规定为年息五厘，即年息 5% 。个别需要提高息率的企业，可以超过五厘。过去早已采取定息办法的公私合营企业，如果他们的息率超过五厘，不降低；如果息率不到五厘，提高到五厘。"[1] 全行业公私合营高潮后，各地定息的结果，超过 5 厘的计有 4368 户，约占全部定息户的 2% ，其余全部定息五厘。定息期限原定为 7 年，从 1956 年起到 1962 年止，"如果七年后工商业者生活上还有困难，还可以拖一个尾巴"[2]。1962 年又宣布，从 1963 年起，延长 3 年，到时再议。

1956 年初，全行业公私合营高潮后，全国公私合营企业在当年上半年共发息 5757.61 万元，其中工业公私合营企业发息 4453.49 万元。[3]

关于全行业公私合营高潮中的人事安排问题，刘少奇在中国共产党第八次全国代表大会的政治报告中指出："资方人员凡能工作的都由国家有关部门分配工作，不能工作的也酌量给以安置，或者予以救济，保障他们的生活。这也是一种必要的赎买的办法。"[4] 对私营企业原有在职资本家及资本家代理人进行工作职位的安排，贯彻了政府提出的"量才使用，适当照顾"[5] 的原则。根据 1957 年的统计，全国拿定息的 71 万在职私方人员和 10 万左右资本家代理人全部安排了工作。几个大城市的情况大体是：安排直接参加生产经营的占 60% ~ 65% ；安排为管理人员的占 35% ~ 40% 。对部分资产阶级的代表人物，还安排了国家机关、国营经济业务部门的行政职务。根据 1957 年底统计，中国民主建国会会员除被选为第

---

① 国务院：《关于对私营工商业、手工业、私营运输业的社会主义改造中若干问题的指示》（1956 年 7 月 28 日），收录于《中国工业经济法规汇编（一九四九——九八一）》，经济管理出版社1981 年版，第 84 页。

② 陈云：《在中华全国工商业联合会第二届会员代表大会上向全国工商界代表讲解五个问题》，载于《人民日报》1956 年 12 月 16 日。

③ 汪海波：《新中国工业经济史（1949.10—1957）》，经济管理出版社 1994 年版，第 359 页。

④ 《刘少奇选集》（下卷），人民出版社 1982 年版，第 217 页。

⑤ 国务院：《关于对私营工商业、手工业、私营运输业的社会主义改造中若干问题的指示》（1956 年 7 月 28 日），收录于《中国工业经济法规汇编（一九四九——九八一）》，经济管理出版社1981 年版，第 85 页。

一届全国人民代表大会代表的 70 人、第二届政治协商会议全国委员会委员的 65 人以外，担任部长、副部长的 7 人，大学院校校长 2 人，副省长 7 人，北京、上海和天津三大城市的副市长 4 人，正副局长 24 人，省正副厅长 35 人。[①]

此外，私营企业资本家的薪金一般较高，有的很高。1955 年统计，上海私营和公私合营工业投资在 10 万元以上的资本家（509 人）中，工资在 1000 元以上的有 12 人，其中最高的是 1675 元。但为了利于改造，把这种高薪作为赎买政策的一部分保留了下来。[②]

四、全行业公私合营高潮后企业的改组、改革和公私共事关系的调整

按照政府的有关规定，企业改组和企业改革必须遵循的原则是：（1）服从于生产和生活的需要，达到增加产量，提高质量，增加花色品种，降低生产成本，保持和发扬优良的工艺传统、技术和经营管理方法，以及方便和改善人民生活的目的。（2）对于资本主义工商业的生产技术和管理办法，必须进行全面分析，对于其中不合理的部分，应该逐步加以改革；对于其中合理的部分，应该在合营企业中充分加以运用。我们应当将资本主义工商业、手工业的生产技术和管理办法中有用的东西，看成是民族遗产，把它保留下来，绝不应该不加分析地全盘否定。（3）针对全行业公私合营高潮时发生的某些混乱的、不利于生产发展和人民生活改善的现象，政府特别强调要遵循慎重的、有充分准备的原则。

为了有充分时间去逐行逐业地顺利地完成社会主义改造工作，国务院决定：（1）私营工商企业从批准公私合营到完成改造需要相当长的时间，因此在批准合营以后，一般在 6 个月左右的时间内，应该仍然按照原有的生产经营制度或习惯进行生产经营。（2）企业原有的经营制度和服务制度，例如进货销货办法、会计账务、赊销暂欠、工作时间、工资制度等，

---

① 汪海波：《新中国工业经济史（1949.10—1957）》，经济管理出版社 1994 年版，第 360 页。

② 中国社会科学院经济研究所：《中国资本主义工商业的社会主义改造》，人民出版社 1962 年版，第 221～226 页。

一般在 6 个月以内照旧不变。（3）企业原有的供销关系要继续保持，原来
向哪里进货销货的，仍旧向哪里进货销货；进货销货的双方，必须密切合
作；原来出口的手工艺品，必须继续出口；手工艺品所需要的国外原料，
必须尽可能地继续进口。（4）各企业之间原有的协作关系，如加工、修
理、供应配件、零件等，必须继续保持，不得随意变动。国务院还强调，
凡是已经有了充分准备，已经作了详细研究并且提出了通盘改组规划的行
业，经过省（自治区）、市领导机关的批准，就可进行改组。①

公私合营企业改组要服从发展生产和改善人民生活的需要。因此，公
私合营企业改组并不是把所有的小厂都并成大厂。因为许多工厂虽然规模
小，但服务面广，需要适当地分散生产，而且有些小厂生产的小产品虽产
值不大，但品种繁多，各有各的销售对象，是大企业不能代替的；有些小
厂在技术上有优良的工艺传统，群众欢迎它们的产品。所以，为搞好生
产，有些固然要合并，但有些目前不需要合并，有些长期不需要合并。可
以并厂的只是那些厂房设备有条件、先进设备可以代替落后设备和手工生
产、工序可以平衡衔接、变厂外协作为厂内协作，以及集中生产而不影响
品种和协作关系的少数行业与企业。为此，当时国家规定了改组的方针
是：大部不动，小部调整。

在 1956 年和 1957 年上半年，公私合营企业改组的形式主要采取并厂
和联合管理两种形式。此外，还有少数企业实行单独管理、迁厂或裁撤。
据统计，到 1957 年 6 月，实行公私合营的工厂中，进行合并的约占半数；
采取联合管理的约占 1/3，联合管理中实行统一核算和分别核算的约又各
占半数；其余则为单独管理、迁厂或裁撤。②

1956 年和 1957 年上半年，公私合营企业的企业改革工作主要有如下
四点。（1）设立专业公司或指定专业机构，统一负责所属合营企业的经济
工作和政治工作；在企业内部则加强党的领导，建立公方代表制度，健全
工会组织。（2）实行党委领导下的厂长（经理）负责制，建立有职工和

---

① 国务院：《关于目前私营工商业和手工业的社会主义改造中若干事项的决定》（1956 年 2 月 8
日），收录于《中国工业经济法规汇编（一九四九——一九八一）》，经济管理出版社 1981 年版，第 80 ~
81 页。

② 柳随年、吴群敢：《中国社会主义经济简史》，黑龙江人民出版社 1985 年版，第 99 页。

公私各方面代表参加的民主管理机构。（3）实行计划管理，同时逐步实行经济核算。（4）新公私合营企业的工资标准和工资制度，应该逐步向同一地区的性质相同、规模相近的国营企业看齐。[①]

在对私营企业实行社会主义改造的同时，加强工人群众对私营工业企业的监督，以配合国家行政机关的管理和国营经济的领导，使私营企业遵守国家的法律和命令，改善它们的经营管理，并促进私营中小企业创造公私合营的条件。鼓励资本家努力学习国家在过渡时期的总任务和各项政策，改造自己，遵守国家法律，积极地拥护国家社会主义改造事业。

第三节 对手工业的社会主义改造

实现个体手工业的社会主义改造，既是党和国家在过渡时期的总路线和总任务的重要组成部分，也是"一五"计划的基本内容之一。在国民经济恢复时期，虽然手工业合作化有了初步发展，但手工业者大部分还是个体的劳动者。这种状况与党的过渡时期总路线公布以后的整个国民经济发展的要求不相适应。这个时期试办的手工业合作组织已为个体手工业者树立了榜样，国家也逐步积累了管理手工业合作化的经验。这样，在"一五"前半期手工业合作化就得到了普遍发展。[②]

一、引导手工业者走向合作社的道路

根据国家在过渡时期的总任务，在第一个五年计划期间，采用说服、示范和国家援助的方法，逐步地把手工业者引向合作化的道路，使手工业生产合作社成为国营工业的得力助手。

---

① 国务院：《关于对私营工商业、手工业、私营运输业的社会主义改造中若干问题的指示》（1956 年 7 月 28 日），收录于《中国工业经济法规汇编（一九四九——九八一）》，经济管理出版社1981 年版，第 84 页。

② 《中华人民共和国发展国民经济的第一个五年计划（1953—1957）》，人民出版社 1955 年版，第 14 页。

　　按照"一五"计划的要求，手工业生产的合作化，应该根据手工业者的自愿和可能的接受程度，经过各种低级的形式，逐步过渡到较高级的形式。手工业生产合作社的发展，应该贯彻"积极领导、稳步前进"的方针，加强计划性，防止盲目性。在发展手工业生产合作社的过程中，必须同时照顾个体手工业，使合作化的手工业和个体的手工业能够得到统一的、合理的安排。手工业生产合作社应该生产城乡人民——特别是农民所需要的生产资料，如铁器、木器、竹器和皮具等以及家庭用具、日用消费品。手工业生产合作社应该同国营商业和供销合作社订立经常的供销合同。为此，手工业生产合作社和供销合作社都必须经常地和及时地做好调查研究的工作，充分了解当地人民——特别是农民所需要的手工业品的种类、数量、规格和时间，以便有计划地组织生产和通过合同进行加工订货。

　　为搞好生产，手工业生产合作社应该根据本身的条件，注意改善生产管理和改进生产技术。应该根据具体的经验，改善劳动组织和操作过程，实行合理的分工合作，实行产品责任制，力求提高产品质量，减少废品，降低成本。

　　为了加强对手工业合作化的指导，全国合作总社在1953年底召开了第三次手工业生产合作会议。中共中央副主席朱德代表中共中央到会并作了题为《把手工业者组织起来，走社会主义道路》的讲话。会议系统地总结了新中国成立以来手工业合作化运动的基本经验，提出对手工业的社会主义改造：在方针上，应当是积极领导，稳步前进；在组织形式上，应当是由手工业生产小组、手工业供销生产合作社到手工业生产合作社；在方法上，应当是从供销入手，实行生产改造；在步骤上，应当是由小到大，由低级到高级。

　　这些经验的总结，对"一五"前半期手工业合作化的普遍发展，起了有益的作用。

二、成立手工业管理局

　　为了加强对手工业及其合作化的组织领导，1954年6月，中共中央提出：各级党委要指定一定的工作部门或专人负责领导手工业工作，各级人民政府应设立管理手工业的机构。依此指示，同年 11 月，国务院成立了手工业管理局，地方政府也相继成立了手工业管理局（处、科）。

为了促进手工业合作化的发展，国家在各方面对手工业合作社给予了积极的帮助。在原料供应上，国家物资部门和商业部门供应手工业合作组织所需要的原料。在产品销售上，国营商业和供销合作社对手工业合作组织实行加工、订货、收购和包销。在税收上，凡新成立的手工业合作社，营业税可减半缴纳一年，所得税可减半缴纳两年。在财政上，国家给予一定的投资和经费补助。国家银行对手工业合作组织给予低息贷款。

为了做好手工业合作化的思想准备和组织准备，各地普遍召开了手工业劳动者代表会议，不少地区成立了手工业劳动者协会，向手工业者进行社会主义前途教育，推动他们走合作化的道路。

为了稳步推进手工业合作化，认真贯彻自愿、互利和民主办社原则。（1）为了贯彻自愿原则，主要采取了说服教育、典型示范和国家援助等项措施。（2）为了贯彻互利原则，注意处理了以下三个重要问题。第一，社员缴纳股金问题。手工业生产合作社的社员在入社时，须缴纳至少等于其一个月工资的股金，和相当于股金 1/10 的入社费。手工业劳动者的合作组织是以劳动为基础的，所以，按照工资收入的多少确定缴纳股金的数额。第二，生产资料改变为合作社集体所有的问题。合作组织成员可以用主要工具、原料和成品入股，经民主评议，按市价折算。社员个人自有自用的小型工具，一般不必归合作社集体所有，基本可以保持原来的自有自用，由合作社酌情支付折旧费。第三，公积金和劳动分红问题。公积金制度是为了保证社（组）内的社会主义经济成分的不断增长，在照顾社员生活水平逐步提高的前提下，应保证公积金的不断增加。劳力分红是按劳分配，以提高社员劳动生产的积极性。（3）手工业生产合作社必须实行民主办社原则。社员大会是手工业合作社的最高权力机关，理事会和监事会必须由社员大会民主选举产生，每个社员都有选举权和被选举权。合作社的一切重大问题，如生产计划、财务计划、基建计划、有关组织形式、核算形式、工资福利的调整等都必须经过社员大会讨论决定。理事会和监事会要负责领导与监督合作社的日常工作及业务，并要定期向社员大会报告工作。

上述各项方针、原则和措施的贯彻，推动了1953～1954年手工业合作化的发展。但在这个过程中也发生了诸多问题，亟待解决。为此，中共中央手工业管理局和全国手工业生产合作社联合总社筹备委员会在1954年底至1955年初召开了第四次全国手工业生产合作会议。朱德代表中共中央到会作了《要把手工业生产合作社办好》的讲话。

随着社会主义建设和改造的发展，手工业与大机器工业之间以及手工业之间（包括合作化手工业和个体手工业之间）在供销方面的矛盾变得明显起来。为此，全国第四次手工业生产合作会议将手工业社会主义改造的方针发展为"统筹兼顾，全面安排，积极领导，稳步前进"。

为了检查已经组织起来的手工业生产合作社和供销生产合作社的健全程度，这次会议提出四个条件作为衡量的标准：（1）组织纯洁，有一定的民主管理制度；（2）生产正常，比较有计划；（3）财务制度不乱，没有贪污；（4）产品质量至少不低于合作化以前的正常标准。凡具备这四个条件者为健全社；只具备一、三两条，二、四两条较差者为中间社；四个条件都差的为不健全社。以北京市、山西省晋城县等市县来看，健全社约占1/3，中间社和不健全社约占2/3。

为了贯彻上述方针，这次会议确定：1955年，手工业社会主义改造工作的中心任务是：把手工业主要行业的基本情况继续摸清楚，按轻重缓急分行业拟订供、产、销和手工业劳动者的安排计划，以便有准备、有步骤、有目的地进行改造；整顿、巩固和提高现有社（组），每一县（市）分别总结出主要行业的社会主义改造和整顿的典型经验，为进一步开展手工业社会主义改造工作奠定稳固的基础。在上述两项工作的基础上，从供销入手，适当地发展新社（组）。

这次会议还就手工业合作化中几项政策作了规定：

（1）关于手工业社会主义改造的对象和目前组织的重点问题。第三次全国手工业生产合作会议已指出，手工业社会主义改造的对象是独立手工业者、家庭手工业者和手工业工人。这时对手工业从业人员数量的估计是，独立手工业者约900万人（城市家庭手工业者在外），农业兼营商品性手工业者约 1000 万人，受雇于 10 人以下的工厂手工业工人 100 余万人。农业兼营商品性手工业者，除特殊行业外，一般以农业生产合作社组织附属小组为好。工厂手工业工人的社会主义改造尚在试点，因此，当前手工业合作化的组织重点应该是独立手工业者。

（2）关于手工业合作化的阶级路线问题。独立劳动者和学徒是师徒关系；雇工不多的雇主和雇工是主要劳动者和助手的关系。上述关系和手工业资本家对雇工的剥削关系根本不同。因此，在手工业社会主义改造中，要引导他们在自愿原则下，逐步改变个体私有制为集体所有制。

（3）关于农村副业和农业兼营商品性手工业的领导关系问题。农业和农副业在未分化以前，一般均由农业生产合作社组织领导；但应贯彻农业和手工业生产两不误的原则并最好各计收入、盈亏，以保证从业人员的积极性。在手工业较集中、农业兼营商品性手工业、农户收入以手工业为主要来源的地区，组织手工业和农业的混合社，并以手工业联社领导为主，或者手工业和农业分别组社，社员可以跨社。

（4）关于雇用 3 人以上 10 人以下的工厂手工业小资本家的入社问题。在吸收工厂手工业小资本家加入手工业合作社时，必须掌握：①资本家放弃剥削，参加劳动；②让他们参加较大的和基础巩固的手工业生产合作社，并须经社员大会通过；③入社后，将他们分散编入不同的生产组内，并不让他们担负领导职务；④生产资料及其他所需固定资产，除折价入股部分外，多余部分可以存款计息；⑤接收小资本家入社的合作社，要继续对这些小资本家进行思想改造。

（5）关于手工业生产合作社联社的供销业务和国营商业、供销合作社的关系问题。1954 年，各地手工业生产合作社联社领导的生产合作社（组），产品通过国营商业和供销合作社销售的占 70%~80%；原料通过国营商业和供销合作社供应的占 50% 左右，有力地支持了手工业生产合作社的发展，必须继续实行。①

（6）关于手工业劳动者协会的组织领导问题。一年来，各地试行组织手工业劳动者协会的经验证明，这一组织在团结教育手工业者、指导手工

---

① 王海波：《新中国工业经济史（1949.10—1957）》，经济管理出版社 1994 年版，第 364 页。

79

业生产等方面都起了一定的作用。因而，1955 年仍应重点试办，取得经验，再加推广。

1955 年 5 月，中共中央批准了中央手工业管理局、中华全国手工业生产合作社联合总社筹备委员会《关于第四次全国手工业生产合作会议的报告》，要求各地认真贯彻实施。

同年，还在手工业生产合作社内部开展了以反对资本主义经营思想作风为中心的整社运动。通过整社，提高了手工业劳动者的觉悟，划清了资本主义和社会主义经营思想作风的原则界限，集中解决了生产中的关键问题，建立了切实可行的民主管理制度和生产管理制度，从而使手工业合作组织的素质得到提高。

这样，手工业合作化就在全国的大部分地区、手工业的各主要行业普遍地开展起来。到 1955 年底，全国手工业合作组织发展到 64591 个，社（组）员达到 220.6 万人，全年产值达到 20.16 亿元，分别比 1952 年增长了 16.7 倍、8.7 倍和 6.9 倍；其中，手工业生产合作社 20928 个，社员 97.6 万人，全年产值 13.01 亿元，分别比 1952 年增长了 5.4 倍、3.5 倍和 4.3 倍。[1]

三、实现手工业合作化发展的新高潮

1955 年底以前，手工业合作化的普遍发展，为手工业合作化高潮的到来打下了基础。这次合作化高潮，走在前列的是大城市，比较突出的又是首都北京。1956 年 1 月间，北京市采取了全市按行业一次批准合作化的办法，在 11 日、12 日两天之间，就有 53800 多名手工业者参加了各种形式的手工业合作社，加上在此以前入社（组）的手工业者 36000 多人，全市手工业者基本实现了合作化。[2] 紧接着，天津市、南京市、武汉市、上海市等大城市在几天之内先后全面实现了手工业合作化。到 2 月 20 日，全国已有 143 个大中城市（约占当时全国大中城市的 88%）和 691 个县的手工

---

[1] 汪海波：《新中国工业经济史（1949.10—1957）》，经济管理出版社 1994 年版，第 384 页。
[2] 《手工业社会主义改造的伟大胜利》，载于《人民日报》1956 年 1 月 13 日，第 1 版。

业全部或基本实现了合作化。到 1956 年 6 月，除某些边远地区外，全国基本实现了手工业合作化。1956 年底，全国手工业合作组织发展到 104430 个，社（组）员达到 603.9 万人，全年产值达到 108.76 亿元，分别比 1955 年增长了 0.6 倍、1.7 倍和 4.4 倍；社（组）员占手工业从业人员的比重由 1955 年的 26.99% 上升到 91.7%，社（组）全年产值占手工业总产值的比重由 19.9% 上升到 92.9%。其中，手工业生产合作社 74669 个，社员 484.9 万人，全年产值 100.93 亿元，分别比 1955 年增长 2.6 倍、4 倍和 6.8 倍；社员占手工业从业人员的比重由 1955 年的 11.9% 上升到 73.6%，全年产值占手工业总产值的比重由 12.9% 上升到 86.2%。[1]

由于手工业合作化和农业合作化、资本主义工商业的社会主义改造几乎是同时进入高潮的，因而，手工业合作化与农业合作化、资本主义工商业的改造就有可能结合起来进行。一部分分散在农村的个体手工业者和约 1000 万农村兼营商品性手工业人员参加了农业合作化。一部分同私营工业协作关系密切，而从业人员又很少的手工业行业，如火柴、西药、碾米等，随同私营工业进行改造；另一部分半工半商、工商界限不甚分明的行业或商业性较强的服务行业，如鞋帽、豆腐、糕点、屠宰等，则随同私营商业进行改造。后两类人员大都参加了公私合营企业，到 1956 年底，共有 48000 多户个体手工业并入了公私合营企业。[2]

四、基本完成了个体手工业的社会主义改造

国务院于 1956 年 2 月 8 日发布了《关于目前私营工商业和手工业的社会主义改造中若干事项的决定》，同年 7 月 28 日又发布了《关于对私营工商业、手工业、私营运输业的社会主义改造中若干问题的指示》。中共中央于 1956 年 7 月批转了中共中央手工业管理局、全国手工业合作总社筹委会党组《关于当前手工业合作化中几个问题的报告》，同年 11 月，中共中央又批转了中共中央手工业管理局、全国手工业合作总社筹委会党组《关于全国手工业改造工作汇报会议的报告》。就手工业合作化中发生的问题，

---

[1][2] 王海波：《新中国工业经济史》（第三版），经济管理出版社 2017 年版，第 168 页。

提出了解决办法。① 其主要内容是：

（1）关于集中生产和分散生产、统一核算盈亏和分别核算盈亏问题。在社会主义改造高潮中，由于对集中生产和统一核算盈亏的好处强调得多了一些，以致有些制造行业和许多修理服务行业曾经不适当地集中生产和统一核算盈亏。从当时的情况看，需要整顿的手工业合作社，有的是包括多种不同行业的综合社；有的虽是一个行业，但产品类型复杂，生产车间很多，彼此又没有协作关系；有的是全县按行业组织一个统一核算盈亏的大社；有的修理服务合作社布点过多，过于集中，或者直接管辖服务点过多，分布地区很广。对这些社（组），应该根据具体情况，在社（组）员自愿的基础上分别加以处理。处理的办法是：有的可以划分为小社、小组，单独核算盈亏；有的可以改为供销合作社；有的能够生产独特产品，或者家庭辅助劳动力难以安排的手工业户，还可以允许他们在手工业合作社领导下分散经营，自负盈亏。总之，要改变一切不利于生产经营和不合乎人民需要的组织形式和经营管理制度，以充分发挥大社、小社、小组和在合作社领导下的分散经营户的生产积极性。

（2）关于供产销问题。在手工业生产的原料供应和产品推销问题上，手工业合作化以前，商业部门通过加工订货和统购包销等办法，对手工业合作化和生产的发展发挥了积极的支持作用。但由于在社会主义改造高潮后，未能及时改变限制资本主义工商业的一套办法，使现有的手工业合作社（组），在自购自销、工缴价格和合同制度等方面受到某些限制。解决问题的主要办法是：手工业合作社（组）的原料供应和产品推销，除由国家统购统销的某些产品和原料以外，允许基层社自购自销。对手工业产品必须贯彻优质优价的原则，商业部门对手工业产品的统购、包销和选购，在工缴费和价格方面要公道合理。

（3）关于工资福利问题。当时手工业合作社（组）员的分配中平均主义严重，工资一般比较低，约有20%的社员收入比入社前有所减少；劳保福利工作比较差，多数社（组）员的疾病医疗问题还没有得到解决。解

---

① 《中国工业经济法规汇编（一九四九——九八一）》，经济管理出版社1981年版，第80~82页、第85页；中国人民解放军国防大学党史党建政工教研室：《中共党史教学参考资料》（第二十一册），第406~411、511~516页。

决问题的办法是:第一,手工业合作社(组)的工资标准,一般应不低于入社前的劳动收入,不高于当地同行业同等技术条件的国营工厂的工资标准。在收益分配上,应贯彻"先工资、次治病、后积累"的原则。第二,手工业合作社(组)的工资,必须贯彻"按劳取酬"的原则。根据劳动轻重和技术繁简,规定合理的工资等级,克服平均主义。第三,手工业合作社(组)的工资形式是多种多样的,有的计件、有的计时、有的采取提成的办法,不论采取何种工资形式,都应根据生产情况,经过社(组)员民主讨论决定。第四,在不影响产品零售价格的条件下,各地可根据手工业合作社(组)的具体条件,按工资总额提取5%~10%的附加工资。这些附加工资,除作为解决社(组)员一般疾病的医疗费用外,还要解决社(组)员的病假、产假、法定节日的工资补助,以及社员家庭生活困难的补助。第五,手工业中的小业主的工资也应该按照技术标准来评定,不应该歧视他们。小业主带徒弟,应该给予合理的报酬。

(4)关于保护和提高特种工艺问题。第一,加强对工艺美术工作的领导,迅速成立中央及各省市工艺美术管理局,把各种经济类型的工艺美术业(国营、公私合营、合作社和个体户)统一管起来。第二,加强对老艺人的团结和照顾。在物质上,给予较合理的工资和技艺津贴,鼓励他们传授技艺,对新产品的创作和工作场所、参观旅行等方面都要给予帮助。在政治上,给予适当的政治地位和学术头衔,吸收他们参加美术家协会,并让他们参加必要的政治活动。第三,重视对新艺人的培养工作,除教育现有的学徒向优秀艺人努力学习外,还要招收一部分初中以上文化程度的学生作学徒,以适应客观的需要。第四,对工艺美术品的原料供应和产品销售,要贯彻"优质优料、优质优价"的原则。第五,各省市党委、政府对现有的各种特种工艺要很好地加以保护,对提高和保护优良的工艺美术品中发生的各种困难,要适当地加以解决。

(5)关于手工业的领导和组织机构问题。手工业是地方工业的组成部分。专区、县以下的工业产值,手工业占80%~90%,省和自治区一般占30%~50%。① 因此,今后手工业的改造和管理工作必须由地方党委、政府负责领导。

---

① 汪海波:《新中国工业经济史(1949.10—1957)》,经济管理出版社1994年版,第391~392页。

鉴于当时县（市）以下的工业主要是手工业，为了统一管理县（市）的工业与手工业，县（市）工业科与手工业科可以合并成立工业科（局），中等以上城市和工业、手工业较多的省，可以保留手工业管理局，但要与工业部门密切配合；工业和手工业较少的省，可以在省工业厅以下设立手工业管理局。各级手工业联社与同级手工业管理局合署办公。县（市）工业科和手工业联社，应该在县（市）党委、政府的领导下，对基层合作社（组）的企业管理和改组、原料供应、产品推销、生产安排、计划平衡、财务管理、技术改造、干部培养、劳动工资、劳保福利以及组织与教育个体手工业者等各项工作，负直接领导的责任。省（市）手工业管理局和联社的主要任务，是在省（市）党委、政府的领导下，负责对基层社和下级联社进行生产指导、供销安排、计划平衡和干部培养等工作，并且帮助解决县（市）所不能解决的困难。中共中央手工业管理局和全国手工业合作总社筹委会的主要任务，是在党中央和国务院的领导下，对手工业工作进行督导检查、政策研究、交流经验，协助解决省（市）所不能解决的困难等。

由于贯彻执行了以上各项措施，社会主义改造高潮中出现的问题在一定程度上得到解决，促进了手工业生产合作社的巩固和发展。1957年，手工业生产合作社的劳动生产率比1956年提高20.3%，比1952年提高121.9%。当年每人年平均工资达到384元，较1956年增长10.7%，较1952年增长83%，5年中平均每年增长12.9%。[①]

第四节　形成高度集中的计划经济体制

恢复时期，我国已经确立了高度集中的计划经济体制的雏形。到了"一五"时期，这个雏形有了进一步的发展，形成了高度集中的计划经济体制。

一、高度集中的计划经济体制形成的历史背景

高度集中的计划经济体制形成的历史背景包括内部和外部两方面。外

① 邓洁：《中国手工业社会主义改造的初步总结》，人民出版社1958年版，第89页。

部背景包括：以往几千年封建社会形成的自然经济思想的影响；过去 20 多年革命根据地和解放区处于被包围、被分割的农村的情况下形成的自给自足、各自为战的管理制度，以及战时共产主义供给制的影响；在缺乏社会主义建设经验的情况下，基本上学习了苏联斯大林时期实行的计划经济体制。内部背景包括：高度集中的计划经济体制适应了"一五"时期集中主要力量进行以重工业为主的重点建设的需要，这也是重要的现实因素。

二、高度集中的计划经济体制的战略意义

"一五"计划首要的基本任务，是集中主要力量进行以苏联帮助我国设计的 156 个建设项目为中心的、由限额以上的 694 个建设项目组成的工业建设，建立我国的社会主义工业化的初步基础。要实现这项任务，需要大量的财力、物力和技术力量。1952 年，尽管我国国民经济已经得到恢复，但基础仍然薄弱，不能充分适应建立社会主义工业化初步基础的需要。要使有限的经济力量能够满足社会主义工业化建设的需要，就需要适当集中。根据"一五"计划的规定，单是苏联帮助设计的建设单位在 5 年内的投资就达到 110 亿元，占工业基本建设投资（248.5 亿元）的 44.3%。而且，直接配合这些建设单位的，还有 143 个限额以上的建设单位，5 年内对这些建设单位的投资是 18 亿元，占工业基本建设投资的 7.2%。两项合计共占 51.5%。[1] 这就表明"一五"期间需要集中主要的投资来保证这些工程的建设，而且限额以上的 694 个建设单位，特别是苏联帮助我国设计的 156 个建设单位，都是关系国民经济命脉的项目。建设这些项目不是为了满足一个地区的需要，而是为了满足全国的需要。这些建设项目不仅技术复杂，而且投资量大。这种情况又决定了这些建设项目必须由中央集中统一管理。因而也需要由中央集中资金、物资和技术力量。显然，如果不实行由中央集中全国经济力量（包括资金）的高度集中的计划经济体制，是难以实现"一五"期间建立社会主义工业化初步基础的任务的。

---

① 《中华人民共和国发展国民经济的第一个五年计划（1953—1957）》，人民出版社 1955 年版，第 31 页。

三、高度集中的计划经济体制的主要内容

在实行这种高度集中的计划经济体制的条件下，无论就中央政府和地方政府的管理权限来说，或者就国家和企业的管理权限来说，都是高度集中在中央政府手中的。

（1）工业企业的管理。恢复时期，在国家对工业企业的管理方面，曾经实行了统一领导和分级管理的原则。当时除了在华北地区中央政府直接管理了一部分国营工业企业以外，在其他各大行政区，工业企业基本上是由各大行政区直接管理的。但在"一五"期间，由中央政府各部门直接管理的工业企业数大大增加了，由1953年的2800多个增加到1957年的9300多个，大约占当年国营工业企业总数（58000个）的16%，工业产值接近国营工业总产值的一半。[①]

（2）工业基本建设项目的管理。"一五"期间，基本建设项目（特别是大中型基本建设项目）投资的绝大部分都是由中央政府直接安排的。从"一五"计划实际执行的结果来看，国家预算内投资达到531.18亿元，占基本建设投资总额的90.3%。其中，属于中央政府直接管理的项目投资占79%，属于地方政府直接管理的项目投资占21%。[②]

"一五"期间，基本建设项目的审批权也是高度集中的。依据有关文件规定，国务院各部门和各省、自治区、直辖市管理的各类基本建设项目在500万元至3000万元的，需经国家建设委员会审核，国务院批准；60万元至500万元的各类基本建设项目需经国务院各部或各省、自治区、直辖市人民委员会审核批准；60万元以下的各类基本建设项目，其审核和批准程序，分别由国务院各部和各省、自治区、直辖市人民委员会自行规定。[③] 在这期间，中央政府各主管部门对重点建设项目的管理权也很集中，从人、财、物的调度，到设计施工，到生产准备的安排，是一管到

---

① 王海波：《新中国工业经济史（1949.10—1957）》，经济管理出版社1994年版，第403页。

② 同上，第405页。

③ 国务院：《基本建设工程设计和预算文件审核批准暂行办法》（1955年7月12日发布），收录于《中国工业经济法规汇编（一九四九——一九八一）》，经济管理出版社1981年版，第209~210页。

底的。

（3）计划管理。恢复时期结束时，工业中的社会主义经济成分的比重大大增加了，但各种私有制工业还占大部分。依据这种经济状况，"一五"期间实行了直接计划与间接计划和市场调节相结合的计划管理制度。就是说，对国营企业和生产国家计划产品的一部分公私合营企业实行直接计划，由国家向这些企业下达指令性生产指标。指令性指标有12项：总产值、主要产品产量、新种类产品试制、重要的技术经济定额、成本降低率、成本降低额、职工总数、年底工人到达数、工资总额、平均工资、劳动生产率和利润。对多数公私合营企业和私人资本主义工业以及一部分手工业实行间接计划，主要由国家采用各种经济政策、经济合同和经济措施，把它们的经济活动引导到国家的计划轨道。至于各类小商品生产，一般不列入国家计划，由市场进行调节。

在"一五"前期，有关国计民生的工业品生产已经纳入国家的直接计划，但工业生产中的间接计划和市场调节部分仍占很大的比重。1952年，公私合营工业、私人资本主义工业和个体工业产值占工业总产值的55.2%；直到1955年还占到41%。[①] 所以，即使扣除了公私合营工业产值中已纳入国家直接计划的部分，"一五"前期间接计划和市场调节部分的比重仍然不小。这种直接计划与间接计划和市场调节相结合的计划管理制度，既具有宏观经济发展需要的统一性，又在某些方面（主要是私有经济中）具有微观经济发展需要的灵活性，从而成为这个时期经济发展的重要因素。

但到"一五"后期，工业生产中直接计划的部分大幅增加了，而间接计划的部分大大缩小了。1953年，国家计委统一管理、直接下达计划指标的产品是115种；到1956年增加到380多种，其产值占到工业总产值的60%左右。[②]

（4）财务管理。恢复时期，国家对国营企业实行统收统支的财务管理制度，"一五"时期，继续实行这种财务管理制度。国营企业需要的资金（包括固定资产更新改造需要的技术措施费、新产品试制费和零星固定资

---

① 《中国统计年鉴（1984）》，中国统计出版社1984年版，第194页。

② 王海波：《新中国工业经济史（1949.10—1957）》，经济管理出版社1994年版，第405页。

产购置费，以及定额流动资金），按企业隶属关系，由中央政府或地方政府的财政拨款，超定额流动资金由国家银行贷款。国营企业除了需要依据中央人民政府财政部的规定缴纳税款外，还需要按照隶属关系把全部折旧基金和大部分利润上缴中央政府财政部或地方政府。企业只能按照国家规定提取一定比例的计划利润和超计划利润作为企业奖励基金。1952 年国务院财政经济委员会规定：各产业部门的国营企业可以提取计划利润的 2.5% ~ 5% 和超计划利润的 12% ~ 25% 作为企业奖励基金。[①] "一五"时期，对提取奖励基金的条件和比例做了一些修改。同时，为了发挥企业超额完成国家计划的积极性，还对中央各部门直属的企业超计划利润的分成和使用做了规定。国营企业超计划利润分成的计算，以年度为准，以主管部门为单位，超计划利润扣除应提的企业奖励基金和企业社会主义竞赛奖金以后，以 40% 留归主管部门使用，60% 上缴国库。各主管部门可以将超计划利润留成的一部分分给企业用于弥补流动资金、基本建设资金和技术改造资金的不足。[②] 但这并没有改变国营工业经济中财权高度集中的状况。据计算，"一五"期间，国营企业奖励基金和超计划利润提成 5 年合计仅有 12.4 亿元，相当于同期企业上缴国家财政总数的 3.75%。[③]

（5）物资管理。"一五"时期，为了加强对物资的集中统一管理，将物资分为三类。一是统配物资，即关系国计民生的最重要的通用物资，由国家计划委员会组织生产和分配的平衡。二是部管物资，即重要的专用物资，由国务院各主管部门组织生产和分配的平衡。这些列入国家计划分配的物资，均由国家计委或国务院各主管部门统一组织生产和分配，生产企业、国务院其他部门和地方政府无权支配。三是地方管理物资，即前两项以外的工业品生产资料，不由国家计划分配，而是一部分由地方政府安排生产和销售，大部分由企业自产自销。与这种物资管理体制相适应，在物资价格管理上，第一类、第二类物资都是按国家的计划价格组织调拨，第

---

① 国务院财政经济委员会：《国营企业提用企业奖励基金暂时办法》，载于《新华月报》1952 年 2 月号，第 132 页。

② 财政部：《关于一九五六年国营企业超计划利润分成和使用的规定》（1956 年 10 月 11 日），收录于《中国工业经济法规汇编（一九四九~一九八一）》，经济管理出版社 1981 年版，第 111 页。

③ 汪海波：《新中国工业经济史（1949.10—1957）》，经济管理出版社 1994 年版，第 406 页。

三类物资的价格由地方或企业自行规定。

"一五"时期，随着国家直接计划生产产品的范围不断扩大，计划分配物资的种类也在增长。1953年，计划分配的物资为227种，其中一类物资112种，二类物资115种；到1957年，计划分配物资增长到532种，其中一类物资231种，二类物资301种。与此相对应，非计划分配的重要物资，不仅在品种上减少了，在供应的数量上也下降了。通过商业部门按市场牌价供应的钢材占全国钢材供应总量的比重，1953年为35.9%，1956年下降到8.2%。[①]

（6）劳动工资管理。在劳动管理方面，1954年以前是在中央统一政策指导下，以大行政区管理为主的。当时，不论是国营企业还是私营企业都可以在国家政策允许的限度内自行增减职工；企业招工可以对职工进行考核，并可择优录用，还有辞退职工的权力。进入"一五"时期以后，1954年撤销了大行政区，对劳动用工的管理就逐步转到以中央集中管理为主。同时，为了适应有计划的经济建设的需要，又逐步扩大了国家对职工统一分配的范围，逐渐形成了能进不能出的"铁饭碗"制度，同时也意味着企业的用工权利丧失殆尽。

在工资管理方面也存在类似的情况。在国民经济恢复时期，工资也是以各大行政区的分散管理为主。进入"一五"时期以后，1953年已经开始对工资实行集中管理，但这时国家只控制工资总额和平均工资指标，而且这两个指标是逐年增加的。这样，地方、部门和企业都可以在国家规定的范围内安排部分职工升级，并依据需要实行计件工资、建立奖励制度。1954年大行政区撤销以后，工资管理就集中到中央政府劳动部手中。经过两年的准备，在1956年进行了全国工资改革。经过这次工资改革，不仅在国营经济（包括国营工业）内部建立了统一的工资制度（包括由中央政府统一规定职工工资标准以及职工定级、升级制度等），而且开始把这种统一的工资制度向公私合营企业推广。

总体来看，"一五"时期，我国对工业企业管理、基本建设项目管理、计划管理、财务管理、物资管理和劳动工资管理等方面都建立了高度集中

---

① 汪海波：《新中国工业经济史（1949.10—1957）》，经济管理出版社1994年版，第407页。

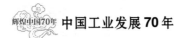

的管理制度,从而形成了较完整的高度集中的计划经济体制。

四、高度集中的计划经济体制的阶段性差别

以 1956 年生产资料私有制的社会主义改造基本完成为分水岭,"一五"前期(即 1956 年生产资料私有制的社会主义改造基本完成以前)和"一五"后期(即 1956 年生产资料私有制的社会主义改造基本完成以后)还出现了阶段性的差别。

"一五"前期的计划经济体制,中央政府的集权还不是很高,地方政府和工业企业还有较多的管理权力。但到了"一五"后期,伴随着生产资料私有制的社会主义改造的基本完成,以及社会主义工业建设对于财力物力的需要和财力物力供应不足的矛盾的发展,工业经济的管理权力更进一步集中在中央政府手中,地方政府和工业企业的管理权力受到了更多限制。

渴望建设工业国

对于新中国来说，建设一个较为完整的工业化体系是最为重要的任务，加快工业化进程并建立一个完整的工业化体系更是成为巩固与维持政治独立国家的经济前提。因此，20世纪50年代，在世界范围内掀起了一场工业化的浪潮，以重工业为核心是这一时期工业化的鲜明特色。新中国成立后，在1952年底结束了国民经济的恢复阶段，工业和农业主要产品的产量，除个别的以外，都超过了新中国成立前的最高水平；运输和邮电有了相应的恢复与发展。由于中国的工业化基础十分薄弱，经历了"一五"时期的建设，苏联式的工业化道路帮助中国在较短时期内快速建立了全面工业化的基础，中国渴望由自给自足的农业国转变为现代化的工业国。

第一节 工业的生产能力建设

一、主要工业品的产量

第一个五年计划，从1953年开始，经过五次编制，到1955年7月30日经第一届全国人民代表大会第二次会议正式通过。为了尽快实现工业国，随着原有企业和五年内陆续投入生产的新建、改建企业产量的逐年增长，工业总产值从 1952 年的 270.1 亿元增加到 1957 年的 704 亿元，比 1952 年增长 128.6%，"一五"期间平均每年增长 18%。[①] 到 1957 年新增工业固定资产总额达到 200.6 亿元。[②] "一五"时期主要工业品的建设规模和新增生产能力显著增加。

表 4-1 所列棉纱、棉布、机制纸的产量中，都没有包括手工业生产的土纱、土布、土纸的产量；在食用植物油、糖、盐的产量中，都没有包括个体手工业和合作化手工业所生产的食用植物油、糖和盐的产量。手工业生产的土布、土纸、土糖、盐的产量变化情况如下：土布产量 1952 年约为 2627 万匹，1957 年约为 1500 万匹；土纸产量 1952 年约为 16.7 万吨，1957 年约为 23.7 万吨；土糖产量 1952 年约为 20.2 万吨，1957 年约为 41.4 万吨；盐产量 1952 年约为 108.5 万吨，1957 年约为 162.2 万吨。[③]

表 4-1　　　　"一五"期间全国主要工业产品产量计划

产品名称	计算单位	1952 年产量	1957 年计划产量	1957 年为 1952 年的百分比（%）
发电量	亿度	72.6	159	219
原煤	万吨	63528	11298.5	178
原油	万吨	43.6	201.2	462
生铁	万吨	190	467.4	246
钢	万吨	135	412	306
钢材	万吨	111	3045	275
焦炭	万吨	286	668.5	233
烧碱（折合100%）	万吨	7.9	15.4	194
纯碱	万吨	19.2	47.6	248
硫酸铵	万吨	18.1	50.4	278
硝酸铵	吨	7486	44000	588

① 汪海波：《新中国工业经济史（1949.10—1957）》，经济管理出版社 1994 年版，第 440 页。

② 国家统计局：《伟大的十年》，人民出版社 1959 年版，第 57 页。

③ 《中华人民共和国发展国民经济的第一个五年计划（1953—1957）》，人民出版社 1955 年版，第 55 页。

产品名称	计算单位	1952 年产量	1957 年计划产量	1957 年为 1952 年的百分比（%）
硫化青	万吨	1.6	1.8	111
青霉素	万瓶	15.3	2900	18929
氯霉素	公斤	—	6000	—
各种磺胺	公斤	80617	844000	1047
汽车外胎	万条	41.7	76	182
胶鞋	万双	6169	10831	176
蒸汽锅炉（蒸发量）	吨/时	1222	2734	224
汽轮机（蒸汽透平）	千瓦	—	84500	—
水轮机（水力透平）	千瓦	6664	79500	1193
内燃机	台/万马力	1528/2.76	10630/26.02	696/942
发电机	台/万千瓦	746/2.97	2938/22.7	394
电动机	台/万千瓦	91147/62.9	135515/104.8	149
变压器	万千伏安	116.7	261	224
金属切削机床	台/吨	13734/16298	12720/29292	93/180
双轮带铧犁	万具	0.5	68.9	13611
谷类播种机	部	344	35350	10276
机车	台	20	200	1000
客车	辆	6	300	5000
货车	辆	5792	8500	147
民用船舶	艘/排水量吨	84/21485	1347/179111	1604
载重汽车	辆	—	4000	—
自行车	万辆	8	55.5	694
原木	万立方米	1002	2000	200
火柴	万件	911	1270	139
机制纸	万吨	37.2	65.5	176
水泥	万吨	286	600	210
平板玻璃	万平方米	2132	4000	188
棉纱	万件	361.8	500	138

产品名称	计算单位	1952 年产量	1957 年计划产量	1957 年为 1952 年的百分比（%）
棉布	万匹	11163.4	16372.1	147
麻袋	万条	6735	6800	101
食用植物油	万吨	72.4	155.2	214
糖	万吨	24.9	68.6	276
面粉	万吨	299	467	156
盐	万吨	346	593.2	171
卷烟	万箱	265	470	177

资料来源：《我国第一个五年计划简表》，载于《新华月报》1955 年第 9 期。

从上列 46 种工业产品产量的计划数字可以看出，我国第一个五年计划的理念是生产资料生产的增长要快于消费资料生产的增长，以适合我国国民经济扩大再生产的要求。1952～1957 年的工业生产值和基本建设投资，可以充分反映中国加大工业投入的决心，见表 4－2。

表 4－2　　　　1952～1957 年工业总产值和基本建设投资

项　　目	1952 年	1953 年	1954 年	1955 年	1956 年	1957 年
工业总产值：总额（亿元）	349	450	515	534	642	704
比上年增长（%）	—	30.3	16.3	5.6	28.1	11.5
基本建设投资：总额（亿元）	43.56	90.44	99.07	100.36	155.28	143.32
比上年增长（%）	—	107.6	9.5	1.3	54.7	-7.7
国家财政收入：总额（亿元）	183.7	222.9	262.4	272.0	287.4	310.2
比上年增长（%）	—	21.3	17.7	3.7	5.7	7.9
钢铁：总额（万吨）	106	147	172	216	314	415
比上年增长（%）	—	38.7	17.0	25.6	45.4	32.2
水泥：总额（万吨）	286	388	460	450	639	686
比上年增长（%）	—	35.7	18.6	-2.2	42.0	7.4
木材：总额（万立方米）	1233	1754	2221	2093	2105	2787
比上年增长（%）	—	42.6	26.6	-5.5	0.6	32.4

续表

项　目	1952 年	1953 年	1954 年	1955 年	1956 年	1957 年
当年消费品购买力：总额（亿元）	273.9	343.0	362.8	366.4	439.4	446.7
比上年增长（%）	—	25.8	7.2	2.0	21.3	1.7
当年消费品货源：总额（亿元）	297.1	365.5	388.0	412.1	413.4	487.8
比上年增长（%）	—	18.7	7.6	6.8	2.6	14.7

资料来源：汪海波，《新中国工业经济史（1949.10—1957）》，经济管理出版社 1994年版，第 476 页。

二、实现工业生产计划的必要措施

五年计划规定工业总产值每年递增 14.7%，"一五"期间工业总产值平均每年增长 18%。[1]

在五年内建成的新建和重大改建的限额以上的 455 个工业企业，对于提高我国在第一个五年计划期间的工业生产能力，保证工业生产发展的速度以及增加某些重要产品，都有很大的作用。但按照全国的工业总产值大体计算，1957 年比 1952 年新增加的产值中，由原有企业所增产的约占 70%，由新建和重大改建的企业所增产的还只占 30% 左右。[2] 现有企业除供应新建企业以设备、材料并满足人民所需要的日用品外，还担负着为国家积累资金和培养干部等重大任务。因此，除了新建和改建的企业应该在保证工程质量的前提下，按计划建设完成，并事先做好生产的各项准备工作，争取提早投入生产以外，必须重视现有企业的生产工作，充分地发挥现有企业的潜在力量，争取超额完成生产任务。

为按时完成工业生产的任务，必须采取如下措施：

（1）大力提高工人和技术人员的技术水平，进一步改善产品的质量和增加产品的数量，切实加强产品设计机构，积极地进行新种类产品的设计、试制和生产，以增加国民经济所需要的产品种类，特别是国家经济建设所需要的设备。

---

[1]　王海波：《新中国工业经济史（1949.10—1957）》，经济管理出版社 1994 年版，第 456 页。
[2]　柳随年、吴群敢：《中国社会主义经济简史》，黑龙江人民出版社 1985 年版，第 181 页。

新种类产品的设计、试制和生产，应该列入年度计划，并加强管理和检查，保证其完成。

（2）为提高和保证工业产品的质量，应该逐步制定国家统一的先进的技术标准。第一，设立国家管理技术标准的机关。第二，中央各有关部门应该在它们的业务范围内规定产品的标准，并逐步过渡到国家标准。第三，统一全国度量衡，建立量具和计器定期校正制度及统一的产品检验制度。

（3）加强生产中的协作，合理利用和调整现有企业的设备；普遍推行各企业之间的合同和企业内部的联系合作，使各工业部门、各企业单位在生产中能够很好地相互配合、相互衔接，提高工业的组织程度。

（4）经常地研究国家建设和社会的需要，逐步统筹安排各种经济成分的工业生产，使生产能够适应具体需要的发展而有计划地进行。

（5）加强生产、原材料供应，使之与产品销售相结合，逐步按照产品的种类、规格和地区进行平衡，努力克服供产销之间的脱节现象。第一。加强国家对生产原料的计划分配工作，健全各部门的材料供应工作，保证重要产品的原材料的及时供应；合理地和节省地使用原材料，组织废料回收，并努力研究使用代替品。第二，各企业必须遵守国家的纪律和合同的规定，加强产品的检验工作，按时供给合乎质量标准的货品。第三，加强国家的物资分配机构，有步骤地扩大国家统一分配的产品的范围；生产部门应该配合商业部门加强销售工作，广泛地推行产销间的合同制度。

（6）进一步提高企业管理水平。一是健全各种责任制，克服生产中无人负责的现象；二是加强计划管理，推行作业计划，逐步克服生产中的不均衡现象；三是加强技术工作的领导，统一和贯彻技术操作规程，以减少废品和次品，提高产品质量；四是加强对各种技术经济定额的管理，推行先进的技术经济定额；五是加强设备的维护、检修和生产的安全措施，努力避免发生人身和设备事故；六是加强财务、成本的管理，加强财政纪律，努力贯彻经济核算制，厉行节约，根除一切浪费人力、物力和财力的现象，不断地降低生产成本；七是推动管理工作落后的企业向先进的企业看齐。

（7）经常地注意提高广大工人职员群众的政治觉悟，充分发挥群众的积极性和创造性，巩固劳动纪律，开展劳动竞赛，学习和推广苏联的先进经验，总结和推广我国改进技术的经验，有领导地鼓励关于改善技术、改善劳动组织和工作方法的合理化建议，来不断地解决提高劳动生产率、提高质量和降低成本这三个方面相互联系的工业企业生产的中心问题。

第二节 优先发展重工业[①]

一、钢铁工业

新中国成立以前，帝国主义垄断了我国的钢铁工业，掠夺了我国的钢铁资源，把大量的铁矿石和生铁运往国外，造成了我国钢铁工业极端落后的状态：不但钢铁的产量不多，而且炼钢能力小于炼铁能力，炼铁能力又小于采矿能力；同时，炼钢的技术很低，轧钢的设备很旧，钢材的种类很少。新中国成立以后，钢铁工业虽有发展，但远不能适应需要，许多重要的钢材还不能生产。因此，第一个五年计划必须集中较大的财力和人力来建设钢铁工业，以求能够用较短的时间建立起我国工业化的基础。

钢铁工业限额以上的建设单位包括苏联帮助设计的鞍山钢铁公司、武汉钢铁公司、包头钢铁公司等在内共有 15 个，限额以下的建设单位有天津钢厂、唐山钢厂等 23 个。鞍山原来是我国规模最大的钢铁生产基地。在鞍山附近地区蕴藏着大量的铁矿石和炼焦煤、耐火砖的原料以及主要的冶炼熔剂，并且鞍山还具备方便的交通条件。"一五"时期国家按照首先利用原有工业基地以加速我国经济建设的方针，有必要也有可能来大大地扩展鞍山钢铁企业的规模。1949 年国家就开始恢复和改造鞍山这个联合企业，第一个五年计划规定，从 1953 年到 1960 年这 8 年时间内，利用苏联最新的技术成就来完成这个钢铁联合企业各项主要工程的改建和新建。

为保证钢铁生产能力日益增长的需要，"一五"时期有计划地进行钢铁原料基地的建设。除在东北地区积极扩大铁矿的开采并扩大石灰石、白云石和耐火材料所需原料的生产以外，还配合武汉、包头两个钢铁基地的

[①] 本节数据来源：《中华人民共和国发展国民经济的第一个五年计划（1953—1957）》，人民出版社 1955 年版，第 31 页，作者整理。

建设，着手开采了中南和华北地区的铁矿。

由苏联帮助建设的鞍山、武汉、包头三个主要的钢铁联合企业，加上限额以上和限额以下的其他新建、改建单位，在第一个五年计划期间陆续建成后，到1962年，我国的钢产量达到2000万吨左右，而且大大地增加了钢材的产量和种类。这些企业所生产的各种规格的型钢、钢板、钢管，可以基本满足当时国内制造机车、船舶、汽车、拖拉机、飞机的需要。

上述限额以上和限额以下的建设单位，五年内开始建设的新增的生产能力为：生铁280万吨，钢253万吨，钢材193万吨。同时，增加产品的种类，改善产品的质量。1957年各种经济成分的钢铁生产量的情况如下：

铁的总产量467.4万吨，其中，中央国营占91.9%，达到429.4万吨；地方国营占5.4%，达到25.1万吨；合作社占0.3%，达到1.3万吨；公私合营占2%，达到9.6万吨，私营占0.4%，减为2万吨。

钢的总产量412万吨，其中，中央国营占90.3%，达到371.9万吨；地方国营占0.6%，达到2.4万吨；公私合营占9%，达到37.6万吨；私营减为0.1万吨。

钢材总产量304.5万吨，其中，中央国营占84.2%，达到256.4万吨；地方国营占1.2%，达到3.5万吨；公私合营占14.1%，达到43万吨；私营占0.5%，减为1.6万吨。

二、有色金属工业

工业的发展需要增加各种有色金属的生产，而有色金属工业又是我国重工业方面的薄弱环节，因此，加强有色金属工业的建设是第一个五年计划期间工业建设的重要任务之一。"一五"时期，有色金属工业建设的主要部署如下：

关于铜矿的建设。五年内主要是完成热河寿王坟铜矿的采矿、选矿工程和安徽铜官山铜矿的采矿、选矿、冶炼的建设；积极地开始进行西北、西南地区两个铜的生产基地的建设；同时将新建一个铜和铜合金加工厂。这些企业全部建成以后，将给铜的冶炼工业奠定基础，我国铜的电解能力和压延能力就能够逐步适应机器制造工业部门发展的需要。

铅锌方面，除充分利用原有矿山提高采矿、选矿能力外，同时准备西南铅、锌矿的建设。

铝是现代工业不可缺少的金属，但我国过去没有铝工业的基础，因此，五年内必须保证完成由苏联帮助设计的抚顺制铝厂的建设。

对中南钨矿，先在资源好的矿山进行机械化的采矿、选矿建设；对其他民窿钨矿，稳步地进行社会主义改造，并逐步实行机械化生产。五年内，开始进行云南崮旧锡矿的改建，新疆有色金属公司将继续进行建设。

有色金属工业应该注意下列各项工作：（1）积极地进行资源勘探工作，注意勘探效果，为建设新的有色金属基地创造条件；（2）加强试验研究工作，改进采矿、选矿、冶炼的方法，提高实收率，并研究共生的有益金属的利用；（3）注意有色金属的合理分配，建立严格的节约制度和回收制度，研究和提倡代替品，并注意稀有金属的提取和利用；（4）逐渐统筹规划地方国营和私营的有色金属加工企业的生产，以适当地解决机器工业的需要；（5）地方经营的有色金属矿山，应该切实改善生产技术，增加产量，并防止国家资源遭到破坏。

三、电力工业

为了适应工业发展特别是新工业地区建设的需要，必须努力发展电力工业，建设新的电站和改建原有的电站。第一个五年计划期间，将以建设火力电站为主（包括热力和电力联合生产的热电站），同时利用已有的资源条件，进行水力电站的建设工作，并大力地进行水力资源的勘测工作，为今后开展水电建设做好准备工作。

"一五"时期，电力工业提前完成了规划，实现了电力工业限额以上的建设单位共107个，其中电站92个，输电工程和相应的变电工程15个。在92个电站中，属于苏联帮助设计的有24个。在92个电站的建设单位中，有69个中心电站，22个地方电站，1个流动的列车电站。92个电站的设计能力为376万千瓦，加上限额以下的建设单位，全部设计能力为406万千瓦，为1952年底全国发电能力的2倍。五年内，可完成建设的电站有 54 个，属于苏联帮助设计的有 9 个。这些建设单位 5 年内共增加发电能力 174 万千瓦，加上限额以下的建设单位，共增加发电能力 205 万千瓦，为 1952 年底全国发电能力的 1 倍。

在 92 个电站的建设单位中，有火力电站 76 个，它们都是根据工业的分布，按照靠近负荷中心或燃料基地的原则进行建设的。这些电站主要是在苏联和欧洲人民民主国家的援助下，用现代化的最先进的技术和高度机械化、自动化的标准来设计的。在这些电站中，有些将采用大型高温高压的锅炉，它们的设计能力占全部火力电站设计能力的 32%；热力和电力联合生产的热电站有 19 个，它们的设计能力占全部火力电站设计能力的 47%。热电站的建设不仅可以保证工厂得到足够的电力供应，而且可以集中供应各工厂和附近居民所需的大量蒸汽和热水；它既能够减少企业自备锅炉车间的建设投资，又能够大大地节省经营管理费和燃料的消耗。

在 92 个电站的建设单位中，有水力电站 16 个。水力电站能够节约燃料，供给巨量而廉价的电力，同时有的水力电站的建设能够实现水力资源在发电、防洪、灌溉、航运等方面的综合利用。五年内将完成对黄河水力资源综合利用的总体规划，配合黄河治本第一期工程，开始三门峡的巨大水力电站的建设。这个水力电站和黄河其他的水力电站在建成以后所提供的电力，可以满足甘肃、青海、陕西、山西、河南等省对电力的需要。我国现有最大的水力电站——丰满水电站，在五年内由苏联帮助我们按照最现代化的标准进行彻底改建后，将根本改变原有坝体质量低劣和严重危险的状态，它的全部机组也都将采用自动化的设备。此外，根据已有的资源条件，按照综合利用的原则，计划建设 1 万千瓦以上的水力电站 7 个和小型水力电站 8 个。因此，水力发电能力在五年内将有很大的提高。

第一个五年计划规定以较大的区域电站——水力发电站或大型热电站为主，在全国各地区内组成大小不同的高压电力网 10 个，从而加强各电站之间的电力的相互调度，增进水力电站同火力电站的经济配合，扩大电力供应的区域范围，并改善发电和供电的安全。

上述电站的建设和电力网的形成，将在主要的经济区域内初步奠定动力基础，逐步使该地区的工业得到安全、廉价、充分的电力供应，为国家经济建设的进一步发展准备动力条件。

1957 年全国发电总量将达到 159 亿度，比 1952 年增长 119%。其中，中央国营占 87.72%，地方国营占 3.12%，公私合营占 9.14%，合作社营占 0.01%，私营占 0.01%。计划规定 1957 年工业和运输业用电比 1952 年增长 129%，公用事业和居民用电增长 79%。

四、煤矿工业

煤矿工业的发展必须适应工业和运输业发展的需要，同时适当地照顾到居民的需要。"一五"计划内，煤矿工业限额以上的建设单位共 194 个，其中，煤矿采掘的建设单位 179 个，洗煤厂 13 个，油母页岩的建设单位 2 个。在这 194 个建设单位中，苏联帮助设计的有 27 个，其中，煤矿采掘的建设单位 20 个。上述 179 个煤矿采掘建设单位，属于煤炭工业部的有 168 个，属于地方的有 11 个。

为了使煤炭的生产能够接近消费地区，减少远距离的不合理运输，第一个五年计划根据我国地质资源条件和工业、运输业的需要，对于煤炭种类的平衡和地区产销的平衡，作了比较合理的部署。即一方面充分利用原有的煤矿基地，并对这些基地进行适当的改建或扩建；另一方面积极地开始新的煤矿基地的建设。其中，抚顺、阜新、开滦、大同和淮南等矿务局都将成为规模巨大和技术较新或最新的煤矿企业。

五年内新建的煤炭矿井中，有一些规模较大的矿井是由苏联帮助设计的，如阜新矿务局的海州露天矿、辽源矿务局的中央立井、鹤岗矿务局的东山立井等，都是以苏联最新的技术装备起来的。一般年产 60 万吨以下的矿井都由国内设计和供应设备。

鉴于国民经济建设和民用需要的日益增长，除了改建和新建一些较大规模的矿井并争取提早投入生产以外，煤炭工业部和各省市必须注意发展小型和中型的矿井，多恢复和维持一些旧的矿井，多改建一些能够收效较快的现有矿井，以增加煤炭的产量。同时，在煤矿工业的建设中，应该改变地质工作和设计工作的落后状态，提高建井速度。各地在发展小型矿井的时候，应该注意保护资源。到 1957 年全国煤产量达到 11298.5 万吨。

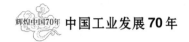

五、石油工业

新中国刚刚成立，石油工业特别落后，不但产量很低，设备能力很小，而且资源情况不明，因此，要求我们大力勘察天然石油资源，同时发展人造石油，长期地、积极地努力发展石油工业。

在甘肃、新疆、四川和青海等地区大力进行地质工作和钻探工作，尽可能地获得更多的天然石油的储藏量信息。积极地提高西北已有的天然石油矿井——主要是玉门油矿的生产能力；扩大新疆油田的原油产量；积极地开发新的油田。配合原油生产的增长，努力增加石油加工能力，五年内将建设一个规模巨大的新式炼油厂，并恢复和改建已有的炼油厂。

按照第一个五年计划的要求，到1957年全国处理原油的能力为1952年的2.5倍。五年内，原油生产量平均每年增长35.8%，到1957年原油生产量为1952年的4.6倍；汽油生产量平均每年增长30.6%，1957年汽油产量为1952年的3.8倍。

在完成第一个五年计划的建设后，我国的石油工业仍然十分落后，远不足以供应国民经济发展的需要，必须继续不懈努力，克服我国工业中这个特别薄弱的环节。

六、机器制造工业

新中国成立以前，中国的机器制造工业只有制造配件、装配、修理以及制造某些小型而简单的机器的能力，没有冶金设备、采矿设备和发电设备的制造工业，没有飞机、汽车和拖拉机的制造工业。新中国成立以后，机器制造工业有了很大进步，但没有可能在短短的恢复时期内来建设起上述制造工业。在第一个五年计划实行之前，我国还是不能制造大型的精密的机器和成套设备。

机器制造工业是对国民经济进行技术改造的主导力量。在我国第一个五年计划期间，应该在发展钢铁工业和有色金属工业的基础上，来发展机器制造工业。五年内，机器制造工业建设的部署是以发展冶金设备、发电设备、采矿设备、运输机械和农业机械的制造为重点，并适当地发展炼油和化工设备、金属切削机床和电器的制造。

在第一个五年计划期间，我国原有的机器制造厂承担着重大的制造任务。苏联帮助设计的 156 个单位所需的设备，有 30%~50% 要由国内制造；同时，国民经济各部门也对机器制造工业提出了很多要求。因此，必须在提高技术水平的条件下，充分利用和发挥现有机器制造厂的生产能力，增加新种类产品。五年内必须依靠原有企业和陆续投入生产的新建、改建企业，生产炼铁、炼钢设备；生产中小型水力和火力发电设备及电力系统所需的其他电气设备；生产煤矿、有色金属和水泥工业所需的配套和成套设备；生产石油工业所需的钻井工具和钻机配件；生产各种金属切削机床；生产运输部门所需要的机车、车辆和船舶；生产纺织、印染、制糖、造纸、食品等工业所需的成套设备。由于农业合作化的迅速发展，还应该大量地生产双轮带锋犁和其他改良农具。为了满足人民生活的需要，还要生产自行车、缝纫机、钟、收音机、医疗器械、打字机、电风扇等。

七、化学工业

化学工业是促进农业和其他工业发展的重要因素。第一个五年计划期间，应该在积极地发展化学肥料工业和适当地发展酸、碱、橡胶、染料等工业的指导下建设我国的化学工业。

为满足农业生产的需要，五年内将在东北、华东、西北和西南新建及改建 5 个氮肥厂。在这 5 个氮肥厂中，由苏联帮助设计的现代化氮肥厂有 2 个，它们分别于 1958 年和 1960 年投入生产。这两个氮肥厂全部投入生产后，可年产氮肥 21 万吨，相当于我国 1952 年化学肥料的总生产量。另外，在华东和华北建立 2 个磷肥厂，设计能力为 30 万吨。

为了满足汽车工业和其他工业对橡胶制品的需要，五年内在东北、华北、华东改建 4 个橡胶厂，新建 1 个橡胶杂品厂。配合橡胶工业的发展，在东北、西南各新建 1 个炭黑厂。为满足机器工业的需要，在华东改建 1 个塑料厂。

五年内，新建 2 个由苏联帮助设计的现代化染料厂，这 2 个厂建成后，不仅使我国染料的生产量有相当数量的增长，并且生产了很多我国人民所喜爱的新的染料产品，如阴丹士林、安安蓝、靛蓝等以及各种染料中间体，同时逐步减少染料的进口。新建一个由捷克斯洛伐克共和国帮助设计的电影胶片厂，于1960年建设完成后，可年产电影胶片6500万米。

此外，五年内新建一个由苏联帮助设计的电石碳氮化钙厂，新建1个碱厂和改建1个碱厂，改建1个油漆厂，新建1个电影影片洗印厂。

第一个五年计划期间，化学工业主要产品的产量有很大幅度的增长，同时将增加若干新的产品种类，并提高产品质量。

八、建筑材料工业

建筑材料工业应该根据国家建设的需要和地区平衡，适当地建设新厂和改建旧厂。五年内，建筑材料工业上限额以上的建设单位共21个。

为了配合华北、西北、东北、西南的工业建设，共新建、改建限额以上水泥厂10个，分别于1953～1959年相继完成，设计能力308万吨，五年内新增生产能力192万吨，加上限额以下的建设单位，新增生产能力共236万吨。同时新建混凝土预制厂3个，设计能力为9万立方米，1956年建成。并在五年内完成西康石棉矿和华北玻璃厂的改建工程。

建筑材料工业应该注意生产高标号水泥，提高建筑用陶瓷、石棉瓦、平板玻璃的产量和质量。配合新的工业城市的建设，有计划地扩大地方企业的砖瓦生产，并注意改进质量和统一规格。

第三节 加快发展轻工业

一、纺织工业

在我国纺织工业中，棉纺织工业占有重要的地位。1952年棉布产量占全国各种布总产量的98.8%，丝绸、呢绒、麻布的产量只占全国各种布总产量的 1.2%。[①]

我国棉纺织工业虽较有基础，但 1952 年还只有纺锭 566 万枚，纱和布的产量不能适应日益增长的人民生活需要，而私营企业的纺锭又占全部纺锭的 38.2%。[②] 这些设备大部分集中在沿海的上海、青岛、天津、大连等地及其附近城市，远离原料产地和内地销售市场，地区分布不合理。

五年内，纺织工业发展首先利用和调整棉纺织工业的现有设备，充分发挥其生产能力；逐步将使用机器生产的私营纺织厂变为公私合营企业，全部纳入国家计划轨道；适应棉花生产发展的进度和人民物质生活增长的需要，在有条件建厂的棉产区有计划地建设新厂，扩大内地棉纺织工业的基础；在恢复和发展丝、毛、麻生产的基础上，积极地恢复和发展丝、毛、麻的纺织工业，并建立人造纤维工业，为今后多方面发展纺织工业准备必要的基础。

按照"一五"计划的要求，纺织工业限额以上的建设单位共 53 个，属于纺织工业部的 29 个，属于地方国营的 9 个，由公私合营企业公积金投资建设的单位还有 15 个。[③]

纺织工业应该增加纺织品特别是棉布的新的品种花色，提高质量，扩大和改进丝、毛、麻等织品的生产，并积极发展人造纤维的生产，从多方面来适当地满足人民生活的需要，应该注意原材料的节约。

二、食品工业

食品工业的主要产品有面粉、油脂、糖、盐、酒类、卷烟、罐头、肉类加工和乳制品等。五年内食品工业建设的重点是制糖工业，同时适当发展肉类加工工业，并重视油脂工业在地区上的合理调整和资源上的合理利用。

依据"一五"计划的要求，到 1957 年食品工业限额以上的建设单位共 34 个，其中属于轻工业部的 12 个，属于地方工业的 12 个，属于商业部

---

①②③ 《我国第一个五年计划简表》，载于《新华月报》1955 年第 9 期。

门的 9 个，属于粮食部的 1 个。这 34 个建设单位包括：制糖工厂 18 个、肉类加工厂 9 个、榨油工厂 1 个、制盐工厂 3 个、果酒工厂 1 个、麦芽工厂 1 个、面粉工厂 1 个。除广西糖厂、广东北街糖厂和福建漳州糖厂在 1958 年建成外，其他工厂都在五年内建设完成。全国食品工业的主要产品产量是：面粉 4617 万吨，较 1952 年增长 56%；鱼肉加工制品 92.1 万吨，较 1952 年增长 166.4%；食用植物油 179.4 万吨，较 1952 年增长 82.5%；糖 110 万吨，较 1952 年增长 144%；盐 755.4 万吨，较 1952 年增长 52.8%（以上食用植物油、糖、盐的产量都包括了合作化手工业和个体手工业的产量）；卷烟 470 万箱，较 1952 年增长 77%。[①]

1957 年，人民生活取得了巨大改善，面粉、米、油脂、糖、盐、酒类、卷烟、罐头、肉类等生活必需品相对充裕，改变了中国长期以来极度贫穷的局面。

三、医药工业

医药工业在我国还是新兴工业，虽然有相当大的发展，但私营的比重仍大于国营。一般来说，医药工业的生产技术还很落后，产品质量不高，厂家虽多，但规模很小，大部分都属于加工性质。

五年内，医药工业建设的重点放在对人民健康有重大作用的抗生素、化学合成特效药和各种有关的化学中间体方面，同时重视中药的研究试验和药材的培植加工。

医药工业限额以上的建设单位共 4 个，其中属于苏联帮助设计的 2 个。在华北的 2 个制药厂，生产各种抗生素、磺胺和葡萄糖等主要药品；在东北的 2 个制药厂，生产磺胺药、氯霉素和生物制品等。

依据"一五"计划的要求，到 1957 年主要药品的生产水平为：青霉素 2900 万瓶（每瓶 30 万单位），氯霉素 6000 公斤，各种磺胺 844000 公斤。[②]

到 1957 年，主要的原料药品将逐步地由国营厂负责生产。医药工业

[①②] 《我国第一个五年计划简表》，载于《新华月报》1955 年第 9 期。

要集中培养技术人才，加强研究试制工作，提高产品质量。

四、造纸工业

我国造纸工业由于纸张的种类不能适应社会需要，一部分企业的生产潜力还未能充分发挥。产品的基本情况是：单面光纸张有积压，新闻纸、出版用纸和水泥袋用纸则感觉不足，工业特殊用纸大部分依靠进口。

依据"一五"计划的要求，到 1957 年造纸工业建立工业用纸制造的技术基础，保证新闻纸、出版用纸的正常供应，同时扩大纸浆的生产，使浆同纸的产量达到平衡。全国共生产机制纸 65.5 万吨，其中新闻纸为 15.4 万吨。造纸工业限额以上的建设单位共 10 个，其中属于苏联帮助设计的 1 个。10 个建设单位中属于轻工业部的 8 个，属于地方工业的 2 个。建设的主要单位包括：在东北新建 1 个制浆、造纸综合工厂，生产水泥袋用纸、电缆用纸和造纸用铜网等产品；在中南新建 1 个甘蔗渣浆板厂，改建 1 个纸厂，以扩大新闻纸和化学木浆的生产能力；在华东新建 1 个制造卷烟纸的工厂；在华北新建 1 个高级纸工厂。10 个限额以上建设单位在五年内建成的有 7 个，增加的生产能力包括：纸浆 8.5 万吨，其中化学木浆 2.9 万吨，机械木浆 4.8 万吨；纸张 6.6 万吨，其中工业用纸 0.2 万吨，新闻纸 5.5 万吨。[①]

到 1957 年主要的造纸工业逐步地由国营厂负责生产。造纸工业要集中和培养技术人才，加强纸张研究试制工作，提高产品的产量和质量。

五、其他轻工业

这里所指的轻工业，包括印刷、搪瓷、日用陶瓷、皮革、毛皮、火柴、文教科学艺术用品、肥皂、化妆品等行业，产品的种类很多，生产非常分散，现有的设备潜力一般都很大。在第一个五年计划期间，应该根据社会需要，在全国平衡的基础上，合理发挥现有生产能力，并进行必要的

---

① 《我国第一个五年计划简表》，载于《新华月报》1955 年第 9 期。

基本建设。对于日用陶瓷工业，应该努力地增加产品种类，提高产品质量。

五年内，这类轻工业限额以上的建设单位有 7 个，包括：印刷厂 5 个、邮票厂 1 个、陶瓷器厂 1 个。除上述限额以上的建设单位外，这类轻工业还有很多限额以下的建设单位，对于这些单位，也必须根据社会需要，在全国平衡的基础上，全面安排，加以调节。

五年内，除了进行上述基本建设外，对于下列主要行业，应该根据其各自不同的具体情况，做如下具体安排：

（1）火柴工业、自来水笔和铅笔工业现有设备能力很大，皮革工业也有潜力，都不需要新建和改建工厂，都应该根据需要安排生产、改善质量、降低成本。火柴工业应该注意节约木材使用，皮革工业应该注意利用牛皮以外的其他皮张，自来水笔和铅笔工业应该在可能的条件下，将分散的小工厂逐步联合为规模较大的、能独立生产的工厂。

（2）热水瓶工业和搪瓷工业以及其他行业的轻工业，应根据需要调整产品种类的比重，提高农村需要的产品和工业装备品、医疗器具等产品的比重。

在上述各种轻工业中，私营的比重很大，小型工厂和手工作坊又占多数，因此应该以较长的时间和较多样的形式，逐步地、分别地对它们进行社会主义改造，并积极地推行可能的技术改良，以便使它们的生产能够逐步满足人民生活多方面的要求。

第四节 奠定中国工业化的基础

1956 年国民经济计划执行的结果是我国经济建设取得了巨大的成就，从而提前完成了第一个五年计划所规定的主要指标。全国工农业总产值为 1286 亿元，比上年增长了 16.5%。其中，工业总产值 703 亿元，完成年计划的 107%，比上年增长 28%，超过了"一五"计划规定的 1957 年的水平。在列入"一五"计划的 46 种主要工业产品中，完成或超额完成年计划的有 22 种，没有完成计划的有 24 种。其中，主要工业产品钢、生铁、钢材、水泥、纯碱、客车、棉纱、棉布等 27 种产品的产量已达到或超过了"一五"计划制定的 1957 年的指标。与此同时，我国工业技术水平也有很大提高，建立了一系列新的工业部门，已经能够把自己制造的许多设备、材料用以发展工业，装备农业和交通运输，加强国防工业。1953～1956 年，工业总产值平均每年增长 19.2%，超过了五年计划规定的 14.7% 的速度。[1]

一、基本建设

1957 年，我国第一个五年计划已超额完成。"一五"期间，全国完成基本建设投资总额达 550 亿元，在实际完成的国家投资总额中，工业部门占 58%，农林水利部门占 8.2%，运输邮电部门占 18.7%。重工业建设是"一五"时期经济建设的中心，在工业部门基本建设投资额中，重工业占 85%，轻工业占 15%。"一五"期间，由于进行基本建设而新增的固定资产达 460 亿元，其中新增工业固定资产达 200 亿元。[2]

"一五"期间，我国施工的工矿建设单位达 1 万个以上，其中，黑色金属 312 个、电力 599 个、煤炭 600 个、石油 22 个、金属加工 1922 个、化学 637 个、建筑材料 832 个、造纸 253 个、纺织 613 个、食品和其他约 5000 个。在施工的 1 万多个建设单位中，限额以上的有 921 个，比计划规定的单位数增加 227 个。到 1957 年底，全部投入生产的有 428 个，部分投入生产的有 109 个。[3] 苏联帮助我国建设的 156 个重大建设项目（见表 4-3），到 1957 年底，有 135 个已经施工建设，68 个已经全部建成和部分建成投入生产。德意志民主共和国、捷克斯洛伐克、波兰、匈牙利、罗马尼亚、保加利亚等国家帮助我国建设的 68 个工程项目，到 1957 年底，已经施工建设的有 64 个，已经建成投产的有 27 个。[4]

① 柳随年、吴群敢：《中国社会主义经济简史》，黑龙江人民出版社 1985 年版，第 156 页。
② 同上，第 178 页。
③ 汪海波：《新中国工业经济史（1949.10—1957）》，经济管理出版社 1994 年版，第 560 页。
④ 柳随年、吴群敢：《中国社会主义经济简史》，黑龙江人民出版社 1985 年版，第 178 页。

表 4-3　　　　　**国民经济恢复时期开始建设的
156 个重点项目的建设情况**

项目名称	建设地址	开始建设年份	全部建成投产年份	自开始建设至建成累计投资（万元）	新增生产能力		
					名称	计算单位	数量
1. 煤炭工业							
辽源中央立井	辽源	1950	1955	5770	采煤	万吨	90
阜新平安立井	阜新	1952	1957	8334	采煤	万吨	150
阜新海州露天矿	阜新	1950	1957	19472	采煤	万吨	300
鹤岗东山 1 号立井	鹤岗	1950	1955	6512	采煤	万吨	90
鹤岗兴安台 10 号立井	鹤岗	1950	1956	7178	采煤	万吨	150
2. 电力工业							
阜新热电站	阜新	1951	1958	7450	发电机组容量	万千瓦	15
抚顺电站	抚顺	1952	1957	8734	发电机组容量	万千瓦	15
丰满水电站	吉林	1951	1959	9634	发电机组容量	万千瓦	42.25
富拉尔基热电站	富拉尔基	1952	1955	6870	发电机组容量	万千瓦	5
郑州第二热电站	郑州	1952	1953	1971	发电机组容量	万千瓦	1.2
重庆电站	重庆	1952	1954	3561	发电机组容量	万千瓦	2.4
西安热电站	西安	1952	1957	6449	发电机组容量	万千瓦	4.8
乌鲁木齐热电站	乌鲁木齐	1952	1959	3275	发电机组容量	万千瓦	1.9
3. 钢铁工业							
鞍山钢铁公司	鞍山	1952	1960	268500	生铁	万吨	250
					钢	万吨	320
					钢材	万吨	250
4. 有色金属工业							
抚顺铝厂（一、二期）	抚顺	1952	1957	15619	铝锭	万吨	3.9
					镁	万吨	0.12
哈尔滨铝加工厂（一、二期）	哈尔滨	1952	1958	32681	铝材	万吨	3
5. 机械工业							
沈阳风动工具厂	沈阳	1952	1954	1893	各种风动工具	万台/吨	2/554

资料来源：汪海波，《新中国工业经济史（1949.10—1957）》，经济管理出版社 1994 年版，第 550~559 页，笔者整理。

以上提到的 921 个限额以上的建设项目，构成了我国现代化工业的骨干，带来了新工业的发展，如飞机、汽车、发电设备、重型机器、新式机床精密仪表、电解铝、无缝钢管、合金钢、塑料、无线电和有线电的制造等。这些新工业的建立，改变了新中国成立之前我国工业残缺不全的状况，为实行整个国民经济技术改造提供了可靠的物质技术保证。

在能源工业方面，"一五"期间施工的重点项目占有很大比重，构成了日后我国现代工业的强大基础。经过努力建成投产的，煤炭方面有辽宁抚顺矿务局西露天、老虎台和龙风三个矿，阜新海州露天矿和平安立井，黑龙江鹤岗东山、兴安台两个立井，鸡西城子河立井，陕西玉石凹立井。电力方面有抚顺、富拉尔基、吉林、大连、佳木斯、石家庄、太原、包头、武汉、株洲、郑州、洛阳、西安、兰州西固、户县、乌鲁木齐、重庆、开远以及云南个旧等电站。石油方面有玉门油矿的扩建工程等。这样，不仅大大加强了东北工业基地的能源供应，而且为中南、华北、西北、西南新工业基地的建设，创造了一定的条件。

冶金工业方面，一批重点项目的建成或开始建设，如鞍山钢铁公司的六号、七号、八号高炉，以及大型轧钢厂、无缝管厂、薄板厂、第二初轧厂于 1953 年、1954 年、1956 年竣工投产。焦炉、中板厂等其他限额以上工程也进入紧张施工阶段。北满钢厂、本溪钢铁公司基本竣工。武汉钢铁公司及包头钢铁公司的一期工程分别于 1955 年、1956 年正式施工。不但大大充实了以鞍钢为中心的东北钢铁基地，而且在我国内地也开始着手建立新的大型钢铁基地。

有色金属加工方面，"一五"期间白银有色金属公司、大吉山钨矿、云南锡业公司、杨家杖子钼矿等重点工程相继上马，开始改变新中国成立前有色金属依赖进口的落后局面。特别是哈尔滨铝加工厂、吉林碳素厂、抚顺铝厂（二期）和山东铝氧厂的建设，使我国拥有了从原料采掘到加工的完整的铝加工工业，为我国独立的航空工业建设奠定了基础。

机器制造方面，"一五"期间，我国第一座年产 3 万辆载重汽车的长春汽车制造厂建成，1956 年 7 月试装出第一批"解放牌"载重汽车。沈阳第一机床厂和哈尔滨量具刃具厂于 1955 年竣工投产，哈尔滨锅炉厂于 1957 年竣工投产。我国第一座电子管厂——北京电子管厂于 1956 年 10 月建成，正式开工生产，试制成功了十几种电子管。我国第一座飞机制造厂也正式投产并于 1956 年 9 月 9 日试制成功我国第一架喷气式飞机。到 1957 年底，还有武汉重型机床厂、富拉尔基重型机器厂、洛阳矿山机器厂、洛阳拖拉机厂、哈尔滨汽轮机厂、哈尔滨电机厂等一批重点项目也接近完工。

二、工业生产

1. 工业总产值增长迅速，结构更加合理[①]

1957 年工业总产值 783.9 亿元，比 1952 年增长 128.3%，平均每年增长 18%。1957 年手工业总产值比 1952 年增长 83%，平均每年增长 12.8%。工业生产的迅速发展，使工业在国民经济中的地位发生了显著的变化。在工农业总产值中，工业总产值所占的比重由 1952 年的 43.1% 提高到 1957 年的 56.7%。

1957 年工业中的生产资料生产比 1952 年增长 2.1 倍，平均每年增长 25.4%；生产资料生产在工业总产值中的比重由 1952 年的 35.6% 提高到 1957 年的 48.3%。机器制造工业在工业总产值中的比重由 1952 年的 5.2% 提高到 1957 年的 9.5%。新中国成立前重工业极端落后的状况已开始转变。另外，"一五"期间，在优先发展重工业的同时，轻工业也有很快的发展，1957 年比 1952 年增长 83%，平均每年增长 12.9%。

2. 超额完成五年计划的任务[②]

在五年计划规定的 46 种主要工业产品中，有 27 种产品的产量在 1956 年就已达到五年计划规定的 1957 年水平。

"一五"期间，主要工业产品新增的生产能力为：炼铁 339 万吨、炼钢 282 万吨、轧钢 159 万吨、采煤 6376 万吨、电力 246.9 万千瓦、原油 131.2 万吨、合成氨 13.7 万吨、水泥 261 万吨、金属切削机床 8704 台、载重汽车 3 万辆、纱锭 201 万枚、织布机 5.5 万台、机制糖 62 万吨、机制纸 25 万吨。

[①] 柳随年、吴群敢：《中国社会主义经济简史》，黑龙江人民出版社 1985 年版，第 181 页。
[②] 柳随年、吴群敢：《中国社会主义经济简史》，黑龙江人民出版社 1985 年版，第 182 页。

主要工业产品产量平均每年的增长速度是：钢 31.7%、生铁 25.2%、原煤 14.4%、原油 27.3%、发电量 21.6%、木材 20%、水泥 19.1%、硫酸 27.1%、纯碱 21.4%、烧碱 20.1%、化肥（不包括硝铵）28.4%、金属切削机床 15.3%、动力机械 81.5%、电动机 17.9%、机车 52.9%、民用船舶 27.5%、纸 17.8%、糖 13.9%、卷烟 11%。

"一五"期间，我国工业发展速度远远超过了主要的资本主义国家。1953～1957 年各国平均每年增长情况：中国 18%、英国 4.1%、美国 2.8%；钢：中国 31.7%、英国 5.7%、美国 3.9%；原煤：中国 14.4%，英国是下降的，而美国仅 0.4%；发电量：中国 21.6%、英国 7.8%、美国 9.1%。

3. 工业产品品种增加

在"一五"期间，随着改建和新建企业的陆续投入生产，以及广大职工技术水平的不断提高，我国工业生产不但在产品产量方面有很大增长，而且还生产出许多种我国从未有的新的工业产品。例如，钢铁工业方面主要有高级合金结构钢、特殊仪表用钢、矽钢片、造船用钢板、锅炉用无缝钢管、50 公斤的重轨等重要钢材。钢材品种在 1952 年时只能生产 400 种，1957 年已达 4000 种。机械工业方面有飞机、载重汽车、客轮、货轮、容量 1.2 万千瓦的成套火力发电设备、1.5 万千瓦成套水力发电设备、容积 1000 立方米的高炉设备、联合采煤机、200 多种新型机床、自动电话交换机以及全套纺织、造纸、制糖等设备。由于工业产量的迅速增长和新产品的不断增加，我国工业的材料和设备的自给率有了很大提高，1957 年钢材的自给率已达 86%，机械设备的自给率已达 60% 以上。[①]

三、社会主义建设新道路的初步探索

从 1956 年初开始，我国已经开始了对社会主义建设新道路的探索，突出表现在 1956 年的《论十大关系》、中国共产党第八次全国代表大会和 1957 年《关于正确处理人民内部矛盾的问题》上。

---

① 柳随年、吴群敢：《中国社会主义经济简史》，黑龙江人民出版社 1985 年版，第 183 页。

1956年初，根据党中央的要求，34个经济主管部门分别向中央做了汇报。1956年4月，毛泽东作了著名的《论十大关系》的报告，以苏联为鉴戒，初步总结了我国过去几年经济建设方面的经验，对今后建设工作中需要着重处理好的十个方面的问题作了精辟论述。同时，报告还阐述了经济建设中几个重要原则。第一，必须正确处理建设中积累与消费以及重工业与轻工业、农业之间的比例关系；必须兼顾国家、生产单位和生产者三者利益，无论只顾哪一个，都不利于社会主义建设。既要提倡艰苦奋斗，反对把个人物质利益看得高于一切；也要关心群众，反对不关心群众痛痒的官僚主义。重工业是我国建设的重点，必须优先发展生产资料的生产，但绝不能因此忽视生活资料，尤其是粮食的生产。要多发展一些农业、轻工业，才能保障人民生活的需要，同时增加资金积累，促进重工业的发展。第二，合理解决经济建设的布局。为了平衡工业发展布局，必须大力发展内地工业，但同时必须充分利用和发展沿海工业基地，使我国有更多的力量来发展和支持内地工业。第三，调整经济管理体制。为了建设一个强大的社会主义国家，必须有中央强有力的统一领导。但是，应当在巩固中央统一领导的前提下，扩大地方的权力，给地方更多的独立性，让地方办更多的事情。要给工厂一点自主权，使各个生产单位都有一个与统一性相联系的独立性。第四，处理好学习与创新的关系。一切民族、一切国家的长处，我们都要学，资本主义国家的先进科学技术和企业管理方法中合乎科学的方面也要学；但是必须有分析、有批判地学，不能一切照抄，机械搬用。①

1956年下半年，围绕中央提出的探索新道路的主题，各个部门总结了自己的经验，提出了许多宝贵的意见。这些探索的成果，比较集中地反映在1956年9月召开的党的八大上。党的八大所制定的路线，成为我国社会主义建设的重要里程碑。

党的八大在总结我国社会主义革命和社会主义建设的基础上正确地分析了三大改造完成后国内阶级关系的新变化，决定把党的工作重心转移到社会主义建设上来。大会指出：社会主义制度在我国已经基本建立起来，

① 柳随年、吴群敢：《中国社会主义经济简史》，黑龙江人民出版社1985年版，第212~213页。

国内主要矛盾已经不再是工人阶级和资产阶级的矛盾，而是人民对于经济文化迅速发展的需要同当前经济文化不能满足人民需要的状况之间的矛盾。党和全国人民的主要任务是集中力量发展社会生产力，把我国尽快地从落后的农业国变为先进的工业国。

第二篇
愿违的蹊径（1958~1977年）

　　这是一个渴望奋进、催人向上但也是挫折严重的时代。虽然制定了第二个五年计划，后又试图大大超越这一计划所确定的目标，提出"总路线、大跃进、人民公社"三大战略，在"鼓足干劲，力争上游，多快好省地建设社会主义"的"总路线"指引下，确定了一批批重大工程，一个个重点项目拔地而起；而且，以发动群众、大炼钢铁的方式，试图使若干重工业产品产量在不长时期内"赶英超美"。这种"敢叫日月换新天"的革命浪漫情怀和豪迈愿望过于理想化，比较严重地脱离了当时的现实情况，破坏了经济协调发展，使国民经济发展出现了较大波动，不得不进行调整，从过分冒进的作为"退回去"。1966~1976年，经历了十年"文化大革命"。期间，一些工业部门取得了积极成就，一些集体攻关项目也捷报频传，但工业经济发展受到严重干扰。为了发展先进工业，需要利用国外技术和资本，但进退徘徊，几经周折。在管理体制上，越来越倾向于实行高度集中的计划经济模式，排斥非公有制经济。党的指导思想出现偏差，对工业经济快速发展产生不利影响，经济管理体制脱离实际比较严重，抑制了生产积极性，经济协调发展受阻。这一时期，不仅没能实现主观愿望的工业"大跃进"、大发展，而且同世界发达国家的差距进一步扩大。可以说，这是中国工业协调发展、探索路径、积累经验的时代，也是接受教训的时代。当然，不可否认，建立完整的工业体系以及在某些工业领域、重大项目的建设上，这一时期也成果卓著，并为今后改革开放的工业快速发展奠定了坚实的基础。

第五章

"大跃进"的雄心与挫折[*]

在第一个五年计划期间,我国已经建立了工业化的初步基础。按照中国共产党第八次全国代表大会的建议,第二个五年计划时期继续以重工业为中心,推进国民经济技术改造,巩固我国工业化基础;在发展基本建设和继续完成社会主义改造基础上,进一步发展工业生产,增强国防力,提高人民的物质文化生活水平。[①] 但是,1958 年以后我国走上了"大跃进"的道路,党的八大的这个建议实际上被搁置了,工业生产建设也偏离了这个建议。1958 年 2 月,根据杭州会议、南宁会议"反冒进"的精神,进一步提出全国"大跃进"的新形势,工业生产建设"大跃进"正式出炉。

第一节 工业"大跃进"

"大跃进"指导思想的酝酿和提出,是和经济工作中反对"右倾保守"和批判"反冒进"相伴而行的。1950 年社会主义改造取得了决定性的胜利,1957 年又胜利完成初步建立工业化的艰巨任务。在一系列胜

---

[*] 本章主要参考了汪海波《新中国工业经济史》(经济管理出版社 2007 年版)。如无特别说明,本章数据均来源于历年《中国统计年鉴》。

[①] 《中国共产党第八次全国代表大会关于发展国民经济的第二个五年计划(1958—1962 年)的建议》,收录于《中国共产党第八次全国代表大会文件》,人民出版社 1956 年版,第 164 页。

利面前，中央和地方不少领导同志滋长了急于求成的思想，低估了我国经济发展面临的困难。1956年已经出现了基本建设规模过大、职工人数增加过多、信贷突破计划、财政出现赤字的偏差。针对这种情况，党中央及时提出了既反保守又反冒进，即在综合平衡中稳步前进的经济建设方针，但不久这一方针被指"右"倾。1957年，反右斗争扩大化，直接波及经济工作指导思想。从1957年10月开始，对既反保守又反冒进的方针又进行了批判。1957年11月第一次正式提出了"跃进""大的跃进"的口号。虽然这个口号仅就农业而言，但实际上被运用于工业以至于整个国民经济。

1957年七八月间，第五次全国计划会议通过了1958年国民经济计划控制数字。会议认为，工业生产和发展计划控制数字为：工业总产值为666.1亿元。但不久就开始加码。工业"大跃进"经历了1958年下半年的大炼钢铁和1960年上半年以"保钢"为中心的增产节约运动，前后延续时间长达3年。

一、"大炼钢铁"与"大办工业"

1958年2月，第一届全国人民代表大会批准的1958年国民经济计划的工业生产主要指标大大超过了控制数字的规定：工业和手工业总产值达747.4亿元，钢产量为624万吨，原煤为15000万吨。这一计划作为国家的第一本账下达各地区各部门，不久国家经委提出了反映"大跃进"新形势的1958年计划的第二本账①，即工业总产值为915亿元，钢为711万多吨，原煤为18052万吨。在党的八大二次会议期间，中央将它转发各地，要求共同努力促其实现。党的八大二次会议后，工业生产计划指标越抬越高。1958年8月，党中央在北戴河召开政治局扩大会议。会议决定，1958年的钢产量要达到1070万～1150万吨，比1957年翻一番；工业的生产和建设必须首先保证钢铁和机械生产，特别是钢铁

---

① 1958年初拟订的《工作方法六十条》（草案）中要求生产计划制定"三本账"，即中央有两本账：第一本账是公布的必成的计划，第二本账是不公布的期成的计划；地方也有两本账：第一本账就是中央的第二本账，是必成的，第二本账是地方期成的。

生产。会议号召全党、全民为生产 1070 万吨钢而奋斗，在尽量短的时间内，在全国掀起一个工业生产建设的新高潮。9 月 1 日的《人民日报》发表《立即行动起来，完成把钢产量翻一番的伟大任务》的社论，号召"全党、全民行动起来、鼓足干劲，苦战四个月"。"大炼钢铁"成为压倒一切的中心任务，全国掀起了一场规模空前的"全民大炼钢铁运动"。1958 年 12 月，中国共产党第八届中央委员会第六次全体会议明确指出，1958 年工业生产"大跃进"期间，在有些方面存在着某种程度的比例失调现象。例如，煤、铁、钢、钢材的生产不能互相适应，很多设备的制造和供应不能配套，电力和交通运输的发展赶不上钢铁生产与整个国民经济的需要，在钢铁生产上使用人力和物力过多，工业的其他部门及农业、商业等方面都受到一些影响，等等。

二、不断调整工业计划指标

关于 1959 年工业生产建设计划指标，1958 年北戴河会议确定钢产量为 2700 万吨，争取 3000 万吨；煤 3.7 亿吨。同年 11 月的武昌会议和 12 月的中共八届六中全会察觉到"大跃进"所造成的后果，这两次会议反复提出，要把根据不足的高指标降下来，必须把冲天干劲和科学精神结合起来，反对浮夸、反对虚报成绩隐瞒缺点，要求经济工作越做越细，一定要尽可能接近和符合实际。根据上述精神，从中共八届六中全会开始，对工业生产建设计划多次进行讨论并不断调整。

三、开展了以"保钢"为中心的增产节约运动

1960 年第二届全国人民代表大会第二次会议号召，为争取实现 1960 年继续跃进而奋斗。会议批准了 1960 年国民经济计划，确定工业总产值为 2100 亿元，其中重工业总产值为 1270 亿元。重工业的发展继续执行以钢为纲、全面跃进的方针；继续抓紧钢铁工业的建设，同时努力加强动力工业、采掘工业、有色金属工业、石油工业、合成橡胶工业等部门的建设，使它们更好地适应于整个工业以及整个国民经济继续跃进的需要。按

照"逐步看涨"的办法安排生产指标,"分两步走"的办法安排基本建设指标、继续提高计划指标。1960年5月30日,党中央批准了国家计委、国家经委、国家建委关于1960年计划第二本账安排的报告。第二本账确定工业总产值为2500亿元,钢产量为2040万吨,原煤产量为4.62亿吨。同时,中央还要求集中力量大抓煤、铁、矿、运,以此为中心,大力"保钢",带动其他,努力争取当年钢产量达到2100万吨至2200万吨。中央把这个指标作为钢铁生产的第三本账要求各地区、各部门努力完成。为了在1960年继续跃进,提出"开门红、满堂红、红到底"的口号,要求各个企业、各个行业、各个地区第一季度的平均日产量不低于或略高于上年第四季度的水平,并且实现月月红、季季红,实现产量、质量、品种、成本、安全样样红,全面跃进。

第二节 工业"大跃进"的主要措施

工业"大跃进"前后持续三年,出现了两次高潮,完成了钢铁等某些重工业产品生产的高指标,除了不断地鼓干劲以外,主要是依靠以下几项措施。

一、扩大基建规模并全力强化生产

"大跃进"三年完成生产高指标的一项重要的措施就是采取各种手段追加投资,使基本建设规模不断扩大。当时,除了国家压缩消费基金、扩大积累基金,甚至预支下一年的投资增加基本建设预算拨款外,各地方和各企业还用发行公债、挪用流动资金、摊入成本等各种手段筹集资金进行基本建设。不断扩大基本建设规模,不断增加新的生产能力。1958年工业部门基本建设投资173亿元,达到第一个五年计划期间投资总和的69.1%;1959年增加到208.9亿元;1960年增加到229.6亿元。集中资金进行大规模的工业建设,新增了生产能力,对于完成生产任务起到积极作用,但也影响了其他部门的发展和消费与积累的比例关系。

二、加快地方工业发展

实现工业"大跃进",当时的设想是主要依靠地方工业发展,在发展中央工业之外,把全国各地办工业的积极性都调动起来。在大型企业之外,大量办中小型企业,推动我国工业高速度地向前发展。为了加快地方工业的发展,1958年3月,党中央明确地提出了发展中央工业和发展地方工业同时并举的方针,并规定地方工业的任务是为农业服务、为国家大工业服务、为城乡人民生活服务、为出口服务。实现这些任务的方法是打破对于工业化的神秘观点、全党办工业、各级办工业、全面规划,加强领导,走群众路线。党中央要求各省、市、自治区制定地方工业发展规划,同时采取了以下三项措施:建设东北、华北、华东、华南、华中、西南、西北七个协作区;把一大批中央工业企业下放给地方;把管理工业生产建设的许多权限,如资金、劳动力管理、基本建设项目审批等权限下放给地方。根据党中央的要求,各地从1958年上半年开始掀起了一场大办工业的群众运动。到1958年底,工业企业达到26.3万个,比1957年底增加了9.35万个,其中全民所有制工业企业达到11.9万个,增加6.1万个;集体所有制企业达到14.4万个,增加3.25万个。1959年集体所有制企业又增加了7.56万个,达到21.96万个。到1958年底,农村人民公社工业的职工达到1800万人,产值60亿元左右。[①] 1959年产值又上升到100亿元左右。1959年城市人民公社工业和城市街道工业的产值为20亿元左右,比1958年增长约4倍。[②]

三、大搞"小土群""小洋群"

兴办采用土法生产的小型工业企业在进入1958年后就已逐步展开。1~8月,在生铁生产方面,全国共建成小高炉、土高炉24万多座,参加

---

① 马洪:《现代中国经济事典》,中国社会科学出版社1982年版,第213页。
② 《新华半月刊》1960年第8号,第7页。

采矿、炼铁的人数有几百万人。9月，"小土群"运动蓬勃高涨，参加"小土群"钢铁生产建设的人数激增到5000多万人，建成的小高炉、土高炉达到60万座。在开展土法炼铁、炼钢的同时，在地质、煤炭、电力，甚至有色金属冶炼、石油提炼等方面，也开展了"小土群"运动。土钢、土铁的质量差，含硫量高，很难加工使用；同时，消耗大、成本高，1958年小钢铁亏损达十几亿元。为了生产这些土钢铁，过量开采矿石，强伐大量树木，砸掉大量的铁锅铁器，破坏了矿产和森林资源，影响了人民生活。1959年生产重点逐渐从"小土群"转到"小洋群"上来。到1959年底，全国已有正常生产的钢铁"小洋群"1300多个，矿山"小洋群"1000多个，炼焦"小洋群"400多个。这些"小洋群"拥有高炉约6万立方米，转炉600余吨，小型轧机170台，简易焦炉1600余座。1959年"小洋群"和"小土群"生产的生铁占全国生铁产量的50%，铁矿石占45%，焦炭占70%。据21个省市区的统计，到1960年工业部门职工共有1820万人，其中"小洋群"为686.6万人，"小土群"为318万人，合计1004.6万人，占职工总数的55.2%。

四、大搞群众性技术革新与技术革命

1958年党的八大二次会议以后，在全国范围内逐渐开展了技术革新和技术革命的运动。在1958年与1959年的工作基础上，到1960年，群众性的技术革新和技术革命运动被看成是高速度发展国民经济的一项重要保证，要求在全国范围内全面开展。1960年初，党中央两次发出号召，掀起一场以大搞半机械化和机械化为中心的技术革新与技术革命运动。此后，全国各地区、各部门很快掀起了一场群众性的技术革新和技术革命运动的高潮。技术革新和技术革命运动在1960年内大体经历了三个阶段：4月份以前，以大搞机械化、半机械化、自动化、半自动化为主；5月份以后，以超声波、煤气化、管道反应化为主，推广新技术，创造新产品；8月份以后，力求把技术革新、技术革命运动同以"保粮""保钢"为中心的增产节约运动结合起来。在这场技术运动中，广大职工群众表现出了极大的热情，大大发扬了首创精神，创造出一批行之有效的革新成果。据有关部门整理的资料，到 1960 年 6 月底为止，全国工业生产部门机械化、半机械化程度，已经从 1959 年末的 30% 左右，提高到 50% 左右。在采用新技术、新工艺和研制新产品方面，也取得了一定的成就。

五、全力保证钢铁生产

"以钢为纲、全面跃进"的方针，本意是钢铁一马当先，带动其他各工业产品万马奔腾。但实际上却是各部门、各地方都把钢铁的生产和建设放在首要地位，其他各方面都给钢铁生产让路。当时的要求是："当钢铁工业的发展与其他工业的发展，在设备、材料、动力、人力等方面发生矛盾的时候，其他工业应该主动放弃或降低自己的要求，让路给钢铁工业先行。不管任何地方、任何部门，有材料、有设备、有交通运输工具，必须首先让给钢铁工业；有制造能力的，必须首先为钢铁工业而生产；电力必须首先输送给钢铁工业；煤炭及其他燃料必须首先满足钢铁工业的需要；有劳动力和技术力量的，必须首先调给钢铁工业。"[①] 1958 年 9 月初，北戴河工业书记会议又具体确定了机械制造、主要原材料、电力、交通运输的排队原则，即首先满足冶金设备和冶金工业增产的需要；其次满足制造发电设备的需要；再其次满足主要机床的需要；然后才是其他。这一精神基本上贯穿"大跃进"的始终。

第三节 "大跃进"期间工业体制改革尝试

在第一个五年计划期间逐步建立起来的集中统一的管理体制，随着社会主义改造的基本完成和社会主义建设取得的巨大进展，已逐渐不能与新的形势相适应，统得过多、管得过死的问题日益暴露出来。在"大跃进"期间，对工业经济体制进行了一次有益的调整与改革尝试。

---

① 《立即行动起来，完成把钢产量翻一番的伟大任务》，载于《人民日报》1958 年 9 月 1 日，社论。

一、工业经济管理体制改革尝试

1957年，国务院制定了《关于改进工业管理体制的规定》。1958年3月，成都会议又进一步决定，对计划、工业、基本建设、物资、财政、物价、商业和教育等方面的管理体制，按照统一领导、分级管理的原则进行改革。

1. 扩大地方权限

扩大地方管理工业权限的中心是调整企业的隶属关系，把由中央直辖的一部分企业下放给省、自治区、直辖市作为地方企业。成都会议后，中共中央、国务院作出了《关于工业企业下放的几项决定》[①]，进一步扩大了下放的范围。文件规定，国务院各主管工业部门，不论轻工业或者重工业部门，以及部分非工业部门所管理的企业，除了一些主要的、特殊的以及"试验田"性质的企业仍归中央继续管理以外，其余企业原则上一律下放归地方管理。下放的步骤是先轻工业、后重工业。在下放企业后，中央各工业部门的职责是：以三四分力量掌握全国规划和直接管理的大企业，加强科学研究工作；以六七分力量，从供给技术资料指导技术设计、培养技术人员、交流先进经验、进行全面规划等方面，帮助地方办好企业。根据这一决定，1958年6月2日，中共中央确定，轻工业部门所属单位，除4个特殊纸厂和1个铜网厂外，全部下放；重工业部门所属单位大部分下放。6月6日正式批转了冶金、第一机械、化学、煤炭、水利电力、石油、建筑、轻工、纺织9个工业部门关于企业下放问题的报告。要求他们一律于6月15日以前完成全部下放企业的交接手续。从1957年底开始到1958年6月15日止，上述9个工业部门陆续下放了88个单位，中央各工业部所属企业、事业单位80%左右交给了地方管理。[②] 1958年中央直属企业的工业总产值占整个工业总产值的比重由1957年的39.7%降到

---

① 中国社会科学院工业经济研究所情报资料室：《中国工业经济法规汇编（一九四九——九八一）》，经济管理出版社1981年版，第117页。

② 《新华半月刊》1958年第13号，第63页。

13.8%。[①] 在下放工业企业的同时，还对直接涉及工业管理的计划、基本建设物资、财政、劳动、教育等方面的体制进行了改革。

2. 扩大企业权限

第一，减少指令性指标，扩大企业主管人员对计划管理的职责。依据前述的国务院《关于改进工业管理体制的规定》，将指令性指标由 12 个减为 4 个，其余 8 个指标列入计划作为计算根据。第二，实行企业留成制度。工业企业的利润，由国家和企业实行全额分成。第三，试行流动资金的金额信贷度。1958 年，国营企业定额流动资金实行 70% 由财政拨款、30% 由银行贷款的办法。从 1959 年起，国营企业的流动资金，一律改由中国人民银行统一管理。第四，改进企业的人事管理。除企业主管负责人（厂长、副厂长、经理、副经理等）、主要技术人员以外，其他一切职工均由企业负责管理，在不增加职工总数的条件下，企业有权调整机构和人员。

在 1958 年初提出国民经济全面"大跃进"后，以实行地方分权把大量管理权限下放给地方为重点的管理体制改革，成为尽快实现地方工业产值超过当地农业产值，建立地方各自独立的工业体系，实现"大跃进"、超英赶美的一项主要措施。这样就产生了急躁冒进的错误，出现了下放管理权限过多、过急的现象。一方面，中央所属企业下放过多；另一方面，计划权、劳动管理权、财权、基建审批权、物资权下放过多。一些应由中央掌握的决策权也下放给了地方，而宏观经济控制不仅没有相应加强，反而抛弃了一些原来行之有效的东西，以致出现了严重失控的现象。

1957 年中共中央、国务院制定的扩大地方和企业权力的规定对调动地方积极性，发展地方工业起了一定的积极作用。在 1958 年的改革中，只强调中央与地方行政管理权限的划分，扩大地方管理工业的权限，而忽视企业经营自主权。同时，把下放管理权限作为促进地方工业发展，实现工业生产建设"大跃进"的一项重大措施，过多过急地下放权限。而整个管理体制由以"条条"为主变为以"块块"为主，在宏观上却缺乏一套有效的控制办法，产生了很多弊病，经济出现混乱，激化了各方面的矛盾，

---

① 周太和：《我国经济体制改革的历史经验》，人民出版社 1983 年版，第 71 页。

加重了"大跃进"期间经济失调的现象。最后，被迫重新恢复集中统一的管理体制。

二、工业企业管理改革探索

1956 年，中国共产党第八次全国代表大会正式决定在工业企业中建立以党委为核心的集体领导和个人负责相结合的领导制度，中共八届三中全会上提出党委领导下的职工代表大会制。这两项制度的推行，解决了党对企业的领导和企业贯彻民主集中制。在"大跃进"期间，对工业企业管理的改革进行了一次重大探索。主要措施包括四个方面。（1）加强党的统一领导。主张把企业管理置于党的绝对领导之下。企业年度、季度生产，技术、财务计划以及在计划执行中所发生的重大关键问题，行政、技术干部的任免、调动和奖惩以及其他临时性的重大问题等，都要提交党委讨论。车间的行政工作也要在党支部的统一领导下进行。（2）强调政治挂帅。在党的领导下，把企业的各项经济技术工作都置于政治的统率之下。加强政治思想工作，开展共产主义大协作，强调政治挂帅与物质鼓励相结合。（3）大搞群众运动。在毛泽东提出什么工作都要搞群众运动，办工业也要搞群众运动后，[①] 企业管理中的群众路线工作方法被进一步发展成为大搞群众运动的方法，并且把这看作是打破过去那种依靠少数人冷冷清清办企业的局面，真正体现党依靠全体工人阶级办好企业的方针。（4）"一改两参三结合"。一改，是指改革不合理的规章制度；两参，是指干部参加劳动，工人参加管理；三结合，是指领导干部、技术人员（专业管理人员）、工人结合起来，共同研究解决生产技术和企业管理中的问题。

进入 1958 年，工业企业管理改革探索的基本立足点是贯彻民主集中制，相信群众、依靠群众，调动广大群众的积极性，促进企业生产的发展。1960 年 3 月，毛泽东在中共中央批转《鞍山市委关于工业战线上的技术革新和技术革命运动开展情况的报告》的批示，即"两参一改三结合"，也就是后来的"鞍钢宪法"。1959 年 6 月，党中央要求各工业部门和各省、

---

① 《建国以来毛泽东文稿》（第 7 册），中央文献出版社 1992 年版，第 433 页。

自治区、直辖市认真执行企业管理工作，发动干部和工人充分揭露企业管理中的问题，采取实事求是的态度，对原有的和新建立的规章制度进行审查、修订和补充。对于某些必须由上级管理部门统一规定的规章制度和直接掌握的重大问题，有关部门应尽快作出具体规定，发布实施。但是在党的八届八中全会开展反右倾运动后，改进企业管理、整顿工业生产秩序工作受到了极大影响。

三、手工业限制与改造

1956 年下半年，国家放宽了对某些商品市场的管理，不仅活跃了经济，也使城镇中重新出现了一些小型私营工业、个体手工业。但在"反右"中夸大了个体手工业存在资本主义自发倾向的严重性，忽视了它们存在的必然性和必要性。1958 年 4 月，中共中央决定要对城镇个体工商业者严厉限制，加强改造。采取的主要措施有组织加入手工业合作社、个体劳动者的收入水平不超过同行业合作社或国营企业职工的平均收入、把集体工业并入或转为国营企业。1958 年 8 月以后，对于所有制的变革，追求"一大二公"，限制集体经济，尽快过渡到国营经济，取消个体经济，以单一的公有制代替公有制占优势、多种经济形式并存的结构，甚至急于向单一的全民所有制过渡。在上述思想指导下，在农村相继出现联乡并社转公社热潮的同时，对于手工业合作社也错误地进行了"转厂过渡""转产改向"。1958~1959 年全国 10 万多个手工业合作社（组）的 500 多万名社员中，"转厂过渡"的占总人数的 86.7%。其中，过渡为地方国营工厂的占37.8%，转为合作工厂的占 13.6%，还有一部分转到人民公社。① 由于"转厂过渡"超越了大多数手工业生产力的发展水平，挫伤了社员的生产积极性，严重阻碍了生产力的发展。在匆忙"转厂过渡"的同时，又盲目地"转产改向"，刮起了转产风。在这两方面因素的影响下，手工业出现了许多问题。1959 年上半年采取了一些措施，恢复了一些减产或停产的小商品。中共中央在 1959 年 8 月发出了《关于迅速恢复和进一步发展手工

---

① 周太和：《当代中国的经济体制改革》，中国社会科学出版社 1984 年版，第 69 页。

业生产的指示》①，提出了 18 条措施。这些措施对手工业生产的恢复起了一定的作用。但这些措施各地并没有很好地贯彻。按 1957 年不变价格计算，集体所有制工业产值 1958 年下降到 118 亿元，1959 年回升到 169.9 亿元，但 1960 年又下降到 155.1 亿元。

第四节 "大跃进" 时期的工业成就及代价

1958～1960 年，由于广大人民群众迫切要求改变"一穷二白"的面貌，全国上下一心，意气风发，斗志昂扬，自力更生，艰苦奋斗，团结协作，互相支援，动员了空前规模的人力、物力、财力，工业尤其是重工业的生产建设有了突飞猛进的发展和变化。

一、"大跃进" 时期的工业成就

经过三年建设，我国工业的物质技术基础有了加强。1960 年与 1957 年比较，全民所有制工业企业的固定资产原值由 334.6 亿元增加到 721.8 亿元，增长了 1.16 倍；工业企业的工程技术人员数由 17.5 万人增加到 40 多万人，增加了 1 倍多。

1. 建成一批重要项目

在这三年中，从中央到地方各个工业部门投入了大量的资金进行工业建设。施工的大中型工业项目达到 2200 个左右，其中完工和部分完工投入生产的有 100 个左右。施工的小型工业项目有 9 万多个。而第一个五年计划全部施工的大中型项目只有 921 个，其中完工和部分完工的 537 个；施工的小型工业项目只有 9000 多个。据 1964 年统计，新中国成立以后到 1964 年，许多重工业部门新建设的大中型企业中，属于 1958 年以后开工的占 2/3 以上。由于在 1961 到 1964 年间，基本没有新开工的项目，上述

---

① 中国社会科学院工业经济研究所情报资料室编：《中国工业经济法规汇编（一九四九——九八一）》，经济管理出版社 1981 年版，第 10 页。

1958 年以后开工的项目绝大多数是在三年"大跃进"期间开工的。不少重要的工业工程，如洛阳第一拖拉机制造厂、保定化学纤维联合厂、新安江水电站以及我国第一座试验性的原子反应堆和回旋加速器等，就是在这一期间投产的。由于进行了大规模的基本建设，主要工业部门，特别是重工业各部门的现代化生产设备和生产能力有了很大的增长。1960 年与1957 年比较，煤炭部直属煤矿的正规矿井由 294 对增加到 568 对；全国 55立方米以上的高炉由 43 座增加到 334 座，有效容积由 1.4 万立方米增加到5 万立方米；平炉由 42 座增加到 83 座，炉底面积由 1600 多平方米增加到3600 多平方米。新增生产能力经过调整后发挥了重要作用。三年内还新建了石油化工设备、拖拉机制造、精密机械制造、有机合成等过去没有的重要工业部门。

2. 钢铁产量迅速增长

1960 年与 1957 年比较，工业总产值由 704 亿元增加到 1650 亿元（按1957 年不变价格计算），增加了 1.34 倍。其中，重工业产值由 330 亿元增加到 1100 亿元，增加了 2.3 倍。在这三年中，还勘探了不少地下资源。除了对黑色、有色金属和燃料等矿产资源的勘探外，国防和尖端工业技术所不可缺少的稀有元素的地质工作在 1958 年以后也有了较大发展。部分省、区建立了专业性的稀有元素普查勘探队，对若干地区进行了勘探。到 1960年底，已对锂、钽、锆等 18 种元素探明了部分的工业储量，其中以锂、锆等获得的储量较大。

二、"大跃进"的代价

虽然"大跃进"期间我国工业快速发展，取得了骄人成就，但由于工业"大跃进"的指导思想与指导方针以急于求成、夸大主观作用为特征，因此也付出了巨大的代价。

1. 工业与其他产业间的比例失调

工业"大跃进"超出了当时国家财政的承受能力，一方面挤占了其他各方面发展所需的资金、物力和人力；另一方面也破坏了财政应有的平衡，使国民经济各部门的比例关系严重失调。"大跃进"期间，基本建设投资总额比"一五"时期增加418.94亿元。其中,用于工业投资的占86.2%。工业投资三年共达611.42亿元,比第一个五年计划时期增长1.44倍。工业投资额占整个基本建设投资额的比重,第一个五年计划时期为42.5%,"大跃进"期间上升到60.7%。基本建设投资额的增长大大超过了国家财政收入的增长。1960年与1957年比较,基建投资增长1.7倍,而国家财政收入仅增长84.5%。基建拨款在国家财政支出中所占比重也提高得过大了。第一个五年计划期间,它的年平均比重为37.6%,当时各方面的关系都比较协调;"大跃进"三年猛升到54%~56%,这不仅挤占了其他各方面发展所需的资金,而且使国家财政连续三年出现赤字,1960年赤字达到81.8亿元。

2. 工业内部比例关系失调

工业"大跃进"以及实行"以钢为纲"的方针,也引起了工业内部各种比例关系的失调,出现了轻重工业比例失调、加工工业与采掘工业比例失调、加工工业内部各环节之间比例失调。"一五"时期已开始出现重工业过重的倾向。在三年"大跃进"中,工业又以钢铁为中心,着重发展钢铁生产所需的煤炭、电力、机械等部门。重工业三年投资达545.7亿元,是"一五"时期重工业投资额的2.6倍;轻工业投资仅为65.7亿元,只比"一五"时期增加了75.3%,轻工业的投资比重由第一个五年计划期间的15%降低到10.7%。为了保证钢铁生产,轻工业生产所需的燃料动力、钢材、木材等原材料,以及运输能力经常被挤占,使轻工业生产能力不能得到充分的利用和发挥。一些以工业品为原料的轻工产品,如电池、灯泡、民用锁、火柴、铁锅甚至发卡等小商品供不应求。与此同时,由于受到以钢为纲发展工业的影响,1959年、1960年农业全面减产,轻工业所需的农产品原料也来源不足,很多轻工业企业开工不足。此外,原来生产市场日用消费品的部分轻工业企业和重工业企业,有的转产机电设备,有的改为重工业服务。因此,轻工业总产值从1960年开始下降,当年下降了10%。轻工业总产值与重工业总产值的比例发生了很大的变化,1957年为55:45,1960年变33.4:66.6。轻工业生产的发展过分落后于重工业生产,产品产量甚至下降,造成了市场供应严重困难,影响了城乡人民的生活。

3. 工业经济效益下降

在工业"大跃进"中，片面追求多快好省，高指标盛行，有章难循，工业生产和企业管理失序。无论在工业生产上，还是在工业建设上，经济效益都大幅下降。在工业生产方面首先表现为产品质量下降。例如，1960年的生铁合格率由1957年的99.4%下降到74.9%，其中重点钢厂由99.4%下降到85.9%。劳动生产率也开始降低，全国全民所有制企业全员劳动生产率1957年为6362元，1958年后逐年下降，到1960年下降了7.8%。物资消耗增加使成本也提高了。全国工业企业每百元产值的生产费用从1957年的51.1元增加到1960年的56.4元，每亿元工业总产值平均耗用的电力由2501万度增加到3443万度，每亿元工业总产值平均耗用的煤炭由10万吨左右增加到21万吨。[①] 特别是在群众运动中仓促投产的小型企业，一般都消耗大、质量差、效率低、成本高。例如，小高炉生铁质量很差，成本高达250~300元，比生铁调拨价格（每吨150元）高出66%~100%；焦炭的消耗比大高炉超过1~2倍。小高炉生铁在生铁总产量中所占的比重很大（如1959年均占50%），严重影响整个工业生产的经济效果。此外，物资报废、损坏、霉烂变质等现象也十分严重。因此，工业企业亏损激增。在工业建设方面，同样存在经济效益滑坡的情况。项目建成投产少、建设周期长、占用资金多、固定资产交付使用率下降、新增生产能力计划完成差、报废损失严重，等等。1960年末，平均建设周期9年，比"一五"时期延长了3年[②]；固定资产交付使用率降到68.8%，比1957年降低24.6个百分点。

4. 商品供需失调

由于工业生产建设规模迅速膨胀，职工人数猛增，社会购买力迅速增长。1957年社会购买力为488.2亿元，1958年增加到578.8亿元，1959年、1960年又分别增加到675.1亿元和716.7亿元，平均每年增加76亿元。其中，全民和集体所有制职工工资总额由1957年的217.6亿元增加到1960年的324.1亿元，平均每年增加35.5亿元。城镇集团购买力平均每

---

① 周太和：《当代中国的经济体制改革》，中国社会科学出版社1984年版，第79页

② 周太和：《中国经济体制改革的历史经验》，人民出版社1983年版，第76页。

年增加 10.8 亿元。由于轻工业和农业减产，进口消费品又限于外汇短缺不能增加，市场上商品的供应，特别是吃穿商品的供应非常紧张，缺口很大。人民的基本生活必需品供应量也日益减少，1960 年全国每人平均的棉布供应定量降到新中国成立以来的最低水平，其他如食盐、火柴、锅、盆、碗、筷之类的日用工业品也都严重供应不足。到 1960 年 9 月，各地凭票、凭证限量供应的商品多达 30 多种。

5. 生活水平下降

三年"大跃进"期间，工业总产值和主要重工业产品成倍增长，然而工业企业职工的收入不仅没有相应增加，反而有所减少。全民所有制工业部门职工平均工资 1957 年为 690 元，1958 年降为 526 元，1959 年降为 514 元，1960 年略有回升，也只有 538 元，仍比 1957 年下降 22%。平均工资下降的主要原因是新工人增加过多。新参加工作的工人技术等级比较低，平均工资也比较低，从而把整个平均工资拉低。但是，原有职工标准工资没有调整，计件工资制和某些奖金、津贴反而被取消或减少，也是平均工资下降的原因之一，这不能不影响职工的实际收入。在三年期间，城镇居民按货币表现的消费水平，只是由于职工家庭从事工作的人数增加，每个职工负担人数减少，才勉强有一些提高。但是这一期间全国物价指数提高了。如果按可比价格计算，1960 年非农业居民的平均消费水平比 1957 年实际下降了 14%（到 1961 年则下降了 26.1%）。

因此，无论是发展工业的条件，还是工业内部各环节间的关系以及工业"大跃进"对人民生活的严重影响都充分说明，不仅"大跃进"难以为继，即便维持简单再生产也很困难，工业已经到了非调不可的时候了。

第六章

计划经济调整与现实中的进退徘徊*

三年"大跃进"破坏了国民经济的重大比例关系，工业内部各部门之间的比例也严重失衡。为了理顺经济关系，摆脱困境，1961年初，中国共产党第八届中央委员会第九次全体会议正式决定：从1961年起，对整个国民经济实行"调整、巩固、充实、提高"的八字方针，即调整各个部门之间已经变化了的相互关系，巩固在发展与变革中获得的重大成果，充实新发展起来的一些事业，提高那些需要进一步改善的新事物的质量。

第一节 "八字方针"提出的背景

针对当时国民经济发展中的主要问题，中共八届九中全会指出，要把农业放在国民经济的首要地位，要努力加强农业战线，适当缩短工业战线，要认真注意品种的增加和质量的提高，适当放慢数量的增长；根据农业发展情况，先安排好轻工业再安排重工业；要先生产、后基建；先采掘、后加工；先维修、后制造；先配套、后主机；先质量、后数量；在现

---

  * 本章主要参考了汪海波《新中国工业经济史》（经济管理出版社2007年版）。如无特别说明，本章数据均来源于历年《中国统计年鉴》。

有数量的基础上加强薄弱环节，填补缺门，完成配套，维护设备，增加品种，改善质量，降低成本，提高劳动生产率。中共八届九中全会指出，全国必须集中力量加强农业战线，贯彻执行以农业为基础的方针，大办农业，大办粮食；1961年应当适当缩小基本建设的规模，调整发展速度，在已有胜利的基础上，采取巩固、充实和提高的方针，这标志着我国国民经济开始从"大跃进"转向调整阶段。

从整个国民经济来说，调整的中心是努力加强农业战线，坚决缩短工业生产建设战线。对工业生产建设的调整，则要求大力压缩重工业特别是钢铁工业的发展速度，缩短基本建设战线；努力加强对农业的支援，增加农业生产资料的生产；加强轻工业和手工业生产，增加市场日用工业品的供应；加强采掘工业和采伐工业的生产能力；加强设备修理工作；满足国防工业生产的迫切需要，加强国防工业必需的新型材料的研究、试制和生产；提高工业品质量，增加品种规格，降低成本，提高劳动生产率，提高整个工业生产的经济效果。贯彻"八字方针"，重点在于搞好调整。贯彻"八字方针"的过程是先退后进。

在整个调整时期，工业生产建设基本经历了两个大阶段。

一、主动后退阶段：1961~1962年

这一阶段的初期只是放慢重工业前进速度。1961年8月在庐山召开的中央工作会议研究了工业问题。会议认为，为了克服工业生产建设中的混乱现象，摆脱工业工作的被动局面，必须以最大的决心把工业生产指标和基本建设规模降到切实可行的水平上来。要把工业内部比例关系调整好，应该后退的地方，必须坚决后退，而且退够，应该前进和可能前进的地方必须积极前进。在工业管理上，要改变过去权力下放过多、分得过散的现象，实行高度集中统一的领导。做好企业管理的整顿工作，尽快把企业的各项工作纳入正轨。这次工作会议为扭转工业被动局面指明了方向，使"调整、巩固、充实、提高"的方针开始在工业领域全面贯彻，工业生产建设进入了调整的决定性阶段。关于工业生产建设的调整，在1962年5月召开的中央工作会议上又明确了两条原则：要把建设的规模调整到同经济

的可能性相适应、同工农业生产水平相适应的程度；把工业生产战线调整到同农业提供粮食和原料的可能性相适应、同工业本身提供原材料和燃料动力的可能性相适应的程度。这次会议还决定，要切实按农、轻、重次序对国民经济进行综合平衡，要坚决缩短工业生产建设战线，继续大量减少职工和城镇人口，这是继续进行经济调整最重要的一步。实行上述方针和措施后，1962 年把工业总产值压到 920 亿元，比 1960 年降低 43.8%。工业生产后退到最低谷，从而使工业生产建设由被动而逐步转入主动，逐步向好。

二、恢复发展阶段：1963～1965 年

经过各地区、各部门的努力，1963 年工业生产稳步回升。9 月，中共中央工作会议认为我国国民经济出现了全面好转的局面。但是整个工业，特别是基础工业，还需要进行大量的工作；许多企业的经营管理还要花大力气进行整顿，尤其是亏损企业还为数不少，要进行工作加以改变。会议确定，从 1963 年起，再用三年时间继续进行调整、巩固、充实、提高的工作，作为今后的过渡阶段。在这个阶段，要求工业生产水平在 1957 年的基础上提高 50% 左右；工业和农业之间、工业内部各部门之间的关系应力争在新的基础上取得基本协调；工业各部门要认真做好提高质量、增加品种、填平补齐、配套成龙、设备更新和专业化协作；工业部门的经营管理工作走上正常的轨道。这次中央工作会议作出的继续调整三年的重要决策对促进国民经济迅速根本好转具有重大的意义。

在 1963 年工业逐步回升的基础上，1964 年工业形势继续好转。12 月，周恩来在第三届全国人民代表大会第一次会议上指出："经过调整，工业和农业的关系比较协调了，工业内部关系也比较协调了，工业支援农业的能力进一步加强了，企业内部的生产能力绝大部分已经填平补齐、成龙配套，设备损坏和失修的情况已经改善。""调整国民经济的任务已经基本完成，工农业生产已经全面高涨，整个国民经济已经全面好转，并且将要进入新的发展时期"。也是在此次会议上，周恩来第一次提出了建设四个现

代化的蓝图。[①] 按照三届人大一次会议的决议，1965 年大力组织了工业生产建设高潮，继续完成国民经济调整工作中某些尚未完成的任务。当年底，工业经济已经得到了全面恢复，并有所发展。工业"八字方针"的任务基本胜利完成。

第二节 工业经济调整

按照应该后退的地方坚决后退、退到位，应该前进、可能前进的地方积极前进的决策，工业经济调整工作基本也表现在两个方面：缩短战线后退、充实和加强薄弱环节，积极调整工业结构。

一、缩短工业战线

缩短工业生产建设战线主要体现在生产指标、建设规模、职工人数、企业数量四个方面。这些措施主要是在 1961 年、1962 年两年内实施的。

1. 降低工业计划指标

高指标是"大跃进"的主要标志，也是造成工业比例失调与整个国民经济比例失调的主要根源。把不切实际的过高指标降下来，是调整的首要环节，也是调整能否顺利进行的关键。在实际落实过程中，需要逐步认识和慢慢转变。1960 年秋天提出调整方针时，并没有坚决地、大幅度地把过高的生产计划指标压下来。1961 年初也只是放慢了重工业的发展速度，1961 年工业生产主要指标仍然维持在前一年的高水平上。因此，1961 年实际执行结果与原计划有很大差距。后来，依据 1961 年 8 月和 1962 年 5 月两次中央工作会议精神，对 1962 年工业生产建设计划不断进行调整，使它基本落到实处。工业生产指标的大幅度下降，为国民经济和工业其他方面的调整打下了基础。

---

① 周恩来：《政府工作报告》（1964 年 12 月 21、22 日在第三届全国人民代表大会第一次会议上），载于《新华月报》1965 年第 2 号，第 4 页。

2. 压缩工业基建规模

1960 年秋，当时有很多人认为，基建方面主要的问题不是投资规模过大，而是材料、设备不足，项目太多，战线太长。因此，要求缩短战线，集中力量打歼灭战，没有决心压缩投资规模。直到 1961 年秋，全国计划会议和中共中央工作会议又进行了讨论与分析，才真正认识到基建必须后退到位才能搞好经济调整。但是，实际执行迟缓，以拖待变。有鉴于此，1962 年 3 月陈云强调要把基建指标痛痛快快地退下来，不要怕"伤筋动骨"。这才比较有效地把基建大幅度压缩下来。1961 年国家预算内投资实际完成 93.87 亿元，比 1960 年下降 68.9%；1962 年实际完成 60.25 亿元，又下降了 35.8%。在压缩国家预算内的基本建设投资的同时，还采取了各种措施严格控制地方和企业用自筹资金进行基本建设。通过对国家预算内外基建投资的压缩，1961 年基建总投资额下降到 127.42 亿元，比 1960 年减少 67.2%，其中工业投资 76.79 亿元，比上年减少 66.6%；1962 年基本建设总投资额为 71.26 亿元，又减少了 44.1%，其中工业投资 40.09 亿元，比上年减少 47.8%。这是我国开始有计划地进行社会主义建设以来投资额最低的一年。1960 年以工业建设为主的全国施工的基本建设项目达 82000 多个，1961 年减为 35000 多个，1962 年又进一步削减为 25000 多个，其中大中型项目也由 1815 个减为 1409 个，再减为 1003 个，对于继续施工的项目，也区别不同情况加以调整。在工业方面，确保的项目有：煤矿、铁矿等生产矿井的延伸、开拓工程，特别是当年可以移交生产的矿井、矿山；松辽油田和四川石油、天然气的勘探；当年可以投产的化工厂、化工原料厂矿、轻工业原料厂，以及满足市场、支援农业、出口需要的项目，如人造纤维、合成脂肪酸、农药、化肥等建设项目；全国奇缺的部分原材料项目和设备制造项目；国防尖端项目；等等。在削减建设项目时，实际上也进行了一些调整投资方向的工作。整个基本建设拨款占财政支出的比重也由"大跃进"期间的 55% 左右。下降到 1961 年的 30%，1962 年继续下降到 18.2%，1963 年略有回升，为 23.6%。

3. 精减职工，压缩人口

生产建设的高指标和劳动管理权限的下放，使国家职工人数急剧膨胀。1958 年末，国家职工总数达到 4532 万人，其中工业部门职工 2316 万人，分别比 1957 年末增加了 2081 万人和 1568 万人。增加的国家职工中 3/4 是工业职工。到 1960 年国家职工总数突破了 5000 万人的大关。职工人数和城镇人口过多，农村负担过重，粮食供应紧张的状况日益严重。针对这一情况，1961 年 5 月陈云在中央工作会议上又一次提出，动员城市人口下乡、减少城市粮食的销量，是解决摆在我们面前的粮食紧张问题的必不可少的、非采取不可的办法。根据这次中央工作会议的讨论，6 月下旬，中共中央先后发出《关于减少城镇人口和压缩城镇粮食销量的九条办法》和《关于精减职工工作若干问题的通知》，决定在 1960 年末城镇人口 13073 万人的基础上，在三年内减少 2000 万人以上。其中，1961 年争取至少减少 1000 万人。当时，对 1958 年 1 月以来参加工作的来自农村的新职工，大力动员他们回到各自的家乡，参加农业生产。由于城市生活困难，农村的粮食、副食品等基本生活资料供应相对来说比城市好，因而动员来自农村的职工回乡生产阻力不大。1961 年国家职工减少了 873 万人，其中工业部分职工减少了 547 万人，城镇人口减少了 1000 万人左右，基本完成了当年的精减任务。1962 年财政困难严重，职工人数仍大大超过经济水平，特别是农业的生产水平。5 月，中共中央和国务院要求全国职工人数再减少 1056 万到 1072 万，城镇人口再减少 2000 万，这一精减任务要求在 1962 年、1963 年内基本完成，1964 年上半年扫尾。大量的职工和城镇人口下乡，不仅减少了粮食的销量，减轻了农业的负担，而且加强了农业战线，有力地促进了农业生产的恢复和发展。对于工业本身来讲，不仅没有受到严重影响，而且还促进了企业经营管理的改善和劳动生产率的提高。1962 年工业全员劳动生产率比 1961 年提高 15.3%，1963 年又比 1962 年提高 26.7%。与此同时，还节省了国家工资开支。1963 年在对 40% 职工调整工资的情况下，全民所有制工业部门职工工资总额还比 1960 年减少了 52 亿元。这项工作对于改善城乡关系，争取财政情况好转，调整整个国民经济发挥了十分显著的作用。

4. 关停并转部分企业

"大跃进"期间，全党全民办工业，工业企业数骤然增长。1959 年末达到 31.8 万个，其中全民所有制企业有 11.9 万个。1960 年中共中央确定精减职工，上收一部分工业管理权限，加强企业管理，限制社办工业占用农村劳动力的数量，把一部分转为全民所有制的手工业合作社重新转回去，工业企业数开始逐步减少。1960 年减少 6.4 万个，其中全民所有制企业减少 0.3 万个；1961 又减少了 3.7 万个，其中全民所有制企业减少 2.5 万个。1962 年工业生产指标大幅度降低后，大多数工业企业任务不足，能力过剩，人员过多。进入 1962 年以后，精减职工的工作难度增大。1962 年 4 月 2 日，周恩来在中央财经小组讨论 1962 年计划上的讲话中明确指出，只有把精减城市人口同拆庙、拆架子结合起来，精兵简政才有出路；每个部都要按行业提出企业排队计划，下决心关一批、并一批、转一批、缩小一批。不久，中共中央、国务院正式作出决定，精减职工的工作与工业的调整和企业裁并结合起来进行。工业企业的关、停、并、转工作进入一个有计划、有步骤进行的新阶段。按照中央的决定，首先分地区对各个行业的所有企业，根据原材料、动力供应的可能、农业和市场的需要以及企业的具体情况，通盘考虑，综合平衡，进行排队，然后制订出统一的关、停、并、转的调整计划，经国家计委批准下达，限期执行，调整的总原则是保留骨干企业、重点裁并中小企业。

二、充实薄弱环节

在工业生产建设上，主要在以下六个方面积极前进，加以巩固、充实和提高。

1. 加强支援农业

中共八届九中全会决定，国民经济各部门都应当毫无例外地加强对农业的支援，重工业部门尤其应当加强对农业的支援。1962 年 10 月，中共八届十中全会又决定，工业部门的工作要坚决转移到以农业为基础的轨道上来，要制订计划，采取措施，面向农村，把支援农业、支援集体经济放在第一位；要有计划地提高直接为农业服务的工业的投资比重；要帮助农业有步骤地进行技术改造，为加速实现我国农业的现代化而斗争。工业加强了对农业的支援，对农业生产的恢复和发展，调整农业与工业的比例关系发挥了积极作用，也使工业内部产品结构逐渐趋向合理。

2. 恢复发展轻工业

尽可能地提高轻工业发展速度，积极恢复和发展日用工业品和手工业产品生产。1962年轻工业总产值为395亿元，下降到最低点，低于1957年405亿元的水平。从1963年开始回升，1965年就达到703亿元，比1962年增长了78%，达到新中国成立以来的最高水平。

3. 着重建设采掘业

采掘业与加工业的发展不相适应，是"大跃进"期间工业内部比例关系严重失调的重要表现之一。中共八届九中全会提出先采掘后加工的方针后，对工业部门的基本建设投资作了相应调整。总的来说，在调整时期基本建设投资大幅度下降，各工业部门的投资也都不同程度地受到削减。煤炭工业部门的投资以矿井建设为重点。钢铁工业的投资着重用在矿山建设上，分配给有色金属工业的投资，主要也用在铜、铝、镍的矿山建设上。

4. 强化生产配套能力

"大跃进"期间，不少产品产量的迅速增长是在拼设备和挤维修、挤配件生产的情况下实现的。1960年各种设备的完好率下降到惊人的地步，有的设备新增加数量还抵不上损坏的数量。在新增产品中，又只重视主机的生产，忽视配套件的生产，形成不了生产能力。不改变这种状况，生产的发展是难以维持的。为了充分发挥已有设备的能力，并使新建的、扩建的企业能得到成套设备，尽快地投入生产，把设备的维修和配套列为调整的主要内容之一。为此，按照先维修、后制造，先配套、后主机的方针，着重抓了三方面的工作：加强设备维修工作；进行填平补齐成龙配套工作；整顿设备机型。

5. 提高质量、增加品类

进入调整时期后，增加品种、提高质量是工业部门头等重要的任务。采取保重点企业的方针，发挥那些产品质量高、品种多、原材料消耗低的重点企业的能力，减少那些产品质量低、品种少、原材料消耗高的一般企业的生产。加强生产技术指导，有重点地对"小洋群"企业进行技术改造。整顿工业企业管理，对企业的技术管理工作提出了严格的要求，要求企业的技术工作必须由总工程师负全部责任。企业必须保证各种设备经常处于良好状态，保证产品的质量符合标准，充分发挥工人、技术人员、职工革新技术的积极性。在提高质量、增加品种的工作中，特别加强了国防工业所需的新型材料的研究试制和生产，充实国防工业生产能力。

6. 引进国际先进技术

为了使科学技术迅速赶上和超过世界水平，加速工业的发展，我国重新开始从国外引进先进技术，这次主要是从资本主义国家引进技术。1963～1966年，先后与日本、英国、法国、意大利、联邦德国、奥地利、瑞典、荷兰等国签订了80多项工程合同，用汇2.8亿美元，其中成套设备56项，用汇2.6亿美元。此外，还从东欧引进成套设备和单项设备，用汇2200万美元，合计3亿美元，其中成套设备用汇2.8亿美元，占91%。这期间，技术引进有以下特点：中小型的多，大型的少；重点转向解决"吃、穿、用"的问题；主要引进填补空白的关键性技术。

第三节　工业管理体制改革

为了贯彻"调整、巩固、充实、提高"的方针，恢复和发展国民经济特别是工业经济，工业管理体制必须做相应改变。这种改变的指导思想是强调全国一盘棋，实行高度的集中统一，克服无计划和分散主义。

一、管理权限重新集中统一

1961年1月，中共中央作出《关于调整管理体制的若干暂行规定》，强调集中统一，以利于克服经济困难，提出经济管理的大权集中到中央、中央局和省市、自治区三级；在最近两三年内，要更多地集中到中央和中央局。所有生产、基建、收购、财务、劳动等各项工作任务，都必须执行全国一盘棋、上下一本账的方针，不得层层加码。根据上述指导思想，实行工业管理权限的集中统一领导，主要有以下几个方面：上收一批下放得不适当的企业；加强计划的集中统一管理；加强基本建设的集中统一管理；加强财政的集中统一管理；实行工业品生产资料流通的高度集中统一管理；进一步加强劳动工资的集中统一管理。为了加强中央对工业的管理，在此期间，在收回以上各项管理权限的同时，在国务院下增设了若干个管理工业生产建设的部委。此外，除了在工业生产建设方面加强集中统一以外，还对工业交通部门政治工作实行了集中统一领导。1964年初，在全国工业交通工作会议上，按照毛泽东的意见，决定在工业交通部门从上至下建立政治工作机构，加强思想政治工作，以保证党对工业交通部门的绝对领导。根据上述决定，在中国共产党中央委员会下设立了中央工业交通政治部，接着在工业交通系统15个部和2个局都相继建立了政治部。

二、托拉斯：工业管理新形式

用托拉斯的形式来管理工业，是调整时期工业管理体制改革的一次重大尝试。当时，工业管理偏重于用行政办法而不是用经济办法；领导多头多级，管理机构重叠庞大，政出多门；各个企业各自分散经营；等等。这种体制难以适应现代化工业生产发展的要求，如不加以改变，必然会严重影响工业生产、建设的发展。针对这种情况，中央提出要在工业交通中试办托拉斯，用托拉斯的组织形式来管理工业。

1. 托拉斯的提出

1964年6月周恩来亲自主持讨论了国家经委关于试办托拉斯的报告草稿并做了重要指示，8月中共中央、国务院批转了国家经委《关于试办工业、交通托拉斯的意见的报告》。报告指出，托拉斯性质的工业公司，是社会主义全民所有制的集中统一管理的经济组织，是在国家统一计划下的独立的经济核算单位和计划单位。这种社会主义的托拉斯是用社会主义的经济办法而不是用行政办法来管理工业、交通企业的一种组织形式；是按照经济原则实行科学的、高效率的集中统一领导的一种组织形式；是按照专业化和协作的原则，统一规划和合理组织生产、建设，逐步形成专业化生产、大中小型企业相结合的生产体系的一种组织形式；是按照生产、流通的客观规律，使产、供、销密切结合起来的一种组织形式。试办托拉斯以后，有关计划、财政、物资、劳动等各项管理制度做了相应的改变。

2. 试办情况

托拉斯的组织方式，根据各部门、各行业的不同情况来确定。从地域范围来说，有的是全国性的，由中央部门办（国民经济中的某些重要行业，如煤炭、石油、基本化工、重要机械、纺织等可以办全国性的托拉斯，由中央部门直接管理）；有的是地区性的，有些行业如制糖、玻璃、塑料制品等轻工行业，某些通用机械、铸件、锻件等工艺加工，以及通用设备的修理等可以办地方性的托拉斯，由省或者大工业市直接管理；有的也可以既有全国的又有地区的。全国性托拉斯的组成，可以采取两种做法：一是一开始就建立全国统一的托拉斯；二是先在一个或者几个地区建立地区性的托拉斯，然后再逐步建立全国统一的托拉斯。全国性的托拉斯，除了管理好直属企业以外，可以在主管部授权下，对不属于它直接管理的、同行业的其他企业，根据统筹兼顾、全面安排的方针，实行归口管理，把它们的计划纳入全行业的统一规划，并对它们的生产技术进行指导。从经营范围来说，托拉斯大体上有两种形式：一种是产品单一，对生产同类产品的厂矿实行集中统一管理的公司；另一种是以某一行业为主，为了综合利用资源而同时生产一部分其他行业产品的公司。在试办初期，先着重试办前一种形式的托拉斯。1964 年，经中共中央、国务院批准，由工业交通各部试办的 12 个托拉斯中，全国性的有 9 个，地区性的有 3 个。1965 年又试办了石油工业公司、仪器仪表工业公司和木材加工工业公司。此外，有些省、市也试办了地方性的公司。从几个托拉斯的试办情况来看，在当时的条件下，办托拉斯，用社会主义的经济和科学的办法来管理工业是取得了比较好的经济效果的。

3. 试办成效

在试办托拉斯的过程中也暴露出一些矛盾，主要有三个方面。第一，全国性的托拉斯与地方的矛盾。这个矛盾突出表现在收厂工作、调整企业工作和协作工作方面。第二，托拉斯内部集中统一和分级管理的矛盾。第三，托拉斯同原有经济管理体制的矛盾，突出表现在财政体制方面。地方的财政收入，当时主要依靠工业利润和税收。托拉斯收厂越多，地方财政收入就越少。这也是许多地方不愿交厂的重要原因。其他还有物资管理体制、物价管理体制方面。这种采用托拉斯的组织形式改革工业管理体制的尝试，尽管在处理部门和地方的关系上出现了一些问题，但从总体上来看效果是好的。托拉斯可以克服多头领导、分散经营的缺点，从而有利于在一个行业内集中调度人力、物力、财力，使之发挥更大的经济效果；有利于按照全国战略布局的要求，按照专业化生产和综合利用资源的原则，对全行业的厂矿进行合理的调整和组织生产；有利于把科学研究和生产结合起来，统一组织全行业的技术革新和技术革命，更快地采用新技术，发展新产品，促进产品的标准化、系列化；有利于厂矿精简机构和管理人员，减少经营业务工作的负担，集中精力管好生产；有的托拉斯把产品销售或者原料供应统一经营以后，有利于以生产为中心，把产供销更紧密地结合起来。

三、适度下放管理权限

为了改变"大跃进"造成的工业经济散乱的局面，把整个工业生产调整到正常的轨道上来，中央果断地采取了高度集中、统一管理的措施，这在当时是十分必要的。随着整个工业生产建设的恢复和发展，为了调动各方面的积极性，根据"大权独揽、小权分散"和"集中领导、分级管理"的原则，1965年12月，国务院决定，在中央对关系国民经济全局的大权继续集中统一的前提下，适当地扩大地方管理工业的权限，适当地扩大企业的经营自主权。

1. 扩大地方管理权

在改进基本建设计划管理方面：地方的工业基本建设，除大中型项目须由中央安排外，小型项目可由中央各有关部同有关地方具体安排，此类项目节约的投资归地方调剂使用。地方自筹资金进行基本建设，除大中型项目应报国家计委审批外，其余项目可由省、市、自治区自行安排在物资使用。

2. 扩大企业自主权

把技术组织措施费、零星固定资产购置费、劳动安全保护措施费中的一部分划给企业，由企业自己掌握使用。这三项费用和固定资产更新资金可以合并使用。企业进行小型技术措施需要的费用，在完成国家财政任务、成本计划和不要求国家增拨材料的条件下，每项措施的费用，大中型企业在1000元以下、小型企业在500元以下的，可以摊入成本。除了主要生产设备的购置费作为固定资产处理外，企业购置辅助性生产工具和其他低值易耗品，每种的购置费，小型企业在 200 元以内，中型企业在 500 元以内，大型企业在 800 元以内的，可以摊入生产成本；超过以上规定数额的，经有关部门批准，可以作为低值易耗品处理。企业修建生产上零星、小型、简易的建筑物，在不影响完成当年企业成本和财务计划的前提下，并且建筑面积不超过 20 平方米的，所需费用可以摊入成本。将企业的大修基金和中、小修费用合并为一个科目，称修理费。这项费用，企业可以临时用作流动资金参加周转，可以用于结合大修工程进行必要的技术改造，但不能移作他用。取消企业从超过国家计划收入中提取奖金的办法，提高企业在完成国家计划后提取奖金的比例，按企业的工资总额计算，由原来的 3.5% 提高到 5%。

第四节 整顿工业生产秩序

20 世纪 60 年代初，大兴调查研究之风。毛泽东要求工业和其他部门都要依照实际情况，更好地总结经验，逐步地把各方面的具体政策定出来，制定出具体的工作条例。根据上述要求，中共中央书记处组织中央书记处、国家计委、国家经委派出 11 个工作组，分别到北京、上海、天津、太原、辽宁、吉林等地对工矿企业进行调查。

一、《国营工业企业工作条例（草案）》

在各部门、各地区大量的调查研究的基础上，1961 年 7 月拟订了《国营工业企业工作条例（草案）》（以下简称《工业七十条》），提交 8 月下旬在庐山召开的中央工作会议。中央工作会议认为，必须做好工业企业管理的整顿工作，尽快把企业的各项工作纳入正轨。草案经会议讨论通过后由毛泽东签发，要求各地区、各部门组织国营企业讨论，并选择若干企业试行。

《工业七十条》的基本精神是"治乱"，要把企业管理上的混乱局面扭转过来。它全面系统地总结了新中国成立以来，特别是 1958 年"大跃进"以来,在领导工业企业方面的经验教训,并根据当时的实际情况提出了国营工业企业管理工作的一些指导原则。它对于克服"大跃进"期间许多企业出现的混乱现象,把企业的各项工作引上正确的轨道,起到了重大作用。它的主要内容有:明确规定了国营工业企业的性质和基本任务;对加强计划管理、正确处理国家和企业的关系提出具体要求;对企业与企业间的协作关系做了明确规定;对企业的各个方面、各个环节的责任制度做了具体规定;对企业中的技术管理做了具体规定;对加强企业的经济核算和财务管理做了具体规定,强调了企业经济效果;对职工的工资、奖励制度和生活福利规定了明确的原则;对企业的职工代表大会制的作用做了明确规定;对技术人员和管理人员的地位和作用做出了应有的评价;确定每个企业在行政上只能由一个主管机关管理,不能多头领导。

《工业七十条》颁发后,原来计划从"五定"入手,严格实行责任制和经济核算制,以提高产品质量、增加产品品种为中心,在一两年内对企业普遍地进行一次整顿。但是,当时整个国民经济还没有走上轨道,又没有长期规划作为指导,很难给每个企业固定产品方向,生产规模,原材料、燃料来源,以及外部的协作关系等。因此,《工业七十条》的试行和企业的整顿,主要是通过几项全国性的经济整顿,如清仓核资、清理拖欠、扭亏增盈、增产节约运动等进行的。通过各项经济整顿工作,《工业七十条》的不少规定逐步在工业企业中得到试行,这对于贯彻执行"调整、巩固、充实、提高"的方针,恢复和建立正常的生产秩序,提高企业的经营管理水平、技术水平、生产水平,起到了积极的作用,"大跃进"运动所造成的企业管理混乱的局面发生了很大的改变。全国有相当多的企业出现了产品质量、产量、劳动生产率"三提高"和原材料消耗、成本"两降低"的新气象,经济效果有了明显的提高,工业也得到了迅速恢复和发展。

二、《关于城乡手工业若干政策问题的规定(试行草案)》

进入调整时期后,根据毛泽东提出的要搞调查研究,要有章程的指示，有关部门和地区对手工业也进行了调查研究。1961 年 5 月，朱德在调查研究后提出，1958 年转厂并社时，由集体所有制改为全民所有制的手工业合作社面过大了，现在看来存在不少问题。[①] 目前仍保留集体所有制的工厂，也很少实行原来合作社时的制度。在手工业生产中，普遍存在着"磨洋工"的现象。要改变这种状况，必须恢复手工业合作社时的组织形式和经营管理制度。5 月下旬中央工作会议对手工业工作进行了研究，拟订了《关于城乡手工业若干政策问题的规定（试行草案）》（以下简称《手工业三十五条》）。该草案于 6 月 19 日由中央发到全国各基层单位试行。

《手工业三十五条》是当时为了克服手工业集中过多、合并过多、限制过死的弊病而制定的重要文件。它的主要内容有：调整手工业的所有制形式，积极发展城乡家庭手工业，允许自产自销，收入归个人所有，归个人支配；调整组织规模和恢复充实手工业生产队伍，凡是原来生产手工业产品的企业和人员，特别是生产传统名牌手工业产品的企业和技术人员，已经改行转业的，除了少数特殊情况外，都必须坚决归队；贯彻执行"按劳分配，多劳多得"的原则，正确处理国家、集体、个人三者之间的关系；统筹安排，分级管理手工业的产供销；坚持民主办社，勤俭办社的方针；手工业生产合作社要恢复过去行之有效的民主管理制度，民主选举理事会、监事会，定期向社员公布账目，一切重大问题都要经过社员大会或者社员代表大会讨论决定；等等。贯彻《手工业三十五条》，对发展集体和个体手工业起了积极作用。城镇个体劳动者也由 1958 年的 106 万人增加到 1965 年的 171 万人，占社会劳动力的比重由 0.33% 上升到 0.6%。在管理体制上，由按所有制系统管理逐步转变为按行业管理，形成了在手工业基础上发展起来的第二轻工业体系。1965 年撤销中央手工业管理局，设立第二轻工业部，手工业生产逐步得到发展。在调整初期，由于加强了日用工业品生产，压缩了滞销积压的生产资料的生产，产值虽然一度下降，但品种花色大大增加，适销产品的产量也急剧增加。在调整后期，产值迅速上升。按 1957 年不变价格计算，集体所有制工业产值（含社办工业）

---

① 《朱德年谱（新编本）》（下），中央文献出版社 2006 年版，第 1805 页。

1961 年下降到 117.1 亿元，1962 年又降到 103.7 亿元，1963 年再下降为 98.4 亿元，1964 年回升到 115.4 亿元，1965 年再回升到 138.4 亿元。

第五节 工业调整成就及经验

工业生产建设贯彻执行"调整、巩固、充实、提高"的方针，经过两年后退和三年恢复发展的过程，取得了巨大成就。到 1965 年，工业生产建设走上了正常的轨道，出现了欣欣向荣的局面。

一、工业调整成就

在调整时期，工业建设以成龙配套、填平补齐为重点，使前几年建设起来的许多工矿企业逐步发挥了作用，与此同时，新建设了若干必要的工业项目，工业生产能力有了新的增长。工业生产得到了比较全面的发展，工业生产在 1962 年退到最低谷以后，自 1963 年开始以年平均 17.9% 的速度迅速回升。1965 年工业总产值达到 1402 亿元，已接近 1959 年、1960 年"大跃进"时期的水平，比 1957 年增长了 1 倍。在增加数量的同时，还提高了质量，增加了品种规格，主要工业产品品种增加了 3 万多种。电子工业、原子能工业、导弹工业从无到有、从小到大逐步发展起来，成为国民经济中重要的工业部门。1964 年 10 月成功地爆炸了第一颗原子弹，标志着我国科学技术和工业生产所达到的新水平。1964 年机床品种达到 540 种，比 1957 年增加了 1.8 倍，我国主要机器设备的自给率由 1957 年的 60% 以上提高到 90% 以上。1965 年钢铁冶炼、煤、主要机械设备和棉布等的产量未达到"大跃进"时期的水平，但它们的质量却大大提高。工业经济效益显著提高，1963 年到 1965 年国营工业企业全员劳动生产率以年平均 23.1% 的速度增长，1965 年达到 8979 元/人·年，这是历史上最高的增长率，也是历史最高水平。工农业结构和工业结构有很大的改善，工业总产值与农业总产值的比例，从 1960 年为 78.2∶21.8，到 1965 年调整为 62.7∶37.3。这一期间还大力发展了支农工业，化肥、农药和农业机械等产值在工业总产值中的比重由 1957 年的 0.6% 提高到 1965 年的 2.9%。工业内部结构也有很大的改善，轻、重工业之间的比例 1957 年是 53.1：46.9；1960 年变为 33.3：66.7；1965 年变为 50.4：49.6，基本恢复到 1957 年的水平。工业地区结构有了改善。调整时期，沿海工业基地进一步得到充实和加强。东北地区由于大庆油田的开发，重工业基地更加强大。华东地区发展了冶金、煤炭工业，充实了机械、化学工业，建立了重工业的基础。内地建设在调整时期后期也有进一步加强，内地工业的产值在全国工业产值中的比重，由 1957 年的 32.1%，提高到 1965 年的 35%。1961 年、1962 年调整初期，在工业、农业生产大幅度后退的情况下只能力求保证职工和城市人民的最低生活。到 1962 年 10 月，中央要求努力保证职工生活稳定在当时的水平上，并且力争有所改善。1963 年还给部分职工增加了工资。经过这次调整，1965 年工业部门职工的平均工资达到了 729 元，比 1960 年增长了 35.5%，比 1957 年的 690 元也增长了 5.7%。

二、工业发展经验

从 1956 年提出寻找适合我国国情的社会主义经济建设的道路以后，经历了一个曲折复杂的过程，既有成绩，也有错误；既有经验，也有教训。"大跃进"时期和调整期间的历史经验，对于更好地实现我国工业现代化，具有十分重要的意义。

1. 必须坚持实事求是

1960 年 6 月，毛泽东写了《十年总结》，总结的主要经验就是"实事求是"。他认为，主动权来自实事求是，来自客观情况在人们头脑中的真实反映，而在一段时间内，管工业的同志都忘记了实事求是的原则。[①] 1962 年 1 月，扩大的中央工作会议在总结经验时，也提出了要实事求是，要摆正主观能动性与客观可能性之间的关系。概括说来，当时我国的客观实际情况就是人口多、底子薄、经济落后。从这一客观实际出发，要使生产力很快地发展起来，要赶上和超过世界上最先进的资本主义国家，没有

---

① 《建国以来毛泽东文稿》（第九册），中央文献出版社 1996 年版，第 213～218 页。

百多年的时间是不行的。我国的社会主义建设必须采取稳步前进的方针，而不能操之过急。按照上述认识，结合当时的经济情况，党中央决定对工业主动实行后退，并且退够的方针，把工业生产建设退到了同农业提供粮食和原料可能性相适应、同工业本身提供原材料和燃料动力的可能性相适应的程度，退到了扎实的基础上。正因为采取了这种实事求是的决策，同时在工业生产建设开始回升后，继续清醒地估计到发展中的薄弱环节，继续实行调整的方针，才使工业生产持续增长，到 1965 年不仅超过了 1957年的水平，而且有新的发展。

2. 必须统筹各种关系

国民经济是一个有机整体。工业作为国民经济的主导部门，它与其他各个部门之间存在着相互依存、相互制约的关系。工业内部各部门之间也存在着同样的关系。忽视它们之间的关系，孤立地发展某一部门，或忽视各环节之间的衔接，孤立地突出某一环节，其结果必将造成工业和整个国民经济的比例失调。统筹兼顾，协调平衡，工业以及整个国民经济就能获得顺利发展，实现良性循环。这是"大跃进"和调整时期工业生产建设一条重要的经验教训。在"大跃进"期间，对工业的发展实行了"以钢为纲"的方针，提出了过高的计划指标，企图"一马当先，万马奔腾"，实际上却破坏了各方面的相互依存关系，造成了工业生产建设中的全面失衡现象。保证重点是必要的，但重点不是孤立的。割断事物的内在联系，孤立地突出一点或几点，也就是在工业生产建设中用单打一的方法来代替综合平衡工作，自然不可能有计划、按比例，必然会出现失调。对于上述现象，1959 年 6 月毛泽东指出，"大跃进"的重要教训之一是没有平衡。在整个经济工作中综合平衡是个根本问题。要搞好工业内部各个部门、各个环节的平衡，工业和农业的平衡。他还具体地提出了要把农业放在国民经济的首要地位，要按照农业、轻工业、重工业的次序安排经济生活的意见。[①]

3. 必须讲究经济效益

经济效益问题是社会主义经济建设的一个核心问题。提高经济效益是

---

① 《毛泽东文集》（第 8 卷），人民出版社 1999 年版，第 116 页。

一切经济工作的出发点，也是工业生产建设的出发点。但是在"大跃进"期间，为了支持不顾经济效益的高速度，提出了"要算政治账，不能算经济账"的口号。在这种情况下，工业生产建设不讲投入产出的关系、不讲核算、不计成本，造成了极大的浪费。1962 年与 1957 年相比，每百元固定资产原值实现的产值从 139 元降为 71 元，实现的利润从 23.8 元降为 8.9 元；每百元资金实现的利润、税金从 34.8 元下降到 15.1 元；每百元工业产值实现的利润从 17.1 元下降到 12.5 元；全员劳动生产率从 6336 元下降到 4797 元；每百元产值占用的流动资金从 19.4 元上升到 38.7 元；每百元销售收入成本从 68.1 元提高到 76.5 元。从工业建设情况来看，每百元基本建设投资增加的国民收入"一五"时期为 56.7 元，1958～1962 年下降到 6.3 元。这一时期工业生产建设的情况充分反映了忽视甚至否定提高经济效益，即使在短暂的时间里能够取得表面上的高速度，但最终必然导致因工业生产建设的比例失调而陷入困境，造成巨大的浪费。有鉴于此，在调整时期中共中央和国务院一再强调要讲究经济效果。这样，才能在工业生产建设中，逐步把经济效益提到比数量更为重要的地位上来，并把解决人民的吃、穿、用作为工业调整的重要目标。在上述思想指导下，从宏观经济活动到微观经济活动，都采取了一系列提高经济效益的措施。到 1965 年，工业生产不仅在各项技术经济指标上创造出了历史最好水平，而且工业总产值、主要工业产品产量显著增长，实现工业良性循环发展。

"文化大革命"时期的曲折经历[*]

  1966 年，我国工业在胜利完成调整任务以后，进入了一个新的发展时期。周恩来在中华人民共和国第三届全国人民代表大会第一次会议上的《政府工作报告》中指出，今后发展国民经济的主要任务，就是要在不太长的历史时期内，把我国建设成为一个具有现代农业、现代工业、现代国防和现代科学技术的社会主义强国，赶上和超过世界先进水平。为实现这个伟大的历史任务，从第三个五年计划开始，可以分两步走：第一步，经过三个五年计划时期，建立一个独立的、比较完整的工业体系和国民经济体系；第二步，全面实现农业、工业、国防和科学技术的现代化，使我国经济走在世界的前列。

第一节 "文化大革命"时期的工业发展历程

  1965 年是我国工业生产和建设事业取得显著成绩的一年。1966 年上半年，工业生产、建设继续保持稳定增长的势头。工业总产值同比增长20.3%。我国工业在取得调整工作重大胜利的基础上，正在走上健康发展的道路。

---

  [*] 本章主要参考了汪海波《新中国工业经济史》（经济管理出版社 2007 年版）。如无特别说明，本章数据均来源于历年《中国统计年鉴》。

一、稳定工业生产秩序

钢、铁、煤的日产水平在1966年6月都有所降低；基本建设施工进度放慢；部分工业产品尤其是部分轻工业产品质量下降；事故显著增多。在工业部门和基层企业的领导干部中，蔓延着一种不敢研究业务技术问题、不敢过问生产情况、不敢抓管理工作的倾向，工作、生产秩序很不安定。7月2日，中共中央和国务院针对当时工业生产建设出现的问题，发出了《关于工业交通企业和基本建设单位如何开展文化大革命运动的通知》，要求这些单位分期分批地、有领导有计划地开展运动，不要一哄而起，使生产建设遭到损害。7月22日，中共中央和国务院又发出了《关于工业交通企业和基本建设单位如何开展文化大革命运动的补充通知》。补充通知明确提出，为了把生产建设促上去，在"文化大革命"的部署上，应当根据不同部门、不同行业、不同地区的情况，分辨先后缓急，有领导有计划地、分期分批地进行。正在开展"文化大革命"的党政机关，要组织一个班子，抓生产、抓建设、抓业务、抓科研，保证当年国民经济计划的完成，并抓紧明年计划的编制工作。9月14日，中共中央发出《关于抓革命促生产的通知》，要求已经开展"文化大革命"的工矿企业等单位，应当在党委统一领导下，组成"抓革命"和"抓生产、抓业务"的两个班子；职工的"文化大革命"放在业余时间去搞；还未开展"文化大革命"、生产任务又重的单位，运动可以推迟进行；学校的红卫兵和学生不要到工矿企业串联；对领导干部的撤换应通过上级党委，不采取群众直接"罢官"的做法。

尽管发布了许多有利于稳定工业工作、生产秩序的文件，工矿企业领导班子陷于瘫痪状态、生产指挥系统不灵的单位仍有5%~10%，而且还有继续扩大的趋势。为了进一步解决这个问题，在同年11月17日召开的全国计划工业交通会议上，周恩来提议，草拟一个关于工交企业进行"文化大革命"的若干规定，组织国务院业务组抓工交企业的生产，保证经济活动的正常进行。12月9日，中共中央发布《关于抓革命、促生产的十条规定（草案）》（以下简称《十条规定》），供讨论和试行。《十条规定》除规定坚持 8 小时工作制、遵守劳动纪律、完成生产定额外，允许改选领导生产的班子，成立群众组织，在本地进行串联。这就为以后工业工作、生产秩序的大乱开了"绿灯"。1966 年的工业生产、建设从整个情况看处在激烈的较量中，但还是保持了发展的势头，"文化大革命"的干扰和影响还没有达到后来那样的程度。当年工业总产值完成计划指标的 107.4%，比上年增长 20.9%。

二、工业生产连年下降

进入 1967 年，一场夺权风暴波及整个工业部门。工业战线层层夺权，工作生产秩序大乱。1967 年，工业总产值仅完成计划的 70.7%，同比下降了 138%。1968 年，工业总产值比上年又下降了 5%。

三、努力恢复工业发展

1967 年和 1968 年是"文化大革命"初期政治、经济局势剧烈动荡的两年。从 1968 年第四季度起，剧烈动荡的局势开始趋向和缓，出现了一个相对稳定的时期。这就提供了恢复工业发展，争取完成第三个五年发展计划的环境与条件。为了制止局势的进一步恶化，恢复工业生产秩序，党中央和国务院采取了一系列措施。这样，我国工业发展由连续两年下降，到 1969 年转而回升，工业总产值达到 1665 亿元，比上年增长了 34.3%；1970 年，工业总产值达到 2080 亿元，比 1969 年又增长了 30.7%。

四、"三个突破"及其调整

20 世纪 70 年代初期，执行第四个五年工业发展计划不久，我国经济生活中出现了"三个突破"的问题，即职工人数突破 5000 万、工资支出突破 30 亿元、粮食销量突破 800 亿斤。1970 年和 1971 年两年，原计划增加职工 306 万人，实际增加了 983 万人，超出计划 2 倍以上。1971 年底，职工总数达到 5319 万人。按计划，1971 年全国的工资总额应当控制在 296

亿元以内,实际上却达到了302亿元。1971年,粮食销量计划指标为794亿斤,实际销售量达到了855亿斤。"三个突破"的出现同工业生产的高指标有着直接的联系。高指标的问题在执行第三个五年工业发展计划的末期就开始出现。第四个五年工业发展计划制定的指标就是高指标,各个地区、部门和企业在落实计划的时候,又层层加码,比赛"跃进",形成了一股不问具体条件的产量翻番风。

1971年基本建设投资又在1970年的基础上增加了26亿元,总规模达到321亿元的高水平。基本建设规模的失控导致了高积累。1969年国民收入中用于积累的部分为357亿元,积累率是23.2%。1970年积累部分增加到618亿元,积累率上升到32.9%。1971年积累达到684亿元,积累率继续上升,达到34.1%。

"三个突破"给工业和整个国民经济的发展带来一系列的问题。它超过了我国农业和轻工业的承受能力,超过了我国财力和物力所能允许的限度。1970年和1971年比计划多招收的983万职工中,有60多万人是直接从农村招收进入城市和工矿区的。一方面,过多、过快地减少农业劳动力不利于农村经济的发展;另一方面,短时间内大量增加吃商品粮的人口,增加了粮食供应的紧张。大量招收的新工人,特别是从农村招收的大批新工人,缺乏上岗前的培训,也没有掌握需要的技术,又导致了劳动生产率的下降。例如,全国工业企业全员劳动生产率(按1970年不变价格计算)1971年比1970年降低了0.8%,1972年又比1971年下降了5.4%。而工资总额的膨胀又给轻工市场以巨大的压力。消费品货源同购买力的差额从1971年起趋向扩大。1972年消费品货源比当年消费品购买力小了17.8亿元。

为了克服企业和工业管理方面的混乱状态,推动经济的发展,工业部门展开了对于极"左"思潮和无政府主义的批判,整顿了工业企业的管理工作,加强了工业的集中统一管理。

五、工业整顿及其夭折

1973年,工业生产、建设开始出现转机。1973年工业总产值比1972

年增长了 9.5%，超过计划增长速度 1.8 个百分点；包括工业在内的基本建设完成情况也超过上年；固定资产交付使用率比 1972 年提高了 13 个百分点。工业生产、建设和整个国民经济出现转机，不仅是纠正"三个突破"的结果，也是在经济领域批判极"左"思潮的初步成效。但于 1974 年开始的"批林批孔"运动，使工业战线重新陷于严重混乱的状态。许多企业停工停产或者处于瘫痪半瘫痪状态，已经无法正常生产。1974 年底，工业总产值仅完成计划的 93.2%。同比工业增速下降了 9.2 个百分点，包括工业部门在内的固定资产交付使用率下降了 5.3 个百分点。1975 年 6 月 16 日到 8 月 11 日，国务院召开计划工作务虚会，就经济工作的路线、方针和政策问题进行研究与讨论。讨论中指出，当前经济生活中的主要问题是乱和散，必须狠抓整顿，强调集中。讨论后出台《关于加快工业发展的若干问题》（简称《工业二十条》），这实际上是一个在工业战线上较早地、系统地进行拨乱反正的指导性文件。经过 1975 年短短一年的整顿，我国工业战线的形势出现了明显的好转，这一年，工业比上年增长了 15.1%。后来发动了所谓"批邓、反击右倾翻案风"运动。工业整顿就此夭折，工业战线好转的形势毁于一旦，再度出现混乱，工矿企业的生产秩序受到严重影响，工业发展又一次经受曲折。1976 年工业增长比 1975 年下降了 13.8 个百分点。

第二节 三线工业建设

三线建设期间，是我国沿海地区工业生产能力向腹地的一次大推移。在工业技术和管理经验上，是继"一五"时期之后，又一次全国性的传播与扩散。根据党中央关于加快三线后方建设的战略决策，从 1965 年起拉开大会战的序幕，1966 年在更大的规模上展开。

一、三线工业建设实施

据 1971 年统计，1964 年以后，全国内迁项目共计 380 个，包括

145000 名职工和 38000 多台设备。加快三线战略后方的建设，是循着两种方式进行的：一种方式是投资新建；另一种方式是沿海地区老企业向三线地区搬迁。后一种方式也伴有部分的新投资，以搬迁的部分为基础，加以补充或者进行扩建；前一种方式也主要采取老工业区、老企业支援新建项目的办法，而且强调支援三线"人要好人、马要好马"，对口包干，负责到底。这就加快了建设进度，使建设项目能在较短的时间内竣工投产。

三线建设基本可以分为两个时期：前五年即第三个五年计划时期，主要是以西南为重点开展三线建设，五年累计内地建设投资达到 611.15 亿元，占全国基本建设投资的 66.8%。其中，三线地区 11 个省份的投资为 482.43 亿元，占全国基本建设投资总额的 52.7%。后五年即第四个五年计划时期，三线建设的重点转向"三西"（豫西、鄂西、湘西）地区，同时继续进行大西南的建设。这期间，根据经济发展状况和战备的要求，将全国划分为西南、西北、中原、华南、华东、华北、东北、山东、闽赣和新疆 10 个经济协作区，要求在每个协作区内逐步建立不同水平、各有特点、各自为战、大力协同的工业体系和国民经济体系（山东、闽赣和新疆要建成"小而全"的经济体系），特别是要有计划有步骤地发展冶金、国防、机械、燃料动力和化学等工业部门。从投资总水平看，这五年内地投资所占的比重稍有下降，五年累计为 898.67 亿元，占全国基本建设投资总额的 53.5%。其中，三线 11 个省份的投资额为 690.98 亿元，占全国基本建设投资总额的 41.1%。

二、三线工业建设成果

1. 建成了一批重要项目

如四川攀枝花钢铁厂、甘肃酒泉钢铁厂、成都无缝钢管厂、贵州铝厂、湖北十堰汽车厂、四川大足汽车厂、四川德阳第二重型机械厂、贵州六盘水、四川室顶山和芙蓉山等大型煤矿、甘肃刘家峡、湖北丹江口等大型水力、火力发电厂，等等。

2. 形成了若干新的工业中心

如包括川、黔、滇在内的基本完整的西南机械工业基地；包括鄂西、湘西、豫西在内的华中地区新的机械工业中心；以机床、轴承制造为特色的汉中工业区；以机床、工具、农机配件制造为特色的关中工业区；以仪表、低压电器、农机、轴承制造为特色的天水工业区；以仪表、机床制造为特色的银川工业区和以机床、拖拉机、内燃机制造为特色的西宁工业区；攀枝花大型钢铁基地；黔西大型煤炭、电力基地；西安、成都等新兴技术的中心和高、精、尖产品的生产基地。

3. 个别省份成为工业门类齐全、机械装备程度很高的地区

整个三线地区的工业生产能力在全国占有很大的比重，四川尤其占有重要的位置。三线建设期间，四川基本建设投资规模达到 393 亿元，在三线建设总投资中占 33.5%，在 1966 ~ 1975 年国家基本建设投资总额中占 16%，超过 1965 年全省工业固定资产原值的 5.6 倍。这期间，四川新建、扩建、内迁来的以重工业为主的项目 250 多个。1975 年全省固定资产原值已达到 182.3 亿元，超过上海、黑龙江，仅次于辽宁，位居全国第二。在四川工业部门中，各类机床的拥有量为 12.4 万台，占当年全国机床拥有量的 6.5%，其中大型机床和精密机床分别占全国同类机床数的 8.6% 和 9.1%；锻压设备拥有量占全国的 5.5%，其中大型锻压设备占 6.7%；炼钢能力占全国的 7.1%；原煤开采能力占全国的 6.8%；发电装机容量占全国的 6.4%。其他如湖北、河南、陕西等省，经过三线建设时期的工作都建立起了相当程度的工业基础。

三、三线工业建设不足

三线建设伴随着对于战争危险的严重估计，又时值十年"文化大革命"，从整体的设想到具体的做法，都很明显地受到了这两种因素的严重影响。所以，三线建设的规模安排得过大，建设速度要求得过快。在指导思想上，是想赶在战争爆发以前把三线大后方建设起来。在具体实施过程中，缺乏前期的准备工作，往往是边勘探、边设计、边施工，抢进度、抢时间。三线工业建设不仅在进行过程中出现了不少问题，而且留下了许多短时期内不容易解决的困难甚至是缺陷。

（1）建设不配套。有些工业项目与城市或工矿区的建设不配套，生活服务和公用事业跟不上去；有些工业项目内部也不配套，辅助部分上不去，形不成综合生产能力。

（2）选址不尽合理。有的项目虽然建成了，因为缺水、缺电或者交通运输有问题，根本不具备正常生产的条件。厂址"靠山、分散、隐蔽"甚至进洞的结果，使一些项目的厂区布置不合理，增加了投资，加大了以后的生产费用。

（3）生产成本一般较高。许多项目地处山区，搞了大量防洪工程外管线、道路和社会服务设施。这类固定资产的比重大、运输费用高，增加了成本开支，同沿海同类企业相比处于极为不利的地位。

（4）企业管理薄弱。职工队伍由于种种原因不够稳定。

（5）外部生产协作效率不高。这些因素互相影响，使三线地区的工业生产能力不能充分发挥作用，设备的利用率很低。1975年三线地区工业固定资产原值占全国工业固定资产原值的35%，而工业产值在全国工业总产值中仅占25%。

除了三线建设本身存在问题以外，要求过快过急的三线建设对我国整个工业的发展，乃至对国民经济的全局都产生了一定的消极影响。

四、三线工业建设经验

（1）在国家综合条件许可下，在一定的时期，有准备、有计划地在较大的规模上对一定的地区实行全面的综合开发，实行工业生产能力与生产技术大踏步地向内地与边远地区推进，是工业建设中的一种方策。但必须量力而行，必须兼顾国民经济各个部门之间和地区之间的协调发展，科学论证，秩序进行。

（2）实施军民融合发展战略。要把工业地区布局中的国防战备要求与经济合理发展统筹考虑，实施军民融合发展。

（3）坚持支援内地、支持边远落后地区建设中物质与精神两手都要硬，有利于人才队伍稳定，有利于内地工业技术水平与经济效益的稳定提高。

第三节 地方工业发展

经过 20 世纪 60 年代前半期的国民经济调整，在"大跃进"年代发展起来的地方"小土群"工业纷纷下马。进入 60 年代后半期，随着第三个五年计划的执行，发展地方"五小"工业的问题又重新提了出来。

一、地方"五小"工业发展

这一次提出加快发展地方"五小"工业，是直接服从于加速实现农业机械化任务的需要，以支援农业为主要目标，发挥地方特别是地、县两级的积极性，举办为农业服务的"小钢铁、小机械、小化肥、小煤窑、小水泥"的"五小"工业。以后"五小"工业的含义又有发展，成为泛指主要为地、县两级举办的小型工业。"文化大革命"初期，地方"五小"工业的发展一度受到严重影响。1970 年 2 月，全国计划会议重新强调要大力发展地方"五小"工业，各省、市、自治区都要建立自己的小煤矿、小钢铁厂、小有色金属厂矿、小化肥厂、小电站、小水泥厂和小机械厂，形成农业服务的地方工业体系。

国家对于"五小"工业的发展提供了重要的财政支持：从 1970 年起的五年内，中央财政安排了 80 亿元专项资金，由省、市、自治区统一掌握，重点使用，扶植"五小"工业的发展；新建的县办"五小"企业，在两三年内所得的利润，60% 留给县级财政继续用于发展"五小"工业；对于暂时亏损的"五小"工业，经省、市、自治区批准，可以由财政给予补贴，或者在一定时期内减免税收，资金确有困难的，银行或信用社还可以给予贷款支持。地方对于发展"五小"工业表现出了巨大的热情。"五小"工业不仅可以满足当地的需要，支援农业的发展，同时能够解决日益突出的劳动就业问题，增加地方的财政收入，解救地方的财政困难。所以，在中央财政支持之外，地、县两级的投资也逐年增加。1970 年地方财政预算外资金用于发展"五小"工业的投资只有 100 万元，到 1973 年增加到 1.48 亿元，1975 年又增加到 2.79 亿元。"五小"工业在多种因素的推动下，很快发展起来。1970 年全国有将近 300 个县、市办起了小钢铁厂，有 20 多个省、市、自治区建起了手扶拖拉机厂、小型动力机械厂和各种小型农机具制造厂，有 90% 左右的县建立了农机修造厂。据不完全统计，1970 年地方小钢铁厂的炼铁能力比上年增长了 1.5 倍，生铁产量增长了 1.8 倍，小化肥厂生产的氮肥和合成氨增长了 60%~70%。到 1975 年，"五小"工业中的钢、原煤、水泥和化肥年产量分别占全国总产量的 6.8%、37.1%、58.8% 和 69%。

二、城乡集体工业发展

经过经济调整，到 1965 年城镇集体工业得到恢复并有了一定的发展。但是，在"文化大革命"中，又一次刮起平调风，对待城镇集体所有制工业像对待全民所有制工业一样，随意上收或者下放，转产或者合并还搞所谓"升级""过渡"。对城镇集体工业的管理，在许多方面还采取了类似对待国营工业的管理办法。这特别表现在对"大集体"企业的管理上处处套用国营企业的管理办法，在财务上实行地方政府主管局统一核算、统负盈亏和资金统一供给的办法，"吃大锅饭"。企业的供产销活动和人财物的管理也要由主管局决定，但这只是问题的一方面。另一方面，城镇集体工业在原材料、机器设备、燃料动力的供应上，不能享受同国营工业的待遇。计划和物资部门是按照"先国营，后集体"的原则进行安排。缺口大的时候，只给国营企业，不给集体企业，有些集体工业企业的产品已经在国内外市场上享有盛誉，它们的物资供应还不能纳入国家计划给予保证。在集体工业内部，又规定"小集体"企业要低于"大集体"企业。就连粮食的补助也要按国营、"大集体"、"小集体"划分等级，依次递减。所有这些必然限制了城镇集体工业的发展。在城镇集体工业的发展中，街道工业是一支活跃的力量。街道工业被称为"小集体"。它的发展，完全靠自己筹集资金，自己寻找原材料，自己打开产品销路，实行完全意义上的独立核算，自负盈亏。在隶属关系和管理体制上，既不属于各级政府的主管部、局，也不属于二轻系统，一般都是街道办事处为解决待业青年的就

163

业问题和困难户的生计问题办起来的。1970 年以后，一些国营厂矿、机关、学校和事业单位为解决本单位子女和家属的就业问题，也纷纷仿照街道工厂的办法办起家属工厂。这些企业由于有本单位的支持和帮助，比一般街道工厂的条件要好一些。当时，整个工业生产不正常，一些国家工厂不得不较多地发展外加工，或将某些产品转移出去。"小集体"工业便利用这种机会谋求生存和发展。在 1966 年至 1976 年的十年间，在城市工业的发展中，集体所有制工业的发展速度快于全民所有制工业的发展速度。1965～1970 年全民所有制工业平均每年增长 11.4%，集体工业平均每年增长 12.6%。1971～1976 年，全民所有制工业平均每年只增长 4.9%，集体所有制工业的增长速度平均每年达到了 3.1%。城镇集体工业的经济效益也高于全民所有制工业。根据 1975 年的统计资料，全民所有制工业每百元固定资产（原值）的利润率为 15%，集体工业（含社办工业）为 43.8%，几乎高出 2 倍。1965～1976 年，城镇集体工业的产值由 133.1 亿元增长到 489.4 亿元，占工业总产值的比重由 9.6% 上升到 15%。

三、农村社队工业发展

我国农村社队工业在 20 世纪 50 年代末和 60 年代初的大发展以后，经历了一个收缩和下马的时期。1961 年社办工业产值达到 19.8 亿元；1963 年下降为 4.2 亿元。此后，随着农业生产的逐步恢复和发展，社队工业也开始缓慢恢复。1965 年社队工业产值恢复到了 5.3 亿元。60 年代后半期，特别是进入 70 年代，农村社队工业的勃兴不是偶然的，它是我国农村经济发展的产物，是广大农民要求开辟新的生产门路、要求改变穷困状况的产物。50 年代末期，社队工业的兴办和发展虽然也有这个因素，但是，更大的原因是"大跃进"年代全民为钢铁翻番而战，而且一拥而上，丢了农业，缺乏扎实的基础。这次农村社队工业的勃兴，具有不同的特点。农业生产特别是粮食生产已经得到恢复，并有了新的发展。按 1976 年农村人口计算的人均粮食产量已经达到 740 斤。粮食生产的发展提供了社队工业发展的基础和条件。我国农村本来人口多，耕地不足，60 年代后期，劳动力出现越来越多的剩余。从城市党政机关、科学研究机构、大专院校下放的各类人员和来自各行各业的上山下乡知识青年，给农村带来了科学文化技术知识，同时又不断传递着经济信息。密切了城乡之间和工农业之间的联系，加上当时大工业开工不足，市场又有急迫的需求，这就成为社队工业赖以发展的有利因素。由于它处在"两不管"的夹缝，即身在农口，工业不管它；在农口又不务农，农口也管不了多少。这就使它得以享有比较完全的经营管理自主权，有较高的灵活性，去适应环境，谋求生存和发展。所以，它一开始就同市场建立起密切的联系，在竞争中安排供、产、销活动，并接受市场机制的考验与检验，使它具有较强的应变能力和竞争能力。

第四节　工业经济管理体制改革新尝试

20世纪60年代末70年代初，我国又进行了一场全国规模的工业管理体制改革，这是继50年代后期之后的又一次改革尝试。50年代后期的改革没能解决原有体制的弊病，由于受"大跃进"影响，反而导致经济工作的半无政府状态。后来，更发生了严重的经济困难。在接着进行的经济大调整中，不得不更多地强调集中统一，收回下放的权力。这样，不仅在事实上取消了大部分的改革措施，而且原有体制中由于高度集权而僵化的现象，在某种程度上较前更为严重，我国工业管理体制从"一放就乱"走到了"一统就死"。

一、改革背景

这次工业管理体制改革在60年代末和70年代初推行，还有当时的客观因素推动。调整时期，党和政府对于集权过多带来的问题实际上已有觉察。随着调整工作的胜利，国民经济的恢复，党中央和国务院也已经着手采取措施，适当扩大地方的权限，对工业管理体制的某些环节进行改革性的试验。

这次改革是要解决中央集权与地方分权即"条条"与"块块"的关

系问题，扩大地方对于工业和整个经济的管理权，并适应各省、市、自治区特别是经济协作区建立地方工业体系的需要。从这个基本思想出发，下放中央直属企事业单位，就成为改革的主要内容，并相应地下放财政管理权、物资管理权和计划管理权。与此同时，适当调整国家与企业之间的关系，扩大企业的权力。

二、改革措施

1969 年 2 月 26 日到 3 月 24 日，全国计划座谈会上提出要以"块块"（即地方）管理为主。中央直属企业可以分为地方管理、中央管理和双重领导三种形式。

1. 下放企业

1970 年 3 月 5 日，国务院拟订《关于工业交通各部直属企业下放地方管理的通知》，要求国务院工交各部把绝大部分直属企业、事业单位下放给地方管理；少数由中央部和地方双重领导，以地方为主；极少数的大型或骨干企业，由中央和地方双重领导，以中央为主。正在施工的基本建设项目也按这一精神分别下放地方管理。通知规定，企业下放要在 1970 年内完成。根据国务院通知的精神和要求，一场以下放企业为中心的工业管理体制改革在全国范围内展开。经过 1970 年这次大规模的企业下放，连同在这之前煤炭先行下放的 22 个矿务局，中央部属企业（不含军工企业）共剩下 142 家，比 1965 年的 10533 家减少了 86.5%；这些企业的工业产值在全民所有制工业总产值中的比重下降为 8% 左右。[①] 中央部属企业、事业单位的下放有两种情况：多数下放到省、市、自治区一级；一部分下放到省、市、自治区后又继续下放，有的下放到省属市，有的一直下放到区、县、市，出现层层下放的情况。

2. 下放权力

下放财权、物权和计划管理权是扩大地方工业管理权限的必要组成部

---

① 《当代中国》丛书编辑部：《当代中国经济体制改革》，中国社会科学出版社 1984 年版，第 137、297 页。

分，也是企业下放提出的要求。在这些方面主要采取了以下措施：实行财政大包干，以扩大地方财权为重要内容的财政体制改革基本的办法是实行"大包干"；下放物资管理权，实行物资分配大包干；改革计划管理体制，计划管理体制改革的目标是实行在中央统领导下，自下而上，上下结合，"块块"为主，"条""块"结合的体制，在地区和部门计划的基础上，制订全国统一的计划。由于扩大地方经济管理权出现了一些新的问题，更由于内乱不止，实际上，计划管理体制的改革大半成为空话，不了了之。

3. 调整关系

调整国家与企业之间的关系，主要措施是改革固定资产管理制度，适当扩大企业的财权。当时的固定资产管理制度，既烦琐，又僵死，把企业的手脚捆得紧紧的，不利于企业进行挖潜、革新和改造。主要表现在：资金渠道多，不利于统筹安排；管理方法单一，死板误事；资金控制过死，无法调动企业积极性。针对这些问题，国家计委、财政部于 1966 年 12 月发出了《一九六七年固定资产更新和技术改造资金的管理办法和分配计划（草案）》。根据新办法，从 1967 年起，将三项费用、固定资产更新资金、从成本中提取的开拓延伸费等项资金合并，统称"固定资产更新和技术改造资金"，从企业提取的基本折旧基金中抵留，不再由预算拨款。地方企业因为设备陈旧，需要更新改造的资金比较多，基本折旧基金全部留做更新改造资金使用。中央各部根据设备新旧情况，以 1966 年财政拨给的三项费用和固定资产更新资金占基本折旧基金的比例为基础，协商确定。最高全部留用，最低留用 30%，平均留用 56.8%。1971 年，随着中央企业的下放，下放企业原来上缴财政的基本折旧基金部分，也同时下放给地方留做更新改造资金使用；中央各部，除第二机械工业部和水利电力部继续上缴 60% 以外，都留给企业作为更新改造资金使用。

三、改革方法

下放的企业一般具有超越所在地区的、更为广泛的经济联系，物资供应一般仰赖众多的地区，甚至全国，销售市场也往往面对众多的地区或全国。"条条"管理时期，流弊虽然很多，但大体适合于它们经济联系范围宽广的需要。企业放到地方以后，各个地区又先从地区利益出发相互切断一时看来不利于本区经济发展的经济联系，这就造成了原有协作关系的破坏，使企业面临严重的困难。在物资供应紧缺的状况下，国家统配和部管物资品种的减少，部分物资权的下放，也解决不了这个问题。当时在物资管理体制上实行的"大包干"办法，根本包不了这些企业的庞大需要。

四、改革得失

主要从 1970 年开始进行的、以下放企业为中心的我国工业管理体制改革，同主要从 1958 年开始进行的第一次改革极为相似。从它的基本指导思想，到改革的重大措施，都没有超出前次的范围。这次改革，从积极的意义上看，主要是扩大了地方的管理权限，特别是扩大了地方的财权，壮大了地方的财力，有利于发展地方工业，繁荣地区经济。从消极方面来说，这次改革的结果，工业管理体制中原有的弊病不但没有任何实质性的改善，而且在体制机制僵化以外，又增加了散乱等新问题。

这次改革没能获得成功，不仅是由于具体工作方面的问题造成的，而且缺乏适宜的政治环境和经济条件。工业管理体制第二次改革，时值"文化大革命"，党和政府的各级组织普遍受到冲击，出现不同程度的瘫痪状况。1970 年，在改革前后，第三个五年计划虽然得以完成，但是"文化大革命"所造成的后果已经逐渐暴露出来。特别是"三五"末期到"四五"初期，经济工作中重新出现的高指标，加剧了国民经济比例关系的失调状况。"三个突破"使供应严重恶化，生活用煤的供应和冬季取暖的需要甚至都有极大的困难。钢材、粮食不得不扩大进口。处在这样经济环境中的改革不可能不遇到困难，以致妨碍改革措施的推行，有的改革措施不得不中途改变或废止。

尽管根据 1971 年 3 月 1 日财政部《关于实行财政收支包干的通知》，适应大部分企事业单位下放需要，对财政管理体制作了较大的改革。但由于"文化大革命"的影响，很多地方生产下降，财政收入完不成，地方的机动财力也难以保证，财政包干实际上难以执行，不得不改行"收入按固定比例留成，超收另定分成比例，支出按指标包干"的办法，以便在财政收入不稳定的情况下保证地方必不可少的开支。由于同样的原因，大部分改革措施也没能够全面推开；已经较大规模推行的措施，如企业下放等，在很大程度上有了改变。尽管按最初的设想，改革要分步骤进行，但后来的做法却大相径庭。改革是一项艰巨的长期任务，良好的愿望仅仅是开始，改革更需要适宜的政治环境与良好的经济条件，尤其需要正确的理论指导。

第五节　1966～1976年的工业发展

1966～1976年，虽然经历了"文化大革命"的严重影响，我国工业遭受了巨大损失，但在全党的领导下，在广大人民群众的努力下，仍然取得了很大的成绩。

一、工业发展取得的成绩

我国工业生产建设在这10年中取得的进展，主要表现在以下几个方面。

1. 产能迅速提高

这10年正好是第三个和第四个五年计划执行时期，工业基本建设投资为1519.48亿元，包括工业在内的更新改造和其他措施投资745.48亿元。建成投产的大中型建设项目共计1083个，新增固定资产907.68亿元。同时期，新增主要工业产品的生产能力为：炼铁1971.5万吨，炼钢1250.6万吨，煤炭开采14926万吨，发电机组容量2603.6万千瓦，石油开采6881.2万吨，天然气开采132亿立方米，合成氨6736万吨，化学肥料576.54万吨，化学纤维13.63万吨，棉纺锭416.3万锭。[1]截至1975年底，全国全民所有制工业固定资产原值达到2290.3亿元，为1965年的2.38倍。同1965年相比，1975年主要工业产品的生产能力，炼铁生产能力增长了1.95倍，炼钢生产能力增长了1.4倍，煤炭开采能力增长了0.9

---

① 周太和：《当代中国的经济体制改革》，中国社会科学出版社1984年版，第297、624页。

倍，发电机组装机容量增长了 1.88 倍，原油开采能力增长了 5.03 倍，合成氨生产能力增长了 3.31 倍，化学肥料生产能力增长了 2.5 倍，化学纤维生产能力增长了 2.8 倍，水泥生产能力增长了 2.08 倍，硫酸生产能力增长了 1.85 倍，纯碱生产能力增长了 0.45 倍，烧碱生产能力增长了 1.44 倍，缝纫机、自行车、手表的生产能力分别增长了 2.04 倍、2.52 倍、5.95 倍，拖拉机制造能力增长了 3.1 倍，汽车制造能力增长了 3.17 倍，内燃机制造能力增长了 6.7 倍，发电设备制造能力增长了 2.14 倍。1976 年工业总产值达到 3158 亿元，按可比价格计算，比 1965 年增长了 172.6%，平均每年增长 9.5%。

2. 地区分布改善

"三五""四五"时期，国家分别以 52.7% 和 41.1% 的基本建设投资投入"三线"建设，使我国工业地区分布进一步完善。西南、西北、豫西、鄂西、湘西和晋南等一系列新兴工业基地逐步形成。内地工业无论在数量上和质量上都有较快的发展与提高。截至 1975 年底，划为"三线"地区的 11 个省份，全民所有制工业固定资产（按原值计算）在全国全民所有制工业固定资产总额中的比重由 1965 年的 32.9% 提高到 35.3%。同一时期，工业总产值由 22.3% 提高到 25%。全国将近 1500 家大型企业，分布在 11 个省份的占 40% 以上。11 个省份全民所有制工业大型企业占 43.1%；煤炭开采能力和水电机组容量占 50% 以上；炼铁、炼钢和轧材能力超过 30%；有色金属开采和冶炼能力的大部分、电子工业 2/3 的企业和职工集中在这里；汽车、重型机器、高精度机床、电站设备等重要产品的制造初具规模，形成等级较高的生产基地。这样的生产能力对我国改革开放以后进行西南和西北的大规模开发建设以及对全国的经济发展，都将具有重要的作用。

3. 石化从无到大

能源是"文化大革命"10 年中发展比较快的部门，尤其是石油工业的发展更为迅速。到 1975 年底，累计建成的原油生产能力达 7812 万吨，是 1965 年的 5 倍；原油加工能力 6764 万吨，是 1965 年的 4.8 倍。石油工业的发展，为新兴工业部门现代石油化工的发展奠定了基础。在这 10 年里，我国现代石化工业从无到有，成长壮大，确立了煤、油、气并举发展化学工业的原料路线,开始改变单纯以电石和粮食生产有机化工产品的原料路线。在这个基础上,我国化肥工业和化学纤维工业得以突飞猛进。

4. 机械水平先进

这一时期,机械工业发展了一批重大新产品和成套设备。除完成调整时期开始研制的 3 万吨模锻水压机等 9 套大型成套设备外,还提供了高精度精密机床,第二汽车厂冷加工成套设备,年产 700 万吨大型金属露天矿设备,年产 150 万吨钢铁联合企业的成套设备,年产 300 万吨井下煤矿设备,250 万吨炼油厂成套设备,年产合成氨 6 万吨、尿素 11 万吨的化肥设备,年产 1 万吨维尼纶、丙烯腈的合成纤维设备,20 万 ~ 30 万千瓦水力和火力发电成套设备,33 万伏高压输变电设备,4000 马力的电力传动内燃机车、5000 马力的液力传动内燃机车,2.5 万吨级的轮船,等等。其中,有的产品具有较高的技术水平。例如,为攀枝花钢铁公司一期工程提供的、年产 150 万吨钢铁的、从矿山开采到轧制钢材的成套设备,为第二汽车厂提供的冷加工成套设备,都具有较为先进的水平。

5. 电子发展迅速

"文化大革命"的 10 年正是国际电子工业飞速发展的时期。我国电子工业虽然面临重重困难,但在若干领域也有所前进,奠定了进一步发展的基础。10 年间,国家对电子工业预算内投资 27.15 亿元,占全国基本建设投资的 1.17%,为以往 10 年国家投资额的 1.9 倍。其中,地方电子工业 9.56 亿元,比以往 10 年增加了 11.9 倍。1976 年电子工业产值比 1966 年增长了 5.6 倍,其中地方电子工业增长了 12.5 倍。收音机、电唱机、录音机、扩大机、电视机等,1976 年的生产规模分别比 1966 年增长了 11 ~ 53 倍;电子元件、半导体分立器件、电子应用产品、无线电通信导航设备、电子管等,同时期分别增长了 6 ~ 85 倍。1966 年研制出我国第一块集成电路并实现了批量生产,1976 年产量达到 2000 万块以上。

二、工业取得进展原因

1. 60 年代初期的调整

"文化大革命"的 10 年,工业进展有着长期积累的因素,特别是 60

年代初的调整工作奠定了良好基础。调整较好地解决了"大跃进"积累下来的国民经济比例失调问题，实现了财政收支平衡和物价基本稳定，人民生活有所提高。工业结构和各个工业内部的生产结构也得到了相应的调整；在"大跃进"中建立起来的大批工业企业经过整顿，明确了生产方向，增加了协作关系，形成了新的生产力。

2. 粮食生产发展较快

"文化大革命"前我国粮食生产最高年产量为1958年的4000亿斤，在1966年到1975年的10年中都超过了这个纪录。除了1968年、1972这两年比上年稍有降低，其他年份都有不同程度的增长，1975年达到5690.3亿斤，平均年增长4.2%。其中，"三五"时期平均年增长率达4.68%，"四五"时期则为3.72%，均高于1953年到1975年平均年增长3.2%的速度。按年产量计算，1975年比1965年增加了1799.8亿斤，平均每年增产将近180亿斤，大大超过1953年到1975年间平均每年增产105亿斤的幅度。这对于工业的发展是一个有力的支持。

3. 发挥地方积极性

1966年至1976年的10年间，自上而下地放权，增拨资金，地方获得了主动权，利用手中财力物力发展地方工业。例如，10年间国家预算外的基本建设投资逐年上升。1966~1976年，用于基本建设的预算外投资合计为413.98亿元；同期，更新改造和其他措施投资中地方、部门和企业自筹部分达到593.07亿元，两项合计高达1007.05亿元，占同期固定资产投资总额的28.9%。这是地方工业能够获得较大发展的重要因素。

4. 石油工业高速增长

10年"文化大革命"如果没有较为宽裕的能源供应，很难想象能够支撑工业以较高速度发展。按一次能源折合标准煤计算，1966年为20833万吨，1976年增长到50340万吨，平均每年增长9.2%，高于同期工业总产值平均每年增长8.5%的速度。石油工业的大幅增长，直接带动石油化工的发展，进而推动了轻纺工业的发展。我国的现代石油化工，正是这个时期开始建立并逐步得到发展的。石油化工的发展又为轻纺工业开辟了更为广阔的原料来源。1965年轻工业产值为702.8亿元，其中以工业品为原料的产值为198.8亿元，占28.3%。1975年轻工业产值增加到1392.6亿元，增长了 98.2%，其中以工业品为原料的产值为 416.7 亿元，增长了 109.6%，在轻工产值中的比重提高到 29.9%。10 年间，石油工业对财政支持作用巨大，开辟了发展工业资金的新来源。1966~1975 年，石油工业提供 577.15 亿元税利，扣除同期国家用于发展石油工业的投资后，为国家贡献 449.26 亿元，为这个时期整个工业基本建设投资额的 29.6%。

5. 引进一批重大项目

20 世纪 70 年代初，我国先后从日本、美国、荷兰、法国等国家购买了 13 套以天然气和轻油为原料、年产 30 万吨合成氨和 48 万吨尿素的大型化肥成套设备装置，1974 年以后陆续建成投产。到 1976 年，我国合成氨新增生产能力 558.4 万吨，当年的化肥产量达到 524.4 万吨，比 1970 年增长了 1.2 倍。这批引进装置的经济效益也比较好，可在 4~6 年内收回投资。从日本引进的一套年产 30 万吨乙烯的设备及其配套装置（在北京石油化工总厂落地建成），在石油化工的初期发展中起了骨干和示范的作用。从联邦德国和意大利等国引进的，包括杭州汽轮机厂的工业汽轮机、南京汽轮发电机厂的燃气轮机、沈阳鼓风机厂的透平压缩机，以及 3 条轴承生产线、精炼炉、摩擦材料、汽车玻璃 7 个成套项目，对提高机械工业的制造能力起了积极的作用。其中，武汉一米七轧机的引进有助于改善我国钢铁工业品种稀缺的状况，缩短我国冶金工业同世界先进水平的差距。这是新中国成立以来引进的最大项目之一，具有大型化、自动化、高速化、连续化的优点，具有 70 年代的国际先进水平。

三、工业发展出现的问题

1966~1976 年，由于"文化大革命"导致政治上不安定，加上急于求成，以及对战争形势的误判，导致"三线"建设规模过大、建设速度过快，给我国工业发展造成了一系列严重影响：工业生产建设没有取得应有的进展；工业同农业的比例关系和工业内部的结构严重失调；能源工业采掘（采储）比例失调，接续能力不足；作为工业基础设施的交通邮电事业的发展严重落后于工业发展需要；企业管理受到严重破坏，工业管理弊病更趋严重；工业技术与世界先进水平的差距进一步扩大；职工队伍的文化

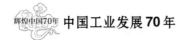

技术素质大大下降；工业经济效益低下；职工生活水平下降。

四、改革开放前的序曲

1976 年 10 月上旬，中共中央粉碎了"四人帮"，结束了"文化大革命"，为工业经济的发展和后来的改革开放扫清了最大的障碍。为了恢复正常的生产建设秩序，从 1976 年底开始，对工业企业进行了恢复性的整顿。第一，解决"软、散、懒"的问题，特别是消除资产阶级派性，从而使大多数企业有了个比较好的领导班子。第二，确立了企业要以生产为中心是衡量企业中一切工作搞得好坏的主要标准。第三，恢复建立必要的规章制度，使企业的生产管理逐步走向正常。第四，提出整顿好企业的"六条标准"。经过整顿，企业的面貌发生了较大的变化。为了克服工业管理中的混乱现象，消除无政府主义影响，贯彻各尽所能、按劳分配的原则，从 1977 年开始对工业管理体制进行了一些局部性的调整：调整了一部分工业企业的隶属关系，并按隶属关系进行物资分配；由国家财政集中一部分企业折旧基金，纳入预算管理，即 50% 上缴国家财政，50% 留给企业；恢复企业基金制度，主要用于举办职工福利设施以及职工奖励；恢复奖励和计件工资制度，奖金总额的提取比例一般不超过该企业职工标准工资总额的 10%。1977 年，我国的工业生产开始上升，全年共完成工业总产值 3728 亿元，比 1976 年增长了 14.3%。

第三篇
挥别20世纪（1978~2000年）

　　1978~2000年是中国工业发展历程中市场取向改革大步推进的时期，也是不断扩大对外开放，逐步同世界经济接轨的时期。1978年12月，中国共产党第十一届中央委员会第三次全体会议提出把党的工作重点"转移到社会主义现代化建设上来"；1984年10月召开的中国共产党第十二届中央委员会第三次全体会议，一致通过了《中共中央关于经济体制改革的决定》；以邓小平同志1992年初南方谈话和中国共产党第十四次全国代表大会为标志，中国改革开放和现代化建设事业进入了一个新的发展阶段。党的十四大明确提出建立社会主义市场经济体制；1993年11月中国共产党第十四届中央委员会第三次全体会议做出《中共中央关于关于建立社会主义市场经济体制若干问题的决定》，提出"建立社会主义市场经济体制，就是要使市场在国家宏观调控下对资源配置起基础性作用"，并对构成社会主义市场经济体制的基本框架进行了原则性阐述。在此期间，对外开放的大门也徐徐打开，从扩大对外经济交流、引进先进技术，到试水进入国际分工体系。中国工业在20世纪的最后20年中，成长为世界舞台上不可忽视的力量。可以说，这是中国经济发展历史上的一个具有决定性意义的转折时期和观念根本改变的年代，也是中国工业高速增长和工业化快速推进的一个伟大的启动时期。

第八章

改革开放艰难启程

从 1976 年 10 月粉碎"四人帮"到 1978 年 12 月中国共产党第十一届中央委员会第三次全体会议召开的两年中,虽然我国的工业生产获得了较快的恢复性增长,但是工业经济中存在的问题仍然十分突出。党的十一届三中全会召开,以及对国民经济实行"调整、改革、整顿、提高"的八字方针的提出,确定了中国工业改革开放启程阶段的主要任务:调整工业结构和布局,在工业管理体制和企业经营管理两方面对工业企业放权让利,以激发企业内在活力。

第一节 党的十一届三中全会召开及"调整、改革、整顿、提高"方针的提出

党的十一届三中全会公报指出,"我国国民经济恢复和发展的步子很快,1978 年的工农业总产值和财政收入都有较大幅度的增长。但是必须看到,国民经济中还存在不少问题。一些重大的比例失调状况没有完全改变过来,生产、建设、流通、分配中的一些混乱现象没有完全消除,城乡人民生活中多年积累下来的一系列问题必须妥善解决"。"现在我国经济管理体制的一个严重缺点是权力过于集中,应该有领导地大胆下放,让地方和工农业企业在国家统一计划的指导下,有更多的经营管理自主权"。

1979 年 4 月 5 日，为贯彻落实十一届三中全会精神，中共中央召开工作会议，李先念作《关于国民经济调整问题》的讲话。会议针对国民经济比例严重失调的情况，决定从 1979 年起，用 3 年时间对国民经济实行"调整、改革、整顿、提高"的方针。1979 年 6 月中华人民共和国第五届人民代表大会第二次会议召开，对"调整、改革、整顿、提高"方针的基本要求做了阐述。1982 年 9 月召开的中国共产党第十二次全国代表大会和第五届全国人民代表大会第四次会议（1981 年底）、第五次会议（1982 年底）都决定在整个"六五"时期（1981～1985 年），要继续坚定不移地贯彻执行"调整、改革、整顿、提高"的方针。

"调整"就是要针对经济比例严重失调的现状，自觉调整比例关系，使农轻重和工业各部门能够比较协调地向前发展，使积累和消费之间保持合理比例。希望通过三年调整，使粮食生产和其他农副产品生产的发展与人口增长和工业发展相适应；轻纺工业的增长速度赶上或略高于重工业增长速度，主要轻纺产品的增长大体同国内购买力相适应；燃料动力和交通运输的紧张局面有所缓解，重工业部门在增加生产的同时，提高质量，增加品种；缩短基本建设战线，集中力量打歼灭战；在发展生产的基础上，农民平均收入和职工平均工资继续提高。

"改革"就是要对经济管理体制坚决地、有步骤地实行全面改革。经过三年改革，使企业拥有必要的自主权，能够主动地安排生产经营活动，改变产供销三者相互脱节的状态；切实贯彻执行各尽所能按劳分配的原则，扭转原来的平均主义倾向；成立各种企业性质的专业公司和联合公司，逐步改变企业"大而全""小而全"及经济效率低的落后状况；逐步改变目前由许多臃肿、重叠、效率很低的行政管理机构来管理经济的落后状况；在中央的集中统一领导下适当扩大地方在计划、基建、财政、物资、外贸等方面的权限，使各地方能够按照社会化大生产的要求和经济有效的原则，因地制宜地发展国民经济。

"整顿"就是要把企业特别是一部分管理混乱的企业坚决整顿好。经过三年整顿，要建设一批新企业，使他们逐步接近或达到现代化的水平；企业要建立起新的领导班子，实行党委领导下的厂长负责制，使厂长真正成为统一指挥企业生产工作的主要行政领导人；进一步健全企业各项规章制度，明确企业管理责任，建立起合理、有效、文明的生产秩序和工作秩序。

"提高"就是要提高生产水平、技术水平和管理水平，经过三年的提高，使企业在改进产品质量和劳务质量、创造新产品和增加品种规格、降低物资消耗、提高劳动生产率和资金利用率等方面都能按照现代化的要求进一步提高；使各级经济管理机关和经济工作人员都能够显著提高组织和领导社会化大生产的能力，提高科学管理和业务的技术水平；使中国主要行业有一批企业的关键性生产工艺，在采取世界先进技术方面取得显著的成绩。

第二节　工业结构的调整

1978 年，新中国成立近 30 年，尽管煤炭、钢铁、电力、石油、棉布、化学纤维等主要工业品产量都进入世界前列，但人民生活水平没有得到改善，而且国民经济比例严重失调，"我们的重工业越来越重，轻工业越来越轻，农业越来越不能适应整个国民经济发展的需要了。……我们用了那么多物质生产资料，但是我们的产品中既不能吃、也不能穿、又不能够直接用的中间产品所占的比重越来越大，而可以供基本建设消费用的、可以供人民生活消费用的最终产品所占的比重越来越小，因此经济效果很差。我国一元钱的资金，一年只能生产不到一元钱的商品产值，而经济发达的国家一般能生产三元钱的商品产值，就是说人民群众付出的辛勤劳动，却长期得不到应有的物质利益，社会主义积极性受到挫伤。这和我们经济结构不合理所造成的巨大浪费有直接关系"[1]。

基于当时国民经济面临的形势，全国人大五届二次会议《政府工作报告》中指出，"调整、改革、整顿、提高四方面的任务是互相联系、互相促进的。但是，调整是目前国民经济全局的关键。"

---

① 马洪：《实现四化与我国经济结构的改革》，载于《经济管理》1979 年第 9 期。

一、改革启程阶段的工业结构

1978 年，全国共有工业企业 34.84 万个，工业总产值 4231 亿元（1970 年不变价）。按经济类型分为全民所有制工业企业和集体所有制工业企业，其中，全民所有制企业单位数占 24.0%，工业总产值占 80.7%。按轻重工业划分，轻工业企业单位数占 58.7%，工业总产值占 42.7%；重工业企业单位数占 41.3%，工业总产值占 57.3%。按企业规模分，大型企业、中型企业和小型企业单位数分别占 0.3%、0.9% 和 98.8%，而工业总产值分别占 25.1%、18.3% 和 56.6%。工业部门中，机械工业、化学工业、食品工业、纺织工业、冶金工业是占工业总产值比重最高的几个部门，合计占比达到 72%（见表 8-1）。轻工业中，食品工业、纺织工业合计产值占 55.4%（见表 8-2）。重工业中，产值占比最高的是机械工业，占重工业产值的 38.7%，其次是冶金工业占 15.2%，化学工业占 14.3%（见表 8-3）。

表 8-1　　　　　　　1978 年全国工业企业单位数和工业总产值

项目	企业单位数		工业总产值	
	数量（万个）	占比（%）	绝对值（亿元）	占比（%）
全国总计	**34.84**	**100**	**4231**	**100**
一、按经济类型分				
全民所有制工业	8.37	24.0	3416.4	80.7
集体所有制工业	26.47	76.0	814.4	19.2
二、按轻重工业分				
轻工业	20.44	58.7	1806	42.7
重工业	14.40	41.3	2425	57.3
三、按企业规模分				
大型企业	0.12	0.3	1062.0	25.1
中型企业	0.31	0.9	774.3	18.3
小型企业	34.41	98.8	2394.7	56.6

续表

项目	企业单位数		工业总产值	
	数量（万个）	占比（%）	绝对值（亿元）	占比（%）
四、按工业部门分				
1. 冶金工业	0.49	1.4	368.9	8.7
2. 电力工业	0.83	2.4	161.4	3.8
3. 煤炭及炼焦工业	0.98	2.8	116.9	2.8
4. 石油工业	0.03	0.1	233.3	5.5
5. 化学工业	2.24	6.4	525.0	12.4
6. 机械工业	10.38	29.8	1155.5	27.3
7. 建材工业	4.41	12.7	153.9	3.6
8. 森林工业	1.21	3.5	77.4	1.8
9. 食品工业	4.10	11.8	471.7	11.1
10. 纺织工业	1.21	3.5	529.1	12.5
11. 缝纫工业	1.98	5.7		
12. 皮革工业	0.35	1.0		
13. 造纸工业	0.36	1.0	53.8	1.3

注：工业总产值按 1970 年不变价格计算。

资料来源：《中国工业经济统计资料（1949—1984）》，中国统计出版社 1985 年版，第 17~18、26~39 页。

表 8-2 　　　　　1978 年轻工业各部门总产值及比重

部门	产值（亿元）	比重（%）
轻工业总产值	**1805.71**	**100**
其中：食品工业	471.71	26.1
纺织工业	529.09	29.3
缝纫工业	90.79	5.0
皮革工业	33.92	1.9
造纸工业	53.84	3.0
文教艺术用品工业	83.09	4.6
化学工业	179.20	9.9
机械工业	217.37	12.0
森林工业	27.83	1.5

注：工业总产值按 1970 年不变价格计算。

资料来源：《中国工业经济统计资料（1949—1984）》，中国统计出版社 1985 年版，第 29 页。

表 8－3 1978 年重工业各部门总产值及比重

部门	产值（亿元）	比重（%）
重工业总产值	**2425.04**	**100**
其中：冶金工业	368.91	15.2
电力工业	161.42	6.7
煤炭及炼焦工业	126.66	5.2
石油工业	233.29	9.6
化学工业	345.78	14.3
机械工业	938.09	38.7
建材工业	153.91	6.3
森林工业	49.58	2.0

注：工业总产值按 1970 年不变价格计算。

资料来源：《中国工业经济统计资料（1949—1984）》，中国统计出版社 1985 年版，第 30 页。

当时，工业经济领域的比例失调在"农、轻、重"比例之间以及重工业内部比例之间均严重存在，主要表现为：

（1）重工业脱离农业和轻工业片面发展。由于长期推行优先发展重工业和"以钢为纲"的方针，重工业的规模和速度超过了国民经济可能提供的物力和财力，重工业的发展不仅挤占了农业，而且挤占了轻工业。在生产性积累中，重工业的比重始终较大，例如，1966～1978 年在基本建设投资总额中，重工业投资占 55% 以上，农业只占 10% 多一点，轻工业更少仅占 5% 左右。[1] 1976～1978 年三年中，重工业基本建设投资合计 624.49 亿元，轻工业基本建设投资合计 74.76 亿元，重工业和轻工业占工业基本建设投资的比重分别为 89.31% 和 10.69%。[2] 从投资和产出两方面看，重工业基本上是自我服务型，为农业和轻工业服务的重工业投资与产出所占比例较低，而生产工业中间产品的重工业占比过高。

（2）轻工业落后，消费品供应紧张。由于长期忽视轻工业发展，人民生活所需要的轻工业产品存在大量短缺，如家具、自行车、电视机等消费品的供应都常年处于紧张状态。"我国按人口平均的主要轻工业产品，不

---

[1] 朱嘉明：《速度·比例·结构——对我国经济发展速度和经济结构关系的探讨》，载于《学习与思考》1979 年第 6 期。

[2] 根据《中国工业经济统计资料（1949—1984）》数据计算。

仅大大低于世界先进水平，而且有些还不能满足人民生活的起码需要。我国轻工业的生产技术大都相当于国外四五十年代的水平，有的是二三十年代的水平，劳动生产率很低。轻工业内部比例关系也极不协调。"①

（3）重工业内部结构不合理，产品质量、品种和规格不对应市场需求。一方面，重工业中的煤炭、石油、电力、建筑材料工业是国民经济中的薄弱环节。另一方面，重工业产品中，长线产品与短线产品并存，钢锭和钢材、普通机床的积压量极为巨大。以钢铁工业为例，由于存在轧钢落后于炼钢的情况，形成了钢锭大量积压，而钢材的品种规格不能满足生产和生活需要，反而需要从国外大量进口的现象。机床加工能力大于钢材供应能力 3~4 倍，粗加工机床比例大，机床效率低，全国范围内超过半数的机床闲置。

（4）能源供应严重不足。1953~1977 年，全国工业总产值平均每年增长 11.2%，各种能源生产平均每年增长 10.2%，能源的发展赶不上国民经济发展的需要。一些使用燃料电力较多的产品，因为燃料电力供应不足，生产受到很大影响；许多工业企业由于燃料、电力、原材料不足，生产能力只能发挥 70% 左右；许多城镇照明用电不足，生活用煤紧张；广大农村的民用燃料还是以柴草为主。②

（5）基本建设战线过长。已经铺开的建设规模过大、项目过多、建设效果差，长期不能建成投产发挥作用。出现了建设规模大于投资，投资大于材料设备供给的不正常情况。据统计，1975~1977 年未能按计划建成投产的大中型项目和单项工程中，直接由于材料设备供应不上影响建成投产的占 50%。③

二、工业结构调整的内容和过程

1. 降低工业的计划增长速度

根据 1979 年 4 月的中央工作会议精神，国家计委对原拟订的 1979 年

---

① 经济结构调查研究组：《关于改善我国经济结构的意见》，载于《经济管理》1980 年第 12 期。

② 黄荣生：《经济调整与能源问题》，载于《中国经济问题》1979 年第 6 期。

③ 周叔莲、谭克文、林森木：《基本建设战线过长的问题为什么长期不能得到解决？》，载于《经济研究》1979 年第 2 期。

计划做了重大修改，工业总产值的增长速度从原计划增长 10%~12%，调整为8%，其中，轻工业计划增长 8.3%，重工业计划增长 7.6%，对主要工业产品的产量指标也做了调整。

1982 年底召开的五届人大五次会议审议了"六五"计划，《关于第六个五年计划的报告》中指出，"在提高经济效益的前提下，使工农业生产保持适当的发展速度，是我们制订计划的一项重要原则"。第六个五年计划规定，1981~1985 年工业总产值平均每年递增4%，在执行中争取达到5%。在工业总产值中，轻工业产值计划平均每年递增5%，重工业产值计划平均每年递增3%。到 1985 年，纱产量 359 万吨，比 1980 年增长22.8%；食糖430 万吨，增长 67.3%；原煤7 亿吨，增长 12.9%；发电量3620 亿度，增长20.4%；钢3900 万吨，增长 5.1%。实现了这个计划，农业、轻工业和重工业之间的比例关系将进一步趋于协调。

《关于第六个五年计划的报告》对于调低工业增长速度做了进一步说明："六五计划规定的工业增长速度比过去二十八年（1953~1980 年）的平均速度要低，这是因为工业调整的任务还很艰巨复杂，在近期内能源产量不可能有较大的增加，交通运输的紧张状况也不可能有根本的改变。过去二十八年的工业发展速度虽然不低，但是效益很差；而六五计划要求的发展速度虽然低一些，却是以较高的经济效益为前提的。"

调整工业增速仅在前期取得了一定成果，1979 年和1980 年工业总产值增速分别为8.5%和8.7%，较1977 年的14.3%和1978 年的13.5%有明显下降，1981 年为 4.1%，1982 年为 7.7%，但是 1983 年开始有明显上升，达到10.5%，1984 年进一步上升到14.0%，1979~1984 年工业总产值年均增速达到8.9%。[1] 工业经济再次进入高速增长，加剧了能源、原材料供应和交通运输的紧张状况，到1984 年经济再次走向过热。

2. 压缩基本建设投资规模

全国人大五届二次会议《政府工作报告》提出：要"坚决缩短基本建设战线、努力提高投资效果"，"必须根据国家财力物力的可能合理安排基

---

[1] 国家统计局工业交流物资统计司：《中国工业经济统计资料（1949—1984）》，中国统计出版社 1985 年版，第 24、25 页。

本建设规模，集中力量打歼灭战"，"坚决把那些当前不急需和不具备建设条件的项目停下来，保证那些为国家急需的工程加快建设，按时投入生产。要优先把农业、轻工业、燃料动力工业、交通运输、建筑材料和冶金工业方面的重点项目保上去"。

基本建设贯彻调整方针在压缩基建规模、缩短基建战线、调整投资结构等方面取得了显著进步，国家预算内直接安排的基建投资由 1979 年计划的 457 亿元，压缩到 1981 年的 170 亿元，调整近 2/3，包括多种资金渠道的建设总规模由前两年的 550 亿～560 亿元，压缩到 1981 年预计的 380 亿元，调整了近 1/3。在建的大中型项目由 1978 年底的 1723 个减少到 1981 年的 600 个，压缩了近 2/3。与此同时，基本建设投资使用方向也得到了合理调整，人民生活设施、轻纺和能源建设的投资比例有了较大幅度提高。①

工业基本建设投资的增长势头在 1979 年得到了有效遏制，当年工业基本建设投资额为 256.85 亿元，较上年的 273.16 亿元有所下降。1981 年 3 月国务院发布了《关于加强基本建设计划管理、控制基本建设规模的若干规定》。1981 年底召开的全国人大五届四次会议谈到当时的经济形势时也指出，"基本建设要退够，是今年调整工作的一个重要内容"。1980 年压缩基本建设投资规模的决策得到了有效贯彻，当年工业基本建设投资额压缩到 216.01 亿元，比上年下降了 21.6%。但是从 1982 年开始，基本建设增长过快的问题又开始出现，工业基本建设投资额逐年上升，到 1984 年达到了 341.59 亿元（见表 8-4）。

这一期间基本建设投资的重点放在短线产品，包括同人民生活密切相关的轻纺工业，以及能源、建材、交通运输上。1982 年初有关部门从在建的几百个大中型项目中选出对国民经济发展有重要意义、具备较好建设条件的 50 个项目，按合理工期组织建设，在财力、物力上给予优先保证，这批项目中能源、建材、交通、轻纺等部门的项目占绝大部分。

基本建设投资结构有了很大调整，1979～1984 年，"农、轻、重"占

---

① 蔡宁林、吴国贤：《基本建设的当务之急是缩短建设周期——从一个侧面谈如何提高投资效果》，载于《经济研究》1982 年第 1 期。

基本建设投资总额比重分别为7.2%、7.4%和40.4%，与十一届三中全会召开之前相比，轻工业比重有所上升，重工业比重大幅下降（见表8-4）。

表8-4　　　各行业基本建设投资额（国有单位）及其占比

年份	农业（亿元）	工业（亿元）	轻工业（亿元）	重工业（亿元）	占基本建设投资总额比重（%）		
					农业	轻工业	重工业
1978	53.34	273.16	29.30	243.86	10.6	5.8	48.7
1979	57.92	256.85	30.60	226.25	11.1	5.8	43.2
1980	52.03	275.61	50.89	224.72	9.3	9.1	40.2
1981	29.21	216.01	43.38	172.63	6.6	9.8	39.0
1982	34.12	260.6	46.45	214.15	6.1	8.4	38.5
1983	35.45	282.28	38.75	243.53	6.0	6.5	41.0
1984	37.12	341.59	42.43	299.16	5.0	5.7	40.3
1979~1984	245.85	1632.94	252.5	1380.44	7.2	7.4	40.4

资料来源：国家统计局，《中国农业、轻工业和重工业基本建设投资额》，载于《基建优化》1989年第4期。

3. 加快轻工业发展

扶持轻工业发展的措施，不仅包括在投资分配中提高轻工业的投资比重，而且在原材料等方面实行对轻工业倾斜的政策。1980年1月国务院决定对轻纺工业实行"六个优先"的原则，确保轻纺工业加快发展步伐。六个优先是：原材料、燃料、电力供应优先；挖潜、革新、改造的措施优先；基本建设优先；银行贷款优先；外汇和引进技术优先；交通运输优先。同时，各行各业也大力支援轻工业生产，重工业部门采取"重转轻""军转民""长转短"等形式，调整了产品结构，扩大了服务领域，农业、冶金、化工部门积极扩大轻工业所需原料的生产。

大力发展轻工业的各项措施取得了明显成效，1979~1984年，轻工业的增长速度明显超过重工业。轻工业内部的比例关系有了进一步改善，在轻纺产品的原料结构方面，以工业品为原料的产品在轻工业总产值中的比重继续上升，特别是合成纤维产量的增长远远超过了棉布的产量。

轻工业产品长期供不应求的局面有了很大改变，部分商品已经开始由"卖方市场"转变为"买方市场"。轻工业产品结构也发生了变化，在

"吃穿用"三类消费品中，用的比重上升；在耐用消费品中，高档消费品的比重上升，特别是电视机、录音机、电冰箱、照相机等产品的产量大幅增长。主要耐用消费品社会拥有量大幅上升（见表8－5）。

表8－5　　　主要耐用消费品社会拥有量（每百人平均）

消费品	1978 年	1984 年
缝纫机（架）	3.5	8.4
自行车（辆）	7.7	18.8
手表（只）	8.5	29.1
收音机（部）	7.8	21.6
电视机（部）	0.3	4.6

资料来源：国家统计局工业交通物资统计司：《中国工业经济统计资料（1949—1984）》，中国统计出版社1985年版，第11页。

4. 调整重工业结构

重工业着重调整服务方向和产品结构。对长线产品的生产进行了控制，增产一批适销对路的产品，关停并转一批消耗高、质量差、货不对路、长期亏损的企业。

钢铁工业调整服务方向，增强产品的适应能力。日用消费品生产急需的薄板、带钢产量有大幅增长。钢铁企业积极发展钢材深度加工，试制和生产一批新品种钢材。过去需要进口的座钟发条弹簧、纺织工业用的针布钢丝、导布轮、家用电器定时器弹簧片、压制人造纤维板的不锈钢模板、民用电器纯铁等都可由国内供应。[1]

化学工业对长线产品进行了压缩或转产。化学工业的发展方向开始转向主要为解决衣、食、住、行、用服务，重点放在为轻工、纺织、电子、建材等工业提供配套的原料、材料，为农业提供化肥农药等。同时，根据人民群众生活的需要，提供一些直接投放消费品市场的化工最终产品。

机械工业面向国内国际两个市场调整产品结构，扩大服务领域。供应轻工市场的机电产品占机械工业总产值的比重，以及供应出口的机电产品

---

① 本刊编辑部：《钢铁工业在调整中前进》，载于《钢铁》1982年第4期。

占全国出口总额的比重均大幅上升。机械工业由主要为重工业服务，扩大到为农副业、食品、轻纺、商业、环境保护等多领域服务。随着农村生产责任制的发展，农机产值中的中小型农机具和半机械化农具的比重也出现了明显提高。

作为国民经济中薄弱环节的建材工业实现了较快增长。1978～1983年，水泥产量平均每年递增 10.5%，玻璃产量平均每年递增 15.8%，砖的产量平均每年递增 12%。特别是 1984 年，主要建材产品都超额完成了计划，水泥产量超过 1.2 亿吨，平板玻璃产量达到 4700 多万标箱，建筑卫生陶瓷、墙体屋面材料、装饰装修材料等都有不同程度增长。[①]

1979 年重工业总产值比上年增长 7.7%，增长速度开始放缓。1981年，由于当年大幅度压缩基本建设投资规模，设备和其他生产资料的订货相应减少，导致重工业产值比上年下降了 4.7%。从 1982 年开始，重工业由回升走向高速增长，1982～1984 年分别比上年增长 9.9%、13.1% 和 16.5%。

5. 加大能源开发与节能并举

为了尽快改变燃料动力严重不足的状况，实行能源开发和节约并重，一手抓增产，一手抓节约。

能源的开发和生产方面，突出兼顾当前的需要和长远的发展。煤炭工业强调投资省、出煤多、见效快，通过国家基本建设投资、银行贷款和各种形式的联合加快新井建设，集中力量开发大露天矿；改造、扩建现有的矿井，加强煤矿的挖潜改造。石油工业加强地质普查和勘探，大力增加后备资源，争取探明一批新油田，同时积极开展海上石油的勘探和开发。电力工业搞好现有发电设备的配套和完善化，加快新电站的建设，在积极发展火电的同时多搞水电，继续加强核电、太阳能以及其他新能源的研究、试验工作。[②]

降低能源消耗方面，强调各行各业都要努力降低消耗，节约使用能源，这是当前以至今后若干年内缓和燃料动力供应紧张状况的最主要、最可靠的途径。具体措施包括以下六个方面。（1）国务院责成各级计委根据

---

① 吕东：《建材工业的当前形势和今后的主要任务》，载于《中国建材》1985 年第 5 期。

② 根据全国人大五届二次会议、三次会议、四次会议、五次会议公报内容整理。

燃料动力和原材料的供应可能,严格审查和控制每一个新企业的建立;关掉一批严重浪费能源、产品不符合社会需要的工厂。(2)要求各地区、各部门通过改变工业结构和产品结构,采取有效办法,尽可能节约能源。(3)大力开展以节能为中心的技术改造。改造煤耗高的中低压发电机组,开展集中供热、热电结合,逐步代替小锅炉群,并在冶金、化工、建材、石油、交通等重点部门,安排一批见效快、效果好的其他节能措施。(4)逐步更新耗能高的动力机具。从载重汽车试点,更新一批,封存一批,淘汰一批,以节约油料。(5)继续搞好烧油改烧煤的工作。(6)制定法规,规定各种能耗标准以及有关的奖惩办法。①

三、工业结构调整的结果

经过 1979～1984 年的调整,工业经济内部结构在以下方面呈现出明显变化:

(1)轻重工业结构有了显著改善。1979～1984 年间,由于轻工业的工业总产值年均增长 11.7%,重工业工业总产值年均增长 6.6%,轻工业占工业总产值的比重从 1978 年的 42.7% 上升到 1984 年的 49.6%,重工业占工业总产值的比重从 1978 年的 57.3% 下降到 1984 年的 50.4%(见表 8-6)。

(2)所有制结构单一化局面被打破。经过"文化大革命",城乡个体工业和其他类型工业几乎已经不存在,直到党的十一届三中全会召开以后,才得到逐步恢复和发展。1980 年国家统计资料中才开始出现个体工业、其他类型工业的数据,打破了工业企业所有制构成中只有全民所有制工业和集体所有制工业的局面。与 1978 年相比,1984 年全民所有制工业企业的工业总产值占比从 80.7% 下降到 73.6%;集体所有制工业占比从 19.2% 上升到 25.0%。个体工业和其他类型工业从无到有,1984 年占比分别达到 0.2% 和 1.2%(见表 8-1、表 8-6)。

(3)与改善人民生活紧密相关的工业部门获得更高发展。工业各部门中,1979～1984 年的增长速度表现出很大差异。化学工业、机械工业、建

①　根据全国人大五届二次会议、三次会议、四次会议、五次会议公报内容整理。

材工业、食品工业和纺织工业的工业总产值增长速度超过了全国工业的平均增速。从占全国工业总产值的比重来看，1984 年建材工业、食品工业、纺织工业占比较 1978 年有所提高，这三个行业也正是调整时期大力发展的国民经济薄弱部门，以及与改善人民生活、提高消费品供应直接相关的部门（见表 8 -6）。

表 8 -6　　　　　1984 年全国工业企业单位数和工业总产值

项目	企业单位数		工业总产值		1979 ~ 1984 年工业总产值年均增长速度（%）
	数量（万个）	占比（%）	绝对值（亿元）	占比（%）	
全国总计	**43.72**		**7030**	**100**	**8.9**
一、按经济类型分					
全民所有制工业	8.41	19.24	5171.2	73.6	7.0
集体所有制工业	35.21	80.54	1757.8	25.0	14.4
个体工业			14.8	0.2	
其他类型工业			86.1	1.2	
二、按轻重工业分					
轻工业	26.74	61.16	3484	49.6	11.7
重工业	16.98	38.84	3546	50.4	6.6
三、按工业部门分					
1. 冶金工业	0.57	1.30	579.4	8.2	6.1
2. 电力工业	1.22	2.79	235.6	3.4	6.4
3. 煤炭及炼焦工业	1.05	2.40	182.2	2.6	3.1
4. 石油工业	0.04	0.09	334.1	4.8	3.7
5. 化学工业	2.87	6.56	830.3	11.8	9.7
6. 机械工业	10.76	24.61	1757.1	25.0	9.5
7. 建材工业	5.91	13.52	287.3	4.1	9.6
8. 森林工业	2.13	4.87	126.8	1.8	5.1
9. 食品工业	7.40	16.93	865.8	12.3	9.3
10. 纺织工业	1.97	4.51	1082.9	15.4	13.0
11. 造纸工业	0.44	1.01	92.2	1.3	7.9

注：工业总产值按 1980 年不变价格计算。

资料来源：《中国工业经济统计资料（1949—1984）》，中国统计出版社 1985 年版，第 17 ~ 18、26 ~ 39 页。

第三节　工业管理体制的改革

一、工业管理体制改革的缘起

"调整、改革、整顿、提高"八字方针中的"改革"就是要对经济管理体制坚决地有步骤地实行全面改革。1978年改革启程之际，我国实行的是全民所有制经济计划管理体制，基本上是20世纪50年代从苏联学来的。苏联50年代的计划管理体制，片面强调国家对国民经济实行高度集中统一的领导。凡是全民所有制的国营企业，都由国家直接领导和管理，国家自上而下地向企业下达指令性计划指标。企业所需要的生产资料，由国家统一组织供应；所生产的产品，由国家物资部门和商业部门收购；绝大部分产品的价格由国家统一规定；企业的利润除一部分留作厂长基金外，其余全部上缴，折旧基金也大部分上缴，企业进行固定资产的大修理只能保持原来的设计标准，不增值、不变形，企业改建、扩建要向国家申请投资；企业要进行技术革新，必须做出基建计划，报请上级批准；等等。苏联的这一套做法，我们基本上都搬过来了。①

从全民所有制国营企业来看，产供销、人财物、计划和技术等方面的权限集中在政府部门手中，企业只是按照计划进行生产的单位。因为不承认社会主义经济是商品经济，因而也就不认为企业具有商品生产者的地位。企业无权根据市场需要决定生产和销售，导致生产与社会需求脱节，产品积压与供应不足同时存在；没有固定资产更新权，造成技术发展停滞；财权过小，导致缺少发展生产的动力；对物资和劳动力没有处置权，不能做到物尽其用，人尽其才。

从计划管理体制下的经济管理部门来看，实行"统一计划、分级管理"。虽然历史上经历了"两放两收"的过程，但是这些改革主要是调整

---

① 何建章：《我国全民所有制经济计划管理体制存在的问题和改革方向》，载于《经济研究》1979年第5期。

国家行政机构内部中央和地方的经济管理权限，在企业的下放或上收、地方多管些还是中央多管些上面做文章，出现了"一统就死、一放就乱、一乱又统、一统又死"的现象。根本原因是力图用行政管理上的中央集权或地方分权的办法来解决经济生活中的问题。几十万工业企业分属中央和地方两级管理，"条块"分割导致行业之间、地区之间的联系被割裂，地区和部门都追求"大而全""小而全"，难以开展专业化协作。

1978～1984年的工业管理体制改革，是我国工业领域管理体制改革的起步阶段。这一时期的改革是按照党的十一届三中全会和五届全国人大历次会议的精神进行的。强调"在坚持社会主义计划经济的前提下""在中央的集中统一领导下"，改革的内容是在原有管理体制基础上对企业、地区进行适当放权。

这一时期工业管理体制改革的主线是逐步扩大企业自主权。党的十一届三中全会指出，"我国经济管理体制的一个严重缺点是权力过于集中"，要让"企业在国家统一计划的指导下有更多的经营管理自主权"。因此，扩大企业自主权是在仍然强调"国家统一计划的指导下"的同时，赋予企业一些商品生产者的权力，目的是尽可能调动微观企业的动力和活力。此外，随着企业自主权的扩大、国营企业与政府之间责权利关系的调整，与工业运行密切相关的其他领域的改革也对工业经济产生重要影响，如计划体制、投资体制、价格体制、财政体制、劳动工资制度、流通体制等。

二、扩大企业自主权的改革

1. 扩大企业自主权试点

扩大工业企业自主权，是以试点的形式逐步展开的。1978年由四川6家试点企业起步，1979年开始全国范围试点，1984年国务院发布《关于进一步扩大国营工业企业自主权的暂行规定》，扩大企业自主权由"试点"进入规范化和全面展开。

扩大工业企业自主权的试点工作，最初是在四川开始的，1978年10月，经国务院批准，四川省重庆钢铁公司、成都无缝钢管厂、宁江机械厂、四川化工厂、新都县氮肥厂和南充钢铁厂6家地方国营工业企业率先实行扩大企业自主权试点。试点的主要做法是，确定在增产增收的基础上，企业可以提取一些利润留成，职工个人可以得到一定的奖金。这个做法调动了企业和职工的积极性，收到了良好效果。1979年2月，四川省委、省政府总结了6个企业进行扩权试点的经验，制定了《四川省地方工业扩大企业权力，加快生产建设步伐的试点意见》，决定从1979年起，进一步在100个公业企业和40个商业企业中进行试点。四川扩大企业自主权的试点，1979年取得了显著的成绩，全省84个试点地方工业企业产值比上年增长14.9%，利润增长33%，上缴国家利润增长24.2%。1980年全省已有443个公业企业进行了试点，其中地方工业企业为420个，产值占地方工业产值的70%以上，利润占地方工业利润的80%以上。扩大企业自主权，兼顾国家、企业、个人三者利益，使企业的经济权利、经济责任和经济利益有机结合，调动了企业改善经营管理、增产增收的积极性。[①]

扩大企业自主权的全国范围试点在1979年开始。1979年5月，国家经贸委等部门选择首都钢铁公司、北京清河毛纺厂、天津自行车厂、天津动力厂、上海柴油机厂、上海汽轮机厂等京津沪的8家企业进行扩权改革试点。1979年7月，国务院下发了《关于扩大国营工业企业经营管理自主权的若干规定》等5份有关企业扩权的文件，明确了企业作为相对独立的商品生产者和经营者应该具有的责权利，包括生产计划权、产品销售权、利润分配权、劳动用工权、资金使用权、外汇留成权和固定资产有偿占用制度等，并在全国26个省份的1590家企业进行了试点。加上有些省、市按自定办法试点的企业，共为2100多户。这批试点企业的利润约占当时全国工业企业利润的35%，产值约占26%。

到1980年底，除西藏外，各省份参加试点的国营工业企业已达到6000多个，占全国42000个预算内工业企业的15%，利润占70%，产值占60%。据对5777个试点企业（不包括自负盈亏的试点企业）的统计，1980年完成的工业总产值比上年增长6.89%，实现利润增长11.8%，上缴利润增长7.4%。上缴国家的利润占全部实现利润的87%，企业留利占

---

① 王向升、利广安、薛吉涛、张国福：《关于四川扩大企业自主权的调查报告》，载于《计划经济研究》1981年第5期。

实现利润的 10%，其余的 3% 用于归还贷款和政策性补贴等，增长利润的大部分也归国家。这表明，扩大企业自主权，实现了增产增收，国家和企业都增加了收入。①

1984 年 5 月，国务院发布《关于进一步扩大国营工业企业自主权的暂行规定》，规定了扩大国营工业企业 10 个方面的自主权，标志着扩大企业自主权已经完成试点，进入规范化阶段。在此之前，第一步利改税已经推行，对国家与企业之间的分配关系进行了调整。10 个方面的自主权包括：生产经营计划、产品销售、产品价格、物资选购、资金使用、资产处置、机构设置、人事劳动管理、工资奖金和联合经营。1992 年 7 月，国务院发布《全民所有制工业企业转换经营机制条例》（以下简称《条例》），替代了 1984 年 5 月《关于进一步扩大国营工业企业自主权的暂行规定》。宣布赋予企业 14 项经营自主权，其中包括产品销售权、物资采购权、资金支配权等。从《条例》的文字表述看，企业经营者的所有权利都已经被全面地下放。

2. 实行工业经济责任制

工业经济责任制，是继扩大企业自主权之后的又一个重大改革举措。扩大企业自主权强调的是向企业放权，推行工业经济责任制的重点则是在于明确企业对国家的经济责任，以及企业内部的岗位经济责任。

1981 年 2 月，国务院提出进一步调整国民经济，以便在当年争取实现财政收支和信贷收支的基本平衡。各地为了确保完成财政收入任务，对部分工业企业实行了以利润盈亏包干为主要内容的经济责任制，工业企业推行经济责任制在全国范围迅速扩展。

1981 年 4 月，在国务院召开的工业交通工作会议上，明确提出建立和实行工业经济责任制的要求。1981 年 9 月，国家经委和国务院体制改革办公室根据推行工业经济责任制的实践，下达了《关于实行工业经济责任制若干问题的意见》，明确了工业经济责任制的内容和应遵循的原则以及要注意的问题。到 1981 年底，实行这种经济责任制形式的企业达到了 4.2 万家。

---

① 汪海波：《中国国有企业改革的实践进程（1979—2003 年）》，载于《中国经济史研究》2005 年第 3 期。

1981 年 11 月，全国人大五届四次会议指出，"在企业整顿中，有计划有步骤地推行和完善经济责任制，首先要明确企业对国家、职工对企业承担的经济责任，同时赋予企业一定的经济权限，给企业和职工应有的经济利益，使责、权、利三者结合起来，发挥企业和职工的积极性"。1981 年 12 月，经国务院批准，财政部、国家经委制定了《关于国营工交企业实行利润留成和盈亏包干办法的若干规定》，规定"国家对企业和主管部门，根据不同情况，实行多种形式的利润留成和盈亏包干办法"。为进一步完善经济责任制，1982 年 11 月，国务院批转国家体改委、国家经委和财政部的《当前完善工业经济责任制的几个问题》，文件强调，实行经济责任制，首先要明确企业对国家的经济责任，在权、责、利三者中，责是第一位的；"当前完善经济责任制，要把工作重点放在落实企业内部经济责任制上面"，企业要"按照责、权、利相结合，责字当头的原则，逐项分解，层层落实到科室、车间、班组直到个人。建立起一套纵横配套、上下结合的比较完整的岗位经济责任制"。

推行工业经济责任制的成效主要有：一是调动了企业和广大职工的积极性，促进了增产增收，1981 年财政收入状况比 1980 年有明显好转，赤字从上年的 127 亿元减少到 25 亿元；二是促进了企业整顿，企业的经营管理得到了改善和加强；三是在一定程度上解决了长期存在的"吃大锅饭"、搞平均主义的问题；四是在一定程度上改变了对企业统收统支、捆得过死的状况，使企业有了一定的机动财力；五是实行经济责任制，不仅对一线的生产工人落实了经济责任制，而且对领导干部、技术人员、业务人员和辅助工人也在明确经济责任制的基础上，逐步建立了考核标准和考核办法；六是实行经济责任制，促进了工业的调整。但是，在改革中也出现了一些问题。主要是实行经济责任制与计划管理结合得不够好，在处理国家与企业之间的关系时，企业往往过多地强调自身的利益，一些企业内部的经济责任制落实不到位，在分配上的平均主义问题没有得到有效解决。[①]

3. 实行利改税

由于工业经济责任制不能很好地解决国家、企业和个人三者之间的利

---

① 汪海波：《中国国有企业改革的实践进程（1979—2003 年）》，载于《中国经济史研究》2005 年第 3 期。

益关系，因此，中央决定把财税改革作为城市经济体制改革的切入点，财税改革从对国营企业的利改税开始。对国营企业利改税分两步走：第一步利改税的全面推行从 1983 年开始，主要特征是税利并存；第二步利改税从 1984 年第四季度开始，从税利并存逐步过渡到完全的以税代利。

（1）第一步利改税。1979 年初，财政部税务总局提出了对国营企业征收所得税的设想，并开展了调查与试点工作。试点大体上可以分为两个阶段：第一阶段是从 1979 年起，在湖北省光化县、广西壮族自治区柳州市以及上海市和四川省的部分国营企业中试点，主要是开展对国营企业征收所得税的试点，即"利改税"的试点；第二阶段是从 1980 年第四季度起扩大"利改税"的试点。[①]

1980 年 8 月底召开的五届全国人大三次会议上，姚依林作关于 1980 年、1981 年国民经济计划安排的报告，报告提出，"从 1981 年开始，在国营企业中试行征收固定资金占用费，以促进国家资产的合理使用。对国营企业扩大进行由上缴利润改为征收所得税的试点，并相应开征收入调节税和资源税"。1980 年 11 月 5 日，财政部印发《关于 1980 年在少数工业企业进行利改税试点的意见》，提出：国营企业由上缴利润改为征税，准备征收 3 种税、2 种费，即资源税、收入调节税、所得税、流动资金占用费和固定资金占用费。

1983 年 4 月 24 日，国务院批转财政部报送的《关于全国利改税工作会议的报告》和《关于国营企业利改税试行办法》，并在通知中指出：实行"利改税"，对于进一步扩大企业自主权，促进企业完善经营管理责任制，逐步克服"吃大锅饭"的状况；对于更好地运用税收这一经济杠杆，鼓励先进，鞭策落后，促进国民经济的发展；对于保证国家财政收入的稳定增长，进一步加强财务管理和财政监督，都具有重要的意义。1983 年 4 月 29 日，财政部发布《关于对国营企业征收所得税的暂行规定》。自当年 6 月 1 日起，国营企业开始普遍推行"利改税"制度，征税时间从当年 1 月 1 日起计算。[②] 第一步利改税实行税利并存的制度，主要是对国营企业

---

① 刘佐：《"利改税"：逼出来的改革》，载于《中国财经报》2004 年 8 月 17 日第 8 版。
② 刘佐：《从税制上告别计划经济》，载于《中国财经报》2004 年 9 月 14 日第 7 版。

实现的利润先征收一定比例的所得税和地方税,再对税后利润在国家和企业之间进行分配。

据中央 17 个工业部门和 27 个省份统计,到 1983 年底,实行利改税第一步的国营工业企业共有 26500 户,为盈利企业总户数的 94.2%。1983 年全国实行利改税的国营企业新增加的收入,以税金和利润形式上缴国家的部分约占 70%,企业所得约占 30%,其中用于职工奖励基金的部分约为 8%。到 1984 年,国营企业留利占实现利润的比重,由改革前的 5% 上升到 25%。[①]

(2) 第二步利改税。1984 年 9 月 18 日,国务院批准财政部报送的《关于在国营企业推行利改税第二步改革的报告》和《国营企业第二步利改税试行办法》,并将其转发各省、自治区、直辖市和国务院各部门执行。决定从 1984 年第四季度开始,进行利改税的第二步改革,即从税利并存逐步过渡到完全的以税代利,将企业与国家的分配关系用税的形式固定下来。第二步利改税将原来的工商税按照纳税对象,划分为产品税、增值税、盐税和营业税;改进了第一步利改税设置的企业所得税和企业调节税;增加了资源税、城市维护建设税等几个新税种。

通过第二步利改税,建立了国营企业所得税制度,突破了新中国成立30 多年来国营企业只向国家上缴利润而不缴纳所得税的状况,用税收形式以法律规定把国家和企业的分配关系固定下来。既保证了国家的财政收入,又保证了企业的税后利润,也实现了企业之间的平等竞争;企业不再按行政隶属关系上缴利润,有利于合理解决"条条"与"块块"、中央与地方的经济关系;以税代利,有利于充分发挥税收调节经济和分配的经济杠杆作用;有利于调动企业和职工的积极性、主动性。

由于认识的局限,"利改税"中的税收、利润概念不清,制定了很高的国营企业所得税税率,并对部分大中型国营企业缴纳企业所得税以后的利润加征调节税,导致法定税负过重,在执行中不得不采取大量减税、免税措施甚至承包制以缓解矛盾。以致后来不得不由实行第二步利改税,改

---

① 汪海波:《中国国有企业改革的实践进程(1979—2003 年)》,载于《中国经济史研究》2005年第 3 期。

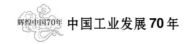

行以承包为重点的多种形式经营责任制。

三、与工业运行相关的计划管理体制改革

这一时期，为适应城市经济体制改革的试验和探索，我国的计划管理体制进行了一系列的改革。改革的主要内容可以分为两个方面：一是大幅度削减指令性计划管理的范围和比重，扩大指导性计划和市场调节的作用；二是扩大地方政府的计划管理权限。与工业经济相关的改革主要涉及以下五个领域：

一是生产和流通领域。生产领域，对工业实行指令性计划管理的产品由1984年以前的120种减少到60种左右，占工业总产值的比重从80%左右下降到40%左右。国家对70种左右的工业产品及总产值指标实行指导性计划，各部门和地方也对一部分工业品实行指导性计划，其他产品一律放开，由企业自主经营。流通领域，国家计委负责平衡和分配的指令性物资品种减少为23种，实行指令性计划收购和调拨的大类商品减少为20种左右。

二是建设领域。国家对预算内拨款、纳入国家信贷计划的基建贷款、利用国际金融组织和外国政府贷款的投资实行指令性计划管理。对地方和部门自行安排的投资、吸收外商直接投资及集体所有制单位的投资实行指导性计划，其他投资一律实行市场调节。由地方省级政府审批的生产性建设项目和技术改造项目资金限额，能源、交通、原材料行业由1000万元以下提高到5000万元以下，其他行业由1000万元以下提高到3000万元以下。

三是劳动工资领域。改革用工制度，开始在招工中实行劳动合同制度。对计划内用工实行指令性计划，对计划外用工、合同用工实行市场调节。取消对工资总额的指令性计划管理，改为指导性计划管理。1980年7月26日，国务院最先在《中华人民共和国中外合资经营企业劳动管理规定》中确定，对中外合资经营企业职工实行劳动合同制度。上海、广西等地方，也开始在新招收的工人中试行劳动合同制。

四是价格领域。国家对约700种工业品和消费品的物价实行指令性管理，其他产品的价格分别实行指导价和市场调节价。除了国家管理的少数农产品、工业消费品和一部分生产资料外，大部分产品的价格已下放到地方定价和由市场调节。

五是对外经贸领域。国家对统一安排的 21 种出口商品和 13 种进口商品实行指令性计划，对统借统还的外债实行指令性计划，其他的分别实行指导性计划和市场调节。地方省级政府可以批准成立外贸企业和赋予企业外贸经营权。并且，吸收外商投资审批权，沿海地区由 500 万美元或 1000 万美元以下提高到 3000 万美元以下，内地由 500 万美元以下提高到 1000 万美元以下。[①]

第四节　改善企业经营管理

扩大企业自主权的工作，着重在处理国家同企业的关系，为企业经营活动创造较好的外部环境方面。改善企业经营管理，则要把企业的注意力引向企业自身，引向如何改善企业内部的经营机制，以充分利用外部给予企业的有利条件，充分发挥企业内部的潜力。

一、国营工业企业的整顿

1979 年 4 月 5 日，中共中央提出的"调整、改革、整顿、提高"的八字方针中，"整顿"就是指针对国营企业的管理进行整顿。当时，"全国重点企业的主要工业产品质量指标和原材料消耗指标分别有 43% 和 55% 没有恢复到历史最高水平，有 24% 的国营工业企业存在着程度不同的亏损"[②]。

1979 年到 1981 年底，对国营工业企业进行了初步整顿。这一阶段主要是以生产为中心，以提高经济效益为重点，并结合调整与改革，大力提高企业的生产经营水平。"在整顿企业领导班子、扩大企业自主权、实行

---

① 宋群：《改革 20 年来我国计划管理体制的两次重大变革》，载于《宏观经济研究》1999 年第 1 期。

② 五届全国人大二次会议《政府工作报告》，1979 年 6 月 18 日。

职工民主管理、建立经济责任制、改善经营管理、培训职工队伍等方面，做了大量工作，并且在真正从我国实际情况出发，走发展国民经济新路子方面有了一个良好的开端。但是，企业整顿工作的进展是不平衡的，整顿得好的是少数，处于中间状态的是多数，没有认真进行整顿、管理混乱、存在严重问题的也是少数。即使整顿工作搞得好的企业，距离社会主义现代化企业管理的要求也还有很大差距。目前，相当多的企业程度不同地存在着领导班子软弱涣散，精神不振，思想政治工作薄弱，机构臃肿，人浮于事，劳动纪律松弛，产品质量低，浪费严重，经济效益很差等现象。少数企业领导班子不纯，受资本主义思想侵蚀，搞不正之风，违反财经纪律，甚至弄虚作假，偷税抗税，截留上缴利润，营私舞弊，贪污受贿，等等。"[1]

因此，中共中央、国务院在1982年1月作出了《关于国营工业企业进行全面整顿的决定》（以下简称《决定》）："从一九八二年起，用两三年时间，有计划有步骤地、点面结合地、分期分批地对所有国营工业企业进行全面的整顿工作。""企业的全面整顿，是对企业工作进行综合治理，包括整顿领导班子、职工队伍、管理制度、劳动纪律、财经纪律、党的作风和加强思想政治工作等一系列的工作。"《决定》提出，要围绕提高经济效益，着重做好五项工作：第一，整顿和完善经济责任制，改进企业经营管理，搞好全面计划管理、质量管理和经济核算工作；第二，整顿和加强劳动纪律，严格执行奖惩制度；第三，整顿财经纪律，健全财务会计制度；第四，整顿劳动组织，按定员定额组织生产，有计划地进行全员培训，坚决克服人浮于事、工作散漫的现象；第五，整顿和建设领导班子，加强对职工的思想政治教育。《决定》要求，"在两三年内，全国两千个骨干企业，能够在国务院各主管部、委和省、市、自治区直接帮助下，扎扎实实地、分批地完成整顿任务。地区和县市也要根据实际情况，在所属企业中选择重点，组织蹲点调查组去进行帮助，以点带面，做好整顿工作。""所有企业，在整顿完毕之后，都要由上级主管部门检查验收。衡量企业整顿成功与否的主要标志，是看产品质量的优劣，产量的多少，经济效益

---

[1] 中共中央、国务院《关于国营工业企业进行全面整顿的决定》，1982年1月。

的高低，对国家贡献的大小。"

二、厂长（经理）负责制的实施

1978 年 4 月 20 日，中共中央作出《中共中央关于加快工业发展若干问题的决定（草案)》（以下简称《工业三十条》）。在企业领导制度方面，取消了"革命委员会"的领导体制，把"党委领导下的厂长分工负责制"和"党委领导下的职工代表大会制"，作为企业的基本制度肯定下来。实际上是恢复了"文化大革命"前的做法。

从 1981 年 7 月到 1983 年 4 月，中共中央、国务院先后颁布《国营工业企业职工代表大会暂行条例》《国营工厂厂长工作暂行条例》《中国共产党工业企业基层组织工作暂行条例》《国营工业企业暂行条例》。这四个暂行条例没有能从根本上克服现行党委领导下的厂长负责制的主要弊端，即责权分离和党政不分的问题。

随着扩大企业自主权改革的深入，党委领导下的厂长负责制的弊端也越来越突出。1982 年开始，在北京、天津、上海、沈阳、大连、常州 6 个城市的 191 家企业中进行厂长负责制的试点工作，后来逐步扩大到各地区各部门的 2913 个企业试行厂长负责制。

1984 年 5 月，第六届全国人民代表大会第二次会议上，《政府工作报告》中正式提出："在国营企业中逐步实行厂长（经理）负责制。企业的生产指挥、经营管理由国家委托厂长（经理）全权负责"。同年 10 月，中国共产党第十二届中央委员会第三次全体会议通过的《中共中央关于经济体制改革的决定》，把实行厂长负责制作为经济改革的一项重要内容加以肯定，并且对企业领导制度作了理论说明。厂长负责制是我国企业领导体制的重大变革，由此开始在全民所有制企业中广泛推行。实行厂长负责制后，厂长（经理）是一厂之长，是企业法人代表，对企业负有全面责任，处于中心地位，起中心作用。①

---

① 王梦奎：《建国以来国营工业企业领导体制的沿革》，载于《经济工作通讯》1986 年第 16 期。

《第九章》

以"试点"和"特殊政策"寻求突破

    "摸着石头过河",从试点着手,随时总结经验,是富有中国特色、符合中国国情的改革方法。不仅改革启程阶段的扩大企业自主权系列改革和厂长(经理)负责制是从少数地区、少数企业试点开始,在1985年以后,以城市为重点的整个经济体制改革全面展开阶段,这种以试点和特殊政策寻求突破的方法,更是成为改革探索中最常采用的方法。其中,工业经济体制改革的重心仍然是国有企业。①

第一节 国有企业的体制变革和战略性改组

    中国国有企业改革是一个从实践到理论不断创新的过程,20世纪八九十年代最重大的理论创新就是1992年10月党的十四大明确了经济体制改革的目标是"建立和完善社会主义市场经济体制",因此,这一时期国有企业改革实际上也是以党的十四大召开为"分水岭"的。在党的十四大之前,国有企业改革是以放权让利为主线,以调整政企关系为主要内容的,并不能改变企业作为政府附属物的地位。由于政企难以真正分开,导致国营工厂的经营难以避免地受到政府干预,企业内部也缺乏硬约束,被形容

---

    ① 1993年3月29日,第八届全国人民代表大会第一次会议通过《中华人民共和国宪法修正案》(1993),其中包括将"国营经济"修改为"国有经济"、"国营企业"修改为"国有企业"的内容。

202

为"企业吃国家大锅饭,职工吃企业的大锅饭"。党的十四大尤其是1993年11月党的十四届三中全会正式提出建立现代企业制度之后,国有企业改革的指导思路才开始转向更深层次的产权制度变革。

20世纪80年代普遍实行的承包经营责任制、租赁经营责任制虽然实现了国有企业所有权和经营权的适当分离,但仍然是放权让利式的改革,实践也表明具有较强的局限性并在实行一段时间后暴露出许多问题;股份制试点、组建企业集团试点的前期也囿于"放权让利",并且一段时间内由于改革实践超前于理论而陷于停滞;建立现代企业制度试点是基于党的十四届三中全会精神提出的,在20世纪90年代中后期成为国有企业改革的主要方向,并融入深化大型企业集团试点、国有企业战略性改组等工作中。

一、承包经营责任制

20世纪80年代中期开始,承包经营责任制曾在较长的一段时间里是国营大中型企业的主要经营管理制度,其最早试点可以追溯到1981年。从1981年开始,我国先后在石油天然气、有色金属、石油化工、冶金、民航、煤炭、铁路、邮电、电力9个部门或行业实行了行业投入产出承包即行业包干。首钢是第一批改革试点企业,1982年国务院正式批准首钢实行"上缴利润递增包干"的承包制。

1984年10月十二届三中全会《中共中央关于经济体制改革的决定》中明确提出,国营企业"所有权同经营权是可以适当分开的","这几年城市改革的试验充分表明,农村实行承包责任制的基本经验同样适用于城市。为了增强城市企业的活力,提高广大职工的责任心和充分发挥他们的主动性、积极性、创造性,必须在企业内部明确对每个岗位、每个职工的工作要求,建立以承包为主的多种形式的经济责任制"。

1986年,我国国有企业开始实行承包经营责任制试点。由于1987年第一季度经济出现滑坡,预算内工业企业成本比上年同期上升5%,亏损面增加40%,财政收入下降2.3%。为了防止经济下滑,1987年5月,国务院决定在国有企业普遍推广承包经营责任制。按照1987年8月发布的《财政部关于国营大中型工业企业推行承包经营责任制有关财务问题的暂行规定》，"企业对国家承包的范围，是上缴国家的所得税、调节税。不能包产品税、增值税、营业税、资源税、盐税和其他各税"。据统计，到1987年底，在11402户国营大中型工业企业中，实行承包经营责任制的达8843户，占企业总数的77.6%。[①] 1988年2月，国务院发布了《全民所有制国有企业承包经营责任制暂行条例》，就承包经营责任制的一系列基本问题做了明确规定。

承包经营责任制在实践中有许多具体形式，主要有以下七种。（1）"双保一挂"。一保上交国家财政的利税；二保"七五"期间国家已批准的技术改造项目；"一挂"是工资总额与实现利税挂钩。（2）上缴利润递增包干。企业上缴产品税（增值税）后，逐年按一定的递增率向国家财政上缴利润。（3）微利、亏损企业的利润包干和减亏补贴包干。（4）企业经营责任制。基数利润缴55%所得税，超基数利润所得税税率降为30%。（5）上缴利润基数或目标包干，超收分成。确定上缴利润基数，企业完成上缴基数后，超收部分按规定的比例分档分成。（6）行业投入产出包干。（7）资产经营责任制。[②]

国有企业承包经营责任制是扩大企业自主权改革的延续，只是在政企职责尚未分开、竞争性市场尚未形成的条件下，通过分离所有权和经营权向企业放权让利的一种办法，无法从根本上解决国有企业激励的问题。企业承包经营责任制在一定程度上调动了企业和职工的积极性，但由于回避了产权界定和产权明晰化这一关键问题，导致企业出现拼设备、拼资源消耗的短期行为。因此，1992年10月党的十四大提出建立"社会主义市场经济体制"以后，对国有企业不再强调进行"放权让利"改革，而是转向基于所有权变革的企业制度创新，将建立现代公司制度作为国有企业改革的目标取向。

二、租赁经营责任制

国有小型工业企业主要推行的是租赁经营责任制。与国有大中型企业

---

① 汪海波：《新中国工业经济史（1979—2000）》，经济管理出版社2001年版，第223页。
② 《承包经营责任制是搞活大中型企业的成功之路》，载于《经济学动态》1987年第7期。

实行的承包经营责任制相比，租赁经营责任制对所有权和经营权的分离程度更大。

在1987年普遍推行承包经营责任制以前就在一些小企业中进行了租赁经营责任制的试点，在这以后对国有小型工业企业除了对其中的一部分实行承包经营责任制和有偿转让给集体与个人以外，重点是推行租赁经营责任制。到1987年底，在88000家国营小型工业企业中，实行租赁经营承包和转让的达到4万家，占总数的46%。1988年6月，国务院发布《全民所有制小型工业企业租赁经营暂行条例》，就租赁经营的一系列基本问题做了规定。

到20世纪90年代初，经济体制改革的目标确立为建立社会主义市场经济体制之后，国有小型工业企业的改革方向由以租赁经营责任制为主进一步拓宽。1993年11月《中共中央关于建立社会主义市场经济体制若干问题的决定》明确提出，"小型国有企业，有的可以实行承包经营、租赁经营，有的可以改组为股份合作制，也可以出售给集体或个人"。1997年党的十五大提出"抓大放小"之后，"放开搞活"成为国有小型企业改革的主旋律。党的十五届四中全会决定把放开搞活的范围从原来的国有小型企业扩大到国有中型企业，第一次明确提出"采取改组、联合、兼并、租赁、承包经营和股份合作制、出售等多种形式"，"放开搞活中小企业"。改革小型企业的最常见的办法是将企业出售给企业的工人形成股份合作制（即所谓"诸城模式"），其他办法包括承包、租赁、合并和接管等，地方政府指导下的破产也是常用的办法。

三、股份制试点

在国有企业普遍推行承包经营责任制和租赁经营责任制的同时，仅在少数有条件的国有大中型企业进行了股份制试点。1984年10月召开的党的十二届三中全会虽然明确提出，全民所有制企业"所有权同经营权是可以适当分开的"，"要使企业真正成为相对独立的经济实体"，"自主经营、自负盈亏"，但仍然是在"增强企业活力"的思路框架之内。最早的股份制试点就是在这一时期开展的，实际上是相对党的十二届三中全会精神更为超前了一步。1984年11月上海电声总厂发起设立上海飞乐音响公司，是我国工业领域第一家向社会公开发行股票的股份有限公司，筹资40多万元。

1987年10月召开的党的十三大，明确肯定了股份制试点，"改革中出现的股份制形式，包括国家控股和部门、地区、企业间参股以及个人入股，是社会主义企业财产的一种组织方式，可以继续试行。"因此，1987～1989年上半年股份制试点进一步展开，各地股份制试点企业迅速增多。

1990年11月中国人民银行总行批准建立上海证券交易所，1991年4月批准建立深圳证券交易所。为解决股份制试点中出现的问题，1992年5月国家体改委等五部门印发《股份制企业试点办法》及配套的股份制企业会计制度、劳动工资管理、税收、人事管理和国有资产管理等文件，初步对试点企业行为进行规范，结束了股份制试点没有全国统一规范的局面。1992年7月国务院颁布《全民所有制大中型企业经营机制转换条例》，把国有企业股份制改造作为转换国有企业经营机制重要组织形式提到了重要位置。1992年10月党的十四大报告中又进一步明确股份制"要积极试点，总结经验，抓紧制定和落实有关法规，使之有秩序地健康发展"。此后股份制试点企业获得了较快发展。

1992年全国股份制试点企业发展到3700家，其中，在上海和深圳证券交易所公开上市的有92家。全国已有的股份制试点企业以工业企业为多，约2000家，占55%。在股份制企业中，由国有企业和集体企业改组而成的占85%（集体所有制约占63%，全民所有制占22%），其余是由国内联营企业改组而成。从股份制试点企业的地区分布看，以沿海省份为主，内地省份较少，主要集中在上海、深圳、广东、海南、福建、四川、浙江、黑龙江等省份。[①]

四、组建企业集团试点

企业集团最初来源于国有企业之间的横向经济联合。随着横向联合向

---

① 王培荣：《我国股份制企业试点工作概述》，载于《经济研究参考》1993年第26期。

多层次、大跨度、全方位的发展，新型的企业集团日益增多。这些集团都是以举足轻重的大型企业为骨干，吸引众多的中小企业和相关的科研、设计单位以及大专院校组成，跨地区、跨部门、跨行业进行生产、经营，以及人才、技术、资金等生产要素的联合。

1987年12月，国家体改委、国家经委出台了《关于组建和发展企业集团的几点意见》，对企业集团的含义、组建原则和条件等作出了规定。根据中央和国务院领导关于促进企业集团发展需要制定一套办法的指示精神，解放汽车工业企业联营公司、东风汽车工业联营公司、赛格集团、万宝电器集团四个企业集团被国家体改委选定为重点企业集团试点单位。试点内容包括：探索发展、壮大企业集团的新途径；扩大对外经济活动自主权；扩大投资决策和筹措资金的自主权；完善企业集团内部管理体制；理顺集团与政府的关系，探索通过集团进行宏观调控的办法和途径。①

1991年12月14日，国务院批转国家计委、国家体改委、国务院生产办公室《关于选择一批大型企业集团进行试点请示的通知》。第一批试点55家，支持建立以国营大型企业为核心的企业集团。1992年5月发布的《关于国家试点企业集团登记管理实施办法（试行）》规定，国家试点企业集团应具备以下条件：必须有一个实力强大、具有投资中心功能的集团核心；必须有多层次的组织结构；企业集团的核心企业与其他成员企业之间，要通过资产和生产经营的纽带组成一个有机的整体；企业集团的核心企业和其他成员企业，各自都具有法人资格；国家试点企业集团的核心企业应是一个全民所有制大型企业或国家控股的公司。第一批试点的企业集团中大多数属于工业领域，包括了机电部所属的解放汽车集团、东风汽车集团、重型汽车集团、哈电集团等16家，能源部所属的华能集团、华北电力集团等7家。

1997年4月，国务院批转国家计委、国家经贸委、国家体改委《关于深化大型企业集团试点工作的意见》，在肯定了第一批企业集团试点工作取得了积极进展的同时指出，"当前，我国国民经济和社会发展进入了新

---

① 《四个企业集团被国家体改委选为重点企业集团试点单位》，载于《集团经济研究》1989年第4期。

的阶段。经济体制从传统的计划经济体制向社会主义市场经济体制转变"，"确定了国有企业改革的方向是建立现代企业制度，颁布实施了《中华人民共和国公司法》"，"按照建立现代企业制度和搞好整个国有经济的要求，深化大型企业集团试点工作很有必要"。提出了扩大大型企业集团试点的范围和条件，选择第二批试点企业集团的范围是：（1）适合集团发展，属于国家产业政策重点支持的行业；（2）市场竞争能力较强的企业集团或实力较强的外向型企业集团；（3）企业集团的母公司以国有企业为主，同时考虑具备条件的其他所有制企业。确定了 63 家大型企业集团参加第二批试点。

五、建立现代企业制度试点

1993 年 11 月，党的十四届三中全会通过的《关于建立社会主义市场经济体制若干问题的决定》（以下简称《决定》）正式提出，建立"产权清晰、权责明确、政企分开、管理科学的现代企业制度"，"建立现代企业制度，是发展社会化大生产和市场经济的必然要求，是我国国有企业改革的方向"。提出在国有企业中建立现代企业制度，是希望通过创新国有经济实现形式和改革国有产权制度，来寻求国有经济与市场经济相融合的有效形式。

"产权清晰、权责明确"是现代企业制度的核心特征，《决定》中将其表述为："企业中的国有资产所有权属于国家，企业拥有包括国家在内的出资者投资形成的全部法人财产权，成为享有民事权利、承担民事责任的法人实体"。"企业以其全部法人财产，依法自主经营，自负盈亏，照章纳税，对出资者承担资产保值增值的责任"。"出资者按投入企业的资本额享有所有者的权益，即资产受益、重大决策和选择管理者等权利。企业破产时，出资者只以投入企业的资本额对企业债务负有限责任"。

关于现代企业制度采取何种形式，《决定》中的相关表述是，"现代企业按照财产构成可以有多种组织形式。国有企业实行公司制，是建立现代企业制度的有益探索"，"具备条件的国有大中型企业，单一投资主体的可依法改组为独资公司，多个投资主体的可依法改组为有限责任公司或股份有限公司。"1993 年 12 月，八届全国人大五次会议通过了《中华人民共和国公司法》，为实行公司制度提供了法律基础。

1994 年 11 月初，形成了《关于选择一批国有大中型企业进行现代企业制度试点的方案（草案）》，从 1995 年开始试点的配套文件逐步推出。试点内容基本上集中于以下五个方面。一是将企业改建为有限责任公司、股份有限公司，或国有资产授权经营的国有独资公司，通过非银行债权转股权、拨改贷转增国家资本金、法人持股、职工持股、招商引资等多种途径逐步推进投资主体多元化，一些企业发行股票挂牌上市。在此过程中确定公司制企业的国有资产投资主体，也即国有产权的持有机构，以行使国有资产所有者职能，其他政府部门不得干预企业。二是建立法人治理结构，即建立股东会、董事会、监事会，厂长改为总经理或总裁，以及各自的责权范围和运作规则，同时理顺内部机构设置，并正确处理好新老"三会"之间的关系，企业不再对应行政级别，考核任免企业高级管理人员也不再套用行政级别。三是进行内部配套改革和加强科学管理，主要是三项制度改革，即实行管理人员能上能下、职工能进能出、人员工资能高能低，以及全面施行《企业财务通则》和《企业会计准则》等。四是进行一些资产负债重组和人员分流、办社会职责分离，减轻试点企业负担，为试点成功创造条件。五是政府给予优惠政策对试点进行鼓励。[①]

从 1994 年开始，中央选择 100 户国有企业进行现代企业制度试点，截至 1996 年底，百户试点企业的改革方案都已经批复并开始实施。100 户试点企业，分别按以下四种形式进行改制。一是 17 户由工厂制直接改制为多元股东持股的公司制。其中，股份有限公司 11 户，有限责任公司 6 户。二是有 69 户由工厂制改为国有独资公司。其中，先改制为国有独资公司，再由国有独资公司作为投资主体将生产主体部分改制为股份有限公司或有限责任公司的有 29 户。这样，多元投资主体的已有 46 户。三是由原行业主管厅局"转体"改制为纯粹控股型国有独资公司的有 10 户。四是按照先改组后改制的原则进行结构调整实行资产重组改组的有 2 户，即上海无

---

① 张文魁：《现代企业制度的政策脉络、实施效果、发展方向》，载于《中国浦东干部学院学报》2016 年第 3 期。

线电三厂解体、淄博化纤总厂被齐鲁石化公司兼并。在百户试点企业中有84家成立了董事会，有72家成立了监事会。[①] 各级地方政府也纷纷选择一些国有企业进行试点，当时全国各级政府进行现代企业制度试点的国有企业达到2343户，也在完成公司制注册及相应的董事会等制度设立方面取得了重大进展。

20世纪90年代中期，国有企业的经营困难不断加重，许多现代企业制度的试点企业也不能幸免。1994年"优化资本结构"试点在18个城市展开，其后不断扩大试点范围，不少现代企业制度试点企业也进行了这方面的工作，甚至一些试点企业也遭遇了被兼并重组、停产关闭的命运。1997年9月，党的十五大提出"把国有企业改革同改组、改造、加强管理结合起来。要着眼于搞好整个国有经济，抓好大的，放活小的，对国有企业实施战略性改组"。即对国有企业"抓大放小"，实施战略性改组。1998年3月，朱镕基宣布，实行国有企业三年改革脱困攻坚计划。总的来看，现代企业制度试点是与优化资本结构、扭亏脱困攻坚等工作交织在一起进行的。

六、国有企业战略性改组

20世纪90年代中期开始，国有企业的经营困难不断加重。这一期间针对国有企业脱困的改革举措包括"优化资本结构"试点、"抓大放小"和"国有企业三年改革脱困攻坚计划"等一系列措施，国有企业战略性改组与其交织在一起。

1994年1月，国家经贸委等九部门组成联合调查组，就选择试点城市和新形势下如何抓紧搞好国有大中型企业问题进行了调研。调研结束后，经九部门共同商议，确定在上海、天津、齐齐哈尔、哈尔滨、长春、沈阳、唐山、太原、青岛、淄博、常州、蚌埠、武汉、株洲、柳州、成都、重庆、宝鸡18个城市进行企业优化资本结构的试点。调查表明，这些城

---

① 汪海波：《中国国有企业改革的实践进程（1979—2003年）》，载于《中国经济史研究》2005年第3期。

市的国有工业企业目前普遍存在以下三方面的问题。一是注资不足，债务沉重。自实行"拨改贷"以来，国家对现有的国有企业基本没有资本金注入，加大了企业的债务负担，甚至出现了一批没有资本金、全部靠贷款建成的企业。二是生产经营资金严重短缺。三是社会负担问题十分突出。九部门认为，在目前国家财务比较困难的条件下，解决国有大中型企业的上述问题，不能再靠"减税让利"，要在转换经营机制、调整资本结构上下功夫。综合各城市上报的试点实施方案，拟在整体推进企业"转机建制"的前提下，在"增资、改造、分流、破产"等方面实现重点突破。1994年6月24日国务院原则上同意了国家经贸委等九部委《关于在若干城市进行企业"优化资本结构"试点的请示》。1994年11月下达了国务院《关于在若干城市试行国有企业破产有关问题的通知》。1994年国务院确定的"优化资本结构"试点城市为18个，1996年扩大到58个，1997年又扩大到111个。

同时，由于国有企业的经营困难进一步恶化，中国国有企业改革的思路开始发生重要转变，"整体搞活"的思路逐步取代了"单个搞活"的思路。1995年9月党的十四届五中全会上《中共中央关于制定国民经济和社会发展"九五"计划和2010年远景目标的建议》明确指出："要着眼于搞好整个国有经济，通过存量资产的流动和重组，对国有企业实施战略性改组。这种改组要以市场和产业政策为导向，搞好大的，放活小的，把优化国有资产分布结构、企业结构同优化投资结构有机结合起来，择优扶强、优胜劣汰"。

1997年9月党的十五大在继续强调"抓大放小"，"把国有企业改革改组、改造、加强管理结合起来。要着眼于搞好整个国有经济，抓好大的，放活小的，对国有企业实施战略性改组"的同时，提出"国有企业三年改革脱困攻坚计划"，即用三年左右的时间，使大多数国有大中型亏损企业摆脱困境，初步建立现代企业制度。1999年9月十五届四中全会审议通过了《中共中央关于国有企业改革和发展若干重大问题的决定》，进一步提出对国有经济实施战略性改组。"要区别不同情况，继续对国有企业实施战略性改组。极少数必须由国家垄断经营的企业，在努力适应市场经济要求的同时，国家给予必要支持，使其更好地发挥应有的功能；竞争性领域中具有一定实力的企业，要吸引多方投资加快发展；对产品有市场但负担过重、经营困难的企业，通过兼并、联合等形式进行资产重组和结构调整，盘活存量资产；产品没有市场、长期亏损、扭亏无望和资源枯竭的企业，以及浪费资源、技术落后、质量低劣、污染严重的小煤矿、小炼油、小水泥、小玻璃、小火电等，要实行破产、关闭。"

1996年3月国务院批转国家经贸委《关于1996年国有企业改革工作的实施意见》，提出"抓好1000户国有大中型重点企业，首先着重抓好其中的300户企业，壮大其实力"。1997年300户大企业又扩大到512户。这些企业虽然户数只占独立核算国有工业企业的0.8%，但销售收入、实现利税分别占61%和85%，对国有工业增长的贡献率高达88%。[①] 与此同时，各地开始采取出售在内的多种形式，加快放开搞活国有小型企业的步伐。关闭破产、债转股、职工下岗分流、贴息技改等工作大力推进，股份制改革、引入非国有投资者改制的做法开始全面铺开。

国家经贸委于1997年底向国务院上报了《关于深化国有大中型企业改革的意见（要点）》。"三年脱困工作开始于1998年，考核工作效果的基准是1997年底企业的年报数据。根据国家统计局提供的数字，1997年底我国共有国有大中型工业企业14923户，其中亏损企业6042户，亏损面为40.5%，如果计入国有控股大中型亏损企业，亏损企业的数量还要更多一些。为了突出重点，在6000多户亏损企业中确定出2350户规模较大、脱困难度转大的企业，作为脱困工作的重点。"三年脱困的配套政策包括：行业调整与改组政策、企业联合与重组政策、兼并破产政策、直接融资政策、技术进步政策、内外贸政策、金融方面的有关政策、分离分流政策、减轻企业负担、领导班子建设、加强企业管理、管理咨询和诊断等。由于实施了上述政策措施，基本实现了三年脱困任务。到2000年底，在重点连续跟踪监测的6599户国有大中型亏损企业中，仍然亏损的企业还有1469户，已有1492户企业扭亏为盈，其余3638户企业通过重组、改制、兼并等措施转为其他企业，或通过破产的方式彻底消灭了亏损源，6599户企业的总体脱困率达到77.7%。[②]

---

① 本刊评论员：《坚持改革，国有企业一定能搞好》，载于《中国经贸导刊》1998年第23期。

② 林贤郁：《国有经济实力不断增强》，载于《经济日报》2001年6月21日。

第二节 其他领域的相关改革

与工业经济运行相关的最根本变革就是有关资源配置的变革，包括物资和产品的调拨、资金的筹集、劳动用工制度以及政府作用，因此，涉及的是价格体制改革、投资体制改革、劳动工资体制改革和工业管理机构部门的调整。这些领域渐进式的改革同样具有试点中不断试错以不断将改革推向深入的特征。

一、价格双轨制走向市场单轨制

价格体制改革坚持逐步推进，不求一步到位。1979 年改革从一部分农产品价格放开开始，其后是小商品价格放开、工业消费品的价格放开；从80 年代中期开始，工业生产资料价格先实行双轨制然后向市场单轨制过渡。在逐步推进的过程中，根据改革的进展情况，先放开容易把握的，即放开后对整个消费及经济影响不是特别大的、容易被民众接受的一部分。即便是消费品价格放开，也是逐步放开，先是小商品，再是一部分工业消费品，然后是绝大部分消费品包括耐用消费品。一个突出例子是实行了工业生产资料价格的双轨制。在工业生产资料价格不能一下子放开的情况下，先搞双轨制，同一种工业生产资料，如钢材，一部分还是计划轨道，实行计划价格，另一部分放开，实行市场调节价格。这虽不能说很成功（主要是市场供求失衡导致市场价大大高于计划价带来许多弊端），但作为过渡形式，一种逐步推进改革的措施，还是起了一定作用的。①

到 20 世纪末，工业品生产和流通方面，国家指导、计划为主的格局已经基本打破，市场调节的基本格局已经形成。1984～1992 年，国家指令计划管理的工业产品产值比重由 40% 左右下降到 7%，1997 年进一步下降

---

① 张卓元、张荣庆：《中国价格改革纵深谈——中国社科院经济研究所所长张卓元访谈录》，载于《首都经济》1995 年第 10 期。

到 4.1%。1984～1992 年国家统一分配的物资由 60 多种减少到 19 种；1997 年国家计划调拨的重工业生产资料占销售总额的比重下降到 5%。价格形成也从计划价格逐步转向市场定价，价格体系和价格管理体制、方式，价格形成和运行机制，发生了根本性变化，绝大部分商品价格已经由市场决定。到 1997 年仍由政府定价的商品已经很少，在市场竞争中形成的商品价格占到社会商品零售额的 93.2%。①

二、国家预算内投资"拨改贷"

1979 年 8 月，国务院批转计委、财政部等单位的改革方案，开始试行国有资产投资由财政无偿拨款改为银行贷款的办法（以下简称"拨改贷"）。1984 年 12 月，国家计委、财政部、中国建设银行发布了《关于国家预算内基本建设投资全部由拨款改为贷款的暂行规定》，决定从 1985 年开始"拨改贷"全面推开，国家预算内基本建设投资全部由财政拨款改为银行贷款。基本建设投资实行贷款办法，是当时中国基本建设管理体制的一项重大改革。基本建设投资实行银行贷款后，仍然由国家预算向银行提供积累基金作为银行贷款基金的来源。各省也对地方预算内和省机动财力安排的基本建设投资实行"拨改贷"，由建设银行负责办理具体手续。同时，银行用于固定资产投资的贷款业务逐年扩大。

实行"拨改贷"的本意是为了改变国营企业吃财政"大锅饭"的体制，建立有效的资金约束机制，防止低效投资和资金的低效作用。"拨改贷"虽在形式上改变了企业的资金来源，但是由于国营企业的经营机制没有转变，仍然是"预算软约束"，实行"拨改贷"之后，向国家争投资、争贷款、投资规模膨胀、投资效益低下的状况不但没有改变，反而更加严重。而且，新增投资完全靠银行贷款，必然使企业负债率不断攀升而陷入财务困境，这种情况到 20 世纪 90 年代中期已经十分严重。因此，1995 年 9 月，国务院批准将部分企业"拨改贷"资金本息余额转为国家资本金。企业"拨改贷"资金本息余额转为国家资本金的范围包括：27 个"优化

---

① 汪海波：《新中国工业经济史（1979—2000）》，经济管理出版社 2001 年版，第 257、506 页。

资本结构"试点城市和综合配套改革试点城市（每个城市推荐2个企业）；参加国务院确定的建立现代企业制度试点的企业；国务院确定的试点企业集团的核心企业及其全资和控股的子企业。

三、劳动工资制度改革

1986年7月12日，国务院颁布《国营企业实行劳动合同制暂行规定》，从而使劳动合同制度在一定范围实行得到国家的确认。1994年7月5日颁布的《中华人民共和国劳动法》规定："建立劳动关系应当订立劳动合同"。这为在全国全面推行劳动合同制度提供了法律依据。

国有经济单位使用的劳动合同制职工由1984年的174万人增加到1992年的2058.5万人，占职工总数的比重从2%上升到18.9%；1997年进一步上升到5557万人和51.6%。1984年实行工资总额与经济效益挂钩浮动的企业达到95544户，职工人数达到3223.2万人。1993年7月，劳动部等五部委发布《国有企业工资总额同经济效益挂钩规定》。到1996年，全国已有23个省份对未实行公司化改造的企业，改进了企业工资总额同经济效益挂钩的办法，把国有资产保值增值作为企业提取新增效益工资的否定指标；对已实行公司化改造的企业不实行挂钩的办法，按工资总额增长低于经济效益增长，实际平均工资增长低于劳动生产率增长的原则调控工资水平。[①]

四、国务院工业主管部门的调整撤并

新中国成立之初就按照行业的技术原则设有众多工业主管部门。计划经济时期各工业主管部门"主管"的是国营企业，因而这些工业主管部门具有企业的性质，同其所属国营企业构成了一个个托拉斯。[②] 1982～2000年之间，国务院进行了四次机构改革，分别是在1982年、1988年、1993

---

① 汪海波：《新中国工业经济史（1979—2000）》，经济管理出版社2001年版，第259、508～509页。

② 剧锦文：《中国传统工业管理体制的形成与改革》，载于《中国经济史研究》1997年第4期。

年和 1998 年，均涉及工业主管部门的调整，其调整的主要脉络就是合并精简直到最终撤销工业主管部门。

1982 年 3 月，第五届全国人大常委会举行第 22 次会议，通过了《关于国务院机构改革问题的决议》，此次机构改革后国务院主管工业的部委有 13 个，分别是：冶金工业部、化工部、轻工业部、纺织工业部、煤炭工业部、石油工业部、核工业部、航空工业部、航天工业部、水利电力部、机械工业部、兵器工业部和电子工业部。1986 年 12 月，机械工业部、兵器工业部合并设立国家机械工业委员会。

1988 年 3 月，第七届全国人民代表大会第一次会议审议通过了国务院机构改革方案，工业主管部门合并后保留了 7 个，包括：冶金工业部、化工部、航空航天工业部、轻工业部、纺织工业部、能源部和机械电子工业部。

1993 年 3 月，第八届全国人民代表大会第一次会议审议通过了《国务院机构改革方案》。这次改革后保留了 6 个工业主管部门：电力工业部、煤炭工业部、冶金工业部、机械工业部、电子工业部和化工部。撤销航空航天部，组建国家航空工业总公司、航天工业总公司。轻工部、纺织部改为轻工总会、纺织总会，不作为国务院的组成部门。

1998 年 3 月，第九届全国人民代表大会第一次会议批准了《国务院机构改革方案》。按照改革方案，组建信息产业部，组建新的国防科学技术工业委员会，将上一届国务院组成部门中的煤炭、冶金、机械、化工这 4 个工业部，与轻工、纺织、建材、有色、烟草共 9 个相关行业管理部门改成国家经贸委管理的国家局，并在 2000 年全部撤销。

第三节 工业增长与结构转换

一、工业经济在波动中增长

1978 ~ 2000 年，与改革相伴随的是中国工业规模的迅速增长。如表 9 - 1 所示，1978 年的工业总产值仅为 4237 亿元（当年价），到 1999 年增长到 12.61 万亿元（当年价）。主要工业产品产量都获得了大幅度增长，在世界上的位次也发生了显著变化，绝大多数产品产量已位居世界前列（见表9-2至表9-6）。到2000年，钢铁、煤炭、水泥、化肥、电视机产量均位居世界第一（见表9-7）。

表9-1　　　　　　　　按经济类型分工业总产值　　　　单位：亿元

年份	工业总产值	国有及国有控股企业	集体企业	个体企业	其他经济类型企业
1978	4237	3289	948		
1980	5154	3916	1213	1	24
1985	9716	6302	3117	180	117
1990	23924	13064	8523	1290	1047
1991	26625	14955	8783	1287	1600
1992	34599	17824	12135	2006	2634
1993	48402	22725	16464	3861	5352
1994	70176	26201	26472	7082	10421
1995	91894	31220	33623	11821	15231
1996	99595	36173	39232	15420	16582
1997	113733	35968	43347	20376	20982
1998	119048	33621	45730	20372	27270
1999	126111	35571	44607	22928	32962

注：按当年价格计算。1991~1994年工业总产值数据根据1995年第三次工业普查数据做相应调整。为了与以往年份可比，1998年及以后年份部分经济类型及其数据做了调整。

资料来源：《中国统计年鉴（2000）》。

表9-2　　　　　　　　主要工业品产量（一）

年份	化学纤维（万吨）	纱（万吨）	布（亿米）	丝（万吨）	机制纸及纸板（万吨）	原盐（万吨）	糖（万吨）
1978	28.46	238.20	110.30	2.97	439.00	1953.00	227.00
1979	32.63	263.50	121.50	2.97	493.00	1477.00	250.00
1980	45.03	292.60	134.70	3.54	535.00	1728.00	257.00
1981	52.73	317.00	142.70	3.74	540.00	1832.00	317.00
1982	51.70	335.40	153.50	3.71	589.00	1638.00	338.00
1983	54.07	327.00	148.80	3.69	661.00	1613.00	377.00

续表

年份	化学纤维（万吨）	纱（万吨）	布（亿米）	丝（万吨）	机制纸及纸板（万吨）	原盐（万吨）	糖（万吨）
1984	73.49	321.90	137.00	3.76	756.00	1642.00	380.00
1985	94.78	353.50	146.70	4.22	911.00	1479.00	451.00
1986	101.73	397.80	164.70	4.72	998.00	1766.00	525.00
1987	117.50	436.80	173.00	5.19	1141.00	1764.00	506.00
1988	130.12	465.70	187.90	5.10	1270.00	2264.00	461.00
1989	148.09	476.70	189.20	5.23	1333.00	2829.00	501.00
1990	165.42	462.60	188.80	5.66	1372.00	2023.00	582.00
1991	191.03	460.80	181.70	6.07	1479.00	2410.00	640.00
1992	213.04	501.70	190.70	7.42	1725.00	2838.00	829.00
1993	237.37	501.50	203.00	9.40	1914.00	2943.00	771.00
1994	280.33	489.50	211.30	10.64	2138.00	2996.00	592.00
1995	341.17	542.20	260.18	11.34	2812.30	2977.72	558.64
1996	375.45	512.21	209.10	9.49	2638.20	2903.57	640.20
1997	471.62	559.83	248.79	8.25	2733.20	3082.66	702.58
1998	510.00	542.00	241.00	6.77	2125.63	2242.52	826.00
1999	600.00	567.00	250.00	7.02	2159.30	2812.36	861.00
2000	694.00	657.00	277.00	7.33	2486.94	3128.00	700.00

资料来源：《中国统计年鉴（2001）》。

表9-3　　　　　　主要工业品产量（二）

年份	啤酒（万吨）	卷烟（万箱）	家用电冰箱（万台）	房间空调器（万台）	家用洗衣机（万台）	彩色电视机（万台）	原煤（亿吨）
1978	40.00	1182.00	2.80	0.02	0.04	0.38	6.18
1979	52.00	1303.00	3.18	0.86	1.81	0.95	6.35
1980	69.00	1520.00	4.90	1.32	24.53	3.21	6.20
1981	91.00	1704.00	5.56	1.40	128.08	15.21	6.22
1982	117.00	1885.00	9.99	2.44	253.26	28.81	6.66
1983	163.00	1938.00	18.85	3.45	365.86	53.11	7.15
1984	224.00	2132.00	54.74	6.12	578.06	133.95	7.89

年份	啤酒（万吨）	卷烟（万箱）	家用电冰箱（万台）	房间空调器（万台）	家用洗衣机（万台）	彩色电视机（万台）	原煤（亿吨）
1985	310.00	2370.00	144.81	12.35	887.20	435.28	8.72
1986	413.00	2596.00	225.02	9.65	893.40	414.60	8.94
1987	540.00	2881.00	401.34	13.22	990.20	672.72	9.28
1988	656.00	3096.00	757.63	25.91	1046.80	1037.66	9.80
1989	643.00	3195.00	670.79	37.47	825.43	940.02	10.54
1990	692.00	3298.00	463.06	24.07	662.68	1033.04	10.80
1991	838.00	3226.00	469.94	63.03	687.17	1205.06	10.87
1992	1021.00	3285.00	485.76	158.03	707.93	1333.08	11.16
1993	1192.00	3376.00	596.66	346.41	895.85	1435.76	11.50
1994	1415.00	3432.00	768.12	393.42	1094.24	1689.15	12.40
1995	1568.82	3485.02	918.54	682.56	948.41	2057.74	13.61
1996	1681.91	3401.92	979.65	786.21	1074.72	2537.60	13.97
1997	1888.94	3377.42	1044.43	974.01	1254.48	2711.33	13.73
1998	1987.67	3374.00	1060.00	1156.87	1207.31	3497.00	12.50
1999	2098.77	3340.00	1210.00	1337.64	1342.17	4262.00	10.45
2000	2231.32	3397.00	1279.00	1826.67	1442.98	3936.00	9.98

资料来源：《中国统计年鉴（2001）》。

表 9-4 主要工业品产量（三）

年份	原油（万吨）	天然气（亿立方米）	发电量（亿千瓦小时）	生铁（万吨）	钢（万吨）	成品钢材（万吨）	水泥（万吨）
1978	10405.00	137.30	2566.00	3479.00	3178.00	2208.00	6524.00
1979	10615.00	145.10	2820.00	3673.00	3448.00	2497.00	7390.00
1980	10595.00	142.70	3006.00	3802.00	3712.00	2716.00	7986.00
1981	10122.00	127.40	3093.00	3417.00	3560.00	2670.00	8290.00
1982	10212.00	119.30	3277.00	3551.00	3716.00	2902.00	9520.00
1983	10607.00	122.10	3514.00	3738.00	4002.00	3072.00	10825.00
1984	11461.00	124.30	3770.00	4001.00	4347.00	3372.00	12302.00
1985	12490.00	129.30	4107.00	4384.00	4679.00	3693.00	14595.00

年份	原油 （万吨）	天然气 （亿立方米）	发电量 （亿千瓦小时）	生铁 （万吨）	钢 （万吨）	成品钢材 （万吨）	水泥 （万吨）
1986	13069.00	137.60	4495.00	5064.00	5220.00	4058.00	16606.00
1987	13414.00	138.90	4973.00	5503.00	5628.00	4386.00	18625.00
1988	13705.00	142.60	5452.00	5704.00	5943.00	4689.00	21014.00
1989	13764.00	150.49	5848.00	5820.00	6159.00	4859.00	21029.00
1990	13831.00	152.98	6212.00	6238.00	6635.00	5153.00	20971.00
1991	14099.00	160.73	6775.00	6765.00	7100.00	5638.00	25261.00
1992	14210.00	157.88	7539.00	7589.00	8094.00	6697.00	30822.00
1993	14524.00	167.65	8395.00	8739.00	8956.00	7716.00	36788.00
1994	14608.00	175.59	9281.00	9741.00	9261.00	8428.00	42118.00
1995	15004.95	179.47	10070.30	10529.27	9535.99	8979.80	47560.59
1996	15733.39	201.14	10813.10	10722.50	10124.06	9338.02	49118.90
1997	16074.14	227.03	11355.53	11511.41	10894.17	9978.93	51173.80
1998	16100.00	232.79	11670.00	11863.67	11559.00	10737.80	53600.00
1999	16000.00	251.98	12393.00	12539.24	12426.00	12109.78	57300.00
2000	16300.00	272.00	13556.00	13101.48	12850.00	13146.00	59700.00

资料来源：《中国统计年鉴（2001）》。

表 9 – 5　　　　　　　主要工业品产量（四）

年份	平板玻璃 （万重量箱）	木材 （万立方米）	硫酸 （万吨）	纯碱 （万吨）	烧碱 （万吨）	农用氮、磷、 钾化肥（万吨）	化学农药 （万吨）
1978	1784.00	5162.00	661.00	132.90	164.00	869.30	53.30
1979	2083.00	5439.00	699.80	148.60	182.60	1065.40	53.70
1980	2466.00	5359.00	764.30	161.30	192.30	1232.10	53.70
1981	2701.00	4942.00	780.70	165.20	192.30	1239.00	48.40
1982	3154.00	5041.00	817.50	173.50	207.30	1278.10	45.70
1983	3647.00	5232.00	869.60	179.30	212.30	1378.90	33.10
1984	4190.00	6385.00	817.20	188.00	222.20	1460.20	29.90
1985	4942.00	6323.00	676.40	201.10	235.30	1322.20	21.10
1986	5202.00	6502.00	763.10	214.60	251.80	1395.70	20.30

年份	平板玻璃（万重量箱）	木材（万立方米）	硫酸（万吨）	纯碱（万吨）	烧碱（万吨）	农用氮、磷、钾化肥（万吨）	化学农药（万吨）
1987	5803.00	6408.00	983.30	236.30	273.90	1672.20	16.10
1988	7293.00	6218.00	1111.30	260.90	300.50	1740.20	17.90
1989	8442.00	5802.00	1153.30	304.20	321.10	1802.50	20.80
1990	8067.00	5571.00	1196.90	379.50	335.40	1879.70	22.80
1991	8712.00	5807.00	1332.90	393.60	354.10	1979.50	25.50
1992	9359.00	6174.00	1408.70	455.00	379.50	2047.90	28.10
1993	11086.00	6390.00	1336.50	534.90	395.40	1956.30	25.70
1994	11925.00	6615.00	1536.50	581.40	429.60	2272.80	29.00
1995	15731.71	6766.86	1811.00	597.71	531.82	2548.14	41.65
1996	16069.37	6710.27	1883.57	669.29	573.78	2809.04	44.75
1997	16630.70	6394.79	2036.87	725.76	574.40	2820.96	52.67
1998	17194.03	5966.20	2171.00	744.00	539.37	3010.00	55.90
1999	17419.79	5236.80	2356.00	766.00	580.14	3251.00	62.50
2000	18352.20	4723.97	2427.00	834.00	667.88	3186.00	60.70

资料来源：《中国统计年鉴（2001）》。

表9-6　　　　　　　主要工业品产量（五）

年份	塑料（万吨）	金属切削机床（万台）	汽车（万辆）	轿车（万辆）	大中型拖拉机（万台）	微型电子计算机（万部）	集成电路（万块）
1978	67.90	18.32	14.91		11.35		3041.00
1979	79.30	13.96	18.57		12.56		
1980	89.80	13.36	22.23	0.54	9.77		1684.00
1981	91.60	10.26	17.56	0.34	5.28		1279.00
1982	100.30	9.98	19.63	0.51	4.03		1352.00
1983	112.10	12.10	23.98	0.60	3.70		2604.00
1984	118.00	13.35	31.64	0.65	3.97		4148.00
1985	123.40	16.72	43.72	0.90	4.50		6385.00
1986	132.10	16.37	36.98	1.17	2.86	4.21	5720.00

年份	塑料 （万吨）	金属切 削机床 （万台）	汽车 （万辆）	轿车 （万辆）	大中型 拖拉机 （万台）	微型电子 计算机 （万部）	集成电路 （万块）
1987	152.60	17.22	47.18	1.79	3.71	5.12	9544.00
1988	190.40	19.17	64.47	2.96	4.72	11.61	13160.00
1989	205.80	17.87	58.35	3.58	3.98	7.54	13156.00
1990	227.00	13.45	51.40	3.50	3.94	8.21	10838.00
1991	283.00	16.39	71.42	6.87	5.27	16.25	17049.00
1992	330.80	22.87	106.67	16.17	5.70	12.62	16099.00
1993	359.90	26.20	129.85	22.29	3.77	14.66	20101.00
1994	401.40	20.65	136.69	26.87	4.67	24.57	48462.00
1995	516.87	20.34	145.27	33.70	6.33	83.57	551686.00
1996	576.86	17.74	147.52	38.29	8.37	138.83	388987.00
1997	685.76	18.65	158.25	48.60	8.24	206.55	255455.00
1998	692.58	11.91	163.00	50.71	6.78	291.40	262577.00
1999	871.10	14.22	183.20	57.10	6.54	405.00	415000.00
2000	1087.51	17.66	207.00	60.70	4.10	672.00	588000.00

资料来源：《中国统计年鉴（2001）》。

表 9−7　　　　　　　　我国工业主要产品产量居世界位次

产品分类	1978 年	1980 年	1985 年	1990 年	1995 年	1998 年	2000 年
钢	5	5	4	4	2	1	1
煤	3	3	2	1	1	1	1
原油	8	6	6	5	5	5	5
发电量	7	6	5	4	2	2	2
水泥	4	4	1	1	1	1	1
化肥	3	3	3	3	2	1	1
化学纤维	7	5	4	2	2	2	2
棉布	1	1	1	1	1	2	2
糖	8	10	6	6	4	3	4
电视机	8	5	3	1	1	1	1

资料来源：《中国统计年鉴（2003）》。

到 90 年代中期，中国工业品的市场供求由长期短缺转向相对过剩。大多数工业品生产能力大于市场需求。据《第三次全国工业普查主要数据公报》，900 多种主要工业产品中，1995 年全国有半数产品的生产能力利用率在 60% 以下。例如，照相胶卷仅 13.3%、电影胶片 25.5%、电话单机 51.4%、彩色电视机 46.1%、家用洗衣机 43.4%、自行车 54.5%、内燃机 43.9%。一些重要产品生产能力利用不充分，例如，大中型拖拉机为 60.6%、小型拖拉机 65.9%、钢材 62.0%。2000 年上半年，610 种主要商品全国市场供求情况分析显示，132 种商品供求基本平衡，478 种商品供过于求。①

20 世纪 80～90 年代的工业增长中出现过几次较大的增速波动，原因往往是改革过程中新旧体制交替产生的冲突与不协调。经济过热的过程中，往往伴随工业品价格指数增高，以及能源、原材料和交通运输等基础产业"瓶颈"障碍的强化；而调整整顿之后，则表现出价格指数逐步下降，"瓶颈"产业的供求矛盾得到缓解。

从表 9-8 可以看出，1985 年、1988 年和 1993 年是工业总产值增速的几个高峰年，工业品出厂价格指数也基本表现出同样的高点。1984 年开始的经济过热，源于当年固定资产投资和货币发行量的过快增长。根据国家统计局公布的数据，1984 年全社会固定资产投资比上年增长 28.2%，全年货币发行量比上年增长 49.5%。一个重要的背景就是 1984 年下半年在酝酿全面开展经济体制改革时，国务院决定要给银行以信贷自主权，同时还决定要使国有企业职工工资总额同企业经济效益挂钩浮动。因此出现了银行突击贷款和企业突击提工资、发奖金的现象。由此进一步造成了消费品以及能源、交通、原材料等投资品供应紧张，物价大幅上涨。为此，国务院开始加大经济调整力度。在 1984 年底发出严格控制银行信贷和职工奖金的紧急通知，其后更是从控制信贷失控、控制投资过度膨胀、控制消费基金过快增长、控制外汇收支、控制物价上涨等方面采取了一系列措施。这些措施有效制止了工业和整个国民经济的过热，从 1985 年第三季度起，基本建设投资和工业生产的增长都趋于下降，但从全年看，仍然显示出工

---

① 《国家国内贸易局中华全国商业信息中心最新发布：2000 年上半年主要商品供求情况分析》，载于《中国市场》2000 年第 2 期。

业增长处于过热的状况。

表9-8　　　工业总产值指数及工业品出厂价格指数（上年=100）

年份	工业总产值	国有及国有控股企业	集体企业	个体企业	其他经济类型企业	工业品出厂价格指数
1978	113.55	114.44	110.58			100.1
1979	108.81	108.88	108.57			101.5
1980	109.27	105.61	119.24			100.5
1981	104.29	102.53	109.01	234.57	131.60	100.2
1982	107.82	107.05	109.54	178.95	127.73	99.8
1983	111.19	109.39	115.53	220.59	133.90	99.9
1984	116.28	108.92	134.85	197.47	156.81	101.4
1985	121.39	112.94	132.69	189.60	139.54	108.7
1986	111.67	106.18	117.97	167.57	134.16	103.8
1987	117.69	111.30	123.24	156.59	166.39	107.9
1988	120.79	112.61	128.16	147.34	161.53	115
1989	108.54	103.86	110.48	123.77	142.68	118.6
1990	107.76	102.96	109.02	121.11	139.33	104.1
1991	114.77	108.62	118.40	125.29	150.11	106.2
1992	124.70	112.40	133.30	147.00	164.80	106.8
1993	127.30	105.70	135.00	166.20	192.50	124
1994	124.20	106.50	124.90	156.30	174.30	119.5
1995	120.30	108.20	115.20	151.50	137.20	114.9
1996	116.59	105.13	120.88	120.00	123.77	102.9
1997	113.10	101.03	110.21	115.38	130.18	99.7
1998	110.75	100.10	109.10	114.70	125.29	95.9
1999	111.58	108.80	106.00	114.35	127.60	97.6
2000	115.60	113.40	110.50			102.8

注：本表按可比价格计算。

资料来源：《中国统计年鉴（2000）》《中国统计年鉴（2001）》。

1988年的经济过热程度超过了1985年，主要体现在工业增速和物价上涨上。自1988年一季度工业增速和物价涨幅急速升温，全年工业总产值比上年增长20.79%，社会商品零售物价上升18.5%，现金流通量增长46.7%。[1] 工

----

[1]　汪海波：《新中国工业经济史（1979—2000）》，经济管理出版社2001年版，第206页。

业中的原材料工业、交通运输业的发展更加滞后,"基础瓶颈"日益狭窄。由于通货膨胀预期大大增强,还触发了几次较大规模的提款抢购商品风潮。1988年的经济过热是1984年底以来经济过热的延续及其作用的叠加。从工业增长来看,由于上一年实行地方财政包干和外贸包干,大多数国营企业已经实行了承包经营责任制,地方政府和企业为了增加收入,都有促进工业较快增长的要求。因此,工业高速增长更多地来自企业承包的动力、市场需求的拉力、地方财政包干的推力以及攀比速度的压力。另外,宏观调控政策缺乏稳定。1987年下半年,中央决定今后几年的经济方针是,"稳定经济,稳定物价,紧缩金融,紧缩财政"。但1988年初由于放松信贷而出现了货币超量发行,同时由于推进价格改革过于急迫而导致物价过快上涨。针对这种严峻形势,1988年9月15日,中共中央政治局召开中央工作会议,正式作出"治理经济环境、整顿经济秩序、全面深化改革"的决定。由于治理整顿,1989~1990年经济步入波谷之中,出现所谓的市场疲软。

1993年的经济过热始于1992年。基于1992年2月邓小平南方谈话和3月中共中央政治局会议的精神,国务院提出了抓紧有利时机,加快经济发展的方针。根据国家统计局数据,1992年的工业总产值增速即达到了24.7%,较上一年提高了10个百分点左右,1993年工业总产值增速进一步上升到27.3%,成为中国自改革开放以来的工业增速最高点。与此同时,基础设施和基础工业的"瓶颈"制约进一步强化,生产资料价格大幅度上涨。这次的经济过热主要是由投资需求拉动的。1993年1~6月,全民所有制单位固定资产投资增长率高达70.6%[①],其直接的原因是货币过量投放,金融秩序混乱。这次经济过热是以金融体制的深刻变化为背景的,在银行贷款规模没有出现过快增长的情况下,社会集资规模急剧扩大,国家银行资金大规模以非贷款方式流出,推动了股票热、房地产热、开发区热等泡沫经济。

二、形成多种所有制共同发展的格局

1978年,中国的工业总产值统计中只有国有企业和集体企业的数据,

---

① 汪海波:《新中国工业经济史(1979—2000)》,经济管理出版社2001年版,第386页。

其中国有企业（全民所有制）占比达到 80.7%。其后的 20 多年里，个体私营工业企业、外商及港澳台商投资企业从无到有获得了快速发展。到 20 世纪末已经形成了多种所有制共同发展的格局。从前面的表 9 - 1 可以看到，在绝大多数年份里，集体企业的工业总产值增速都高于国有及国有控股企业，而个体企业、其他经济类型企业（主体是外商及港澳台商投资企业）高于集体企业和国有及国有控股企业。

自 1998 年开始，国家统计局的工业统计调查范围，由按隶属关系划分改变为按企业规模划分，分为全部国有及年产品销售收入在 500 万元以上非国有工业企业和年产品销售收入在 500 万元以下非国有工业企业两部分。2000 年和 2001 年的《中国统计年鉴》分别提供了 1999 年的全部工业企业总产值数据，以及国有及规模以上非国有工业企业总产值数据。从中可以看出不同所有制企业的规模分布差异。集体企业和个体企业的相对规模较小，有较多企业是年销售收入在 500 万元以下的，而国有及国有控股企业、外商及港澳台商投资企业的规模相对较大，绝大部分企业都是年销售收入在 500 万元以上。从 2000 年的数据来看，国有及国有控股企业在工业总产值中所占比重最高，达到 47.34%；外商及港澳台商投资企业居其次，所占比重达到 32.04%（见表 9 - 9）。

表 9 - 9　　　　1999 年和 2000 年工业总产值的所有制结构　　　　单位：%

年份	工业统计调查范围	国有及国有控股企业	集体企业	个体企业	外商及港澳台商投资企业
1999	全部工业企业	28.21	35.37	18.18	15.92
1999	国有及规模以上企业	48.92	17.07	4.46	26.07
2000	国有及规模以上企业	47.34	13.90	6.09	32.04

资料来源：《中国统计年鉴（2000）》《中国统计年鉴（2001）》。

三、工业比例结构优化

轻重工业之间的比例关系趋于协调。1978 年重工业比例过高的结构关系已经完全调整过来。按照当年价格计算，整个 20 世纪 90 年代，重工业占工业总产值的比重一直在略高于 50% 的情况下波动。1999 年轻工业占比为 49.2%，重工业为 50.8%。2000 年统计口径调整为全部国有及规模以上非国有工业企业的情况下，由于重工业企业规模相对较大，因而显示的比例关系为轻工业占比为 40.0%、重工业为 60.0%（见表 9 - 10）。

表 9 - 10 　　　　　　　工业总产值中的结构变化　　　　　　单位：%

年份	工业总产值①		轻工业②		重工业③		
	轻工业	重工业	以农产品为原料	以非农产品为原料	采掘工业	原材料工业	加工工业
1978	43.1	56.9	68.4	31.6	12.0	35.5	52.5
1984	47.4	52.6	67.9	32.1	12.7	36.4	50.9
1990	49.4	50.6	64.5	35.5	9.5	34.3	56.2
1991	48.4	51.6	68.4	31.6	11.5	38.3	50.2
1992	46.6	53.4	67.2	32.8	9.9	36.4	53.7
1993	46.5	53.7	66.6	33.4	10.4	42.6	47
1994	46.3	52.7	65.4	34.6	8.5	32.9	58.6
1995	47.3	51.9	64.6	35.4	7.9	32.5	59.6
1996	48.1	50.9	62.5	37.5	8.4	31.6	60
1997	49.1	50.7	60.5	39.5	8.4	30.4	61.2
1998	49.3	50.8	63.3	36.7	10.5	39.1	50.4
1999	49.2	50.8	62.0	38.0	10.0	39.4	50.6
2000	40.0	60.0	61.8	38.2	10.5	40.5	49.0

注：①当年价，2000 年为全部国有及规模以上非国有工业企业产值；②③不变价，1978 年按 1970 年不变价，1981～1990 年按 1980 年不变价，1991 年以后按 1990 年不变价计算；统计口径为 1978～1997 年为乡及乡以上独立核算工业，1998～2000 年为全部国有及规模以上非国有工业企业。

由表 9 - 10 可以看出，在轻工业内部，以农产品为原料的轻工业，其产值比重趋于下降；以非农产品为原料的轻工业，其产值比重趋于上升。按照相同的统计口径，以农产品为原料的轻工业产值占比从 1978 年的 68.4% 下降到 1997 年的 60.5%；以非农产品为原料的轻工业产值占比从 1978 年的 31.6% 上升到 1997 年的 39.5%。如果按照全部国有及规模以上非国有工业企业的统计口径，以农产品为原料的轻工业和以非农产品为原料的轻工业，2000 年各自的产值占比分别为 61.8% 和 38.2%。

在重工业内部,采掘工业、原材料工业的产值比重下降,加工工业的产值比重上升。按照相同的统计口径,1978~1997年,采掘工业占重工业的比重从12.0%下降到8.4%,原材料工业占重工业的比重从35.5%下降到30.4%,加工工业占比则从52.5%上升到61.2%。如果按照全部国有及规模以上非国有工业企业的统计口径,2000年采掘工业、原材料工业、加工工业占重工业产值比重分别为10.5%、40.5%和49.0%。到20世纪90年代后期,能源、原材料等"瓶颈"产业的制约已经开始明显缓解。

四、工业发展区域协调性增强

改革开放以来,党中央、国务院始终高度重视区域发展,作出了一系列重要决策部署,20世纪在区域政策方面推进东部率先发展、西部大开发,区域发展的协调性不断增强。改革开放之初,为充分发挥东部地区沿海的地理优势,鼓励东部地区率先发展。20世纪80年代,国家相继设立了深圳、珠海、汕头、厦门和海南5个经济特区,以及大连、秦皇岛等14个经济技术开发区,之后又相继把长江三角洲、珠江三角洲、闽南三角洲等开辟为沿海经济开放区。东部沿海地区依靠本身的区位优势和改革开放的先发优势,实现率先发展,成为经济持续快速增长的"龙头"。1999年,中央正式提出西部大开发战略。为推进实施这一重大战略,国务院及有关部门先后制定实施了一系列政策措施,西部大开发战略有效促进了西部经济增长,带动了能源及化工、重要矿产开发及加工、特色农牧业及加工、重大装备制造、高技术产业和旅游业六大特色优势产业发展,缩小了东西部之间的差距。[①]

20世纪80~90年代,中国工业的区域发展格局主要呈现出东部率先发展的政策效果。按照相同的统计口径,1985~1997年,东部地区工业总产值占全国的比重从60.4%上升到65.4%,中西部地区工业总产值占全国的比重从39.6%下降到34.6%。1998~2000年,东部地区比重上升和中

---

① 国家统计局:《区域发展战略成效显著 发展格局呈现新面貌——改革开放40年经济社会发展成就系列报告之十六》,http://www.stats.gov.cn/ztjc/ztfx/ggkf40n/201809/t20180913_1622702.html。

西部地区比重下降的趋势均有所趋缓（见表9-11）。

表9-11　　　　　　　东中西部工业产值比重（当年价）　　　单位：%

年份	东部地区	中部地区	西部地区
1985	60.4	26.9	12.7
1990	62.7	25.4	11.9
1991	63.8	24.5	11.7
1992	65.7	23.3	11
1993	67.1	22.3	10.6
1994	67	22.6	10.4
1995	66	23.8	10.2
1996	65.4	25.4	9.2
1997	65.4	25.5	9.1
1998	70.1	20.2	9.6
1999	70.1	20.2	9.6
2000	70.9	19.7	9.4

注：统计口径，1985~1997年为乡及乡以上独立核算工业，1998~2000年为全部国有及规模以上非国有工业企业。东部地区包括辽宁、河北、天津、北京、山东、江苏、上海、浙江、福建、广东、海南、广西12个省份，中部地区包括黑龙江、吉林、内蒙古、山西、河南、安徽、江西、湖北、湖南9个省份，西部地区包括四川（重庆）、云南、贵州、西藏、甘肃、宁夏、青海、新疆9个省份。

资料来源：根据历年《中国统计年鉴》计算。

第十章

试水进入国际分工体系

党的十一届三中全会以来，中国把对外开放作为长期的基本国策，作为加快社会主义现代化建设的战略措施。整个 20 世纪 80 ~ 90 年代，中国的工业化进程加速推进，同时伴随着经济体制的市场化改革和不断扩大的对外开放：从 80 年代的探索性开放到 90 年代的对外开放高速发展。借助 20 世纪 80 年代经济全球化进程加快、国际分工向产业内分工和产品内分工发展的契机，进入 90 年代之后中国对外贸易和吸引外资迅猛发展，以致在 2001 年中国加入世界贸易组织之前，国际上出现了认为中国成为"世界工厂"的"声音"①。但是，站在历史的视角，无论是从对外贸易、吸引外资的规模，还是加入国际分工体系的模式、所处的国际分工环节哪个角度看，当时的中国对外开放状态都还只能称为"试水"进入国际分工体系。中国政府在 20 世纪末提出的"全方位、多层次、宽领域的对外开放格局"，尚待长时期的推进和完善。

第一节　渐次推进的对外开放战略

改革开放之初，中国对外开放的指导思想是，改变原来的与世界经济

---

① 2001 年 5 月，日本政府在当年的贸易白皮书《面对 21 世纪对外经济政策挑战》中首次提出中国是"世界工厂"。

隔绝的封闭式发展模式，扩大经济技术交流，通过利用国外的资金和先进技术补自己的短处，最终目的是增强自力更生的能力。1981年11月30日至12月13日召开了第五届全国人民代表大会第四次会议，会议通过的《政府工作报告》提出"坚持对外开放政策，增加我国自力更生的能力"，不仅充分体现了这种指导思想，还指出了扩展对外贸易、引进外资和区域开放的方向。当时在扩展对外贸易方面，更加关注的是增加出口创汇，"发挥我国资源丰富的优势，增加出口矿产品和农副土特产品；发挥我国传统技艺精湛的优势，发展工艺美术品和传统的轻纺工业品的出口；发挥我国劳动力众多的优势，发展进料加工；发挥我国现有工业基础的作用，发展各种机电产品和多种有色金属、稀有金属加工产品的出口"。在进口方面，吸取前几年"洋跃进"的教训，强调引进技术的效果，"今后主要应该引进技术和进口自己不能制造的单机、关键设备，不要都搞成套设备进口，不要重复引进，不要只进口设备不引进技术，不要在引进后不加消化和推广"，同时鼓励发展替代进口产品的生产，加快国产化进程。在引进外资方面，首先是利用"低息的、条件比较优惠的贷款"，强调利用外资要"讲究经济效益"，考虑"偿还能力、配套能力和消化先进技术的能力"，"近期内可以利用的长期低息贷款，主要应该用在能源、交通等基础设施的建设上"。在区域开放方面，以特区、保税区等"点"状开放为主，沿海、沿边推进，基本定位于建立中国和世界相连通的"通道"。1979年7月，在深圳、珠海、汕头和厦门试办特区，1984年5月进一步开放沿海14个城市，1985年2月在长江三角洲、珠江三角洲和闽东南三角地区开辟沿海经济开放区，以后又开辟了环渤海经济开放区，以及沿海地区许多市县。

1992年邓小平南方谈话之后，中国的对外开放进入了全方位快速推进的时期。在1995年9月，党的十四届五中全会通过的《中共中央关于制定国民经济和社会发展"九五"计划和2010年远景目标的建议》中，已经明确提出："对外开放总体格局基本形成，封闭半封闭状态已经根本改变。"这一时期对外开放的指导思想也有所调整，开始转向实施更加积极的对外开放，发展"开放型经济"，使国内经济与国际经济实现互补互接，更多地参照国际经济活动的一般准则，规范对外经济活动，不断提高国际竞争力。对外贸易方面，开始强调优化进出口商品结构，实施市场多元化战略，拓展对外贸易。同时深化外贸体制改革，尽快建立适应社会主义市场经济发展的、符合国际贸易规范的新型外贸体制。完善出口退税制度，降低关税总水平，合理调整关税结构。利用外资方面，外商直接投资成为利用外资的主要形式。强调通过改善投资环境，扩大利用外资规模；按照产业政策，引导外商投资方向，引导外资重点投向基础设施、基础产业、高新技术产业和老企业的技术改造，鼓励兴办出口型企业；实行国民待遇，加强引导和监管，完善和实施涉外经济贸易的法律法规。区域开放方面，实现了由点状开放向全国区域的全面开放。1992年以上海浦东为龙头，开放芜湖等6个沿江城市和三峡库区，同时开放哈尔滨、长春、呼和浩特、石家庄4个边境和沿海地区省会城市，开放珲春等13个沿边城市，进而开放太原、合肥、成都等11个内陆省会城市，再加上2000年西部大开发战略的正式实施，在地域上实现了全方位的对外开放格局。

跨境贸易和投资是国际间开展产业分工的基本手段。中国以其市场前景广阔、劳动力优势、工业基础优势和区位优势等条件成为国际产业转移的承接地。20世纪90年代，从纺织、机械到高科技的电子产品，从港澳台商投资到美日欧跨国公司投资，中国承接国际产业转移的同时，中国制造的产品也迅速走向国际市场并占据越来越多的市场份额。随着对外贸易和吸引外资规模的迅速增长，中国的长江三角洲、珠江三角洲等率先开放的区域，也成为中国参与国际分工、承接国际产业转移而最先发展起来的制造业集聚地。

第二节 外贸体制改革和对外贸易发展

一、外贸体制改革的两个阶段

改革开放之前，我国对外贸易的经营权和管理权是高度集中的。从1978年12月党的十一届三中全会召开，一直到整个20世纪八九十年代，中国的外贸体制改革也经历了两个阶段。1992年10月党的十四大报告在明确提出"我国经济体制改革的目标是建立社会主义市场经济体制"的同时，关于如何进一步扩大对外开放，也指出要"深化外贸体制改革，尽快建立适应社会主义市场经济发展的，符合国际贸易规范的新型外贸体制"。1993 年 11 月党的十四届三中全会通过《中共中央关于建立社会主义市场经济体制若干问题的决定》，对于如何"进一步改革对外经济贸易体制，建立适应国际经济通行规则的运行机制"做了详细阐述。因此，1993 年成为中国外贸体制改革的阶段性分界线。

1. 1979～1993 年的外贸体制改革

1979～1993 年的外贸体制改革与同一时期的工业管理体制改革类似，主要采取了下列措施：下放外贸经营权，充分调动各级地方政府、工业部门、外贸公司和生产企业的积极性；实行"条条""块块"的外贸承包经营责任制；外经贸企业转换经营机制、自负盈亏等。对传统的外贸计划体制、财务体制、经营体制、外汇分配与管理制度等进行调整。

关税制度方面也进行了一系列的调整。1982 年、1983 年两次对进出口关税税则进行全面修改，提出了"贯彻国家对外开放政策，体现鼓励出口和扩大必需品进口，保护和促进国民经济发展，保证国家关税收入"的关税改革方针。1985 年 3 月公布了重新制定的《中华人民共和国进出口关税条例》和《中华人民共和国海关进出口税则》，采用了当时国际上通用的"海关合作理事会商品分类目录"，降低了关税税率，平均关税水平由第一部税则的 52.9% 降至 38%，其中，工业品平均关税水平降至 36.93%。1987 年 1 月，六届全国人大常委会通过《中华人民共和国海关法》，并于当年 7 月 1 日起施行。到 1993 年底，算术平均关税税率降至 36.4%，加权平均税率降至 30.7%。[①]

从 1985 年起开始实施出口退税制度。1985 年 3 月国务院颁发了《关于对进出口产品征、退产品税或增值税的规定》，规定从 1985 年 4 月 1 日起实行对出口产品的退税政策。

2. 1994～2000 年的外贸体制改革

自 1994 年开始，我国开始进行以外汇体制改革为核心的综合配套新一轮外贸体制改革。1994 年 1 月 11 日，国务院做出《关于进一步深化对外贸易体制改革的决定》，提出我国对外贸易体制改革的目标是：统一政

---

① 唐任伍、马骥：《中国对外开放 30 年回顾及争论解析》，载于《改革》2008 年第 10 期。

策、开放经营、平等竞争、自负盈亏、工贸结合、推行代理制，建立适应国际经济通行规则的运行机制。这次改革几乎涉及外贸体制的各个方面。

（1）改革外汇管理体制。实行以市场供求为基础的、单一的、有管理的人民币浮动汇率制；建立银行间外汇交易市场，改进汇率形成机制，保持合理及相对稳定的人民币汇率；实行外汇收入结汇制，取消现行的各类外汇留成、上缴和额度管理制度；实行银行售汇制，实现人民币在经常项目下有条件可兑换。

（2）取消外贸承包指令性计划指标，对进出口总额、出口收汇和进口用汇实行指导性计划管理，对企业的经营目标进行引导。对少数重要的进出口商品实行配额控制，协调平衡内外销关系。

（3）继续采取鼓励出口的政策措施，完善出口退税制度，设立出口商品发展基金和风险基金，实行有利于外贸出口发展的信贷政策。

（4）进一步放开外贸经营权。继续拓展目前业已形成的专业外贸企业、有外贸经营权的生产企业和科研单位，以及商业物资企业、外商投资企业共同推动进出口贸易的格局，加快授予具备条件的国有生产企业、科研单位、商业物资企业外贸经营权。

（5）主要运用经济和法律手段，改革和完善进口管理。按产业政策调整关税税率，按照关贸总协定的规则对幼稚产业实行适度保护。逐步降低关税总水平，禁止非政策性减免税。

（6）按照现代企业制度改组国有专业外贸企业，使其成为真正自主经营、自负盈亏、自我发展、自我约束的经营主体。

（7）保持外贸政策的统一性，增强外贸管理的透明度。全国第一部外贸法——《中华人民共和国对外贸易法》于1994年7月1日正式实施，由外经贸部统一对外公布涉及对外经济贸易的法规、制度，并在全国范围内实行统一的对外经贸制度和政策。[1]

这些改革使中国初步建立起以市场经济为基础，充分发挥汇率、税收、关税、金融等经济杠杆作用的外贸管理体制和调控体系。1996年12月，中国实现了人民币经常项目下可兑换。与此同时，中国多次大幅度自

---

[1] 陶传平：《我国外贸体制改革进程述评》，载于《外向经济》2000年第6期。

主降低关税，减少配额和许可证等非关税措施。这一期间经历了几次较大规模、较大幅度的降低关税税率，到加入世界贸易组织之前的 2001 年初，关税总水平已经降至 15.3%，并完成了由"海关合作理事会商品分类目录"向"商品名称及编码协调制度目录"的转换。出口退税方面，改革了出口退税管理办法，建立了以新的增值税、消费税制度为基础的出口货物退（免）税制度。1994 年新税制执行后，确立了零税率的退税原则，当年规定征税率为 17%、13% 的商品，退税率亦按此水平执行。其后根据财政负担情况和出口形势，又几次调整了出口退税率。

二、工业品出口额与出口结构的变化

1980 年，中国工业制成品出口额仅为 90.1 亿美元，占当年出口商品总额的比重不足 50%；到 2000 年，工业制成品出口额已经增长到 2237.5 亿美元，占当年出口商品总额的 89.8%。其中，机电产品出口额从 1980 年的 13.9 亿美元分别增长到 1990 年的 110.9 亿美元、2000 年的 1053.1 亿美元，占出口商品总额的比重从 7.7% 增长到 17.9% 再到 42.3%。1995 年，机电产品出口比重由上年的 26.4% 上升到 29.4%，首次超过服装纺织品类成为我国出口第一大类产品。到 2000 年，工业制成品出口中有接近一半的出口额是由机电产品贡献的。2000 年，高新技术产品的出口额也达到了 3701.4 亿美元，占出口商品总额的 14.9%（见表 10-1）。

表 10-1　　　　　　　　中国出口商品结构

	1980 年		1990 年		2000 年	
	金额（亿美元）	比重（%）	金额（亿美元）	比重（%）	金额（亿美元）	比重（%）
出口商品总额	181.2	100.0	620.9	100.0	2492.1	100.0
初级产品	91.1	50.3	158.9	25.6	254.6	10.2
工业制成品	90.1	49.7	461.8	74.4	2237.5	89.8
机电产品	13.9	7.7	110.9	17.9	1053.1	42.3
高新技术产品	—	—	—	—	370.4	14.9

注：机电产品和高新技术产品中包含相互重叠的商品。
资料来源：中国海关统计。

三、贸易方式与外商投资企业进出口

贸易方式包括三种：一般贸易、加工贸易和其他贸易。其中，一般贸易和加工贸易是最主要的贸易方式，中国改革开放40多年以来，大多数年份两者合计占比在85%以上。改革开放之初，中国的贸易方式以一般贸易为主，1981年一般贸易占进出口总额的比重高达93.5%，加工贸易只占6.0%。其后一般贸易占比不断下降，加工贸易占比不断上升，这种消长的趋势一直持续到20世纪90年代末期。因此，20世纪80~90年代是中国加工贸易迅速发展的时期。加工贸易出口额从1981年的11.3亿美元增长到1990年的254.2亿美元，并在1995年超过一般贸易出口额，到2000年增长到1376.5亿美元；加工贸易出口占全部出口贸易额的比重也从1981年的5.1%，增长到1990年的40.9%和2000年的55.3%（见表10-2）。

表10-2　　　　　中国加工贸易额及其占全部货物贸易比重

年份	进出口贸易额（亿美元）			加工贸易额（亿美元）			加工贸易占比（%）		
	进出口	出口	进口	进出口	出口	进口	进出口	出口	进口
1981	440.3	220.1	220.2	26.4	11.3	15.0	6.0	5.1	6.8
1982	416.1	223.2	192.9	37.1	15.8	21.3	8.9	7.1	11.0
1983	436.2	222.3	213.9	44.0	20.0	24.0	10.1	9.0	11.2
1984	535.5	261.4	274.1	60.8	29.3	31.5	11.3	11.2	11.5
1985	696.0	273.5	422.5	75.9	33.2	42.7	10.9	12.1	10.1
1986	738.5	309.4	429.1	115.3	51.4	63.9	15.6	16.6	14.9
1987	826.5	394.4	432.1	176.4	81.4	95.0	21.3	20.6	22.0
1988	1027.9	475.2	552.7	265.8	128.3	137.5	25.9	27.0	24.9
1989	1116.8	525.4	591.4	344.8	188.0	156.8	30.9	35.8	26.5
1990	1154.4	620.9	533.5	441.8	254.2	187.6	38.3	40.9	35.2
1991	1357.0	719.1	637.9	574.6	324.3	250.3	42.3	45.1	39.2
1992	1655.3	849.4	805.9	711.2	396.1	315.1	43.0	46.6	39.1
1993	1957.0	917.4	1039.6	806.0	442.4	363.6	41.2	48.2	35.0

年份	进出口贸易额（亿美元）			加工贸易额（亿美元）			加工贸易占比（%）		
	进出口	出口	进口	进出口	出口	进口	进出口	出口	进口
1994	2366.2	1210.1	1156.1	1045.5	569.8	475.7	44.2	47.1	41.1
1995	2808.6	1487.8	1320.8	1320.8	737.2	583.6	47.0	49.5	44.2
1996	2898.8	1510.5	1388.3	1466.0	843.3	622.8	50.6	55.8	44.9
1997	3251.6	1827.9	1423.7	1698.1	996.0	702.1	52.2	54.5	49.3
1998	3239.5	1837.1	1402.4	1730.5	1044.5	686.0	53.1	56.9	48.9
1999	3606.3	1949.3	1657.0	1844.6	1108.8	735.8	51.1	56.9	44.4
2000	4742.9	2492.0	2250.9	2302.1	1376.5	925.6	48.5	55.3	41.1

资料来源：Wind 数据库。

这一时期加工贸易的快速发展，是与外商投资企业的快速发展紧密联系在一起的。外商投资企业从事加工贸易的比例远高于国内一般企业，因而外商投资企业的发展成为加工贸易扩张的主要推动力。外商投资企业的贸易大多以加工贸易方式进行，而且这一比例呈现不断上升的趋势。到 20 世纪 90 年代末期，外商投资企业进出口已经占中国外贸进出口的半壁江山。2000 年，外商投资企业进出口额为 2367.1 亿美元，占当年外贸进出口总额的 49.9%；外商投资企业出口额为 1194.4，占当年外贸出口总额的 47.9%（见表 10－3）。

表 10－3 外商投资企业进出口情况

	1996 年			1999 年			2000 年		
	进出口	出口	进口	进出口	出口	进口	进出口	出口	进口
外商投资企业（亿美元）	1371.1	615.1	756.0	1745.1	886.3	858.8	2367.1	1194.4	1172.7
全国（亿美元）	2898.8	1510.5	1388.3	3606.3	1949.3	1657.0	4743.0	2492.0	2250.9
外商投资企业占比（%）	47.3	40.7	54.5	48.4	45.5	51.8	49.9	47.9	52.1

资料来源：《中国统计年鉴（1999）》《中国统计年鉴（2001）》。

加工贸易一般分为进料加工和来料加工两种。进料加工指国内企业从国外进口所需的原材料，然后加工成制成品出口；来料加工指外商提供原材料以及所需机器设备，在国内开设企业或者把国内企业加工的制成品返销到国外。20世纪90年代以来，加工贸易成为中国外商直接投资企业的主体贸易方式，其对中国出口产业的形成，以及中国参与产业国际分工，起到了不可忽视的重要作用。一方面，加工贸易能够带来国际市场快速扩张效应和国内产业结构优化效应。加工贸易有利于提升中国劳动密集型出口产品的质量，并通过规模化生产进一步降低生产成本，进而提高产品国际竞争力，并通过国外投资方特别是大型跨国公司的国外分销渠道进入国际市场，市场进入障碍小，贸易规模扩张效应大。通过外商投资企业引进的先进技术、关键设备和管理经验等，也促进了中国产业的技术进步和产品升级换代。20世纪90年代，中国外贸出口结构实现了由初级产品为主向劳动密集型轻工产品为主，进而再向劳动密集型机电产品为主的转变。另一方面，加工贸易也存在着技术含量不高，带来的贸易增加值率低，对国内相关产业关联带动效应差等问题。随着国内劳动力成本的上升，以及国家产业政策的转变，到90年代末期，加工贸易比较集中的上海、深圳等地区已经开始积极探索以加工贸易方式参与高新技术产业的途径，促进加工贸易转型。[①]

第三节　利用外资战略调整和外资企业发展

一、利用外资战略的调整

1. 1992年之前的利用外资战略

改革开放之初到1992年之前，中国引进和利用外资的目的主要就是弥补资金、技术缺口，在实际工作中高度关注通过各种方式提高引进外资规模和提高利用外资效率。到80年代后期，随着外商直接投资的增加，也开始意识到外资带来的管理经验对于国内经济建设的重要价值。1987年

---

① 崔大沪：《外商直接投资与中国的加工贸易》，载于《世界经济研究》2002年第6期。

3月第六届全国人民代表大会第五次会议通过的《政府工作报告》提出"利用外资必须把握三条原则：第一，借外债的总额要有控制，外债结构要合理，要同自己的偿还能力和消化能力相适应；第二，一定要用在生产建设上，重点是出口创汇企业、进口替代企业和技术先进的企业；第三，利用外资要讲求经济效益，创造的纯收入，无论如何不能统统花掉，一定要留足及时还本付息的部分"。

在引进外资方面主要做了以下工作：

一是制定涉外经济立法，调整和规范引进利用外资的各种经济行为。1979年7月通过首部涉外经济法——《中华人民共和国中外合资经营企业法》，允许外国合营者按照平等互利的原则，经中国政府批准在中华人民共和国境内同中国合营者共同举办合营企业。1986年颁布《中华人民共和国外资企业法》，1988年颁布《中华人民共和国中外合作经营企业法》，1990年4月修订《中华人民共和国中外合资经营企业法》，1991年颁布《中华人民共和国外商投资企业和外国企业所得税法》。

二是给予优惠政策。1986年10月，国务院发布《关于鼓励外商投资的规定》，对外商投资企业特别是先进技术企业和产品出口企业，在税收、土地使用费、劳务费、利润分配、生产经营的外部条件等方面给予特别优惠。1991年以后，进一步扩大了税收减免。随后，各地各部门为吸引外资，竞相出台各种各样的优惠政策，出现了"外资优惠的竞争"。

三是建立经济特区和开放城市并逐步扩大区域开放，作为给予特殊政策发展外向经济的载体。1979年7月建立了深圳蛇口工业区。1980年10月至1981年11月，又先后建立了珠海、厦门和汕头经济特区。1988年上半年，设立了海南省经济特区，1990年6月决定开放上海浦东。按照当时的规定，经济特区是社会主义中国在统一政策指导下对外实行特殊政策的地区。在特区以吸引外商投资为主，发展外向型经济为主，以市场调节为主，对前来投资的外商给予特殊优惠政策，特区本身也拥有较大的自主权。

四是规定了允许外商投资的领域。1983年9月发布的《中华人民共和国中外合资经营企业法实施条例》对允许设立"三资"工业企业的行业做出了规定：主要涉及"能源开发，建筑材料工业，化学工业，冶金工业；机械制造工业，仪器仪表工业，海上石油开采设备的制造业；电子工业，计算机工业，通信设备的制造业；轻工业，纺织工业，食品工业，医药和医疗器械工业，包装工业；农业，牧业，养殖业；旅游和服务业"。

2. 1992 年之后的利用外资战略

1992 年春天邓小平南方谈话后，我国利用外资进入快速发展的轨道。利用外资已经成为参与国际合作和竞争，充分利用国内外两种资源、两个市场，进一步发展开放型经济的重要途径。利用外资战略从单纯注重扩大吸引外资规模、提高外资利用效率、扩大出口转移到注重互利共赢，力图通过完善投资环境、引导投资方向，提高国民经济的质量和效益，增强综合国力和国际竞争力。

在外资政策方面主要做了以下调整：

一是对外资实行国民待遇，规范税制，公平税负，引入竞争机制，为中外企业创造平等竞争条件。为了使内资企业与外商投资企业平等竞争，从 1996 年 4 月 1 日起，逐步取消对外商投资企业的资本性货物进口的税收优惠政策。

二是放宽对外商投资领域的限制，加强对外资的产业投向引导。在生产型投资之外，1992 年进一步放宽对外商进入部分服务业投资领域的限制。为了使外商投资符合中国的产业政策，1995 年 6 月，原国家计委、经贸委、外经贸部首次联合发布《外商投资产业指导目录》和《指导外商投资方向暂行规定》。

三是进一步扩大了开放地区。1992 年以来，实施了沿边开放，进一步对内陆省市扩大开放。中国的对外开放形成了经济特区—沿海开放城市—沿海经济开放区—内地开放城市这样一个包括不同开放层次、开放功能的梯度推进格局。

四是引导外商投资方向。引导外商向中西部地区投资，投向基础设施、基础产业、高新技术产业和老企业的技术改造，鼓励兴办出口型企业。《指导外商投资方向暂行规定》中列为鼓励类外商投资的项目包括：属于农业新技术、农业综合开发和能源、交通、重要原材料工业建设的；属于高新技术、先进技术，能够改进产品性能、节约能源和原材料、

提高企业技术经济效益或者生产适应市场需求而国内生产能力不足的新
设备、新材料的；属于适应国际市场需求，能够提高产品档次，开拓新
市场，扩大产品外销，增加出口的；属于综合利用资源和再生资源以及
防治环境污染的新技术、新设备的；能够发挥中西部地区的人力和资源
优势并符合国家产业政策的。此外，列为限制类项目的"属于国内已开
发或者已引进技术，生产能力已能满足国内市场需求的"，如"确能发
挥中西部地区资源优势且符合国家产业政策"，也可以适当放宽对外商
投资的限制。

五是扩大国内市场开放程度。1992 年以后强调以市场换技术，允许有
些符合条件的项目以内销为主，甚至全部内销。包括高技术项目；能替代
进口的项目，大多是原材料工业；大型生产性项目。

二、利用外资形式和外资来源

改革开放初期，对外借款成为我国吸收外资的主要方式。1979～1991
年，我国实际使用外资 796.3 亿美元，其中对外借款 527.4 亿美元，占
66.2%；而外商直接投资仅 527.4 亿美元，占 29.3%。但 1992 年情况
就发生了变化，当年利用外资 192.0 亿美元，其中对外借款 79.1 亿美
元，占 41.2%，首次降到 50% 以下；而外商直接投资却达到 110.1 亿美
元，所占比重增加到 57.3%。其后，外商直接投资在我国吸收外资中占
比快速提升，一直到 90 年代末期都保持在 70% 左右（见表 10－4）。外
商直接投资中一半以上投向了工业尤其是制造业，2000 年工业投资占外
商直接投资的 70.4%。

表 10－4 　　　　　　　　　实际利用外资额 　　　　　　　单位：亿美元

时间	总计	对外借款	外商直接投资	外商直接投资（工业）*	外商其他投资
1979～1983 年	144.4	117.6	18.0	—	8.8
1984 年	27.1	12.9	12.6	—	1.6
1985 年	46.5	26.9	16.6	—	3.0

续表

时间	总计	对外借款	外商直接投资	外商直接投资（工业）*	外商其他投资
1986 年	72.6	50.1	18.7	—	3.7
1987 年	84.5	58.1	23.1	—	3.3
1988 年	102.3	64.9	31.9	—	5.5
1989 年	100.6	62.9	33.9	—	3.8
1990 年	102.9	65.3	34.9	—	2.7
1991 年	115.5	68.9	43.7	—	3.0
1979～1991 年	796.3	527.4	233.5		35.4
1992 年	192.0	79.1	110.1		2.8
1993 年	389.6	111.9	275.2		2.6
1994 年	432.1	92.7	337.7		1.8
1995 年	481.3	103.3	375.2		2.9
1996 年	548.0	126.7	417.3		4.1
1997 年	644.1	120.2	452.6	311.3	71.3
1998 年	585.6	110.0	454.6	292.6	20.9
1999 年	526.6	102.1	403.2	268.6	21.3
2000 年	593.6	100.0	407.2	286.7	86.4
1979～2000 年	5189.2	1473.4	3466.4	—	249.4

注：＊包括制造业，采矿业，电力、燃气及水的生产和供应业。

资料来源：《中国统计年鉴（2001）》、Wind 数据库。

一直到 20 世纪 90 年代初，外商直接投资的资金来源都集中于少数国家和地区，特别是港澳台地区。1990 年实际利用外商直接投资中，来自中国香港和中国台湾的投资合计为 21.0 亿美元，占当年全部吸收外商直接投资总额的 60.3%，来自日本的投资占比为 14.4%，来自美国的占比 13.1%。其后，投资来源国家和地区更加多元化，来自中国香港的投资比重明显下降，到 2000 年，来自中国香港、中国台湾，以及日本、美国之外的投资占比上升到 38.4%（见表 10-5）。

表 10 - 5 实际外商直接投资来源及其占比

年份	投资总额 (亿美元)	中国香港		中国台湾		日本		美国	
		投资额 (亿美元)	比重 (%)	投资额 (亿美元)	比重 (%)	投资额 (亿美元)	比重 (%)	投资额 (亿美元)	比重 (%)
1986	22.4	13.3	59.2	—	—	2.6	11.7	3.3	14.5
1987	23.1	15.9	68.6	—	—	2.2	9.5	2.6	11.4
1988	31.9	20.7	64.7	—	—	5.1	16.1	2.4	7.4
1989	33.9	20.4	60.1	1.5	4.6	3.3	10.5	2.8	8.4
1990	34.9	18.8	53.9	2.2	6.4	5.0	14.4	4.6	13.1
1991	43.7	24.1	55.1	4.7	10.7	5.3	12.2	3.2	7.4
1992	110.1	75.1	68.2	10.5	9.5	7.1	6.4	5.1	4.6
1993	275.2	172.7	62.8	31.4	11.4	13.2	4.8	20.6	7.5
1994	337.7	196.7	58.2	33.9	10.0	20.8	6.1	24.9	7.4
1995	375.2	200.6	53.5	31.6	8.4	31.1	8.3	30.8	8.2
1996	417.3	206.8	49.6	34.7	8.3	36.8	8.8	34.4	8.3
1997	452.6	206.3	45.6	32.9	7.3	43.3	9.6	32.4	7.2
1998	454.6	185.1	40.7	29.2	6.4	34.0	7.5	39.0	8.6
1999	403.2	163.6	40.6	26.0	6.4	29.7	7.4	42.2	10.5
2000	407.2	155.0	38.1	23.0	5.6	29.2	7.2	43.8	10.8

资料来源：Wind 数据库。

三、外商投资工业企业的发展

20 世纪 90 年代开始，外商投资和港澳台商投资工业企业获得了较快发展。1990 年，外商投资企业工业总产值仅为 498 亿元，占当年全国工业总产值的 2.1%。[①] 到 2000 年，主营业务收入已经增长到 2.3 万亿元，占全国工业的比重达到 26.8%（见表 10 - 6）。年主营业务收入达到 500 万元

[①] 汪海波：《新中国工业经济史（1979—2000）》，经济管理出版社 2001 年版，第 348 页。

以上的外商投资工业企业 28445 家，占规模以上工业企业的 17.4%。

表 10 - 6 工业中的外商投资企业规模与占比

年份	工业企业主营业务收入			工业企业单位数		
	全部工业企业（亿元）	外商投资企业（亿元）	外商投资企业（%）	全部工业企业（个）	外商投资（个）	外商投资企业（%）
1998	64148.9	15604.6	24.3	165080	26442	16.0
1999	69852.0	17966.6	25.8	162000	26837	16.6
2000	84151.8	22545.8	26.8	162885	28445	17.4

注：统计口径为规模以上工业企业，指全部国有及年主营业务收入达到 500 万元及以上的非国有工业法人企业。

资料来源：《中国统计年鉴（2001）》。

从外商投资工业企业的地区分布看，高度集中于东部地区，尤其是东南部沿海开放地区的广东、上海、江苏和福建。1995 年的第三次工业普查数据显示，全国总计有外商投资工业企业 44293 个，当年实现工业总产值 9612.5 亿元，完成出口交货值 3556.6 亿元。其中，东部地区集中了绝大多数的外商投资工业企业，占全国外商投资工业企业数量的 83.7%、工业总产值的 90.3% 和出口交货值的 96.0%；而中部 9 省在全国的占比仅分别为 11.8%、7.0% 和 3.1%；西部 9 省分别为 4.5%、2.7% 和 0.9%。从户均工业总产值和出口交货值占工业总产值比重看，东部地区的外商投资工业企业平均规模接近中部地区和西部地区的 2 倍，外向度更是远高于中部地区和西部地区企业。

广东省是外商投资工业企业分布最多的省份，工业企业数量、工业总产值、出口交货值分别占全国的 24.2%、33.3% 和 43.9%；其次是上海、江苏和福建。这 4 个省份合计占全国外商投资工业企业数量的 53.3%、工业总产值的 63.6%、出口交货值的 74.3%（见表 10 - 7）。这 4 个省份中，从企业平均规模看，上海的外商投资工业企业规模最大，福建的规模最小；从外向度看，是福建最高，上海最低。

表 10 - 7　　第三次工业普查（1995 年）外商投资工业企业地区分布

地区	工业企业数		出口交货值		工业总产值（当年价格）	
	数量（个）	占比（%）	金额（亿元）	占比（%）	金额（亿元）	占比（%）
全国总计	44293	100.0	3556.6	100.0	9612.5	100.0
东部地区	37067	83.7	3415.9	96.0	8680.9	90.3
广东	10699	24.2	1563.0	43.9	3205.2	33.3
上海	3378	7.6	329.7	9.3	1171.3	12.2
江苏	3898	8.8	298.6	8.4	941.2	9.8
福建	5634	12.7	450.1	12.7	799.4	8.3
天津	1869	4.2	135.6	3.8	533.8	5.6
山东	2710	6.1	205.5	5.8	530.3	5.5
浙江	2773	6.3	161.7	4.5	482.3	5.0
北京	2096	4.7	56.0	1.6	362.8	3.8
辽宁	1687	3.8	158.1	4.4	326.5	3.4
河北	1411	3.2	37.9	1.1	198.1	2.1
广西	700	1.6	15.5	0.4	97.5	1.0
海南	212	0.5	4.2	0.1	32.5	0.3
中部 9 省	5239	11.8	109.9	3.1	675.0	7.0
西部 9 省	1987	4.5	30.8	0.9	256.7	2.7

资料来源：国家统计局官网。

到 2000 年，这种格局仍然没有改变，东部地区，尤其是广东、上海、江苏、福建仍然是外商投资企业最为集中的区域。从国家统计局提供的各地区外商投资企业进出口商品总值看，2000 年东部地区企业进出口总值占全国的 96.9%，出口占全国的 97.3%，进口占 96.4%。其中，广东、上海、江苏、福建 4 省合计分别占 71.7%、71.9% 和 71.5%；广东占 38.9%、41.5% 和 36.3%（见表 10 - 8）。

表 10 − 8　　　　　　　　　各地区外商投资企业进出口商品总值

地区	金额（亿美元）						占全国比重（%）					
	1996 年			2000 年			1996 年			2000 年		
	进出口	出口	进口	进出口	出口	进口	进出口	出口	进口	进出口	出口	进口
全国	1371.1	615.1	756.0	2367.1	1194.4	1172.7	100.0	100.0	100.0	100.0	100.0	100.0
东部地区	1301.4	595.8	705.6	2293.5	1162.5	1131.0	94.9	96.9	93.3	96.9	97.3	96.4
广东	609.7	306.9	302.8	920.4	495.1	425.3	44.5	49.9	40.0	38.9	41.5	36.3
上海	148.7	54.5	94.2	334.1	142.6	191.5	10.8	8.9	12.5	14.1	11.9	16.3
江苏	121.4	50.7	70.7	301.8	144.5	157.3	8.9	8.2	9.3	12.8	12.1	13.4
福建	95.2	45.0	50.2	140.6	76.0	64.6	6.9	7.3	6.6	5.9	6.4	5.5
山东	85.2	38.5	46.6	139.3	79.3	60.0	6.2	6.3	6.2	5.9	6.6	5.1
天津	70.2	29.5	40.7	136.9	63.8	73.1	5.1	4.8	5.4	5.8	5.3	6.2
辽宁	63.7	31.8	31.9	123.0	62.4	60.5	4.6	5.2	4.2	5.2	5.2	5.2
浙江	47.3	20.2	27.1	93.9	53.5	40.4	3.5	3.3	3.6	4.0	4.5	3.4
北京	32.3	9.9	22.4	77.7	28.7	49.0	2.4	1.6	3.0	3.3	2.4	4.2
河北	14.4	5.4	9.0	15.8	10.1	5.7	1.0	0.9	1.2	0.7	0.8	0.5
广西	7.0	2.6	4.3	5.5	3.4	2.1	0.5	0.4	0.6	0.2	0.3	0.2
海南	6.4	0.7	5.7	4.6	3.0	1.6	0.5	0.1	0.8	0.2	0.3	0.1
中部 9 省	48.8	15.3	33.4	55.6	24.3	31.3	3.6	2.5	4.4	2.4	2.0	2.7
西部 10 省	21.0	4.0	17.0	18.0	7.6	10.4	1.5	0.6	2.2	0.8	0.6	0.9

资料来源：《中国统计年鉴（1999）》《中国统计年鉴（2001）》。

第四节　对外贸易反映的国际分工地位

贸易是体现国际分工位置的重要视角。改革开放以来，随着中国工业经济的快速增长，中国工业品开始进入国际市场并日益占据更多的市场份额，产品竞争力也不断提升。尽管如此，这一时期中国工业仍然是刚刚涉足国际产业分工。不仅市场份额和竞争力与发达国家存在很大差距，而且从加工组装环节进入产品内国际分工的进程才刚刚开始。

一、在世界市场中的地位快速提高

1985 年中国全部货物出口额为 256.3 亿美元，占全球货物出口额的 1.52%；到 2000 年中国货物出口额增长到 2492.0 亿美元，占全球货物出口额的比重达到 3.96%。与此同时，机械和运输设备出口以更快的速度增长。1985 年出口额仅为 4.6 亿美元，占全球机械和运输设备出口额的 0.08%，到 2000 年出口额已经增长到 826.0 亿美元，占全球市场的份额增加到 3.16%（见表 10 – 9）。

表 10 – 9　　　　　中国出口额占全球货物出口额的比重

年份	全部货物出口			机械和运输设备出口		
	全球（亿美元）	中国（亿美元）	中国比重（%）	全球（亿美元）	中国（亿美元）	中国比重（%）
1985	16908.4	256.3	1.52	5596.7	4.6	0.08
1990	28995.7	620.9	2.14	11555.2	108.3	0.94
1995	48434.2	1487.8	3.07	19341.6	314.1	1.62
1998	53009.3	1838.1	3.47	22342.1	502.2	2.25
1999	55081.9	1949.3	3.54	23488.7	588.4	2.50
2000	62910.9	2492.0	3.96	26175.4	826.0	3.16

资料来源：根据联合国贸易数据库计算。

二、国际竞争力明显提升

整个 20 世纪 80~90 年代，不仅由外商投资企业带动的出口中有大量机械运输设备出口，同时，中国快速实现工业化的过程中也需要进口大量的先进设备。因此，这一时期机械运输设备的进口与出口同时高速增长，并且进口额一直高于出口额而呈现贸易逆差。尽管如此，由于机械和运输设备出口竞争力的大幅度提升，20 世纪 90 年代，机电产品还是逐步取代纺织服装成为我国出口第一大类产品，这是改革开放以来，我国出口产品结构的一次重大转变。根据联合国贸易数据库的统计数据，1985~2000

年，机械和运输设备出口占我国全部货物出口的比重，从1.81%增长到33.15%。

从国际比较看，这一时期中国机械和运输设备出口竞争力与发达国家的差距迅速缩小（见表10-10）。贸易竞争力指数反映贸易顺差的相对值，1985年中国机械和运输设备出口额仅为4.64亿美元，进口额为110.67亿美元，贸易竞争力指数接近-1.0；到2000年出口额为826.00亿美元，进口额为919.31亿美元，相对差距大幅缩小，贸易竞争力指数为-0.0535。出口显示比较优势指数反映的是机械和运输设备出口在国家货物出口中的重要性。1985年机械和运输设备出口在全部货物出口总额中微不足道，因而出口显示比较优势指数仅为0.0546，到2000年该指标上升到0.7966。这一时期国际竞争力的快速提升，为在未来10年内，中国机械和运输设备国际竞争力接近日本和德国等发达国家奠定了基础。

表10-10　　　　　机械和运输设备出口竞争力的国际比较

年份	贸易竞争力指数			出口显示比较优势指数（RCA）		
	日本	德国	中国	日本	德国	中国
1985	0.8370	0.3996	-0.9196	2.0473	1.3898	0.0546
1990	0.6978	0.2787	-0.3302	1.7743	1.2385	0.4378
1995	0.6084	0.2495	-0.2527	1.7611	1.1753	0.5286
1998	0.5638	0.2341	-0.0619	1.6411	1.1953	0.6482
1999	0.5416	0.2143	-0.0828	1.6104	1.1839	0.7078
2000	0.5131	0.2058	-0.0535	1.6533	1.1910	0.7966

注：贸易竞争力指数=（出口额-进口额）/（出口额+进口额），i国j产品的出口显示比较优势指数=（i国j产品出口额/i国全部商品出口额）/（全球j产品出口额全球全部商品出口额）。

资料来源：根据联合国商品贸易统计数据库数据计算。

三、初步融入国际产业分工体系

联合国商品贸易统计数据库提供了三个体系的产品分类："国际贸易标准分类"（SITC）下，7类为"机械和运输设备"；"按广泛经济类别分类"（BEC）下，42是资本货物的零件和附件，53是运输设备的零件和附件。

借助于这些数据，我们可以简单地考察机械和运输设备的进出口中零部件所占的比重。从图 10-1 可以看出，1995 年中国机械和运输设备进口以及出口中，零部件所占的比重相差不大。1998 年以后，进口中零部件所占的比重明显超出了出口中零部件所占比重，并且差距逐年扩大。实际上，20 世纪 90 年代末期所显现出来的这一趋势，在以后还会进一步加剧。这一现象所展现出来的是，中国机械和运输设备生产行业正在日益融入国际产业分工，这种融入是从进入加工组装环节开始的，即进口大量的先进零部件进行产品加工组装。

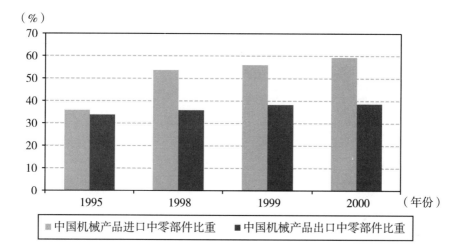

图 10-1　机械和运输设备中零部件进出口比重

资料来源：根据联合国商品贸易统计数据库数据计算。

第四篇
回归大世界（2001~2012年）

　　2001年中国加入世界贸易组织，既是自身改革开放的需要，也是积极应对经济全球化、完善社会主义市场经济体制的客观要求，这促使中国经济体制改革更加强调公平竞争制度的建设，促进了包括国有企业和私有企业在内的各类所有制企业的公平竞争。同时也应看到，国有企业和非国有企业各有其适用领域，私有企业无法克服的局限是国有企业存在的内在原因，私有经济发展不充分是国有企业存在和发展的外在原因。关系国家安全和国民经济命脉的行业领域，更需要国有企业发挥作用。在实践中需要处理好发展国有企业和非国有企业两者之间的关系。发展壮大国有企业必须按市场经济体制要求将其改造成独立市场主体，并革除妨碍公平竞争的体制和政策，为其他经济成分企业的发展创造条件和空间，实现国有企业与非国有企业公平竞争。面对履行WTO义务的新要求，中国努力推动经济立法与市场经济体制和国际经贸规则接轨，完善保障公平竞争和市场经济有效运作的法律体系与制度规则，加强法律和经济手段作用，最大限度收缩行政手段，实现国有企业、民营企业和外资企业等各类经济主体享有同等的营商环境。在经济贸易领域，更多采取法律手段，用法律和制度这种稳定与可预期的规则取代受权力人偏好影响的制度，减少行政机构的自由裁量空间，使市场主体有明确的行为规范。

第十一章

义无反顾拥抱全球化

2001～2012 年，中国经济发展成就举世瞩目，书写了新中国经济史上伟大、辉煌的一页。中国拥抱并受益于全球化进程，同时也持续为之做出自己独特的贡献。经济全球化既是中国和平发展的重大战略机遇期，也是各种复杂矛盾和风险的凸显期。中国适应经济全球化要求并根据自身发展需要，在改革开放的第 23 个年头加入了世界贸易组织。在经济全球化深入发展、国际竞争日趋激烈的情况下，面对严峻的国际经济环境，中国顺应国内外形势发展变化和世界发展潮流，抓住重要战略机遇期，发扬求真务实、开拓进取精神，坚持扩大对外开放，以开放促改革、促发展，更好地利用国内外两个市场、两种资源，加快发展壮大自己，变挑战为机遇，开创了对外开放的新局面。

第一节 中国拥抱全球化的背景

全球化目前有诸多定义，一般是指全球联系不断增强，人类生活在全球规模的基础上发展及全球意识的崛起。作为一种复杂现象，经济全球化意味着国际关系行为体之间联系日益紧密，国与国之间在经济贸易上的相互依存不断加强，进而助推资源在全球范围实现最优配置，带来经济迅速发展。这种经济联系由多种因素促成，包括国际贸易、跨国投资、科技进步及其应用、市场一体化、全球问题治理以及国际规则的制定与执行等。全球化催生的这种联系扩大了生产要素在全球的流动范围,贸易发展促进国际大市场的形成和国际分工水平的提高,国际分工水平的不断提高进一步促进全球资源配置的优化,进而提高生产效率。

过去 150 年,世界现代经济发展历史出现了三次全球化,促进了各国经济贸易投资的一体化,带动了全球经济增长超过此前的任何时期,每次持续 40 年左右的时间(胡鞍钢、王蔚,2017)。

第一次全球化是 1870~1913 年,世界经历了第二次工业革命,世界 GDP 年平均增长率为 2.1%,人均 GDP 平均增长率为 1.30%,36 个国家的铁路长度从 1870 年的 19.1 万公里上升至 1913 年的近 100 万公里,极大地加速要素在国内与国际之间流动,先行工业化的国家走向海外,促进了世界殖民体系和资本主义世界体系的形成,国际贸易增长超过经济增长,世界出口额占 GDP 比重从 1870 年的 5% 上升至 1913 年的 8.7%。这一时期殖民主义达到顶峰,进入帝国主义时代,爆发第一次世界大战,中断了世界性的全球化,之后又爆发资本主义大危机,接着又爆发第二次世界大战。直到 1950 年"二战"结束之后,世界 GDP 年平均增长率只有 1.8%,世界出口额占 GDP 的比重仍未能超过 1913 年,只有 7%。而中国出口额占世界总量比重从 1870 年的 2.5% 下降至 1913 年的 1.8%,是经济全球化的边缘化者。[1]

第二次全球化是 1950~1990 年,"二战"后东西方两大集团以军备竞赛为背景,展开了两大市场内部的跨国分工与合作,并在建立以美元为中心的布雷顿森林体系基础上,相继建立了世界银行、国际货币基金组织、联合国、世界贸易组织等一系列全球化机构。这一时期世界 GDP 年平均增长率达到 4.1%,世界出口额年平均增长率高达 10.6%,世界出口额占 GDP 比重从 1950 年的 7% 上升至 1990 年的 15.5%。而中国出口额占世界总量比重先下降后上升,从 1950 年的 1.7% 下降至 1973 年的 0.6%,仍是经济全球化的边缘化者,1978 年改革开放之后,中国才加入经济全球化的

---

① 胡鞍钢、王蔚:《从"逆全球化"到"新全球化":中国角色与世界作用》,载于《学术界》2017 年第 3 期。

过程之中，到 1990 年上升至 1.8%。[1]

第三次全球化是 1990 年以来，其中上半段截至 2008 年全球金融危机爆发，上承第三次工业革命（信息革命），中国、印度等超级人口国家参与到全球化之中，跨国公司成为驱动全球化的重要力量，形成了全球生产体系和贸易市场。世界出口额年平均增长率高达 8.9%，高于世界 GDP 3.5% 的增长率，世界出口额占 GDP 比重从 1990 年的 15.5% 上升至 2008 年的 25.8%，进口额占 GDP 比重从 15.8% 上升至 26.2%。中国成为全球化最大的受益者，中国出口额从 621 亿美元上升至 14307 亿美元，增长了 23 倍，占世界总量比重从 1990 年的 1.8% 上升至 2008 年的 8.9%，是这一时期占世界比重提高幅度最大的国家。[2]

20 世纪八九十年代以来，以跨国公司为载体，产业资本持续由发达国家向发展中国家流动，开启了本轮以生产全球化为特征的贸易全球化。贸易全球化带来了大量跨国交易与并购需求，倒逼发达国家的金融自由化改革向发展中国家扩散，为金融资本在全球范围内的大规模跨境流动打开了壁垒。生产国（主要是日本和亚洲新兴国家，其中以中国为最）、资源国（主要是石油输出国）长期经常账户盈余并伴随国际资本流入，形成了庞大的外汇储备；相应地，消费国（主要是美国）经常账户赤字迅速增长，积累了巨大的外部债务（陈宗胜、康健，2017）。这一期间经济全球化趋势深入发展，科技进步日新月异，生产要素流动和产业转移加快，我国与世界经济的相互联系和影响日益加深，国内国际两个市场、两种资源相互补充，外部环境总体上对我国发展有利。中共十六届三中全会提出深化涉外经济体制改革，全面提高对外开放水平。同时，国际环境复杂多变，影响和平与发展的不稳定、不确定因素增多，发达国家在经济科技上占优势的压力将长期存在，世界经济发展不平衡状况加剧，围绕资源、市场、技术、人才的竞争更加激烈，贸易保护主义有新的表现，对我国经济社会发展和安全提出了新的挑战。中国按照市场经济和世贸组织规则的要求，加快内外贸一体化进程，形成稳定、透明的涉外经济管理体制，创造公平和

---

[1][2] 胡鞍钢、王蔚：《从"逆全球化"到"新全球化"：中国角色与世界作用》，载于《学术界》2017 年第 3 期。

可预见的法制环境，确保各类企业在对外经济贸易活动中的自主权和平等地位。依法管理涉外经济活动，强化服务和监管职能，进一步提高贸易和投资的自由、便利程度。建立健全外贸运行监控体系和国际收支预警机制，维护国家经济安全。

第二节　中国拥抱全球化的做法与成效

经过 15 年的艰苦努力，中国于 2001 年 12 月加入世界贸易组织，成为中国深度参与经济全球化的里程碑，标志着对外开放进入新阶段。在拥抱全球化过程中，中国坚持"引进来"与"走出去"相结合，全面提高对外开放水平，在更高层次、更宽领域上参与国际经济竞争与合作，以适应加入世贸组织后的新要求。加入世贸组织后，中央及时提出，对外开放已进入新的阶段，进出口贸易、双向投资的地位和作用发生了深刻变化。必须适应新的形势，创新对外经济工作思路，转变对外经济发展方式，提升开放型经济水平，形成开放型经济新格局。这期间，中国经济连年高速发展，融入世界经济全球化的步伐也不断提速，为推动世界经济发展做出了重要贡献。党的十七大提出拓展对外开放广度和深度，提高开放型经济水平。坚持对外开放的基本国策，把"引进来"和"走出去"更好地结合起来，扩大开放领域，优化开放结构，提高开放质量，完善内外联动、互利共赢、安全高效的开放型经济体系，形成经济全球化条件下参与国际经济合作和竞争新优势。深化沿海开放，加快内地开放，提升沿边开放，实现对内对外开放相互促进。加快转变外贸增长方式，立足以质取胜，调整进出口结构，促进加工贸易转型升级，大力发展服务贸易。创新利用外资方式，优化利用外资结构，发挥利用外资在推动自主创新、产业升级、区域协调发展等方面的积极作用。创新对外投资和合作方式，支持企业在研发、生产、销售等方面开展国际化经营，加快培育我国的跨国公司和国际知名品牌。积极开展国际能源资源互利合作。实施自由贸易区战略，加强双边多边经贸合作。采取综合措施促进国际收支基本平衡。注重防范国际经济风险。

加入世贸组织以来，中国积极践行自由贸易理念，全面履行承诺，关税降到加入世贸组织承诺的水平，取消大多数非关税措施，进一步开放服务领域，大幅开放市场，实现更广互利共赢，在对外开放中展现了大国担当。正如2011年国务院《政府工作报告》所说，对外开放有力促进了经济发展和结构调整，增加了就业，吸收了先进技术和管理经验，大大提高了我国的国际地位。

党的十七大报告强调，改革开放是坚持和发展中国特色社会主义的必由之路。要始终把改革创新精神贯彻到治国理政各个环节，坚持社会主义市场经济的改革方向，坚持对外开放的基本国策，不断推进理论创新、制度创新、科技创新、文化创新以及其他各方面创新，不断推进我国社会主义制度自我完善和发展。新时期最鲜明的特点是改革开放。从农村到城市、从经济领域到其他各个领域，全面改革的进程势不可当地展开了；从沿海到沿江沿边，从东部到中西部，对外开放的大门毅然决然地打开了。这场历史上从未有过的大改革大开放，极大地调动了亿万人民的积极性，使我国成功实现了从高度集中的计划经济体制到充满活力的社会主义市场经济体制、从封闭半封闭到全方位开放的伟大历史转折。今天，一个面向现代化、面向世界、面向未来的社会主义中国巍然屹立在世界东方。

一、货物贸易和服务贸易领域持续开放

货物贸易领域大幅降低进口关税，取消进口配额、许可证等非关税措施，显著削减非关税壁垒。减少进口成本，促进贸易发展，让世界各国更多分享中国经济增长、消费繁荣带来的红利。截至2010年，中国货物降税承诺全部履行完毕，关税总水平由2001年的15.3%降至9.8%。其中，工业品平均税率由14.8%降至8.9%；农产品平均税率由23.2%降至15.2%，约为世界农产品平均关税水平的1/4，远低于发展中成员56%和发达成员39%的平均关税水平。农产品的最高约束关税为65%，而美国、欧盟、日本分别为440%、408%、1706%。[①] 在降低关税的同时，减少不

① 国务院新闻办公室：《中国与世界贸易组织》，人民出版社2018年版，第5页。

必要的贸易限制,促进贸易透明畅通。截至 2005 年 1 月,中国已按入世承诺全部取消了进口配额、进口许可证和特定招标等非关税措施,涉及汽车、机电产品、天然橡胶等 424 个税号产品;对小麦、玉米、大米、食糖、棉花、羊毛、毛条和化肥等关系国计民生的大宗商品实行关税配额管理。[①]

服务贸易领域广泛开放服务市场,大力推动服务业各领域持续减少限制措施,金融、商业、电信等服务业开放不断扩大。在世贸组织划分的 12 大类服务部门的 160 个分部门中,中国承诺开放 9 大类的 100 个分部门,接近发达成员平均承诺开放 108 个分部门的水平。截至 2007 年,中国服务贸易领域开放承诺已全部履行完毕。降低服务领域外资准入门槛,按期取消服务领域的地域和数量限制,不断扩大允许外资从事服务领域的业务范围。其中,在快递、银行、财产保险等 54 个服务分部门允许设立外商独资企业,在计算机、环境等 23 个分部门允许外资控股,在电信、铁路运输、旅游等 80 个分部门给予外资国民待遇,一批商贸、旅游、会计、审计等方面有信誉的境外大型企业和中介组织进入中国市场。2010 年,中国服务业吸引外商直接投资额首次超过制造业,2017 年吸引外商直接投资额占比达到 73%。[②]

对外贸易连续跨上几个台阶。货物进出口总额由 2001 年的 5097.6 亿美元增加到 2012 年的 38671.2 亿美元,进出口总额占世界的比重持续快速增长;出口总额由 2661.5 亿美元增加到 20487.1 亿美元,出口商品结构不断优化(见表 11 - 1 和表 11 - 2)。服务贸易稳步发展,入境旅游人数和外汇收入大幅度增加。2009 年受国际金融危机的影响,中国外贸出口一度出现负增长。面对外部需求急剧萎缩、贸易保护主义抬头的严峻形势,中国坚持人民币不贬值,采取扩大内需、绝不能放松出口等举措,实施了稳定人民币汇率和符合 WTO 规则的促进出口的政策措施,加强市场多元化战略和以质取胜战略,大力开拓新兴市场,着力改善出口商品结构,提高产品质量和档次,实现了对外贸易稳定增长。积极应对外部环境的急剧变化,及时出台稳定外需的政策措施,实施市场多元化战略,2008 ~ 2012 年

---

①② 国务院新闻办公室:《中国与世界贸易组织》白皮书,载于《人民日报》2018 年 6 月 29 日第 1 版。

进出口总额年均增长 12.2%，从世界第三位提升到第二位，其中出口额跃居世界第一位，占国际市场份额比 2007 年提高 2 个多百分点，[①] 进出口结构优化，贸易大国地位进一步巩固。深化外经贸体制改革，推进外贸经营主体多元化。改革口岸管理体制，加快"大通关"建设，优化海关、质检、外汇等方面的监管和服务，加强边境口岸建设，提高口岸管理水平和通关能力。由于措施得力，克服了种种困难，较快恢复了出口的大幅度增长。与此同时，进口了大量国内急需的装备、技术和短缺原材料，促进了经济发展和技术进步。

表 11 - 1　　　　2001～2012 年中国货物进出口情况（一）　　　单位：亿美元

年份	货物进出口总额	出口总额	初级产品	工业制成品
2001	5097.6	2661.5	263.5	2398.0
2002	6207.7	3256.0	285.4	2970.6
2003	8509.9	4382.3	348.1	4034.2
2004	11545.5	5933.2	405.7	5527.7
2005	14219.1	7619.5	490.4	7129.2
2006	17604.0	9689.4	529.2	9160.2
2007	21737.3	12177.8	615.1	11562.7
2008	25632.6	14306.9	779.6	13527.4
2009	22075.4	12016.1	631.1	11384.8
2010	29740.0	15777.5	816.9	14960.7
2011	36418.6	18983.8	1005.5	17978.4
2012	38671.2	20487.1	1005.6	19481.6

资料来源：相关年份《中国统计年鉴》。

表 11 - 2　　　　2001～2012 年中国货物进出口情况（二）　　　单位：亿美元

年份	货物进出口总额	进口总额	初级产品	工业制成品	进出口差额
2001	5097.6	2436.1	457.7	1978.4	225.4
2002	6207.7	2951.7	492.7	2459.0	304.3
2003	8509.9	4127.6	727.6	3400.0	254.7
2004	11545.5	5612.3	1172.7	4439.6	320.9

[①]　温家宝：《2013 年国务院政府工作报告》，www.gov.cn。

续表

年份	货物进出口总额	进口总额	初级产品	工业制成品	进出口差额
2005	14219.1	6599.5	1477.1	5122.4	1020.0
2006	17604.0	7914.6	1871.3	6043.3	1774.8
2007	21737.3	9559.5	2430.9	7128.6	2618.3
2008	25632.6	11325.7	3623.9	7701.7	2981.3
2009	22075.4	10059.2	2898.0	7161.2	1956.9
2010	29740.0	13962.4	4338.5	9623.9	1815.1
2011	36418.6	17434.8	6042.7	11392.1	1549.0
2012	38671.2	18184.1	6349.3	11834.7	2303.1

资料来源：相关年份《中国统计年鉴》。

二、履行入世承诺进行合规性改革

中国的入世承诺实际上是一份附有时间表的改革开放清单，这意味着入世后，中国改革开放的主要目标、基本内容和开放底线不仅十分清晰，并且以入世议定书等一系列法律文件的形式明确固定下来。中国入世后的10年间，首先，入世将中国制度性地纳入多边贸易体系，给予中国稳定推进改革开放的过渡期和自由化氛围。其次，这10年是中国作为新成员适应多边贸易体制的过程，也是以 WTO 规则为基准，全面完善中国社会主义市场经济体制的改革开放新时期。这一时期，中国推进了一系列关乎市场环境的基础性的全局性改革：包括取消农业税，放宽非公有制经济的市场准入，完善公共财政体制，汇率制度改革，投资体制改革，完善土地、劳动力等要素市场，健全社会保障体制等。在此基础上，中国渐进执行了入世承诺，将 WTO 规则内化为中国改革开放的主动实践。入世后，特别是在市场化的外贸体制改革领域，调整思路清晰，取得的成果尤为突出（屠新泉、娄承蓉，2018）。

为了适应加入世贸组织的要求，开展了全国性的相关法规、规章的清理工作，废止和修改、制定了一批法律法规。按照加入世贸组织的承诺和统一、非歧视、公开透明的原则，有步骤地扩大对外开放领域，加快制定和修订质量、卫生、防疫、环保、安全等方面的市场准入标准。建立了既符合世贸组织规则，又符合我国国情的涉外经济法律法规体系，确保执法公正与效率。中央政府要求运用国际通行的财税政策支持出口，重点支持中小企业开拓国际市场和培育出口品牌。扩大出口信用保险覆盖面，鼓励金融机构发展出口信贷，创新出口企业融资担保方式。改革和完善出口退税机制，对生产企业自营或委托外贸企业代理出口的自产商品，全面实行"免、抵、退"税办法。扩大出口信贷和信用保险，加大对出口的支持，海关通关效率和监管水平大幅度提高。制定并实施出口退税机制改革方案，积累多年的欠退税问题将逐步得到合理解决。与此同时，稳步扩大与周边国家和地区构建地区经济合作及自由贸易区。经济总量持续较快增长，2011 年跃升至世界第二大经济体。2011 年国务院强调坚持进口和出口并重，扩大先进技术设备、关键零部件和能源原材料进口，促进从最不发达国家和主要顺差来源国增加进口，逐步改善贸易不平衡状况，妥善处理贸易摩擦。

在外贸经营权方面，推进外贸主体多元化。2004 年依据入世承诺修订的《中华人民共和国对外贸易法》，将外贸经营权改审批制为登记制，并取消对于经营资质的要求，以一种自动登记的方式，仅为政府监管提供信息参考。对外贸易经营权由此全面放开，外贸市场的经营主体更趋多元化。根据《信息技术协定》（Information Technology Agreement, ITA），2005 年中国将信息技术产品的最惠国关税率由入世前的 13.3% 一次性削减为零。2012 年以前，中国在降税方面的入世承诺已经全面履行完毕，关税税率处于发展中国家的最低水平，也低于欧盟国家的平均水平。关税措施的自由度和可预见性大幅提高。在进出口限制措施方面，进口限制按照入世议定书的承诺，2005 年如期将进口配额和进口许可证等歧视性措施全部取消，此后开始实施包括关税配额、非自动进口许可和自动进口许可等在内的新的进口许可制度。其中，关税配额仅局限于某些农产品贸易中；简化进口许可程序并提高其实施管理过程中的透明度和公平性。出口限制方面，自 2005 年起实施新的出口许可管理，包括出口配额和出口许可证；2005 年取消对纺织品的出口配额管制；提高对出口退税、免税的规范化管理。总之，数量限制、配额管理等贸易管理措施逐渐被取消或者关税化，贸易自由化的范围得以进一步扩延。在服务贸易领域，中国入世承诺的开放水平远高于发展中国家的平均水平，开放部门覆盖《服务贸易总协定》（General Agreement on Trade in Services, GATS）列表（12 大部门 160 多个分部门）中的 9 项 100 多个分部门，涉及银行、保险、电信、分销等极具商业价值的服务部门，并于 2006 年基本取消了包括地域、经营范围、股权比例等在内的诸多限制，提供了广泛的市场准入机会。在与贸易有关的知识产权方面，根据《与贸易有关的知识产权保护协定》（Agreement on Trade-Related Aspects of Intellectual Property Rights，TRIPs），中国修订了《中华人民共和国著作权法》《中华人民共和国商标法》和《中华人民共和国专利法》等知识产权法；随着立法体系逐步完善，工作重心转移到法律的执行方面，2003 年成立新的中央知识产权领导小组，开展知识产权保护的专项行动，2005 年 5 月又成立国家保护知识产权工作组负责统筹协调和监督知识产权法的执行。其他方面，根据入世承诺，中国加入 WTO 框架下的 TRIPs 和《与贸易有关的投资协定》（Agreement on Trade-Related Investment Measures，TRIMs），并据此在与贸易有关的投资领域取消贸易平衡、外汇平衡、当地含量等投资要求，引进外资更加自由化。中国还于 2002 年成为《政府采购协定》（The Government Procurement Agreement，GPA）的观察员，并颁布实施《中华人民共和国政府采购法》，规范政府采购行为。在上述协议公平、公正、透明等原则的指导下，中国的营商环境特别是对于外商直接投资而言进一步规范化、国际化（屠新泉、娄承蓉，2018）。

在进行以上改革的同时，采取综合措施促进了对外贸易适度增长。实施市场多元化战略，坚持科技兴贸，以质取胜，优化出口商品结构，促进加工贸易转型升级。在强调扩大内需的同时，不忽视外需对我国经济发展的重要作用，采取措施稳定出口退税政策，扩大贸易融资和信用保险，改进海关、质检、外汇等方面的监管和服务，帮助企业克服订单不足、成本升高、摩擦增多等多重困难和压力。加强对外贸易协调，努力打破贸易壁垒，减少贸易摩擦，为企业争取公平贸易的环境。增加国内短缺原材料、关键技术和重大设备的进口，推进重要物资进口来源多元化。支持具有自主知识产权、自主品牌、高附加值的产品和服务产品出口，继续控制高耗能、高污染和资源性产品出口。

屠新泉、娄承蓉（2018）详细分析了第一阶段（2001~2005 年）进行的合规性改革以及有序深化市场改革和贸易自由化的过程。入世之初，特别是过渡期以前，严格履行入世承诺无疑是中国改革开放的第一要务。首先，清理法律法规，完善外贸法制体系。2000年底，WTO法律工作小组成立，依据WTO规则对中国的法律体系特别是与贸易相关的法律法规进行全面的清理和修订，在不到三年时间内共修订法律210项，废止法律559项；截至2002年6月底，全国范围内修改、废止的地方各级法规达19万多件。2004年陆续修订《中华人民共和国反倾销条例》《中华人民共和国反补贴条例》《中华人民共和国保障措施条例》。此外，还设立了中国政府世界贸易组织通报咨询局，履行向WTO通报中国外贸领域政策措施的义务。中国基本形成了与WTO规则相一致、与市场经济相适应的涉外法律体制。同时，立法及制定政策的合规性理念得以增强。WTO所倡导的非歧视、透明度、公平竞争等原则也逐渐内化为政策制定者以及立法和执法人员的自觉行动。

第二阶段（2006~2008年），关税没有再实质性的下调，但是在入世效应和改革开放等内外因联合促进下中国贸易呈现高速增长。围绕对外贸易盈余不断积累，中国对出口的限制性措施显著增多，并顺势加快了进口的贸易自由化进程。在国内改革方面，主要体现为《中华人民共和国反垄断法》的实施和竞争政策进一步法制化对构建提升开放、高效的市场体系所发挥的重要作用。

第三阶段（2009~2011年），面对因国际金融危机恶化的出口形势，中国将提振内需、刺激出口转为改革开放的重心。因此，在贸易领域的自由化进展主要围绕扩大出口来进行。如以提升通关服务、简化审批流程等为主的贸易便利化，以促进贸易融资的扩大、调高出口退税率为主的支持性措施以及调减部分出口商品关税等措施。此外，其他的改革开放措施还包括：进行政府机构改革，颁行新的保护知识产权的行动计划；在政府采购领域赋予外企国民待遇；对旅游、金融等部门进一步开放。这一时期改革开放措施针对性强，中国外贸形势好转，有效抵制了一些国家的贸易保护主义，促进了多边贸易体系的稳定运行。

三、引进和利用外资，深度参与国际分工

抓住新一轮全球生产要素优化重组和产业转移的重大机遇，扩大利用外资规模，吸收先进管理理论与经验，弥补建设资金的不足，提高利用外

资水平。根据国际资本流动的新特点，积极扩大利用外资，把吸收外资同国内产业结构调整、国有企业改组改造、西部大开发结合起来，更好地发挥外资的作用。结合国内产业结构调整升级，更多地引进先进技术、管理经验和高素质人才，注重引进技术的消化吸收和创新提高。

为改善投资环境，拓宽投资领域，吸引外资加快向有条件的地区和符合国家产业政策的领域扩展，打造若干外资密集、内外结合、带动力强的经济增长带，这期间中央和地方持续改善投资环境，交通、通信设施等硬环境大为改观。努力完善法制，提高政策透明度，提供优质服务，软环境有很大改进。在全面利用外资的同时，注重提高利用外资质量，引导外商投资现代农业、高新技术产业、基础设施建设、西部开发和参与国有企业改造、重组，鼓励外商特别是跨国公司在我国境内设立地区总部等各类功能性机构、生产制造基地，积极创造条件吸引境外中小企业投资，限制高消耗、高污染的项目。采取多种方式利用中长期国外投资，把利用外资与国内经济结构调整、国有企业改组改造结合起来，鼓励跨国公司投资农业、制造业和高新技术产业。大力引进海外各类专业人才和智力。改善投资环境，对外商投资实行国民待遇，提高法规和政策透明度。持续改善投资环境，健全法制，依法办事，改进服务，提高效率。为应对国际金融危机影响，2009年国务院提出推动利用外资和对外投资协调发展。稳定利用外资规模，引导外资投向高新技术产业、先进制造业、节能环保产业和现代服务业。进一步清理和规范涉及外商投资的行政收费和检查事项。2011年实施新修订的外商投资产业指导目录，引导外资更多投向先进制造业、高新技术产业、节能环保产业、现代服务业和中西部地区。这些举措促进了外贸发展方式转变，实现了结构优化和效益提高，发挥劳动力资源优势，减少能源资源消耗，经济体系向产业链高端延伸，努力提高质量、档次和附加值，积极扩大自主品牌产品出口。据统计，在改革开放之初（1979~1982年），外国和港澳台商对中国大陆直接投资累计11.7亿美元。[①] 20世纪90年代后迅速增加，但到2001年利用外资规模仍不到500亿美元。2001年之后利用外资水平明显提高，实际利用外商直接投资从2001年的496.7亿美元增长到2012年的1132.9亿美元，

---

① 根据相关年份《中国统计年鉴》数据计算。

2001~2012年实际利用外资累计总额达到9674.2亿美元（见表11–3）。高新技术产业、基础设施和服务业吸收外资明显增加。利用外资使中国得以引进先进管理理论和方法，并结合中国的国情进行改进和创新。

表11–3　　　2001~2012年中国外商（含港澳台商）直接投资情况

年份	外商直接投资合同项目（个）	实际使用外资（亿美元）			外资企业	
		实际使用外资额	外商直接投资	外商其他投资	年底登记户数（户）	投资总额（亿美元）
2001	26140	496.7	468.8	27.9	202306	8750
2002	34171	550.1	527.4	22.7	208056	9819
2003	41081	561.4	535.1	26.4	226373	11174
2004	43664	640.7	606.3	34.4	242284	13112
2005	44001	638.1	603.3	34.8	260000	14640
2006	41485	735.2	694.7	40.6	274863	17076
2007	37871	783.4	747.7	35.7	286232	21088
2008	27514	952.5	924.0	28.6	434937	23241
2009	23435	918.0	900.3	17.7	434248	25000
2010	27406	1088.2	1057.4	30.9	445244	27059
2011	27712	1177.0	1160.1	16.9	446487	29931
2012	24925	1132.9	1117.2	15.8	440609	32610

资料来源：相关年份《中国统计年鉴》。

深度参与国际分工，基于本国人口和资源等现实条件，发挥潜在的比较优势，提高资源配置效率。经济全球化进程开阔了中国企业的视野，为其造就和提供了在更广泛的领域内参与竞争、拓展海外市场的机会。深化涉外经济体制改革，全面放开外贸经营权，促进经营主体多元化，落实各类所有制企业的进出口经营自主权，激发各类企业开展贸易的积极性。自2004年7月起，中国对企业的外贸经营权由审批制改为备案登记制，极大地释放了民营企业的外贸活力，民营企业进出口发展迅速，份额持续扩大，成为对外贸易的重要经营主体。民营企业和外商投资企业进出口占全国进出口总额的比重由2001年的57.5%上升到2017年的83.7%。2017年，作为第一大出口经营主体的民营企业出口占比达46.6%。[①] 中国企业

---

① 根据相关年份《中国统计年鉴》数据计算。

充分发挥其地缘依托和比较优势，在国际产业链和价值链上逐渐拥有难得和宝贵的一席，国际竞争力不断出现质的提高与升华。2001 年中国加入世界贸易组织，中国国际贸易环境根本改善。随着世贸组织的 100 多个成员给予中国以最惠国待遇，中国的出口水平大幅度攀升。

四、积极参与全球经济治理机制改革和区域合作机制建设

加入世界贸易组织是中国改革开放史上的里程碑式事件。从国内的角度看，中国的改革开放从以往试点经验的总结推广模式转变为以多边经贸规则为标准的整体推进模式；从国际的角度看，使中国的改革开放加速并入全球市场，因而也是世界市场一体化进程中的标志性节点。不过，从中国改革开放的角度来看，在入世的前 10 年，中国更多以"学习者"的身份在适应多边经贸规则过程中借助改革开放进行自我完善，政府主导的性质正在退化，宏观调控的运用日趋中性，在实现举世瞩目的宏观经贸成就的同时，遵规守法、非歧视、透明度等观念也日益深入人心（屠新泉、娄承蓉，2018）。

加入世贸组织，为积极参与全球经济治理机制改革和区域合作机制建设，深化多边、双边经贸合作提供了新的平台。中国努力保持与发达国家经贸关系稳定发展，全面深化与发展中国家的互利合作，积极参与国际贸易规则的制定，行使将贸易争端提交世贸组织仲裁的权利，更好地维护自身合法权益。各方面组织推动了世贸组织有关知识和规则的学习、宣传，分期分批对国家公务员特别是县处级以上领导干部和大中型企业管理人员进行普遍培训，培养了一批熟悉世贸组织规则和国际经济贸易的各类专业人才。政府有关部门和企业各方面认真研究、掌握和充分行使我国作为世贸组织成员享有的各项权利，健全应对贸易争端的有效机制，妥善处理贸易摩擦。加强应对国外反倾销调查和解决贸易争端的工作，有步骤、有重点地推进区域经济合作和自由贸易区谈判，在世贸组织新一轮谈判中发挥建设性作用。持续推进自贸区建设和区域经济一体化进程。积极参与二十国集团等全球经济治理机制建设，加强与主要经济体宏观经济政策协调，反对各种形式的保护主义，在多哈回合谈判、国际金融体系改革中发挥建设性作用。

五、实施"走出去"战略

加入 WTO 要求更好统筹国内发展与对外开放，充分利用国内国外两个市场、两种资源，在更大范围、更广领域和更高层次上参与国际经济技术合作和竞争，拓展发展空间，积极主动地做好对外开放各项工作，增强参与国际合作和竞争的能力。中央和地方采取了简化各类审批手续，落实企业境外投资自主权，充分发挥大型企业在"走出去"中的主力军作用，鼓励有条件的各类所有制企业"走出去"，对外投资和跨国经营，开拓国际市场，带动设备、零部件出口和劳务输出等举措。按照国际通行规则对外投资和跨国经营，在境外建立加工基地、营销服务网络和研发机构。根据不同国家的情况，分别采取不同的投资、合作方式。对发展中国家特别是周边国家提供经济技术援助，开展带资承包，投资经营，提供无息、低息贷款。这样，既有利于巩固传统友谊，又有利于互惠互利、共同发展。建立政策支持和服务体系，完善境外投资协调机制和风险控制机制，加大信贷、保险、外汇等支持力度，加强对"走出去"企业的引导和协调。2009 年国务院提出发展境外资源合作开发、工程承包和劳务合作；加强企业对外投资合作的金融支持，拓宽对外投资渠道；扩大境外投资备案登记制范围；建立健全境外国有资产监管制度，加强企业对外投资的风险控制和监管。非金融类对外直接投资从 2007 年的 248 亿美元上升到 2012 年的 772 亿美元，年均增长 25.5%，跻身对外投资大国行列。①

第三节 反全球化逆流与全球化新动力的积淀

进入 21 世纪后，以中国为代表的新兴市场大国深度融入并影响了经济全球化的走向，不断重塑世界经济版图，新兴经济体已经是全球经济增长的新引擎，并且成为驱动经济全球化的新的动力源泉。2011 年中国超越

---

① 根据《中国统计年鉴》（2008 年、2013 年）数据计算。

日本成为世界第二大经济体，全球经济发展重心向亚洲特别是向亚太地区转移的趋势日渐清晰。这些变化表明，经济全球化已经进入动力源泉切换的新阶段，新兴经济体的群体性崛起将为全球经济增长和经济全球化的深化发展提供新动能和新机遇。

我国进入从工业经济向服务经济加快转型的新阶段，服务业已经成为拉动经济增长、促进经济转型的主要力量。经济结构升级要求对外开放合作的升级，即扩大和深化服务业开放，让服务业成为我国参与国际竞争合作的新的优势领域。在这方面，内地与香港加强服务业开放合作具有特殊优势。改革开放初期，内地与香港积累了制造业经贸合作的成功经验，在新阶段可以进一步利用香港服务业的资源优势，提升双方经贸合作水平。2003年，为建立内地与香港的制度性合作，增强经贸交流，双方签署了《内地与香港关于建立更紧密经贸关系的安排》（Closer Economic Partnership Arrangement，CEPA）。在 CEPA 框架下，内地与香港还签署了服务贸易专项协议，为内地与香港服务贸易合作提供了广阔空间。自 CEPA 签署以来，内地与香港经贸联系不断加强，服务业开放合作持续深化。

2008年后金融危机以来，全球经济进入漫长的再平衡调整期，以中国为首的新兴经济体成为世界经济增长的主要动力。尽管中国经济增长速度有所减慢，但体现了足够的韧劲和活力，GDP 增量十分可观，仍能以世界第二大经济体的体量保持中高速增长。未来经济走向有赖于经济增长动力能否顺利实现结构性转换，能否推进稳健有效的改革。两相对比，更加凸显了发达经济体当前难以纾解的困境。在全球经济的结构调整期和产业转型期内，持续低迷的现状和仍不明朗的前景激发了部分发达国家内部对于全球化的质疑，成为引导反全球化现象兴起的外部因素，带来了反全球化逆流的回潮。

本轮反全球化逆流的回潮，本质上是社会经济议题在政治维度上的表达，其根本原因在于经济全球化趋势下阶层利益分化的不断加深。阶层利益严重分化的格局奠定了反全球化逆流回潮的社会基础，成为反全球化现象兴起的内部根源。英国"脱欧"公投成功与特朗普逆袭当选，涉及议题和具体原因各有不同，但暴露的深层次问题却具有内在一致性：经济全球化带来的利益阶层分化问题长期得不到有效解决，势必引起经济议题在政治上意识形态化，并在客观上阻滞经济全球化进程。

虽然全球化带来了经济绩效的增长，但英美两国内部各群体并没有均等分享全球化的红利，高收入阶层占有了全球化更多的机会和收益。产业资本全球化的收益主要为高知识、高技能群体获得，不能适应全球化分工要求的发达国家劳动力被工资水平更低的新兴经济体劳动力挤出市场，而跨境人口流动的冲击进一步加重了失业现象。与经济利益分化相伴生的是价值观冲突的加剧，拥有资本、高知识技能的精英阶层获取了经济全球化的大部分红利，并成为自诩具有更开放、更先进普世价值观的世界公民；而广大中产阶级和社会底层却在全球化的浪潮中遭遇相对剥夺，成为秉持保守主义理念的"沉默的大多数"。金融资本全球化催生了金融利益集团，金融利益集团通过金融创新制造金融泡沫获得了远超产业资本的超高收益率，却并未相应承担起防范化解金融风险的责任，最终诱发全球性金融危机。金融危机爆发前，得益于全球化红利，发达国家尚可维持高福利社会制度和金融创新带来的高消费水平，深重的社会分化不至于过分激化而被掩盖。但在金融危机的冲击及经济长期不振的拖累下，发达国家内部持续扩大的贫富差距、日益严重的社会阶层分裂和族群对立问题浮出水面。日趋严重的内部问题长期得不到解决，最终激发了英美等国民众借由民主普选制度表达对现状的不满情绪，以及对精英政治、技术官僚的不信任和迫切想要改变现状的愿望，进而促成了政治上向保守主义、孤立主义转向，催生新一轮反全球化浪潮抬头（陈宗胜、康健，2017）。

全球化新的动力源泉正在形成，必将引导全球化的进一步深化。从历史发展的长距离看，反全球化很可能是短期现象。纵观世界经济近现代发展史的几次反全球化现象的出现，可以证明这一判断的正确性。1929～1933年大萧条、1973年石油危机、1997年亚洲金融危机等，都引发了贸易保护主义等反全球化现象的高涨，但每一次反全球化逆流消退之后，都开启了更大规模的全球化浪潮。其根本原因不仅在于每一阶段的危机和反全球化现象都在一定程度上缓解、纠正了前一阶段全球化进程中积累的矛盾和缺陷；更重要的是，每一次危机期间都孕育或催生了新的动力源泉，成为推进下一阶段全球化深化与前进的关键因素（陈宗胜、康健，2017）。

美国替代英国成为新的霸权国家，也成为20世纪以来经济全球化的主导者和最大推动者。石油危机催生了布雷顿森林体系后新的国际货币体系，以美元为主导的国际货币体系成为"大稳健时代"的基石，开启了生产全球化和金融资本大规模跨境流动的序幕。亚洲金融危机加速了以日本为首的东亚"雁阵模式"的式微，但中国加入世界贸易组织后亚洲经济重心迅速由日本向中国转移，掀起了本轮经济全球化的高潮。历史经验表明，历次危机后反全球化现象的消退都是因为各种因素为经济全球化注入了新的动力，而在反全球化逆流回潮的当下，新兴经济体的崛起正是经济全球化新的动力源泉。在以中国为首的新兴经济体崛起的带动下，世界经济将加速复苏，经济全球化也将继续深化。作为经济危机的副产物，反全球化现象会随着全球经济的复苏而逐步消退，全球化将在对反全球化的包容与消解中不断深化与前进，其长期深化的历史大趋势不可阻挡，任何国家因为反全球化而错失历史机遇都是不明智的（陈宗胜、康健，2017）。

一方面，与其产业结构相对应，发达国家凭借资本、技术优势和在国际经贸体制中的主导地位，掌控技术研发创新、关键部件生产和营销、供应链管理等高附加值环节，并构筑起知识产权措施等各种非关税壁垒，占据全球价值链的中高端位置。发展中国家则凭借自然资源、劳动力资源等要素禀赋的成本优势和规模经济，成为能源、原材料供应国或承接劳动密集型产业转移的东道国，占据全球价值链中相对低端的位置。全球价值链分布结构在全球经济结构和经济地理格局上体现为世界经济三大板块的形成：以美国、英国为代表的金融和消费国，以中、日、韩"东亚制造"和德国为主的生产与出口国，以及俄罗斯和中东、拉美、非洲等地区的资源国，并构成"消费国—生产国—资源国"为核心链条的全球贸易循环。与之伴生的则是消费国与生产国、资源国经常账户收支的两极分化，以及以经常账户失衡为突出表现的全球经济失衡。另一方面，全球范围内的产业转移除了直接改变东道国的产业结构，其引致的技术转移、技术扩散和知识溢出也提升了东道国的技术水平，加速其工业化进程，成为产业升级的重要驱动力。中国大规模承接全球产业转移的过程，也是大规模吸纳全球技术资源的过程。在此过程中，基础设施、工业体系的日趋完善和自主创新能力的提升改变了中国要素禀赋及比较优势的结构，并显著改变了中国货物贸易的出口结构。中国逐渐在全球价值链中后来居上，由全球价值链低端位置向高端位置跃迁，对发达国家的优势地位形成挑战。随着中国在全球价值链中地位的提升，以及跨越"刘易斯拐点"后劳动力成本优势的逐渐弱化，东南亚国家凭借低廉的劳动力成本，将被更深地纳入以中国为中心、与其产业结构相匹配的价值链体系中，形成更加紧密的整体。中国的崛起带动了国际贸易版图的重构和全球价值链区域化的兴起，初步形成了以美国为核心的北美价值链、以中国为核心的东亚价值链和以德国为核心的欧洲价值链三大价值链区块。在此格局之上，三大价值链区块间的平衡与重组奠定了未来巨型自贸区组建的基础（陈宗胜、康健，2017）。

第十二章

国有企业改革的征程

　　改革开放 40 年，中国国有企业改革在缺乏现成理论指导和实践经验的情况下，直面现实问题，在解决制度不均衡过程中深化了国有企业性质功能与存在依据的认识，探索出社会主义市场经济条件下发展壮大国有企业的途径。经过 2001～2012 年的持续改革，中国国有企业普遍完成了公司制改造，形成了规范的公司法人治理结构，现代企业制度框架基本确立。政企关系和国家管理国有企业的体制发生了重大变化，国有企业成为自主经营、自负盈亏的市场竞争主体和法人实体，形成了与其他经济成分平等竞争的能力，总体实现了与社会主义市场经济兼容和共生发展。国有企业产业分布与国家经济发展要求更加匹配，更多国有资本投向公益类行业、关系国家安全和国民经济命脉的重要行业和关键领域。但是，这一阶段的国有企业改革发展和制度创新没有解决坚持党的领导与建立现代企业制度的统一、进一步确立企业市场主体地位、深入开展战略性重组等深层次矛盾和问题，国有企业改革尚未完成（刘戒骄，2013；周叔莲、刘戒骄，2008；黄速建，2008）。新时代国有企业改革已经扬帆起航。回顾总结这一时期国有企业改革发展和制度创新的做法与经验，对于研究回答新时代国有企业功能目标定位、党组织嵌入企业治理体系、国有资本战略性重组和授权管理等问题，丰富国有企业和国有经济理论，按着党的十九大部署推进国有企业改革发展具有重要意义。

第一节 国有企业改革的基本历程

国有企业改革发展和制度创新是我国经济体制改革的关键环节。2001～2012 年，中国国有企业制度创新集中围绕加强激励与约束机制展开，具体有微观组织形式和宏观监督管理两条主线。微观组织形式上对国有企业进行公司制改造，宏观监督管理上设立集中专门管理机构，从管国有企业向管国有资本转变。从扩权让利和两权分离到公司制改造及完善法人治理制度是这一时期国有企业制度创新的阶段性特征。

这一阶段改革是以往改革的自然发展。党的十一届三中全会之后，党和国家的工作重点转移到社会主义现代化建设上来，国有企业政企不分、缺乏自主经营管理权、企业和员工积极性被严重束缚等问题变得突出。制度创新重点是将国有企业生产经营权从所有权和政府职能中剥离出来，使工农业企业在国家统一计划的指导下有更多的经营管理自主权，从微观上探索搞活国有企业的机制。扩大企业自主权成为国有企业改革的突破口。

企业自主权的扩大给国有企业注入了生机与活力，但未能突破传统计划经济体制的束缚，企业尚未成为市场竞争主体。中共十二届三中全会认识到增强企业活力是经济体制改革的中心环节，只有实行政企分开才能使企业真正成为相对独立的经济实体。党的十三大报告进一步提出转变企业经营机制，通过所有权和经营权分离搞活全民所有制企业。实行两权分离、转换企业经营机制成为这一时期国有企业改革的中心任务。这期间主要采取了扩权让利、经济责任制、利改税、承包经营制和股份制试点等改革措施。推行承包经营制进一步扩大了企业经营自主权，增强了企业活力，但承包经营制本质上是依靠契约界定政府、企业与职工个人的利益关系，不是一般性的制度化措施，没有从制度上理顺政府与企业的关系，不能解决政企合一的体制弊端。这一时期出现的股份制试点在推动所有权与经营权分离、转变国有企业经营机制上的积极作用得到重视，埋下了国有企业公司制改造和建立现代企业制度的种子。

党的十四大、十五大时期，改革重点是从微观企业组织形式上对国有企业进行公司制改造，建立现代企业制度。党的十六大、十七大时期，改革重点是扩大国有企业公司制改造和完善法人治理制度，并成立国资监管机构加强国有企业的监督管理。1992年党的十四大以后，国有企业面临与社会主义市场经济体制相融合的挑战，迫切需要从微观组织形式上推进国有企业改革。中共十四届三中全会将现代企业制度确立为国有企业改革的方向，党的十五大报告以及中共十五届四中全会要求对国有大中型企业实行规范的公司制改革，把国有企业改造成适应社会主义市场经济体制要求的法人实体和竞争主体。国有企业改革进入微观组织形式上进行公司制改造和加强宏观管理并重时期。截至2001年底，尽管3/4的国有企业进行了公司制改造，但其中非国有独资公司占改制企业的比例达到3/4，现代企业治理制度还处于初期和探索阶段。

党的十六大之后，按照建立现代企业制度的改革要求，国有企业从微观组织形式上普遍进行了公司制改造，建立了法人治理结构。公司制改造引发了法人治理运行制度不健全，突出表现在出资人履职不规范、所有权缺位和经理层缺乏监督，国有资产流失严重，客观上需要一个能够集中履行国有资产出资人职责的机构。在1998年国务院成立国家资产监督管理局和对国有大型企业实施稽查特派员制度、向国有重点企业外派监事会的基础上，2003年国务院国有资产监督管理委员会成立，履行出资人权利，各级地方国有资产监督管理机构相继成立，代表地方政府履行出资人权利。这标志着国务院国资委和地方国资委分别代表中央与地方政府履行出资人职责，并对经营性国有资产实行集中统一监督管理体制上迈出重要一步。

公司制改造和国有资产监管新体制的形成，促进了政府公共管理职能与国有资产出资人职能进一步分离，政府与国有企业的关系及边界更加清晰，国有企业作为市场竞争主体和法人实体的地位及作用也进一步增强。然而，国资监管机构既代表政府履行出资人职责，又代表政府履行国有企业、国有资产监督管理职责，这种"裁判员""运动员"双重身份叠加致使国资监管机构权力过大，监管领域过宽，监管方式仍然以管资产为主，监管重点更重视企业商业目标而忽视社会目标和政策目标。

党的十八大之后，在继续推进现代企业制度改革的同时，更加强调国有企业功能界定、分类改革和加强国有资本管理。实际上，国有企业分类改革的实践探索早已进行，但分类依据和分类改革着力点不同。党的十三大提出要根据产业性质、企业规模、技术特点实行差异化的所有权与经营权分离的分类改革思想，并采取不同类型的经营责任制。党的十四大提出根据企业规模实行分类改革，大中型国有企业要转换经营机制，小型国有企业可以出租或出售给集体或个人经营。中共十四届三中全会提出国有大中型企业要建立现代企业制度，并对不同类型的国有企业采取不同的企业组织形式、股权结构，对于小型国有企业实行承包经营、租赁经营或出售给集体、个人经营。党的十五大、十六大还提出根据经营领域和战略意义对国有企业进行分类，从战略上调整国有经济布局。

党的十八大以来的分类改革以及在分类基础上推进国有资产监管体制、混合所有制改革等，更加切合社会主义市场经济要求。中共十八届三中全会提出要准确界定不同国有企业功能。中央和地方分别按中共中央、国务院《关于深化国有企业改革的指导意见》要求，将国有企业划分为商业类和公益类，并将商业类国有企业划分为主业处于充分竞争领域的商业一类国有企业，以及主业处于关系国家安全、国民经济命脉的重要行业与关键领域，承担重大专项任务的商业二类国有企业，对不同类型国有企业提出了差异化的公司治理模式、国有股权比例、考核导向、监管重点等具体举措。

公司制改造后，国有控股、参股公司发展较快，迫切需要建立以管资本为主的国有资产管理体制。但管资本为主并不意味着国资监管机构仅履行出资人代表职责，完全放弃国有企业重大事项决策权、参与权和知情权。对于国有独资公司、全资公司，国资监管机构可以通过任命董事组建董事会行使决策权。对于国有控股公司、参股公司，国资监管机构应当基于现代公司治理规范，按照股权比例行使股东权力，公司决策权、经营权、监督权分别由董事会、经理层、监事会负责。

2001～2012年国有企业改革的主要内容如表12-1所示。

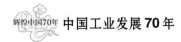

表 12 – 1 　　　　　2001~2012 年国有企业改革的主要内容

文件	改革主题	具体内容
党的十六大报告（2002 年）	坚持和完善基本经济制度，深化国有资产管理体制改革	继续调整国有经济的布局和结构，改革国有资产管理体制，建立中央政府和地方政府分别代表国家履行出资人职责，享有所有者权益，权利、义务和责任相统一，管资产和管人、管事相结合的国有资产管理体制。国有大中型企业继续实行规范的公司制改革，完善法人治理结构
中共十六届三中全会决定（2003 年）	推行公有制的多种有效实现形式	大力发展国有资本、集体资本和非公有资本等参股的混合所有制经济，使股份制成为公有制的主要实现形式。发展具有国际竞争力的大公司、大企业集团，继续放开搞活国有中小企业
	建立健全国有资产管理和监督体制	分离政府公共管理职能和国有资产出资人职能。国有资产管理机构对授权监管的国有资本依法履行出资人职责。建立国有资本经营预算制度和企业经营业绩考核体系。积极探索国有资产监管和经营的有效形式，完善授权经营制度
	完善公司法人治理结构	按照现代企业制度要求，规范公司股东会、董事会、监事会和经营管理者的权责，完善企业领导人员的聘任制度
	加快推进和完善垄断行业改革	继续推进和完善电信、电力、民航等行业的改革重组，加快推进铁道、邮政和城市公用事业等改革
党的十七大报告（2007 年）	深化国有企业公司制股份制改革	健全现代企业制度，优化国有经济布局和结构，增强国有经济活力、控制力、影响力。深化垄断行业改革，引入竞争机制，加强政府监管和社会监督。加快建设国有资本经营预算制度。完善各类国有资产管理体制和制度
党的十八大报告（2012 年）	要毫不动摇巩固和发展公有制经济	推行公有制多种实现形式，深化国有企业改革，完善各类国有资产管理体制，推动国有资本更多投向关系国家安全和国民经济命脉的重要行业和关键领域，不断增强国有经济活力、控制力、影响力

资料来源：作者根据有关文献整理。

第二节 对国有企业存在依据与功能的认识

国有企业并不为社会主义国家所独有，世界各国普遍存在国有企业，即使市场经济体制成熟的发达国家也存在着一定数量、规模的国有企业。国有企业独立于经济制度而普遍存在，源于国有企业具有无法被私有企业替代的公共属性，即克服市场失灵和承担国家赋予的特殊职能。市场作为一种有效的资源配置方式，前提条件是不存在外部性、公共物品以及信息不对称等市场失灵现象，但这一假设条件在现实经济中并不成立。尽管政府可以通过某种财政、金融等政策工具进行干预以矫正市场失灵，但国有企业仍是一种有效途径（金碚，1999）。20世纪八九十年代西方资本主义国家进行的大规模私有化改革浪潮，只不过是缩小国有企业数量规模、调整国有经济产业布局而已，并没有永久放弃公共供给和彻底取消国有企业。在2007年席卷全球的美国次贷危机救助方案中，美国、英国、德国等国家采取了国有化措施应对金融危机（金碚、刘戒骄，2009）。尤其是垄断产业，私有化不能根治垄断弊病，私人垄断比国有垄断问题更突出（刘戒骄，2016）。国有企业改革40年，对国有企业存在依据及其功能的认识不断深化。

改革开放初期，国有企业在整个国民经济中的数量占比和功能居于主导地位，与集体经济一道被认为是决定社会主义社会性质的基本经济形态，具有生产供应、税收贡献和社会职能等作用。该时期关系国计民生的重要产品和关系全局的重大经济活动几乎完全依靠国有企业，国有企业生产功能主要表现在执行政府指令性计划或指导性计划。由于计划经济体制下个体企业数量占比低，集体企业纳税能力弱，国有企业成为国家财政收入的最主要来源。此外，国有企业还承担了本应该由政府承担的就业、教育、医疗、养老等社会功能。上述功能定位直接导致国有企业规模庞大和行业分布过广。统计数据显示，尽管这一时期国有及国有控股工业企业在工业总产值中的比重呈趋势性下降，但在1992年之前这一比例均高于50%（见表12-2）。如果将集体经济考虑在内，可以发现公有制经济占比逐年下降但依旧保持绝对优势。

表 12 - 2　　　　　工业领域各类所有制企业工业总产值
分布情况（1978 ~ 1992 年）

年份	国有及国有控股企业		集体企业		个体企业		其他经济类型企业	
	总产值（亿元）	比重（%）	总产值（亿元）	比重（%）	总产值（亿元）	比重（%）	总产值（亿元）	比重（%）
1978	3289	77.63	948	22.37	0	0.00	0	0.00
1980	3916	75.98	1213	23.54	1	0.02	24	0.47
1985	6302	64.86	3117	32.08	180	1.85	117	1.20
1990	13064	54.61	8523	35.63	1290	5.39	1047	4.38
1991	14955	56.17	8783	32.99	1287	4.83	1600	6.01
1992	17824	51.52	12135	35.07	2006	5.80	2634	7.61

资料来源：根据《中国统计年鉴（1999）》数据计算得到。

社会主义市场经济体制改革目标的确立，实现了国有企业功能认识的一次深化。计划经济体制时期国有企业功能走向分化。在社会主义市场经济体制下，以国有企业为主的公有制经济和私营企业等非公有制经济的共同发展，相对降低了国有企业在组织生产、创造财政收入和提供公共服务等方面的功能与作用。国有企业依旧作为一种特殊企业形态向社会生产产品、提供服务（金碚，1999）。随着非公有制经济的不断壮大，私有企业在国民经济中的生产功能越来越突出，国有企业数量和产值占比不断降低，其生产功能进一步弱化。同时，私有企业对于国家税收的贡献越来越大，因而国有企业的财政税收创造功能正在不断下降，但国有企业仍然是国家财政收入的重要来源。这一时期，国有企业与政府的边界逐渐清晰，政企进一步分开，国有企业不再是政府行政机构的附属物，原先代替政府所行使的公共服务和社会职能从国有企业中逐渐剥离开来，国有企业不再担负本应该由政府承担的社会服务职能。

国有企业制度保障功能的认识深化集中体现在主导作用实现方式上。非公有制经济的快速发展和结构地位迅速提升，促使人们认识到国有经济的主导作用主要体现在控制力上，即在关系国民经济命脉和国家安全的重要行业和关键领域处于支配地位，国有经济既要有量的优势，也要有质的提高以及区域布局的优化。因此，国有企业数量并不是越多越好，产业分布也不是越广越好，而应在具有公共属性的领域发挥更大作用。

从国有企业规模分布看，2001～2012 年国有企业数量规模总体上呈下降趋势。国有及国有控股企业在工业领域中的数量占比下降明显，从 2001 年的近 27.31% 下降到 2006 年的 8.27% 左右，此后进一步下降，截至 2012 年这一比例维持在 5% 左右。在工业领域国有及国有控股企业数量急剧下降的同时，其总资产、主营业务收入以及利润总额总体上也呈下降趋势，但下降幅度低于企业数量下降幅度。然而，国有及国有控股工业企业平均总资产、平均主营业务收入以及平均利润总额则呈上升趋势，特别是企业平均总资产规模显著增加，而主营业务收入和利润总额均值先升后降，但仍然保持较高水平（见表 12－3）。

表 12－3　　　　　　工业领域国有及国有控股企业基本情况
（2001～2012 年）

年份	比重（%）				均值（亿元）		
	企业数量	总资产	主营业务收入	利润总额	总资产	主营业务收入	利润总额
2001	27.31	64.92	47.41	50.46	1.88	0.51	0.05
2002	22.65	60.93	43.70	45.52	2.17	0.54	0.06
2003	17.47	55.99	40.53	46.01	2.76	0.61	0.07
2004	12.88	50.94	35.91	45.71	3.08	0.65	0.08
2005	10.11	48.05	34.43	44.04	4.28	0.73	0.08
2006	8.27	46.41	32.34	43.51	5.41	0.75	0.08
2007	6.14	44.81	30.68	39.75	7.65	0.78	0.09
2008	5.00	43.78	29.50	29.66	8.86	0.78	0.06
2009	4.72	43.70	27.96	26.89	10.52	0.70	0.06
2010	4.47	41.79	27.85	27.78	12.23	0.78	0.08
2011	5.24	41.68	27.19	26.81	16.52	0.81	0.07
2012	5.19	40.62	26.37	24.51	17.48	0.79	0.06

资料来源：根据 1999～2017 年《中国统计年鉴》数据计算而得。企业数量、总资产、主营业务收入以及利润总额占比是依据规模以上国有及非国有企业相关数据计算得到。

从产业布局看，国有企业呈现向垄断性、公共政策性和关系国民经济命脉的重要行业和关键领域集中的趋势。以工业领域为例（见表 12-4），以采矿业为代表的资源性行业，国有及国有控股企业在采矿业的企业数量占比和总资产占比呈现"双增加"趋势，企业数量占比由 2000 年的 6.24% 上升至 2016 年的 8.26%，总资产占比则由 10.96% 增加至 16.87%。在制造业，国有企业产业布局总体上有所收缩，但幅度较小，呈现出"一增一减"态势。在竞争性制造业领域，如农副食品加工业、食品制造业、纺织业等领域，企业数量及总资产比重明显降低，而在有色金属冶炼和压延加工业、汽车、铁路、船舶、航空航天和其他运输设备制造业等重要行业与关键领域，国有企业的数量和资产占比不断提高。电力、热力、燃气及水生产和供应业等基础行业，国有企业的数量和资产仍占据较大比重，并且其数量和资产比重也在逐渐提高。国有企业产业布局的变化不仅幅度大，而且具有趋势性和非均等化等特点。

表 12-4　　　　工业领域国有及国有控股企业在不同工业
领域中的企业数量、总资产分布情况　　　　单位：%

行业	企业数量分布				企业总资产分布			
	2000年	2006年	2010年	2016年	2000年	2006年	2010年	2016年
采矿业	6.24	6.69	7.82	8.26	10.96	13.97	17.31	16.87
其中：煤炭开采和洗选业	2.47	3.54	4.23	4.58	4.27	6.74	8.84	9.57
石油和天然气开采业	0.13	0.35	0.55	0.44	4.81	5.94	6.51	4.52
黑色金属矿采选业	0.33	0.45	0.67	0.68	0.30	0.46	1.16	1.22
有色金属矿采选业	1.24	1.23	1.30	1.32	0.49	0.58	0.56	0.70
制造业	80.29	68.94	66.22	61.28	66.03	52.77	52.87	50.99
其中：农副食品加工业	9.50	4.56	3.96	3.58	1.86	0.60	0.61	0.62
食品制造业	3.87	2.06	1.87	1.64	0.82	0.53	0.36	0.27
纺织业	4.92	2.97	1.81	0.98	3.26	0.94	0.39	0.30
有色金属冶炼和压延加工业	1.14	1.75	2.38	2.62	2.45	2.99	3.54	3.44
汽车、铁路、船舶、航空航天和其他运输设备	5.14	6.40	6.55	6.75	7.57	8.45	10.47	10.75
电力、热力、燃气及水生产和供应业	12.36	24.37	25.96	30.01	22.06	33.26	29.83	31.73

资料来源：根据 1999~2017 年《中国统计年鉴》数据计算得到。

从国有企业地域分布看，作为区域经济社会协调发展的有力工具和重要承担者，国有企业发挥了重要作用。由于我国经济发展水平的区域性差异，国有企业较多地分布在东部沿海地区和东北地区。改革开放以来我国国民经济总量快速增加的同时，区域间不平衡、不协调的矛盾愈加突出，调整国有企业的区域分布成为实现国家区域经济结构调整的重要举措。党的十五届四中全会提出对国有经济进行区域布局结构调整，支持中西部地区经济发展。数据显示，工业领域国有及国有控股企业数量、总资产及销售收入占比均呈现东部下降、中西部增加的变化特征（见表12-5）。东北地区是国家重工业基地，国有企业数量、资产规模一直保持相对较高的比重，在中共中央、国务院《关于实施东北地区等老工业基地振兴战略的若干意见》和《全面振兴东北地区等老工业基地的若干意见》的区域发展战略思想指导下，东北地区国有企业在保持一定比例数量和规模的情况下，重点在于提质增效、转型升级、优化结构和增强自主创新能力。

表12-5　　工业领域国有及国有控股企业地区分布占比情况　　单位：%

	2016年				2008年				1998年			
	东部	中部	西部	东北	东部	中部	西部	东北	东部	中部	西部	东北
企业数量	37.60	22.15	32.86	7.39	42.93	21.44	26.22	9.41	57.18	20.69	14.53	7.61
资产总额	41.03	20.13	29.92	8.92	41.89	21.19	25.34	11.57	50.38	17.96	18.06	13.60
销售收入	44.20	21.69	24.74	9.37	45.71	20.43	20.55	13.31	63.61	14.85	12.35	9.18
利润总额	62.39	13.92	20.84	2.84	38.25	16.85	28.01	16.89	85.19	7.82	2.71	4.28

资料来源：根据1999~2017年《中国统计年鉴》数据计算得到。

尽管经济体制改革以来私营经济有很大发展，但私营企业总体上规模较小、资金实力不强、技术创新能力不足等，加上以家族血脉为纽带的管理模式难以建立高效的法人治理结构，私营企业难以担当建设世界一流企业的重任。国有企业尤其是中央企业，凭借其自身经济实力、技术水平和人力资本等优势，能够在世界大企业中占据一席之地。原因在于，国有企业更能够克服追求短期利润的局限，兼顾自身经济利益目标和国家战略目标，甚至可以偏重于国家战略目标。因此，相对于私有企业，国有企业自主创新意愿更强。国有企业另外一个自主创新优势，就是国有企业资金实力雄厚，技术水平、人才优势相对明显，能够承担私有企业无力承担的巨额创新成本。大中型国有企业普遍建立了产学研协同创新机制，具有实施原始创新、集成创新、引进消化吸收再创新的经历，能够在实施赶超战略中发挥重要作用。因此，国有企业技术创新更有利于实现国家使命和公共价值（金碚，2015）。在关系国家安全和国民经济命脉的重要行业和关键领域，国有企业在国家科技创新体系中应该发挥骨干带头作用。如表12-6所示，中国大陆《财富》世界500强企业数量由1999年的5家增加至2017年的105家，平均每年新增5.56家。从企业所有权性质看，2008年之前，所有进入《财富》世界500强的中国企业均为国有企业，主要是中央企业。即便2008年之后有越来越多的中国私营企业入围《财富》世界500强，但国有企业依旧占绝对多数。这期间国有企业在《财富》世界500强的席位一直在增加，由2001年的11家增加到2012年的63家。中国进入《财富》世界500强的企业中，国有企业占比直到2007年均为100%，2008年开始才有少量非国有企业进入《财富》世界500强。随着中国私营企业的进一步壮大和国有企业战略性改组，《财富》世界500强中的中国国有企业数量有所减少，但国有企业占比依旧保持在80%左右，同时国有企业资产总额、销售收入也稳步提高。因此，国有企业是培育具有全球竞争力的世界一流企业的重要依托。

表12-6　　　中国与主要国家《财富》世界500强入围企业数量对比（2001~2012年）

年份	美国（家）	日本（家）	德国（家）	法国（家）	英国（家）	中国		
						总数（家）	国有企业（家）	国有企业占比（%）
2001	186	105	34	38	35	11	11	100
2002	199	87	35	36	33	11	11	100
2003	192	88	37	40	35	11	11	100
2004	189	82	34	37	35	14	14	100
2005	176	81	35	39	35	15	15	100
2006	170	70	35	38	38	19	19	100

年份	美国（家）	日本（家）	德国（家）	法国（家）	英国（家）	中国		
						总数（家）	国有企业（家）	国有企业占比（％）
2007	162	67	37	39	35	22	22	100
2008	153	64	37	39	34	26	25	96
2009	140	68	39	40	26	34	33	97
2010	139	68	37	38	29	43	40	93
2011	132	68	34	35	30	60	55	92
2012	132	68	32	32	26	71	63	89

资料来源：根据 2002～2013 年《财富》世界 500 强统计数据整理得到。

第三节　国有企业可以成为市场竞争主体

市场经济是一种由市场竞争主体在技术和制度等条件约束下，通过竞争取得和配置稀缺资源的经济制度，本质上是个人和企业对由市场供求关系决定的需求和价格做出反应，通过市场主体自愿交易促进资源流动来改善资源配置效率。不同市场主体对自身利益的追求及其之间的公平竞争和交易构成市场发挥作用的必要条件。新自由主义文献认为，国有企业不能与市场经济兼容，市场经济中没有国有企业的存身之地，国有企业不能成为市场主体，私有企业才能成为市场经济主体。原因包括三个方面。一是代理问题。委托代理理论认为，企业在由所有者即委托人亲自管理时才会产生有效激励。当委托人将管理权委托给他人时，所有者的目标可能与代理人的目标产生冲突，代理人的行为不符合委托人的利益。国有企业所有者与经营者之间存在高度的信息不对称，国有企业代理链条长，代理成本高，很难实现对管理人员的有效激励，国有企业的效率低于私有企业。二是"搭便车"问题。国有企业产权由全体公民平均拥有，每个人都希望别人替自己支付监督成本，每个人都希望别人替自己监督，即每个人都希望自己"搭便车"，单个公民缺乏意愿和动机监督企业管理者行为。三是国有企业享受政府特殊政策支持，在与非国有企业的竞争中处于不合理的优

283

势地位。新自由主义者认为，国有企业天然地与政府联系紧密，更有可能获得政府信誉、税收优惠、贷款担保和监管优待等支持。西方市场经济国家的国有企业曾经一度享有财政补贴、受保护的市场和管制豁免等优势。在出现亏损或面临破产危险时，容易通过政治游说从政府得到援助。这种优势的获取无法对国有企业行为施加强有力的约束，进而降低企业经营决策和管理的效率。新自由主义经济理论根据以上分析，提出国有企业低效率论断并否定国有企业存在的合理性，这种观点在改革开放之后的一个时期内广为流行。

以上结论是在研究方法和研究对象存在局限性的情况下得出的，经不起实践的检验和严谨的逻辑分析。从实践看，虽然经历多次私有化，但国有企业在世界各国经济发展中，特别是在基础设施、公用事业和能源矿产等领域依然发挥着私有企业无法替代的作用，新自由主义者对国有企业所下的结论与经济发展实践不符。不难看出，以上否定国有企业的三种理由可以完全照搬用于否定所有权与经营权分离的私有企业。委托代理问题、"搭便车"问题和预算软约束问题同样存在于大型私有企业。虽然某些私有企业仍然由所有者管理，但是，所有者可能既无兴趣也无能力亲自经营企业，私有企业在发展到一定规模必然抛弃家族管理，经营权由职业经理人掌控，并向股权分散化、单一股东持股份额低到难以发挥控制力的公司制企业转变。古典经济学家对私有企业存在的委托代理问题有明确的分析："股东对于公司业务多无所知。在钱财的处理上，股份公司的董事为他人尽力，而私人合伙公司的伙员，则纯是为自己打算。所以，要想股份公司董事们监视钱财用途，像私人合伙公司伙员那样用意周到，那是很难做到的。疏忽与浪费，常为股份公司业务经营上多少难免的弊窦。唯其如此，凡属从事国外贸易的股份公司，总是竞争不过私人的冒险者。"[①] 这样的私有企业，经营者获得了比所有者更大的控制权，所有者只能通过股东会选举董事会、董事会聘用的管理者进行控制和管理，此时私有企业面临与国有企业同样的问题。"搭便车"和缺乏监督现象客观存在，由此否定

---

① ［英］亚当·斯密：《国民财富的性质和原因的研究（下）》（郭大力、王亚南译），商务印书馆1974年版，第303页。

国有企业可以成为市场主体的结论不充分，关键在于建立科学的公司治理和外部监督机制，厘清董事会、监事会、经理层等在现代公司治理结构中的功能，构建决策、执行和监督相互制衡的治理机制，形成既能保障股东权益又能调动经营者积极性的激励约束制度，降低代理人的机会主义偏好。可见，国有企业和现代私有企业都具有所有权与控制权相分离这一特征，都面临委托代理问题和"搭便车"问题。国有企业属于全民所有，全体人民是国有企业经营管理权限的终极委托人。然而，人民由于人数众多而难以直接对某一个国有企业履行具体的契约执行能力，这就造成国有企业委托人虚化，人民对国有企业的委托人职能必须借助政府行政体系的力量来实现。尽管国有企业的委托代理关系由于委托人人数众多而比私有企业复杂，国有企业委托人对代理人的监督更困难，但是，这并不能得出人民无法监督代理人的结论。客观事实是，对代理人的监督并不需要全体委托人的行动，少数代理人的努力，通过信息对大众的公开传播就可以达到有效监督和制约代理人，从而使国有股东对经理人的监督达到私有企业的水平。根据现代企业治理理论，政府可以行使委托人职责，为国有企业设计一种制度和机制，对国有企业完善决策机制、强化集体决策和推进科学决策提出要求，通过信息公开和加强外部监督，激励约束代理人努力工作，代理人和委托人利益协调一致并成为利益共同体。

西方经济理论的核心，尤其是一般均衡理论并没有涉及所有权问题。根据一般均衡理论，如果假定公有制企业也追求利润最大化，其结果与私有制没有区别（热拉尔·罗兰，2013）。从国内外实践看，国有企业能否成为市场竞争主体，核心是看其是否拥有独立资产和利益，能否在市场竞争中自主决策，与各类经济主体建立公平竞争关系，平等获取各种生产要素和稀缺资源，同等接受供求、竞争和价格调节。尽管国有企业因为特殊的所有制关系一定程度上被视为政府职能的延伸，客观上承担一些公共服务功能，扮演着公共利益增进者和维护者的角色，但国有企业性质上是一种享有自主权并具有长期经济目的的经济组织，是为市场提供产品或服务的企业。就法律形式而言，经过政企分离改革和公司制改造，国有企业普遍采取与一般私有企业相同的公司制组织形式，成为具有独立法律人格、拥有自己的财产、独立承担财产责任并能以自己的名义从事经营活动的企业，并且绝大多数国有企业从事着以营利为目的的商业性活动。即使一些国有企业成立的目的是为了更好地管理和控制某种经济活动，替代行政机构履行公共职能，这类国有企业也与直接掌握公共资源和行使行政权的政府部门不同，可以采取近似于私营企业的管理方法。此时，即使其经营目标为政府所设定，国有企业仍然可以实行"独立核算、自负盈亏"，按商业原则管理和经营。可见，中国国有企业已经满足市场主体在独立资产、独立利益和自主决策等方面的要求，成为合格的市场主体。

国有企业和私有企业都具有寻求政府保护形成与维持垄断地位，影响和诱导政府部门人员不正当使用公权力，从而获得有利交易机会的动机。这个私有企业同样存在的问题，不是阻碍国有企业成为市场竞争主体的障碍。不同所有制企业进入垄断行业面临的不平等待遇可以从制度上加以解决，国有企业拥有和行使的公共权力可以通过改革剥离。政府可以被改革为竞争中立者，保持中立态度，一视同仁地对待各类企业，为各类企业创造公平竞争环境。政府或国有资产管理机构可以给国有企业设立明确、可考核的财务目标，使其按商业原则管理和经营。在国有企业垄断和拥有较强控制力的产业领域，只要政府放弃限制新企业进入的政策，取消对在位垄断企业的保护，新企业会进入这些领域，形成国有企业与非国有企业相互竞争的市场结构。可见，垄断不能消灭竞争，离开政府保护企业无法长期维持垄断地位。只有公平对待国有企业、私有企业和其他企业等各类市场主体，取消各类市场主体的不合理待遇，国有企业与非国有企业能够进行公平竞争，并且国有企业之间能够形成各自具有独立利益的竞争关系，国有企业才能成为能够满足市场经济体制要求，以其法人财产权独立从事经营活动、承担有限责任和平等参与市场竞争的合格的市场主体。

规范政府对国有企业管理是国有企业成为市场主体的前提。这个问题的实质是国有企业与政府的关系，即政企关系。由于国有企业的公共属性，政府需要从政策制定实施和行使所有权两个角度对国有企业进行管理，核心是理顺政府管理国有企业的方式和途径，妥善解决政企不分的弊端。正如一些文献指出的，改革开放之前，社会主义国家（政府）是全部生产资料，进而也自然而然地是全部剩余产品的唯一所有者和支配者；社会主义国家内部的全民所有制企业之间也是自我封闭，彼此独立的。改革伊始，提出适当分离所有权和经营权，将国有企业改造成具有独立经济利益的法人实体和市场主体，使其成为商品生产者和经营者。目前，中国基本厘清了政府作为经济管理者和国有企业所有者的职能界限，改革了国有企业在税收、补贴、市场准入等方面的不合理竞争优势，国有企业遵守与非国有企业一样的制度规则，国有企业的经营决策普遍是基于经济目标和商业规则考虑做出。国有企业实现了从政府"附属物"向具有独立利益的法人实体和市场主体的转变，改变了政府直接管理和经营国有企业的体制，探索出与市场经济兼容的国有企业形式——以现代企业制度为基础的公司制、股份制企业，实现了所有权与经营管理权的分离和按商业化原则经营与管理。但是，由于政企分离的不彻底，一些国有企业还没有完成市场主体的改造，仍然具有行政机构附属物的特点，还在承担本应该由政府和社会承担的事务，这是中国国有企业不完全适应市场经济的重要原因。此外，中国市场经济体制还不成熟、不完善，政府对一些国有企业经营行为的干预依然存在，国有企业在一些领域垄断程度过高、竞争活力不足的问题依然存在，国有企业和国有资本管理体制还在改革探索中，国有企业成为合格市场主体还有不少问题需要解决。这些问题正在通过当前的深化改革加以解决。当前的改革，要科学界定政府职能，进一步厘清政企关系，严格落实政企分开、政资分开、所有权与经营权分离等改革措施，实现政府和国有企业在人事、职能、责任、资产等方面的分离，使国有企业成为与其他经济成分平等的市场主体，从制度上保障国有企业成为合格的市场主体。

构建国有企业和其他所有制企业公平竞争制度，使各类市场主体在要素取得、市场准入和市场监管等各方面面临同一体制环境，是国有企业成为市场竞争主体的客观要求。市场经济本质是依靠市场主体自主选择和市场主体之间的竞争，通过市场主体不断创新来改善资源配置效率，最终实现资源配置效率最大化。市场配置资源，核心是公平竞争。不同所有制企业之间和同一所有制的不同企业之间，包括国有企业之间都存在竞争关系。只有通过公平竞争，包括国有企业与国有企业、国有企业与私有企业、私有企业与私有企业之间的公平竞争，才能实现优胜劣汰。不公平的竞争尽管也是竞争，但由于诱导市场主体谋取不正当利益，削弱了市场创新的激励，不能实现资源最优配置。从这个意义上说，社会主义市场经济体制必须实现公平竞争这个基本制度要求，政府必须公平配置公共资源，发挥好构建和保障公平竞争制度这个基本责任。任何企业组织形式，无论国有企业还是私有企业，都需要在公平竞争中成长壮大。在竞争性市场中，任何企业包括国有企业都不应该享受特殊优待和支持，国有企业应该和私有企业拥有平等的市场竞争地位，国有企业根据市场需求组织生产经营与私有企业同样的产品与服务，不应该基于特殊所有权地位而享受私有企业不能享受的竞争优势。如果国有企业的效率不够高，同样会面临市场优胜劣汰的洗礼。对于竞争性行业和领域，应该放宽市场准入，政府不对进入市场的企业数量进行限制，激励企业依靠科技创新和管理创新来获得生存发展能力，不宜强行要求国有企业退出竞争。实践证明，国有企业不是天然无法改变的低效率，私有企业也不是天生永恒的高效率，依靠创新实现高效率的国有企业和非国有企业均不乏其例。各类企业公平竞争，高效率的企业生存发展，低效率的企业被淘汰，经济体制才能不断提高资源配置效率，并展现出活力和优越性。

第四节　国有企业的治理创新

　　国有企业治理模式的变迁经历了三个阶段。第一阶段为改革开放初期的厂长负责制。第二阶段为社会主义市场经济体制的提出和建立时期。这一阶段的前十年，国有企业治理重点是建立现代公司制企业治理架构；后十年主要是完善现代企业制度和加强国有资产监督管理。第三阶段是党的十八大以来，国有企业治理进入规范和完善公司治理制度新阶段。

　　改革开放初期，国有企业治理从党委领导下的厂长负责制改变为厂长负责制，厂长由企业主管机构或干部管理机构委派任命和免职。厂长为企业法定代表人，行使法人职权，并全面负责企业生产、经营、管理事务。在国有企业内部设立管理委员会，以协助厂长履行企业经营管理职责。厂长须向党委会和职工代表大会报告工作并接受其监督。这一治理模式实质是产权单一化企业的治理结构，厂长对企业生产经营、人事安排、资产管理等具有绝对控制权，国有企业以执行国家生产计划任务为目标并以事实上的工厂形式而存在。由于党的作用弱化和职工民主管理薄弱，企业权力高度集中于厂长，职工代表大会对厂长及企业的监督无力，未形成监督和制衡厂长的力量。

社会主义市场经济体制改革目标提出之后，建立和完善现代企业制度成为国有企业改革的主攻方向。1994年国务院选择一批国有大中型企业进行现代企业制度试点，开启了国有企业建立现代企业制度的改革。现代企业制度一些元素嵌入中央和地方国有企业治理，治理架构向公司制企业治理转变，但企业市场主体地位还受到政企关系、国有出资人履职不规范、治理机构权责界定不清等制约（汪海波，2005）。党的十五大进一步提出对国有大中型企业实行规范的公司制改造，使企业成为适应市场的法人实体和竞争主体。中共十五届四中全会提出了国有大中型骨干企业建立现代企业制度改革任务的时间表，要求用三年左右时间，在20世纪末完成大多数国有大中型骨干企业初步建立现代企业制度。

公司制改造和现代企业制度改革暴露了国有企业缺乏出资人监管的缺陷。一是一些已经建立起现代企业制度架构的国有企业，"形似神不似"（刘戒骄，2013），仅仅在名义上建立现代企业制度架构。二是由于出资人制度不完善，国有企业内部人控制问题突出。尤其那些经过改制而成的国有独资和绝对控股公司，所有者和委托人缺位问题凸显，董事会与经理层权力高度集中于董事长和总经理个人。法律建设滞后导致外部监督缺乏有效措施，内部治理的监督制约处于弱势，国有企业未能形成权力机构、决策机构、执行机构、监督机构相互制衡的法人治理结构。三是监督机制薄弱。尽管1998年国务院向国有大中型企业派驻稽查特派员，代表国家履行监督职责。但是，稽查特派员制度是一种事后监督而非全过程监督机制，而且游离于公司法人治理结构体系之外，存在时效滞后和信息不对称等局限。

2003年国务院国有资产监督管理委员会成立，随后地方各级国有资产监督管理机构相继建立，国有企业制度创新进入以加强出资人监督和完善法人治理为重点的新阶段。国资监管机构代表国家履行出资人职责，填补了国有企业所有者缺位和委托人缺位问题，明确了中央企业和地方国有企业出资人地位，解决了长期困扰国有企业所有者缺位、委托人虚位问题，促进了政府公共管理职能与国有资产出资人职能的分离。在国资委具体组织下，国有企业加强了董事会制度建设，大多数中央企业包括国有独资中央企业及其二级国有独资公司、全资公司建立了比较规范的董事会，董事会内部组织架构及运作机制不断完善，多数企业外部董事均超过半数，增强了董事会独立性、专业性和决策能力。

这期间国有企业改革坚持了"少而精、大而强"的原则。"少而精、大而强"的目的在于改变国有企业数量过多和管理链条过长的弊端，提高国有企业竞争力和国有经济质量。"少而精"是建立有效管理幅度的要求，"大而强"是参与市场竞争的需要。在宏观经济层面，"少而精、大而强"是指继续推动国有资本向关系国家安全和国民经济命脉的重要行业与关键领域集中，向具有竞争优势的行业和未来可能形成主导产业的领域集中，增强国有经济的控制力、影响力和带动力，更好地发挥国有经济的主导作用。同时明确，对不属于关系国家安全和国民经济重要行业与关键领域的国有资本，按照有进有退、合理流动原则，实行依法转让。要鼓励非公有制经济通过并购和控股、参股等多种形式，参与国有企业的改组、改制、改造。在产业层面，"少而精、大而强"是指根据纵向和横向关联关系，大力推进国有企业跨地区、跨行业重组，实现国有大型企业强强联合，促进国有资本不断向优势企业集中，发展壮大一批对经济发展有重大带动作用的大企业。

党的十八届三中全会提出"以管资本为主加强国有资产监管"，国有资产监管职能发生重大转变，由"以管企业为主"转变为"以管资本为主"（张卓元，2016）。国资监管机构职能定位更加清晰，即"该管的"一定要管好，不能缺位，"不该管的"坚决不管，权力下放、绝不越位。国资监管机构履行出资人职责，以实现国有资本保值增值、放大国有资本功能为目标，从战略上优化国有资本布局、规范国有资本运作、推进经营性资产统一集中监管。企业经营决策、人事任免、薪酬分配、绩效考核、奖惩机制等"不该管的"，自主经营权要依法依规归位于企业，国资监管机构不越位干涉企业法人财产权和经营自主权。国资监管机构职能的这个转变，客观上要求企业规范和完善法人治理制度，加强董事会和监事会制度建设，强化外部监督和内部制衡。

中共中央、国务院《关于深化国有企业改革的指导意见》提出了分类推进国有企业改革的总要求，分类改革治理体现在治理结构、股权结构、管理人员产生机制、薪酬分配机制和业绩考核导向等方面的差异化。治理结构上，国有独资公司不设股东大会，股东会职权由出资机构行使，国有控股公司、全资公司根据股权份额由出资人代表参与股东会，按照法律法规、公司章程行使股东权利、履行股东义务。股权结构差异化在公益类国有企业以国有独资为主，具备条件之后再进行投资主体多元化，商业一类国有企业则不设股权比例限制，积极发展混合所有制经济，商业二类国有企业在保持国有资本控股的基础上支持社会资本参股。管理人员产生机制差异化体现在坚持党管干部原则与市场选聘机制相结合。公益类国有企业和商业二类国有企业因执行国家特殊使命与功能，主要采取上级党组织和国资监管机构选拔、任免高管人员，但要结合具体情况采用市场化方式选聘一定比例的职业经理人充实到国有企业领导班子；商业一类国有企业高管人员任免权由董事会依法产生，主要利用市场机制、聘任制这一选人用人方式。薪酬分配机制上，行政任命类国有企业领导人员薪酬分配以政府为主导、兼顾市场机制，科学制定基本薪酬、绩效薪酬、任期绩效薪酬水平和结构，市场化选聘类管理人员薪酬分配方案由市场机制决定，将企业经营业绩与管理人员薪资挂钩，建立中长期薪酬激励机制。考核导向上，公益类国有企业考核以社会目标导向为主，重点考核公共产品服务供给能力、成本控制以及运营保障效率。商业一类国有企业考核以经济目标为导向，重点考核企业经营业绩、市场竞争力以及国有资产保值增值。商业二类国有企业考核以国家战略目标为导向，重点考核企业完成国家战略、特殊使命、前瞻性战略性产业情况。

党的十九大以来，中央强调发挥国有企业在我国的重要基础地位和重大历史作用，尊重市场经济规律，深化国有资产管理体制和国有资本管理体制改革，以管资本为主加强国有资产监管，加快国有经济布局优化、结构调整、战略性重组，建设中国特色现代国有企业，培育世界一流企业。这是以习近平同志为核心的党中央对新时代国有企业改革做出的系统部署，为新时代推动国有企业制度创新提供了根本遵循。

第五节 深化垄断行业改革

我国石油、电网、民航、电信等垄断行业的历史沿革和体制变化具有鲜明的特点。新中国成立以来至改革开放初期，我国实行的是计划经济体制。垄断行业采取了政企合一和国有垄断经营的体制，实行低价格、高财政补贴的运营机制，价格基本不受供求关系和成本变动的影响。这期间，随着经济发展和改革开放的深化，垄断行业垄断经营和政企合一、政监不分的弊端日益突出，我国深化了垄断行业改革，并取得了新的进展。石油、电力、民航、电信等行业在实行政企分离、政资分开、业务重构等方面取得了成效，对国有经济改革和政府职能转变具有积极的推动作用。

党的十六大之后，我国垄断行业在改革管理和监管体制、放宽市场准入、引入非国有资本等方面进行了较大幅度的改革，垄断行业包括网络环节先后对外资和民营资本开放，外资和国内民营资本开始进入垄断行业，电信、电力非网络环节和民航基本形成了竞争性市场结构，垄断行业的政策制定权、监管权和作为这些行业中国有企业所有者代表拥有的所有权这三个权能逐步分离。随着国有资产管理体制改革的推进和中央企业出资人制度的建立，垄断行业中国有企业改革进入了由出资人推动的新阶段，企业的产权结构、业务结构和组织结构不断优化，管理层级基本实现了扁平化，经过主辅分离主业得到加强，企业竞争力和绩效显著提升。但是，这期间我国垄断行业改革在整个经济体制改革中具有起步晚和相对滞后的特点，中央企业改革仍然处于探索阶段，管理和经营体制仍处于转型之中。在健全法规、改善监管、合理激励、促进竞争并使竞争惠及终端用户等方面，垄断行业仍有许多问题亟待解决。

一是没有厘清发展和改革的界限。我国垄断产业改革成绩巨大但尚未完成，目前处于攻坚克难阶段。垄断产业发展和改革都很重要，但发展不等于改革，不能因为发展成就而忽视改革。改革应以可竞争性市场结构构建和公平竞争制度建设为主线，统筹社会福利、产业效率和企业绩效，加强反垄断机构建设，改善监管，推动网络设施开放使用，在垄断产业形成兼有规模经济和竞争效率的市场结构，使垄断产业成为社会主义市场经济体制更具活力的组成部分，改革和发展成果更好地惠及国民经济其他产业和广大人民群众。这就要求垄断产业改革应该着眼于整个国民经济而不仅是某个行业或经济主体自身成长的视角，在竞争性市场结构建设、改善监管、收入分配和相关政策等方面取得突破，尽快扭转在整个经济体制改革中相对滞后的问题。

二是没有形成各种所有制经济依法平等使用生产要素、公平参与市场竞争、同等受到法律保护的体制环境。市场经济本质是以市场作为资源配置的基础手段，在市场规律这只"看不见的手"指挥下，社会资源获得最优配置。只有公平的市场竞争，才能有效地发现价格，优胜劣汰。不公平的竞争，尽管也是竞争，却难以达到资源最优配置的目标。从这个意义上说，公平竞争是市场经济的命脉和本质性特征，也是社会主义市场经济体制的根本要求。无论国有企业还是民营企业都需要在竞争中锻炼自己，发展自己。如果存在公平竞争的环境，国有企业和民营企业的效率都会增加。在竞争充分的环境中，无论国有企业还是民营企业，如果效率没有增加，不能和同行业的其他企业进行竞争，就会被市场竞争所淘汰。对于垄断产业中的可竞争性环节，应该允许国有企业与民营企业公平竞争，鼓励企业通过提高创新能力和生产效率来获得经济资源和竞争优势。各类企业公平竞争、适者生存、优胜劣汰，整个经济体才能充满活力和不断提高效率。

三是社会性监管滞后，维护用户和社会公众正当权益的措施不完善。垄断产业的监管不是一般意义上的政府行政管理，而是通过法律授权，对市场主体的某些行为进行限制和监督。为加强而不是弱化市场机制作用，我国垄断产业监管从行政方式转变为重视各利益相关方的协调，监管目标重视保护公众利益和用户利益，经济性监管从市场准入限制转向对价格、经营者集中和市场势力等方面的监管，社会性管制重点转向安全、环境、职业健康监管。对于市场机制发挥作用的可竞争环节，应当以事后监管和竞争效果评估取代事前的市场准入、价格管制，逐渐缩小和降低专业监管机构的监管权、扩大和提升反垄断机构的监管权。监管机构应该注重采集和披露有关定价、合并、网络使用合同等信息，防治具有市场势力的公司滥用市场优势地位。

四是妨碍垄断产业有效竞争的政策依然存在。石油天然气、电力、民航等领域通过改革形成了可竞争性市场结构，但由于不少环节限制竞争、保护垄断的政策没有改变，有效竞争的格局没有形成。为实现改革的预期目标，迫切需要配套调整相关政策和管理措施，清理和改革生产要素配置、市场准入、进口管制中片面保护在位企业的政策。对于垄断性业务，包括邮政、铁路、公路、石油天然气管道、重要桥梁、大型水利工程和电力生产供应等基础设施与公用事业领域，其产品或服务具有公共物品的性质，规模经济性强，在技术经济上要求保持物理和经营管理上的整体性，可以授权一家或少数几家国有企业垄断经营，非国有资本可以以股权投资形式进入，但要防止相关企业凭借网络设施排挤竞争者，滥用市场优势地位。随着社会主义市场经济体制的成熟定型和民营经济成长，逐步降低上述领域对国有经济的依赖，实现从一股独大向股权分散的社会化企业的转变。对于资源类产品和服务的进出口，应放宽市场准入，允许更多的经营者经营，以便对国内垄断企业形成一定的竞争压力。

《 第十三章 》

全球第一制造业大国

过去几十年，世界 GDP 和制造业规模持续扩张，但世界经济格局发生了较大变化。美国等发达经济体 GDP 和制造业增加值虽然保持增长态势，但制造业增加值和就业人数占 GDP 及总就业人数的比重持续降低，发达经济体 GDP 和制造业增加值占世界 GDP 和制造业增加值的比重持续降低，中国等新兴经济体的结构地位持续提高。去工业化给西方发达国家就业和经济发展带来一系列突出问题，引起朝野各界对再工业化问题的广泛讨论。2008 年国际金融危机及此后欧洲主权债务危机的爆发促使美国和欧洲一些国家更加重视再工业化议题。他们对再工业化及相关议题的讨论，尤其是其中涉及的如何认识制造业作用、制造业与服务业的关系以及政府如何支持制造业发展等问题也非常值得我们重视和借鉴。美欧再工业化能否开启发达经济体制造业发展的又一个新阶段，及其对世界经济格局和发展中工业化国家有何影响尤其值得我们关注与研究。

第一节 中国经济发展和世界经济格局变化

工业化是指一个国家的工业特别是制造业在国民生产总值中的比重不断上升，以及工业就业人口在总就业人口中比重不断上升的过程，即制造业增加值占 GDP 的比重和制造业能够提供的劳动力份额在总就业人数中的比重显著提高的过程。2001～2012 年，中国延续了 20 世纪 80 年代以来的高速增长，世界制造业格局发生了较大变化。变化的一个主要特点是发展中国家尤其是中国制造业崛起，劳动力迅速从第一产业向第二产业和第三产业转移，制造业占 GDP 的比重和占世界制造业的比重持续提高。

一、中国制造业及相关指标变化

从表 13 - 1 和表 13 - 2 可见，2001～2012 年中国制造业增加值从 34690 亿元增加到 161326 亿元，制造业增加值占 GDP 的比重在 2003 年达到区间高点 38.01%，其余年份始终保持在 31% 以上。中国制造业总体延续了一个在规模上追赶和超过主要发达经济体的过程。1980 年中国制造业增加值远远低于美国和德国，与法国、英国相当。但 2001 年以来，中国制造业增长较快，制造业增加值先后超过德国、美国等世界制造业强国，成为世界制造业第一大国。由表 13 - 3 可见，中国 GDP 位居世界的位次跃升至第二位，货物进出口总额分别位列世界第二位和第一位，主要工业产品产量位居世界前列，钢、煤、发电量、水泥、化肥等产品位居世界第一。由表 13 - 4 所见，中国 GDP 和货物进出口增速远远高于世界平均水平和主要发达国家。中国商品进出口额占世界的比重大幅度提高。根据联合国统计数据库显示，中国人均 GDP 从 2001 年的 1038 美元增长到 2012 年的 6225 美元，远远低于发达国家，并与世界平均水平有较大差距。

表 13 - 1　　　　　2001～2012 年中国 GDP 及分行业增加值　　　单位：亿元

年份	GDP	第一产业	第二产业	工业	制造业	第三产业
2001	97314.8	15411.8	48750.0	42375.0	34690.0	33153.0
2002	105172.3	16117.3	52980.2	45975.0	37803.0	36075.0
2003	117390.2	16928.1	61274.1	53093.0	44615.0	39188.0
2004	159878.3	21412.7	73904.3	65210.0	51749.0	64561.0
2005	183217.4	22420.0	87364.6	77231.0	60118.0	73433.0
2006	211923.5	24040.0	103162.0	91311.0	71212.9	84721.0
2007	257305.6	28627.0	124799.0	110535.0	87464.8	103880.0

续表

年份	GDP	第一产业	第二产业	工业	制造业	第三产业
2008	314045.4	33702.0	149003.4	130260.0	102539.0	131340.0
2009	340902.8	35226.0	157638.8	135240.0	110118.0	148038.0
2010	401512.8	40533.6	187383.2	160722.0	130325.0	173596.0
2011	473104.0	47486.2	220412.8	188470.0	150597.0	205205.0
2012	519470.1	52373.6	235162.0	199671.0	161326.0	231934.0

资料来源：相关年份《中国统计年鉴》。

表 13 - 2   2001 ~ 2012 年中国 GDP 及分行业增加值占 GDP 比重

年份	GDP（亿元）	第一产业（%）	第二产业（%）	工业（%）	制造业（%）	第三产业（%）
2001	97314.8	15.84	50.10	43.54	35.65	34.07
2002	105172.3	15.32	50.37	43.71	35.94	34.30
2003	117390.2	14.42	52.20	45.23	38.01	33.38
2004	159878.3	13.39	46.23	40.79	32.37	40.38
2005	183217.4	12.24	47.68	42.15	32.81	40.08
2006	211923.5	11.34	48.68	43.09	33.60	39.98
2007	257305.6	11.13	48.50	42.96	33.99	40.37
2008	314045.4	10.73	47.45	41.48	32.65	41.82
2009	340902.8	10.33	46.24	39.67	32.30	43.43
2010	401512.8	10.10	46.67	40.03	32.46	43.24
2011	473104.0	10.04	46.59	39.84	31.83	43.37
2012	519470.1	10.08	45.27	38.44	31.06	44.65

资料来源：作者根据相关年份《中国统计年鉴》计算。

表 13 - 3   中国主要指标居世界位次

指标	1978 年	1990 年	2000 年	2005 年	2010 年	2011 年	2012 年
国内生产总值	10	11	6	5	2	2	2
人均国民总收入	175(188)	178(200)	141(207)	128(208)	121(215)	114(214)	112(214)
进出口贸易额	29	15	8	3	2	2	2
货物出口总额	31	14	7	3	1	1	1
货物进口总额	29	17	8	3	2	2	2

续表

指标	1978 年	1990 年	2000 年	2005 年	2010 年	2011 年	2012 年
主要工业产品产量							
钢	5	4	1	1	1	1	1
煤	3	1	1	1	1	1	1
原油	8	5	5	5	4	4	4
发电量	7	4	2	2	1	1	1
水泥	4	1	1	1	1	1	1
化肥	3	3	1	1	1	1	1
棉布	1	1	2	1	1	1	1

注：本表资料来源于国际组织，仅供参考。其中，人均国民总收入下括号中所列数为参与排序的国家和地区数。

资料来源：《中国统计年鉴（2013）》。

表 13 - 4　　　中国及几个主要国家的货物和服务进出口增长率　　　单位：%

	2001年	2002年	2003年	2004年	2005年	2006年	2007年	2008年	2009年	2010年	2011年	2012年
世界货物和服务出口	0.3	3.4	5.2	10.6	7.4	9.3	7.0	2.9	-9.8	11.8	7.0	3.2
世界货物和服务进口	1.0	3.3	6.3	11.0	8.4	9.2	7.8	3.0	-10.6	12.9	7.6	2.8
世界 GDP	2.0	2.2	3.0	4.3	3.9	4.3	4.2	1.8	-1.7	4.3	3.2	2.5
中国货物和服务出口	6.8	19.0	21.3	17.2	16.5	19.7	16.3	4.9	-8.3	17.5	12.2	6.7
中国货物和服务进口	13.1	20.2	26.5	20.4	13.4	16.0	14.1	5.0	2.3	22.0	17.7	6.6
中国 GDP	8.3	9.1	10.0	10.1	11.4	12.7	14.2	9.7	9.4	10.6	9.5	7.9
日本货物和服务出口	-6.7	7.8	9.5	14.3	7.2	10.3	8.7	1.6	-23.4	24.9	-0.2	-0.1
日本货物和服务进口	1.0	0.7	3.4	8.1	6.1	4.7	2.2	0.7	-15.7	11.2	5.8	5.4
日本 GDP	0.4	0.1	1.5	2.2	1.7	1.4	1.7	-1.1	-5.4	4.2	-0.1	1.5
法国货物和服务出口	3.1	2.0	-1.0	5.4	4.0	6.0	2.8	0.4	-10.9	8.7	6.4	2.8
法国货物和服务进口	2.4	1.9	0.9	6.2	6.3	5.6	5.8	1.3	-9.4	8.9	5.8	0.2
法国 GDP	2.0	1.1	0.8	2.8	1.7	2.4	2.4	0.3	-2.9	1.9	2.2	0.3

续表

	2001年	2002年	2003年	2004年	2005年	2006年	2007年	2008年	2009年	2010年	2011年	2012年
德国货物和服务出口	5.7	4.3	1.9	11.4	6.7	12.3	9.3	1.9	−14.3	14.5	8.3	2.8
德国货物和服务进口	0.8	−2.5	5.7	7.9	5.8	11.1	6.2	2.2	−9.6	12.9	7.0	−0.1
德国 GDP	1.7	0.0	−0.7	1.2	0.7	3.7	3.3	1.1	−5.6	4.1	3.7	0.5
美国货物和服务出口	−5.8	−1.7	2.2	9.7	7.1	9.3	8.7	5.7	−8.4	12.1	7.1	3.4
美国货物和服务进口	−2.8	3.6	4.9	11.4	6.5	6.6	2.5	−2.2	−13.1	13.1	5.6	2.7
美国 GDP	1.0	1.7	2.9	3.8	3.5	2.9	1.9	−0.1	−2.5	2.6	1.6	2.2

注：以 2010 年不变价格（美元）。

资料来源：相关年份《中国统计年鉴》。

2001～2012 年，我国经济发展和改革开放取得了举世瞩目的成就，制造业规模、产业结构和发展质量都发生了意义深远的重大变化，但我国制造业大而不强、缺乏世界一流企业的基本状况没有变，关键核心技术和行业发展掌控能力仍然大幅落后于发达国家。强调这一点，不是要妄自菲薄、自甘落后，也不是要脱离实际、急于求成，而是要坚持把它作为继续发展的主攻方向。党的十六大提出走新型工业化道路，大力实施科教兴国战略和可持续发展战略。实现工业化仍然是我国现代化进程中艰巨的历史性任务。信息化是我国加快实现工业化和现代化的必然选择。坚持以信息化带动工业化，以工业化促进信息化，走出一条科技含量高、经济效益好、资源消耗低、环境污染少、人力资源优势得到充分发挥的新型工业化路子。我们必须始终保持清醒的头脑，立足制造业大而不强的实际情况，科学分析我国全面参与经济全球化的新机遇、新挑战，全面认识制造业发展的新形势、新任务，深刻把握我国制造业发展面临的新课题、新矛盾，更加自觉地走高质量道路，努力实现制造业从大到强的飞跃。

二、中国制造业与发达国家的比较

由表 13－5 可见，2001～2012 年，中国货物和服务出口占本国 GDP 的比重从 22.4％增加到 25.4％。相比较，美国从 9.7％增加到 13.5％，德国从 31.9% 增加到 46.0%。中国货物和服务进口占本国 GDP 的比重从 20.3% 增加到 22.7%。相比较，美国从 13.2% 增加到 17.0%，德国从 30.1% 增加到 39.9%。表 13-1 和表 13-2 表明，中国 GDP 和工业增加值占世界 GDP 和工业增加值的比重持续提高，表 13-5 和图 13-1 至图 13-3 说明，商品和服务进出口金额占世界商品进出口的比重大幅度提高。即使考虑到表 13-6 和表 13-7 反映的进出口商品价格指数，这种变化趋势依然不变。表 13-8 反映的变化趋势表明，中国 GDP 占世界的比重显著高于世界平均水平和主要经济体，中国货物和服务进出口绝大多数年份保持高速增长，货物和服务出口在 2004~2007 年和 2010 年、2011 年实现了多年两位数增长。表 13-9 表明，这期间中国人均 GDP 连年增长，与世界平均水平和主要经济体虽然还有较大差距，但差距显著缩小。西方国家一些研究者提出，去工业化与全球化密切相关，美国和欧洲制造业受到国外两种力量挤压。一是传统或低技术产业受到低工资、低管制的发展中国家竞争，这迫使美国和欧洲高收入国家制造业重新配置资源。二是高技术领域的优势由于受到东亚等地区挑战而逐步削弱。有人认为，美国在铁路运输和可再生能源装备制造领域已经明显落后于其他国家，包括德国、西班牙、日本、韩国和中国。美国政府认为，美国不应该让这些领域继续衰落。这些领域是技术创新和未来驱动全球市场的焦点，具有提供数百万个良好就业岗位的前景。针对制造业就业和产出比重持续降低，大量投资转向海外而国内投资相对不足的问题，美国和欧洲一些国家许多人主张实施再工业化对策，重新平衡制造业和服务业，尽快改变外国制造、美国消费的经济格局。

表 13-5　　　　2001~2012 年中国、德国、美国货物和
服务进出口额占本国 GDP 的比重
单位：%

国别	指标	2001年	2002年	2003年	2004年	2005年	2006年	2007年	2008年	2009年	2010年	2011年	2012年
中国	出口	22.4	24.8	29.2	31.1	33.8	36.0	35.4	32.5	24.5	26.3	26.5	25.4
	进口	20.3	22.3	27.1	28.4	28.4	28.4	26.7	24.9	20.1	22.6	24.1	22.7
德国	出口	31.9	32.6	32.6	35.4	37.7	41.2	43.0	43.5	37.8	42.3	44.8	46.0
	进口	30.1	28.2	28.9	30.4	32.7	35.9	36.4	37.5	32.9	37.1	39.9	39.9
美国	出口	9.7	9.1	9.0	9.6	10.0	10.7	11.5	12.5	10.9	12.3	13.5	13.5
	进口	13.2	13.0	13.4	14.7	15.5	16.2	16.5	17.4	13.7	15.7	17.3	17.0

资料来源：联合国统计数据库，https：//unstats. un. org/unsd/snaama/Downloads。

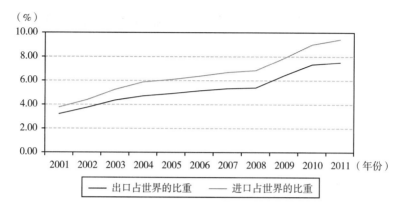

图 13 - 1 中国商品进出口占世界的比重（现价美元）

资料来源：联合国统计数据库，https：//unstats. un. org/unsd/snaama/Downloads。

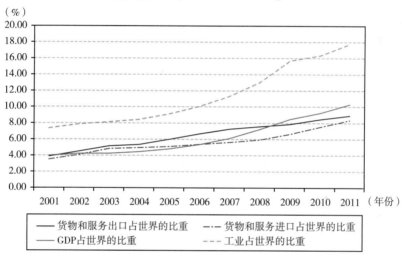

图 13 - 2 中国货物和服务进出口及 GDP 占世界的比重（现价美元）

资料来源：联合国统计数据库，https：//unstats. un. org/unsd/snaama/Downloads。

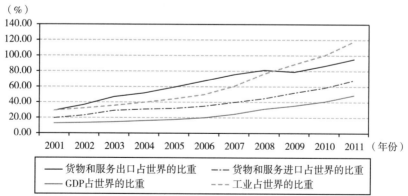

图 13 - 3 中国进出口及 GDP 占世界的比重（现价美元）

资料来源：联合国统计数据库，https：//unstats. un. org/unsd/snaama/Downloads。

表 13 - 6　　　2001 ~ 2011 年进口商品价格指数（上年 = 100）

年份	世界	中国	德国	日本	美国
2001	99.6	108.3	98.2	101.5	97.0
2002	102.8	118.4	97.2	100.8	104.4
2003	106.1	138.2	104.7	106.0	105.5
2004	110.4	121.7	105.8	106.7	110.9
2005	106.5	111.6	102.8	102.6	105.6
2006	108.1	116.4	110.7	103.9	105.5
2007	106.3	113.8	105.9	101.2	101.1
2008	102.2	103.8	100.1	99.0	96.3
2009	86.9	102.9	90.2	87.8	83.6
2010	113.7	122.0	111.2	110.1	114.8
2011	105.3	108.8	106.5	104.3	103.8

资料来源：https：//www.wto.org/english/res_e/statis_e/merch_trade_stat_e.htm。

表 13 - 7　　　2001 ~ 2011 年出口商品价格指数（上年 = 100）

年份	世界	中国	德国	日本	美国
2001	96.2	97.3	99.4	91.4	99.1
2002	101.1	96.8	105.8	95.8	99.0
2003	110.8	102.1	118.1	103.7	101.6
2004	110.9	109.1	110.2	105.6	103.9
2005	107.1	102.7	102.6	100.1	103.2
2006	106.4	104.2	102.7	97.7	103.6
2007	108.6	105.1	110.4	101.0	104.9
2008	113.1	108.0	109.2	107.0	106.0
2009	88.1	93.8	92.8	98.9	95.4
2010	106.7	102.5	98.3	104.0	104.9
2011	114.0	110.6	108.5	107.6	108.1

资料来源：https：//www.wto.org/english/res_e/statis_e/merch_trade_stat_e.htm。

表 13 – 8　　中国及几个主要国家的货物和服务进出口增长率　　单位：%

国别和项目	2001年	2002年	2003年	2004年	2005年	2006年	2007年	2008年	2009年	2010年	2011年	2012年
世界货物和服务出口	0.3	3.4	5.2	10.6	7.4	9.3	7.0	2.9	-9.8	11.8	7.0	3.2
世界货物和服务进口	1.0	3.3	6.3	11.0	8.4	9.2	7.8	3.0	-10.6	12.9	7.6	2.8
世界GDP	2.0	2.2	3.0	4.3	3.9	4.3	4.2	1.8	-1.7	4.3	3.2	2.5
中国货物和服务出口	6.8	19.0	21.3	17.2	16.5	19.7	16.3	4.9	-8.3	17.5	12.2	6.7
中国货物和服务进口	13.1	20.2	26.5	20.4	13.4	16.0	14.1	5.0	2.3	22.0	17.7	6.6
中国GDP	8.3	9.1	10.0	10.1	11.4	12.7	14.2	9.7	9.4	10.6	9.5	7.9
日本货物和服务出口	-6.7	7.8	9.5	14.3	7.2	10.3	8.7	1.6	-23.4	24.9	-0.2	-0.1
日本货物和服务进口	1.0	0.7	3.4	8.1	6.1	4.7	2.2	0.7	-15.7	11.2	5.8	5.4
日本GDP	0.4	0.1	1.5	2.2	1.7	1.4	1.7	-1.1	-5.4	4.2	-0.1	1.5
法国货物和服务出口	3.1	2.0	-1.0	5.4	4.0	6.0	2.8	0.4	-10.9	8.7	6.4	2.8
法国货物和服务进口	2.4	1.9	0.9	6.2	6.3	5.6	5.8	1.3	-9.4	8.9	5.8	0.2
法国GDP	2.0	1.1	0.8	2.8	1.7	2.4	2.4	0.3	-2.9	1.9	2.2	0.3
德国货物和服务出口	5.7	4.3	1.9	11.4	6.7	12.3	9.3	1.9	-14.3	14.5	8.3	2.8
德国货物和服务进口	0.8	-2.5	5.7	7.9	5.8	11.1	6.2	2.2	-9.6	12.9	7.0	-0.1
德国GDP	1.7	0.0	-0.7	1.2	0.7	3.7	3.3	1.1	-5.6	4.1	3.7	0.5
美国货物和服务出口	-5.8	-1.7	2.2	9.7	7.1	9.3	8.7	5.7	-8.4	12.1	7.1	3.4
美国货物和服务进口	-2.8	3.6	4.9	11.4	6.5	6.6	2.5	-2.2	-13.1	13.1	5.6	2.7
美国GDP	1.0	1.7	2.9	3.8	3.5	2.9	1.9	-0.1	-2.5	2.6	1.6	2.2

注：2010 年不变价格（美元）。

资料来源：联合国统计数据库，https：//unstats. un. org/unsd/snaama/Downloads。

表 13 - 9　　　中国人均 GDP 及其与世界平均水平和
主要经济体的比较　　　单位：现价美元

国家和地区	2001年	2002年	2003年	2004年	2005年	2006年	2007年	2008年	2009年	2010年	2011年	2012年
世界	5366	5512	6108	6793	7270	7780	8663	9384	8791	9508	10443	10538
东亚	4382	4373	4738	5223	5483	5699	6267	7164	7488	8535	9807	10432
中国	1038	1132	1271	1488	1730	2070	2657	3420	3779	4487	5538	6225
日本	33694	32174	34713	37556	37054	35274	35137	39190	40690	44341	47916	48302
英国	27488	29873	34305	40139	41883	44360	50221	46785	38179	38746	41292	41659
法国	22271	24045	29444	33654	34724	36438	41504	45312	41521	40565	43698	40791
德国	23924	25477	30674	34502	35035	36820	42287	46252	42213	42241	46429	43717
美国	37148	38039	39507	41751	44173	46385	48077	48497	47207	48574	49968	51692

资料来源：联合国统计数据库，https：//unstats. un. org/unsd/snaama/Downloads。

美国和欧洲的制造业虽然面临不少问题和困难，但他们仍然是世界上最具有创新能力的经济体，拥有高生产率、高技能的劳动力和先进装备，是世界上制造业最发达的国家和先进制造业发展最快的国家，作为世界制造业重要引领者的地位没有改变。从制造业规模看，美国和欧洲主要经济体制造业占本国 GDP 比重和占世界制造业比重降低的速度减缓，制造业依然是这些国家经济增长的重要动力。美国和欧洲在航空航天、光学医疗设备、电子信息等领域的关键产品制造仍然以本土为主。美国、德国等国家进口电话机和计算机显示器，却出口集成电路。即使是同一产品，由于工资较高，美国和欧洲一些国家倾向于生产与出口高质量产品，进口低成本和低质量产品。但每一单位该产品平均出口价格为平均进口价格的数倍。这就好像一个阶梯，各个国家都在攀登这个阶梯，美国和欧洲一些国家处于质量阶梯的顶端，制造高质量复杂产品；发展中国家处于质量阶梯的中下端，制造质量和复杂程度较低的产品。

三、推动中国制造业由大到强的转变

21 世纪初，随着中国经济规模扩大，长期形成的结构性矛盾和经济增长方式粗放等大而不强的问题日趋突出，集中表现在能源消耗高、环境污染重。固定资产投资增长过快、货币信贷投放过多、国际收支不平衡等经济运行中一些突出问题和深层次矛盾长期没有得到解决。投资与消费关系不协调，投资率持续偏高；第一产业、第二产业、第三产业发展不协调，工业特别是重工业比重偏大，服务业比重偏低；自主创新能力不强，经济增长的资源环境代价过大。特别是影响经济发展的体制机制障碍还相当突出，改革攻坚任务繁重。为有效应对这一阶段的发展问题，党的十六大以来，以胡锦涛同志为主要代表的中国共产党人，根据新的发展要求，深刻认识和回答了新形势下实现什么样的发展、怎样发展等重大问题，形成了以人为本、全面协调可持续发展的科学发展观。科学发展观是同马克思列宁主义、毛泽东思想、邓小平理论、"三个代表"重要思想既一脉相承又与时俱进的科学理论，是马克思主义关于发展的世界观和方法论的集中体现，是马克思主义中国化的重大成果，是中国共产党集体智慧的结晶，是发展中国特色社会主义必须长期坚持的指导思想。科学发展观是发展中国特色社会主义的重大战略思想，是我国经济社会发展的重要指导方针。党的十七大提出要完善社会主义市场经济体制，推进各方面体制改革创新，加快重要领域和关键环节的改革步伐，全面提高开放水平，着力构建充满活力、富有效率、更加开放、有利于科学发展的体制机制，为发展中国特色社会主义提供强大动力和体制保障。这个阶段，坚持把发展作为第一要务，着力转变经济发展方式，调整经济结构，提高经济增长质量和效益；坚持以人为本，注重统筹兼顾，推动全面协调可持续发展。只有深入贯彻落实科学发展观，才能实现经济社会又好又快发展，促进社会和谐。

在科学发展观指导下，中央完善了"十一五"时期经济社会发展的目标。中共十六届五中全会建议，综合考虑未来五年我国发展的趋势和条件，"十一五"时期要实现国民经济持续快速协调健康发展和社会全面进步，取得全面建设小康社会的重要阶段性进展。主要目标是：在优化结构、提高效益和降低消耗的基础上，实现 2010 年人均国内生产总值比2000 年翻一番；资源利用效率显著提高，单位国内生产总值能源消耗比"十五"期末降低 20% 左右，生态环境恶化趋势基本遏制，耕地减少过多状况得到有效控制；形成一批拥有自主知识产权和知名品牌、国际竞争力较强的优势企业；社会主义市场经济体制比较完善，开放型经济达到新水平、国际收支基本平衡。"十一五"规划将节能降耗和污染减排目标作为约束性指标，对于推动经济增长方式转变、加强节能环保工作具有重要意义。2006年，单位国内生产总值能耗由前三年的分别上升4.9%、5.5%、0.2%，转为下降1.2%；主要污染物排放总量增幅减缓，化学需氧量、二氧化硫排放量由上年分别增长5.6%和13.1%，减为增长1.2%和1.8%。但是，全国没有实现年初确定的单位国内生产总值能耗降低4%左右、主要污染物排放总量减少2%的目标。主要原因是：产业结构调整进展缓慢，重工业特别是高耗能、高污染行业增长仍然偏快，不少应该淘汰的落后产能还没有退出市场，一些地方和企业没有严格执行节能环保法规和标准，有关政策措施取得明显成效需要一个过程。

"十一五"规划纲要把节能和减排作为约束性目标。"十一五"规划执行期间，又提出并实施节能减排综合性工作方案，建立节能减排指标体系、监测体系、考核体系和目标责任制，颁布了《中国应对气候变化国家方案》。国务院2007年《政府工作报告》提出，"十一五"规划提出这两个约束性指标是一件十分严肃的事情，不能改变，必须坚定不移地去实现，国务院以后每年都要向全国人大报告节能减排的进展情况，并在"十一五"期末报告五年内这两个指标的总体完成情况。国务院还提出，2007年把节能降耗、保护环境和节约集约用地作为转变经济增长方式的突破口与重要抓手。

在节能环保方面，重点做好八个方面的工作。一是完善并严格执行能耗和环保标准。新上项目必须进行能源消耗审核和环境影响评价，不符合节能环保标准的不准开工建设，现有企业经整改仍达不到标准的必须依法停产关闭。二是坚决淘汰落后生产能力。"十一五"期间，关停5000万千瓦小火电机组，2007年要关停1000万千瓦；五年淘汰落后炼铁产能1亿吨、落后炼钢产能5500万吨，2007年力争分别淘汰3000万吨和3500万吨。加大淘汰水泥、电解铝、铁合金、焦炭、电石等行业落后产能的力度。三是突出抓好重点行业和企业。加强钢铁、有色金属、煤炭、化工、建材、建筑等重点行业，以及年耗能万吨标准煤以上重点企业的节能减排工作。全面实施低效燃煤工业锅炉（窑炉）改造、区域热电联产等重点节能工程。坚持优先发展城市公共交通。四是健全节能环保政策体系。注重发挥市场机制作用，综合运用价格、财税、信贷等经济手段，促进节能环保工作。深化重要资源性产品价格和排污收费改革，完善资源税制度，健全矿产资源有偿使用制度，加快建立生态环境补偿机制。保护和合理开发利用海洋资源。五是加快节能环保技术进步。积极推进以节能减排为主要目标的设备更新和技术改造，引导企业采用有利于节能环保的新设备、新工艺、新技术。加强资源综合利用和清洁生产，大力发展循环经济和节能环保产业。六是加大污染治理和环境保护力度。增加国债资金和中央预算内资金，支持城镇生活污水、垃圾处理和危险废物处理设施建设。继续搞好"三河三湖"（淮河、海河、辽河，太湖、巢湖、滇池）、渤海、松花江、三峡库区及上游、南水北调水源地及沿线等重点流域和区域污染治理。禁止污染企业和城市污染物向农村扩散，控制农村面源污染。七是强化执法监督管理。建立更加有效的节能环保监督管理体系，坚决依法惩处各种违法违规行为。八是认真落实节能环保目标责任制。抓紧建立和完善科学、完整、统一的节能减排指标体系、监测体系和考核体系，实行严格的问责制。

节约集约用地，不仅关系当前经济社会发展，而且关系国家长远利益和民族生存根基。在土地问题上，我们绝不能犯不可改正的历史性错误，遗祸子孙后代。一定要守住全国耕地不少于18亿亩这条红线，坚决实行最严格的土地管理制度。一是认真执行土地利用总体规划和年度计划。坚决控制建设占地规模，加强耕地特别是基本农田保护，禁止擅自将农用地转为建设用地。认真落实新修订的禁止类和限制类项目用地的规定，特别要禁止别墅类房地产开发、高尔夫球场、党政机关和国有企事业单位新建培训中心等项目用地。二是抓紧完善和严格执行节约集约用地标准，包括农村集体建设用地和宅基地，都要控制增量，盘活存量，提高土地利用效率和集约化程度。三是切实控制工业用地，坚决执行工业用地出让最低价标准。四是落实建设用地税费政策，规范土地出让收支管理，切实执行国有土地使用权出让收支全额纳入地方预算的规定。五是严格土地管理责任制。落实土地督察制度。对各类土地违法违规案件都要严肃查处。

同时，针对固定资产投资增长过快、货币信贷投放过多、外贸顺差过大，以及农业基础薄弱等经济发展中不稳定、不协调、不可持续的问题，严把土地、信贷两个闸门，提高市场准入门槛，适时调整财政政策、货币政策，完善产业政策和土地政策，调整经济结构，加强薄弱环节，搞好经济运行调节。根据经济形势的变化，多次及时调整金融机构存款准备金率、存贷款基准利率，取消或降低高耗能、高排放和资源性产品的出口退税。这些宏观调控措施取得明显成效，2002～2007年经济连续五年保持平稳快速发展，没有出现大的起落。

中国制定了国家中长期科学和技术发展规划纲要，对2006～2020年的科技发展作出全面部署，启动一批重大专项。这对增强自主创新能力，推进创新型国家建设，有着重要而深远的影响。基础科学和前沿技术研究得到加强，取得高性能计算机、第三代移动通信、超级杂交水稻等一批重大创新成果，形成了一批具有自主知识产权和市场竞争力的产品。2002～2007年中央财政用于科技的投入达到3406亿元。全社会研究与实验发展经费从2002年的1288亿元增加到2007年的3664亿元，占国内生产总值比重从1.07%提高到1.49%。[①] 以企业为主体的技术创新体系建设取得重要进展。科技创新支撑和引领经济社会发展的能力明显增强。

实现制造业由大到强的转变，必须着力提升产业层次和技术水平。为此，中国采取了加快发展先进制造业、高新技术产业和现代服务业，继续加强交通、能源、水利等基础产业和基础设施建设，推进国民经济和社会信息化等举措。这些举措提高了产业技术水平，增强了自主创新能力，在一些重要产业掌握了一批核心技术和系统集成能力，形成了一批拥有自主知识产权的技术、产品和标准。具体体现在，企业在自主创新中的主体地位得到加强，以市场为导向、产学研相结合的技术创新体系初步确立，知识产权保护体系和自主创新的激励机制更加健全，支持企业创新的财税、金融和政府采购等政策更加完善。

第二节 关于制造业的再认识

2008年国际金融危机爆发之后，美国和欧洲一些国家朝野各界对去工业

---

① 温家宝：《2008年国务院政府工作报告》，www.gov.cn。

化问题尤其是制造业发展相关问题与理论的讨论不断深入。直到 20 世纪八九十年代，包括美国在内的西方国家主流观点仍然认为，去工业化是一种合理变化，是发达国家工业化进程的自然阶段。当时，经济学家主要从内生因素如生产专业化、消费结构变化和技术进步等几个方面解释这个现象。从生产专业化看，国际分工导致发展中国家利用自己的资源和劳动力优势将部分制造过程吸引到本国，发达工业化国家的优势已经从工厂转移到办公室、管理网络和贸易谈判桌上。与新兴工业化国家相比，他们越来越专业化于提供服务而不是制造，最终的结果是产生更多的耐克式的企业——只负责设计、进口以及产品分配。从消费结构变化看，进入后工业化社会，发达国家消费结构从以制造业为基础转变为以服务业为基础。此外，制造业技术进步和劳动生产率提高快于服务业，促进劳动力从制造业向服务业转移。一些经济学家根据比较优势理论，认为西方国家经济的重点在服务业而不是制造业。由于航空、广播电视和其他技术的发展，服务业增长很快，旅游和娱乐服务可以更容易地出口。消费者对服务需求的收入弹性较高，服务业长期发展前景乐观。制造业资本密集程度在提高，许多服务业本质上属于劳动密集型产业，发展服务业要求将劳动力从制造业中转移出来。

这方面一个值得注意的现象是西方国家学者对后工业化社会的理论进行了再次讨论。20 世纪 70 年代，美国社会学家丹尼尔·贝尔（Daniel Bell，1973）分析了 20 世纪中期以来美国制造业增加值和就业的变化，提出了经济发展要经历前工业化社会、工业化社会和后工业化社会的三阶段论，认为美国已经进入后工业化社会。随着经济发展，就业人口逐步从相对低技能、低附加值的农业生产转移到先是低技能然后是高技能的制造业，在制造业达到顶峰后，就业人口再转移到高技能、以知识为基础的服务业。贝尔所说的低技能、高技能经常被翻译成低技术、高技术。经济学家认为贝尔假说是比较优势理论的一种表达。比较优势理论强调一个国家倾向于出口比其他国家更便宜的产品和服务。一个国家只有拥有接受良好教育和掌握高技能的劳动力，才能生产知识技术密集型产品和服务。经过一段时间，先进国家高技术制造业和以知识为基础的服务业占 GDP 的份额逐步提高，农产品和低技术制造业进口相应增长。结果发达国家和发展中国家都能从专业化生产中取得利益。

　　随着近年来对再工业化和制造业的深入讨论，最近美国和欧洲一些学者提出贝尔的理论未必正确，因为传统低技术制造业是高技术制造业的基础，许多高技术制造业生产的中间产品是低技术最终产品的零部件。因此，不存在从高技术制造业到以知识为基础的服务业的演进过程，因为两者是互补关系而不是替代关系。从长期看，如果政府政策短视或者对制造业衰退视而不见，不仅美国制造业公司和工人会遭受损害，而且所有美国人的生活水平会下降。对于可预见的未来，美国经济不大可能依靠服务业消除巨大的贸易逆差。传统服务业要求直接向用户提供，无法进口。但互联网和信息技术发展，增加了高技术和高附加值服务业贸易的可能性，这可能削弱美国服务业的优势。许多国家正在加快发展高技术服务业，美国高技术服务业面临的挑战可能与今天的制造业相似。美国经济能够轻易进入纯粹服务业经济并依靠服务业继续保持高收入经济的说法忽略了上述长期趋势。高技术服务业竞争能力依赖于其与制造业企业的密切联系，许多国家依靠高技术制造业带动高技术服务业发展。如果国内高技术制造业继续向海外迁移，美国高技术服务业的领导地位将受到威胁。

　　美国和欧洲一些国家对去工业化的反思促使其更加关注制造业。制造业被认为是经济增长的发动机，具有竞争力的制造业是经济活力的源泉，在国家长期繁荣中起关键作用。因为制造业增长可以在制造业内部和制造业以外的其他产业创造更多经济活动，具有较高乘数效应和广泛的经济联系。制造业增长比其他产业相同规模的增长创造更多的研发活动。制造业创新活动对于推动生产率提高至关重要，而生产率增长是生活水平提高的源泉。英国经济学人信息部（Economist Intelligence Unit，2010）发布的《全球化和制造业》报告认为，制造业在发达国家仍然是财富的创造者，生产率提高的主体，其重要性不应该被低估。制造业对于所有经济体都极为重要。罗伯特·波林和迪恩·贝克（Robert Pollin and Dean Baker，2010）在《美国再工业化：复兴制造业和创造数百万个好工作》一文中指出，几乎没有人反对下面的观点，即在工厂、机器和信息技术领域的投资是经济进步的重要推动力量。这是因为任何经济体要想提高人均生活水平，必须找到促进生产性投资的有效手段。在工厂、机器和信息技术领域的投资正是提高总生产率和将技术创新应用到经济活动中的工具。理查德

·麦考马克（Richard Mc Cormack，2010）指出，五角大楼担忧制造能力及制造业研发向海外转移，尤其是转移到潜在对手将使美国失去技术领先优势和高技术能力，威胁美国国防工业的基础。

制造业就业人数减少被认为是美国和欧洲一些国家失业率过高的一个重要原因。制造业创造高技能工作岗位，通过出口和吸引投资为国家带来财富，通过技术扩散促进其他产业发展。复兴制造业，推动制造业向高增加值转换、提高其竞争力被认为是解决降低失业率的重要途径。这方面以美国最为典型。1980～2010 年，美国总就业人数增加了 3609 万人，制造业就业人数却减少了 877 万人。这次金融危机期间美国失业率超过 10%，是自 1948 年以来的第二次。其中半数以上的失业者可能永久失去工作机会。美联储估计 2009 年美国制造业生产能力利用率仅为 65%，比 20 世纪 90 年代的 80% 低 15 个百分点。[①] 罗伯特·波林和迪恩·贝克（2010）在《美国再工业化：复兴制造业和创造数百万个好工作》一文中认为，美国经济面临一系列长期的、结构性的挑战，并提出几个问题：我们能够建立一个由其他动力而不是金融泡沫驱动的增长发动机吗？我们能够重振汽车工业并进而重新建立一个健康的制造业吗？我们能够依靠清洁能源而不是矿石能源完成这些艰巨任务吗？

产业革命以来，欧洲、美国一直是世界科学发现和创新的领导者。亚洲等地区的追赶，削弱了美欧在科学和技术领域的相对优势，但美欧作为世界研究和发现领导者的地位并没有根本改变。马丁·尼尔·贝利（Martin Neil Baily，2011）强调，美国制造业主要出口与创新密切相关的高技术产品（Advance Technology Products，ATP）。ATP 涵盖多个产业，其共同特点是研发强度高。虽然 2002 年以来 ATP 连年出现贸易赤字，美国在航空航天、生物、电子、武器等领域仍然保持贸易顺差，在生命科学、光电子学、核技术和信息通信领域具有较大优势。中国向美国出口低价值产品，美国向世界出口高价值产品。价值差之大，美国和中国完全是在做不同的事情，他们可能不是竞争对手。弗兰克尔·L. 巴特尔斯、彼德·巴克利和乔治·玛亚诺（Frank L. Bartels，Peter Buckley and Giorgio Mariano，

---

① 刘戒骄：《美国再工业化及其思考》，载于《中共中央党校学报》2011 年第 4 期。

2009）在《跨国公司外国直接投资决策》一文中指出，没有理由认为西方国家在制造业和企业家能力两方面失去了竞争力。经济成熟不可避免，但可以通过避免制度失败和不适当的商业环境保持竞争力。一个国家研发的产品可以在另外一个国家制造，并由制造该产品的国家向研发该产品的国家出口。外国公司在美国制造的一个优势是更容易根据本地市场调整产品设计。弗兰斯范德·泽和菲力克斯·布兰德斯（Fransvander Zee and Felix Brandes，2007）认为，发达国家制造业企业需要调整以适应新竞争环境。不断提高的国际竞争促使发达国家制造业从纯粹依靠成本竞争转向顾客定制、高性能产品等高附加值领域。马丁·尼尔·贝利（2011）认为，产生美国的国际贸易不平衡问题的原因是，企业开发出新产品但其绝大部分零部件和组装等制造环节却不在国内完成。因此，应通过平衡预算和减少边际税率使美国经济在创造和制造新产品方面更具有吸引力。贝利认为，我们的政策应该加强我们自己的制造业部门，增加我们自己的就业岗位，防止我们自己的技术服务中国的快速增长。

经过这次金融危机，美国和欧洲一些发达国家主张重新重视与发展制造业，改变经济过分依赖服务业特别是金融服务业的呼声不断高涨，政府已经重新将制造业视为解决就业和经济问题的重要战略措施。美欧再工业化说明，无论今后科学技术怎样进步，经济结构发生怎样的变化，都不能忽视制造业的发展。

第三节　生产分割及国际分工深化

生产分割使企业从集权、垂直一体化和单一地点制造转向地理上分散的网络，产品研发、制造、营销以及制造的不同环节可以在不同国家和地区专业化地完成，其对制造业组织方式和国际分工的影响越来越大。近年来，不少文献对生产分割及其新发展进行了进一步研究。一些文献如罗纳德·W. 琼斯（Ronald W. Jones，2005）和 C. 博纳姆（C. Bonham，2007）等强调生产分割的产生与比较优势密切相关。传统上，比较优势理论是分析国家层面的贸易理论，主要用于分析最终产品贸易而不是零部件等中间产品贸易，但这并不是说该理论不适合分析中间产品贸易和生产分割。如果一个产品生产阶段可以被分割，每个国家和地区专业化地生产和出口最具有比较优势的零部件等中间产品才能实现福利最大化。因此，根据比较优势理论可以解释为了获得不同国家和地区的比较优势，跨国公司如何把生产过程分配到不同国家和地区，国内企业如何通过海外采购即中间产品贸易提高最终产品竞争力。一些文献如 G. 汉森（G. Hanson，2005）和 M. 德赛（M. Desai，2009）等提出国际生产分割的可能性和程度取决于技术，只有在生产技术允许将某些生产环节与其他生产环节相分离，且比一体化更能节约单位产品成本时，企业才可能选择生产分割方式。对于生产在技术上可以被分割的产品，零部件制造和最终产品组装可以在不同国家和地区由企业独立完成。上述文献侧重于从国家和地区层面对生产分割的产生与发展进行解释，没有深入产业和企业层面。虽然一些文献注意到技术对生产分割可能性和程度的影响，但没有综合分析企业如何根据产业竞争强度权衡技术和成本两个因素，无法解释不同产业生产分割和外购在方式和程度上的差异。本章采取案例研究和理论分析相结合的方法，力图深入企业和产业层面研究生产分割问题，揭示影响制造业组织方式选择的另一个重要因素——市场竞争强度，分析企业如何根据竞争强度进行生产分割和外购决策及其对制造业国际分工的影响。随着竞争强度提高，依靠技术垄断维持竞争优势的难度越来越大，企业将偏好选择扩大外购等有利于降低成本的组织方式。

生产分割是指企业将产品研发、制造和营销等连续活动分解成若干个可以相对独立进行的阶段，这些阶段可以布局在不同国家和地区，企业可以根据生产要素消耗结构和价格以及不同场所的生产协调、质量控制、产品运输条件等因素决定生产地点，产品制造由越来越薄、越来越专业化的多个阶段构成。作为一种制造业组织形式，生产分割可以通过两种方式节约生产成本。一是在给定生产要素成本的情况下，采用生产分割方式能够通过提高生产专业化水平节约生产要素消耗数量。二是由于不同国家和地区生产要素差异，把一些活动转移到成本较低的国家和地区，通过利用低成本生产要素以更低成本从事至少一个环节的生产活动。在生产分割条件下，制造业企业通过外购决策选择产品基本组织方式。企业既要确定是否外购以及在多大程度上外购，也要确定是否以及在多大程度上将业务转移到国外。

根据以上两个决策的不同选择，理论上制造业可以形成四种基本组织方式（见图13-4）。第一种方式是企业坚持不外购，仅在本国自行建设制造工厂等生产设施，产品设计、研发、制造等各项工作全部集中在本企业内部。第二种方式是企业坚持不外购，但可以根据需要同时在本国和国外自行建造工厂等生产设施。第三种方式是企业选择在本国外购，仅由本国第三方制造企业参与产品设计、研发、制造等活动，企业与国外企业之间没有直接分工协作关系。第四种方式是企业可以选择向本国和国外外购，由本国和国外第三方制造企业参与产品制造等活动。以上四种方式，第一种最有利于防止技术扩散到其他企业，保持企业技术垄断，但最不利于利用低成本生产要素和降低成本，专业化协作水平最低；第二种有利于控制技术扩散到其他企业，维持技术垄断，有利于利用低成本生产要素降低成本，但不利于提高专业化协作水平；第三种有利于在一定范围内控制技术扩散，可以在本国范围内优化生产要素组合，提高专业化协作水平；第四种不利于防止和控制技术扩散，但有利于最大程度利用低成本生产要素，提高专业化协作水平。

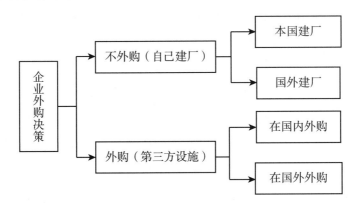

图13-4 生产分割后制造业基本组织形式

在实践中，以上四种生产组织方式并非泾渭分明，一个企业可以在研发、设计、零部件和子系统制造、组装、测试、营销等不同环节采取不同的组织方式。随着生产分割和全球化推进，纯粹采取第一种、第三种组织方式的企业并不多见，第二种、第四种组织方式的影响力越来越大。苹果、波音和英特尔三家美国公司虽然在产品设计、研发和营销环节主要采取第一种方式，但制造环节外购程度不断加深。苹果公司所处市场竞争强度高，更强调成本因素，产品制造完全采用第四种方式，开放程度最高。波音公司虽然担心技术扩散损害自身竞争力，但迫于竞争压力也从第二种方式转变为第四种方式，采取更加开放的组织方式，但程度上与苹果公司有较大差异。英特尔公司虽然面临一定程度的市场竞争，但核心产品微处理器仍然采取第一种组织方式，谋求通过持续技术创新和保持技术垄断提高竞争力。迫于竞争等因素考虑，英特尔公司芯片组等重要产品生产原来采取第一种方式，现在已经转变为第二种方式，对于微处理器以外的部分非核心产品也开始采用第四种方式。

上述第二种、第四种组织方式的重要特征是将生产活动扩展到本国以外，即将先前一体化生产活动分割和扩散到一个国际生产网络，从而导致国际生产分割和全球生产体系的深化。全球生产，也就是生产在世界范围的再组织，已经存在了很长时间。几十年前美国、欧洲、日本等国家的跨国公司已经到国外投资办厂，产品在当地销售，当时其主要目的是越过关税壁垒，生产分割和利用廉价生产要素的特征不突出。但是 20 世纪八九十年代以来，由于更多国家更加开放的经济政策和贸易自由化，产业竞争强度显著提高，全球生产分割体系得以加快推进。运输和通信领域技术进步显著降低了国际经济一体化的成本，使经济一体化不再受地理局限，而是可以在更大程度上实行生产分割，更大范围内选择生产地点，进一步推动了全球生产体系发展。

随着这种国际分工深化，国内和国际市场竞争压力促使企业在全球范围内寻求更有效率的供应商和合作伙伴，制造业网络合作、分权和组织内一体化的性质逐步强化，并对制造业组织方式和国际分工带来深刻影响。只有科学把握制造业组织方式演进规律，创造并利用制造业开放程度不断提高的有利条件，才能改善中国这个发展中工业化大国的国际分工地位。

第一，竞争推动制造业开放程度不断提高，有利于发展中工业化国家制造业发展。市场经济是现代世界各国配置资源的基础手段和普遍采用的经济制度。经过 20 世纪五六十年代的恢复、完善和七八十年代以来的调整，世界主要经济体逐步形成了既具有自己特色又能发挥竞争作用的市场经济体制，正是这种体制带来的竞争压力逼迫美国等发达国家将一些制造活动转向海外，采取开放程度较高的组织方式。竞争程度较低时，一个国家和地区倾向采取垂直一体化方式生产具有比较优势的产品，从事从上游到下游整个生产阶段的生产。竞争程度较高时，跨国公司根据需求和成本变动选择生产地点和协调生产，通过海外投资为母国市场生产中间产品和最终产品。发达国家制造业企业必须与其国际伙伴合作才能完成新产品开发并将其推向市场，每个企业按其能力和贡献取得相应价值，具有创新能力的发展中工业化国家的企业可以获得更多参与国际制造体系的机遇。这导致制造业开放程度不断提高，制造业中间产品和最终产品进出口都在提高。尤其是部分高中技术制造业迫于竞争压力可能采取开放程度更高的组织方式，为中国等新兴工业化国家制造业向产业链高端环节转移创造了条件。这就好像一个阶梯，各个国家都在攀登这个阶梯。美国等一些发达国家处于质量阶梯的顶端，制造高质量产品。发展中国家处于质量阶梯的中下端，并向顶端攀登。发展中国家所以能够向顶端攀登的原因在于，高中技术产业产品复杂程度较高，单一企业很难掌握所有专业技术知识和制造能力，很难自己承担所有投资和成本，只能寻求外购。从价值分配看，制造业产品一般含有少数高价值零部件，这些高价值零部件含有知识产权、成本高，构成最终产品总增加值的很高比例。随着技术进步和竞争加剧，这些零部件迫切需要采取外购方式。在这个背景下，中国等发展中工业化国家虽然可以继续从事劳动密集型、低技术制造，但也可以利用生产分割体系积极发展高端制造，掌握先进技术，积极培育从事知识密集、高技术产品制造、更加专业化的企业，提高从低附加值向高附加值转移的能力，实现产业升级。

第二，核心企业主导组织方式选择和价值链分配，专业化成为制造业竞争力更加重要的来源。作为现代产业组织创新和产业发展的新趋势，生产分割使最有效率且布局在有竞争力地点的制造业企业得以发展壮大，这促使制造业向竞争力强的中间产品制造企业和最终产品组装企业集中，向综合条件较好尤其是成本较低的地点集中。结果一个国家和地区不再可能包揽制造业产品设计、研发、制造、营销的所有活动，制造业国际分工不再简单地按水平方式区分为高技术产品和低技术产品，而是采取垂直专业化方式划分为产业链低端环节与高端环节不同国家和地区的公司参与一个产品的生产过程，集中于某些具有比较优势的生产阶段，从事给定产品部分阶段的生产。生产分割和外购导致垂直分工和专业化不断深入，就其经济学本质看，是位于不同国家和地区的企业通过专业化协作与分享规模经济、范围经济来提升产业竞争力的经济现象。生产分割的实质是产业链不同环节各企业之间的专业化分工和协作，包括从事研发、设计、营销、品牌管理的核心企业，从事中间产品制造和最终产品组装的专业化企业。在这种组织方式下，核心企业通过掌控产品设计、研发和营销等活动主导组织方式选择和价值链分配，专业化企业通过提升技术能力和制造能力提升话语权。只有打造一批在供应链顶点掌控知识产权、在生产分割体系和全球价值链形成中具有主导作用的核心企业，不断深化产业分工与协作体系，才能改善我国制造业的国际分工地位，提升制造业国际竞争力。

第三，成本尤其是劳动力成本仍是驱动制造业国际分工的重要因素。资本、技术流动将各国劳动力置于国际竞争之中。低成本劳动力和大量FDI 流入，使中国等新兴工业化国家在产品制造领域形成了较强的优势。今后一个时期，资本、技术和商品的跨国流动将更容易，世界经济一体化程度不断提高，但劳动力跨国流动困难，企业还将通过在劳动力成本较低地区建厂获得成本优势。虽然面临来自低成本国家制造的高附加值产品的竞争，但发达国家不大可能在工资和福利成本敏感的产业取得竞争优势，成为低成本制造国。尽管中国劳动力成本在提高，但只要综合成本（劳动力、土地、税费等成本）低于发达国家，这种成本优势将一直存在，成本尤其是工资成本仍是驱动跨国生产体系的重要因素。为保持成本优势，政府必须采取更多措施，减少制造业负担，使中国对世界制造业更具有吸引力。美国政府正在采取的一些降低本国制造业成本的措施值得我们注意。这些措施有：降低美国制造业的税收负担，并使暂时性减税措施永久化，以提高美国制造业吸引资本和投资的能力；改革医疗保险，降低医疗保险成本；减少管制和司法诉讼成本；实施节能计划，降低能源成本；鼓励创新投资，促进技术扩散，降低开发新技术的风险，确保美国企业致力于设计和生产技术含量高且为世界客户所需要的产品。在降低人力成本方面，美国采取了加强教育、培训和减少使用人力的措施。联邦政府重视支持基本教育和职业教育，强调职业培训需要适应未来产业发展需求，使学生无须长时间再培训就可以胜任制造业岗位。一些企业采用机器人实现无人化加工，加工中心和机器人组成的柔性单元在制造车间中的应用越来越普遍，每周7天，每天24小时不间断运转，高效率和高可靠性有效地降低了制造企业成本。

第四，国际竞争逼迫发达国家制造业加快转向高端、高技术领域。过去几十年美国经历了持续的去工业化过程，制造业增加值和就业人数占GDP及总就业人数的比重持续降低。去工业化给美国就业和经济发展带来不少突出问题，引起朝野各界对再工业化问题的广泛讨论。经过这次金融危机，美国等发达国家主张发展制造业，改变经济过分依赖服务业特别是金融服务业的呼声不断高涨，政府已经重新将制造业视为解决就业和经济问题的措施。可以肯定，美国的制造业虽然面临不少的问题和困难，但它毕竟是全世界最先进的制造业。美国拥有世界最高技能的劳动力和最先进的装备，是世界上制造业最发达的国家和先进制造业发展最快的国家，一百多年来一直是世界制造业的引领者。随着制造业开放程度的提高，美国越来越担心尖端、高端产品制造向海外转移，使相关知识和技术从研发阶段成为参与各方的"公共产品"，本国企业会由此失去知识产权。最近几年美国国内对大型喷气式飞机外购可能带来的影响进行了广泛讨论。在波音公司商用飞机制造中，国外风险共享合作者控制二、三级供货，掌握复杂子系统设计、制造、组装等关键技术。一些人担心美国飞机制造技术扩散到外国公司，提升外国企业包括其他发达国家和新兴工业国家企业的竞争优势，损害美国企业独立创新能力。上述担忧反映一个倾向，即美国已经着手实施再工业化。美国等发达国家虽然不具备成本优势，但其劳动力普遍受过良好教育和拥有较高技能，具有知识、技术和无形资产优势，可以从事更复杂、更先进的制造领域，发展技术密集程度更高的制造业和知识密集型服务业，克服劳动力成本较高的劣势，成为更有效率的制造国。可以预见，美国等发达国家制造业将以高技术和高端为重点，进行更加专业化地生产，更集中于制造研发和技术能力要求较高的复杂产品，尤其是别国无法制造的产品，谋求提高产品质量、创新能力和差异化竞争能力，其结果可能进一步提高美国尖端制造业相对其他经济体的优势。

第四节 制造业发展模式

再工业化和中国等新兴国家的经济奇迹引起了美国国内对发展模式和相关政策的讨论。新古典经济学认为，依靠没有政府干预的自由市场经济可以实现资源的有效配置，达到完美的经济效果。20世纪30年代的大萧条导致凯恩斯主义兴起，自由放任的新古典经济学说受到挑战。20世纪80年代全球化步伐加快，社会主义国家和混合经济逐步自由化，通信技术进步，国际贸易更加便利，世界转变为地球村。自由主义思潮再度兴起。冷战结束后，依靠政府干预微观经济实现经济繁荣的思想被普遍否定，由私人财富、私人投资和私有企业驱动的市场经济受到新自由主义经济学的肯定。但是，在这次金融危机之前，发达国家和发展中国家都有大量的政府干预，公共财富、公共投资和公共企业受到不少国家的重视。尤其是中国、印度和俄罗斯没有采用西方自由主义发展模式，而是采取了一种不同的模式，西方国家一般认为这种模式即国家资本主义模式，他们认为这种模式的主要特征是政府在经济管理中发挥突出作用。

随着中国的崛起，美国对中国发展模式给予很多关注。保尔斯·S. 西坎特尔和斯蒂芬·G. 邦克（Paul S. Ciccantell and Stephen G. Bunker, 2004）对中国发展的分析可以概要地说明国外对中国发展模式的理解。他们认为，1978年以后中国发展模式与东亚发展模式惊人相似。1949～1978年在冷战环境中，中国创立了一个强有力的政府，培育了强烈的民族主义情感和富国目标，农村基础设施有较大改善，地方和基层制度不断完善，完成这些任务没有产生大量外债，所有这些因素的共同作用为1978年以来创造的经济奇迹奠定了基础。中国邻国在其国内成本上升后开始搜寻低成本制造地点。1978年以来，中国在改革中依靠政府权力和能力，仔细调整和控制改革过程，避免了苏联和东欧社会主义国家曾经出现的许多问题。所有这些都是中国能够创造经济奇迹的关键因素。这些因素在中国未来经济增长中将继续发挥作用。

2008 年金融危机以来，由于失业、市场失灵、国际贸易争端等问题存在，美国许多经济学家强调在特定领域政府干预的重要性，国家资本主义重新抬头，政府又开始干预和引导资本流动，新自由主义经济学受到质疑和挑战。尽管世界大多数国家仍然保持以市场为基础的经济结构，基本经济哲学如放松管制、私有部门非政府干预、市场自由和开放等根深蒂固，没有发生根本改变，但以国有化或政府持有公司股权或直接干预企业为主要内容的国家资本主义不仅在俄罗斯得到加强，而且在美国及欧洲、亚洲等国家和地区再次得到加强。银行、保险和其他金融机构国有化以及政府向私有机构注资、贷款成为许多国家应对金融危机的措施。上述对发展模式的认识已经影响了美国和欧洲一些国家政府相关经济政策的调整方向。

一是保护主义重新抬头，出台购买本国产品、为本国企业和出口企业提供金融支持等措施。尽管许多限制进口、促进出口和为国际贸易设置障碍的措施为 WTO 规则所禁止，但在 WTO 规则和成员承诺义务之外，仍有充足的贸易保护主义空间，包括提高实际关税、征收反倾销税、采取反倾销措施以及以国家安全等理由实施贸易限制等。2009 年 2 月美国出台的刺激措施就包含购买国货的条款。尽管条款规定购买美国货仅限于政府投资建设项目中使用的钢铁和制造业产品，并声称在不违反国际贸易协议规定的美国义务条件下适用，但该条款被普遍认为是保护主义措施，遭到许多国家的批评和反对。

二是调整私人投资与公共投资的关系，公共投资和产业政策（尽管美国在正式的政策主张上是宣称反对实行产业政策的）正在成为美国政府重新振兴制造业的工具。新自由主义经济学家认为，私人部门是创新的源泉，少管制、低税收是政府促进生产性投资的最重要方式。其经济政策主张是，鼓励尽可能多的私人投资，反对任何种类的政府经济实体。他们认为，公共投资由于效率低下、无效和官僚主义的决策过程无法接受市场竞争。而且，公共投资来源于税收，这意味着公共投资会提高税收负担。他们还担心公共投资排挤私人投资，吸取本来可以被私有企业更好利用的生产要素，并据此质疑美国政府是否应该积极从事促进技术创新和企业竞争力的干预性活动。他们认为，政府没有能力挑选赢家，产业政策只是扭曲私人投资决策和竞争效果的一个无效手段。但也有很多研究认为公共投资可以发挥积极作用，主张美国应该重新思考公共投资和产业政策问题，学会利用公共投资促进私人投资。罗伯特·波林和迪恩·贝克（Robert Pollin and Dean Baker，2010）强调，公共基础设施是促进私人投资的必要基础，完备的道路、桥梁、机场、铁路、公交、水管理、能源输送、通信等设施可以降低私人企业成本。从这个角度看，基础设施领域的公共投资并没有排挤而是促进了私人投资，产业政策是孵化新技术和促进私人企业更有效地进行技术创新的工具。

三是加强政府对创新活动的支持，更好发挥政府作为创新推动者的作用。奥巴马就任美国总统后多次强调政府对创新的支持，在一些场合反复指出美国经济增长和国际竞争力取决于创新能力。2011 年奥巴马在国情咨文中指出，自由企业制度可以驱动创新，但基础研究不能确保公司盈利，政府要给予科学家和发明者所需要的支持。互联网、计算机集成电路、GPS 都是在政府支持下发展起来的。半个世纪以前，苏联超越美国发射第一颗人造地球卫星，美国依靠更好的研发和教育超越了苏联，创造了许多新发明和新产业。他说，我们将投资生物医学、信息技术和清洁能源；我们将资助我们时代的阿波罗计划。美国国家经济委员会发布的报告《美国的创新战略：保障经济增长和繁荣》指出，制造技术突破为未来经济增长和竞争力奠定基础。2012 年财政年度要增加国家科学基金、国家标准和技术研究院实验室等重要科学部门预算，开发先进制造技术，并启动先进制造技术公会项目，该项目旨在采用公私合作伙伴方式来增加制造业研发投资，缩短从技术发明到企业创新及产品投放市场的周期。

新古典经济学黑匣子模型认为，科学是纯粹的公共产品，因而应当获得政府资助，技术则是纯粹的私人产品应该由产业自身资助。事实上，科学和技术既不是纯粹的私人产品，也不是纯粹的公共产品，而是介于两者之间，属于公共—私人产品，需要政府支持长期、突破性工业技术研发，或者对其发明者进行补偿。W. 拉左尼克（Lazonick，W.，2010）认为，美国资本主义在意识形态上依靠自由市场，但过去一个世纪，在所有先进部门，美国企业成功的首要因素归于政府对知识基础的投资、对市场和知识产权的保护，以及对企业的补贴。在 20 世纪，美国政府对企业的支持不亚于日本。当然，从经济学角度看，科学和技术是否需要政府支持，关键性的判别标准是市场能否为创新投资提供足够的激励。当市场不能为创新提供足够激励时，政策不能仅限于政府管理和没有公共投资，而是要扩展到发挥政府作用，支持私有部门创新。科学研究是市场失灵的重要领域，基础科学研究不能立即产生收益，其投资也不能完全由私有部门投资者承担。基础研究突破将为下游商业开发奠定基础，成功开发将创造巨大利益。

对于具有公共—私人产品性质的工业技术，政府研发投入不是对私人研发投入的替代，而是补充和促进私人研发的作用。政府资助应该集中在技术开发的初始阶段，重点支持基础技术和技术基础设施。最典型的案例是美国政府在波音公司的成功中所发挥的重要作用，如果没有政府补助，波音公司不可能存活到今天。波音公司从 NASA 和五角大楼以联邦研究与发展合同形式取得补贴，帮助维持其财务能力，最近几年波音公司销售收入的 50% 来自联邦政府合同。波音公司的核心能力也与联邦政府支持直接相关。核心能力具有独特、罕见、难以模仿和不能被替代的性质。波音公司的核心能力之一是实施大规模系统开发的能力。依靠长期研究和发展能力，掌握飞机制造和材料轻量化技术，依靠与供应商的一体化集成设计、制造出先进的飞机。她的另一个核心能力是独一无二的与 NASA 和美国空军的合同及协议。波音公司在很大程度上依靠这两个政府机构，得以同时进入航天和航空工业，形成满足客户特定需求的能力，有效地对客户需求做出响应，成为世界上最强大的航空航天企业，在大型喷气式飞机制造领域居于主导地位。可以预见，今后一个时期，美国政府除了采取措施减少美国公司因国内产品制造和销售的负担以外，还将通过政府支持企业的研究和发展活动，为私人部门增加研发支出创造条件，以此来支持美国制造业发展。

再工业化和重新振兴制造业客观上要求美国经济转向新的增长战略，即从消费导向增长战略转向生产率和出口驱动战略，重新平衡储蓄和投资，增加生产性资产。其结果将提高美国制造业与其他经济体的竞争强度。东亚与欧洲许多发达国家和地区的企业都在积极开发新技术，新兴工业化国家不甘心处于劳动密集型、低技术制造阶段，而是采取多种措施提高制造能力，努力获得世界先进水平技术，实现产业升级。发达国家和新兴工业化国家的竞争，意味着只有有效率的生产能力才能生存，这促使美国和欧洲一些国家对制造业进行艰难的调整与重组，包括强制削减成本、关闭工厂，加大基础研究、新技术开发和制造业系统投资，缩减外国竞争者的成本优势。一些跨国公司在重新评估海外采购的风险，有的已经重新在美国和欧洲一些国家国内建厂。一旦经济恢复，美欧制造业才有能力更好地参与国际竞争。

今后一个时期，资本、技术和商品的跨国流动将更自由，世界经济一体化程度将继续提高，但劳动力跨国流动障碍不可能消除，企业还将通过在劳动力成本较低地区建厂获得成本优势。此外，低成本国家制造业从低附加值向高附加值转移的能力逐步增强，将给高成本国家制造业带来更大挑战。由于面临来自低成本国家制造的高附加值产品竞争，发达国家不大可能成为低成本制造国，在工资和福利成本较敏感的产业难以取得竞争优势。但发达国家劳动力普遍受过良好教育和拥有较高技能，能够通过改进管理、提高质量、降低生产周期和成本，克服高劳动力成本的劣势，成为更有效率的制造业强国。因此，成本尤其是工资成本仍是驱动跨国生产体系的关键因素之一。发展中国家可以继续以其相对低廉的劳动力成本在国际分工中成为发达国家强有力的竞争者，给发达国家的企业增加竞争压力。发达国家只有那些能够提高生产效率、不依赖劳动密集型投入的企业才能生存和发展。

美欧实施再工业化战略，不是简单地回归传统制造业领域，而是进行更加专业化的生产，致力于制造业中高端、高附加价值的领域，全力强化技术优势，重点制造研发和技术能力要求较高的、别国无法制造的产品，尤其是大型、复杂、精密、高度系统整合的产品，与新兴工业化国家形成错位发展。在研发、设计、技术、工艺、品牌、营销等关键环节，美欧企业必然会抢占制高点。中国制造业在传统行业，如纺织、服装、日用品具有很大优势，在部分高技术领域的优势正逐步加强，在标准化、大批量产品生产上将继续保有一定的成本优势，但在加工和制造以外的环节，在高技术领域，如飞机、高端装备、医疗和科学仪器等领域与美欧有较大差距，在研发、专利、品牌、核心零部件和营销渠道等方面差距更大。美欧再工业化战略可能给中国制造业带来更大的挑战。中国等发展中国家的工业化虽然可以继续从事劳动密集型、低技术制造，但也必须利用生产分工体系积极发展高端制造，掌握先进技术。积极培育从事知识密集、高技术产品制造以及更加专业化的企业，提高从低附加值向高附加值转移的能力，实现产业升级。

美欧实施再工业化战略迫使他们更加重视创新。创新是制造业革新的重要推动力量，它既包括消费者需要的新产品的设计生产，也包括生产流程及传输方式的革新以及新的产业组织形式的产生。历史上几次大规模的经济危机都与重大技术创新密切相关，技术创新可以衍生出新的生产方式和新兴产业。在危机中，企业不断寻求新的生产方式、尝试新的生产技术以降低生产成本。美国哈佛大学教授熊彼特提出"创造性破坏"的概念，经济危机正是一个创造性破坏的过程：生产效率低、竞争力差的企业在危机中破产倒闭；生产效率高、竞争能力强、更适合市场需要的企业在危机中得以存活和发展。美欧再工业化及其创新能力的增强孕育着经济发展新的动力，但能否开启制造业发展的又一个新阶段，及其对世界经济格局和发展中工业化国家的影响还有待进一步观察。

第五篇
进入"新常态"（2013~2019年）

　　自党的十八大以来，创新驱动成为工业发展越来越重要的因素，中央政府出台了一系列举措进行引导，制定激发创新驱动的具体措施，确保创新驱动思想能够落到实处，使工业经济具有长期增长潜力。党的十九大报告指出，我国社会主要矛盾已经转化为人民日益增长的美好生活需要和不平衡不充分的发展之间的矛盾，我国经济已由高速增长阶段向高质量发展阶段转变，经济发展步入了"新常态"。因此，"稳中求进"成为指导改革发展的新思想。改革发展的指导思想发生了改变，经济发展方式也将发生重大改变，即从过去的要素驱动、投资驱动转向创新驱动。由于人口红利消失、二元经济结构环境条件发生变化等内部原因，以及全球化进程加速、模式变迁等外部因素作用，来自外部环境、内部环境的压力越来越大，经济发展方式的转换迫在眉睫。自此，工业发展同环境保护及生态文明的关系也被提到重要的地位。建设生态文明，关系人民福祉，关乎民族未来。改革开放以来的40年，工业经济实现了大发展，却没有同时实现自然环境的同步优化，说明发展理念存在缺陷，必须改进。工业发展必须体现人与自然和谐发展的理念，只有坚持金山银山不负绿水青山的发展理念，善待自然环境，实现经济与生态环境协调可持续发展，工业发展才有意义，才可持续。

第十四章

从追求高速增长到"稳中求进"

党的十九大报告明确提出:"我国经济已由高速增长阶段转向高质量发展阶段,正处在转变发展方式、优化经济结构、转换增长动力的攻关期,建设现代化经济体系是跨越关口的迫切要求和我国发展的战略目标。"同时,我国经济社会发展的主要矛盾,也从人民日益增长的物质文化需要与落后生产力之间的矛盾,转向了人民日益增长的美好生活需要和不平衡不充分的发展之间的矛盾。这种主要矛盾的转换,也暗含着我们要从主要追求国民财富量的扩张,转变为追求社会产出质的改善的要求,这样才能一如既往地坚持社会主义中国以人民为中心的发展理念。无论是政策还是实践,都要求我们从重数量的高增长转向重质量的平稳发展。

第一节 对于现阶段经济增速变化的认识

对于经济社会活动中任何一种显著的变化,理论界都应该给出一个合理的解释,只有这样,我们才能弄清原委,从而有的放矢地开展工作。对于中国经济增长瞬间失速的现象,我们更需要一个切合实际的理论解释,以确保我们的宏观经济政策能够对症下药,起到应有的积极作用。

327

一、发达的社会生产力要求国民经济从追求量转向追求质

历史上中华民族一直是一个先进的民族，在人类 3000 年的文明史中，有一半以上的时间是我们在引领世界发展潮流的，按照英国剑桥中国科技史专家李约瑟（Joseph Needham）提出的李约瑟难题的说法，就是中国的传统科学技术从公元前 1 世纪到公元 15 世纪一直领先于世界，而 18 世纪的工业革命却发生在了欧洲，却没有发生在中国。这其中的原因我们不去追究，但是我们要说明一个事实，即中国的传统科学技术领先了世界 1600 年，而从 16 世纪工业革命出现端倪开始，中国的传统科学技术领先优势就让位给了欧洲的现代科学。这说明中国在工业化社会的发展进程中至少是一个落伍者。其实，中国经济总量的领先优势一直延续到第一次鸦片战争前夕，按照安格斯·麦迪森的统计数据来看，在 1820 年时，中国的GDP 总量仍占全球的 32.9%，居于世界第一位。到了新中国成立时，只占到 4% 稍多一点，这种占比一直延续到了改革开放的 1978 年，甚至这时的占比还略低于 1949 年新中国成立初期，可以说新中国成立后的前 30 年我们在全球的经济地位是徘徊不前且略有下降的。在这样的现实面前，我们率先选择了计划经济这种配置资源的手段，通过政府的强力介入，将少得可怜的生产要素配置到人民生产生活最需要的领域。事实证明这一目标是达到了，但也由于缺乏市场约束而形成了一系列无效的产能。在改革开放的前 20 年，我们奉行计划与市场双轨制的改革思路，较好地解决了人民群众的基本生活需求，但也因两种体制间的相互摩擦，而必须靠大量的要素投入、较高的增长率以及较大的资源浪费来推进告别短缺这一进程，因此形成了诸多无效产能。在世纪之交的 10 年里，产能过剩的弊端已经初露端倪，只是我们巧妙地运用了凯恩斯经济学理论，通过政府需求拉动，消弭了过剩产能造成的危害。自 2008 年美国金融危机以后，我们应对产能过剩仍然还是老办法，只是因为供给侧结构性失衡已经到了非常严重的程度，旧办法不灵了，才出现了 GDP 增速较大幅度下降的局面。其实，这是由于社会生产力得到了长足发展，广大消费者的消费倾向发生巨大变化引致的。老百姓已经不满足于原有的供给结构，而是对供给有了个性化的

选择，这更加诱发了过去多年积累下来的无效产能问题，使之出现了总爆发的局面，无论用何种拉动需求的手段，都无法拉动 GDP 增速，中国经济也从高速增长的阶段下降至中高速增长阶段。"当经济增长的量的不足即'落后'问题基本解决后，经济发展质量的问题则凸显出来。而经济发展质量不高主要体现在真实经济的结构上。所谓经济结构，从经济理论上看，实际就是产品及其生产过程的使用价值层面，即供给侧现象。"[①] 在未来一定的时间内，中国经济需要压缩无效产能，调整供给结构，最终实现协调发展，这期间 GDP 的增速不会太高，质量才是我们追求的首要目标。

二、全球化进程中的低端锁定需要突破

发展中国家如果想要融入全球的工业化进程，一般都是从低端进入，占据产业链、价值链最低端的环节，然后才有可能沿着产业链、价值链的成长路径由低端向高端攀升。然而，攀升只是所有发展中国家的美好愿望，能够成功实现攀升的少之又少，大多数国家则面临着低端锁定和长时间处于产业链、价值链低端环节。有研究表明，新的国际分工使原有的国际分工出现了两极分化现象：一方面，使处在分工较低环节的资产专用性弱化为通用性，劳动横向差别减少，导致其分工环节"进入壁垒"很低，成为广大发展中国家参与国际分工的主要通道；另一方面，使处在分工较高环节的专用性资产的专用性得到强化，劳动差别扩大，分工中专业化知识的重要性日益凸显，提高了分工环节的"进入壁垒"。[②] 可见，新国际分工加剧了按照资源禀赋参与全球经济增值活动的程度，各个国家或地区因比较优势不同形成了一种差序化的等级体系：发达国家更多地占有技术开发、产品设计、关键（核心）零部件生产，以及品牌和销售渠道等高增值环节；发展中国家则更多地处于外围零部件生产、模块化生产或组装加工等低增值环节。[③] 正因为这种低端锁定主要是由廉价生产要素促成的，当

---

① 金碚：《关于"高质量发展"的经济学研究》，载于《中国工业经济》2018 年第 4 期。

② 黄建康、詹正华、孙文远：《产品内国际分工条件下我国产业升级路径探讨》，载于《江南大学学报》（人文社会科学版）2010 年第 4 期。

③ 刘友金、周健：《"换道超车"：新时代经济高质量发展路径创新》，载于《湖南科技大学学报》（社会科学版）2018 年第 1 期。

发展中国家人口红利消失、自然资源枯竭、生态环境恶化的时候，这些廉价生产要素的比较优势也将不复存在，处于产业链、价值链最低端产业的竞争优势也会随之消失，刚刚启动的工业化进程也将归零，这是所有发展中国家都不希望看到的事实。要想避免这种不利局面的出现，就要未雨绸缪，降低低端产业的增长速度，将优质的生产要素投向相对高端的产业，培育这些产业向高端逐渐发展，实现产业链、价值链的升级。这时，发展中国家就会自动人为地调低 GDP 增速，以保证优势生产要素从低端产业流出，流入相对高端的产业，确保经济发展方式转型成功。中国经济目前就处于这样的发展阶段，调低经济增速、确保国民经济平稳发展，是当前我们面临的首要任务。

三、不利于发展中国家发展的新中心模式——外围发展模式亟待突破

随着经济全球化进程的推进，在世界范围内已经实现了产业链的重组，这种新形成的产业链具有不同以往的特征。有关研究表明，发达国家向发展中国家转移的产业越来越多，从发展中国家进口的产品线越来越长，而发展中国家从发达国家进口的产品线越来越短；以美国为代表的发达国家依靠流动性刺激消费，以中国为代表的新型经济体依靠出口消化产能，形成了新的"中心—外围"模式。"主导"与"挤压"是理解新的"中心—外围"格局的关键。一方面，以美国为代表的"中心国家"主导着经济全球化、国际分工格局和经济增长模式，而"外围国家"生产什么、产品卖到哪里去这些带有根本性的问题，在很大程度上是由"中心国家"主导的。另一方面，"外围国家"对"中心国家"形成挤压，发展中国家在承接发达国家失去竞争优势的产业或产业环节的过程中，发达国家的产业链须向高端延伸或培育出新兴产业。在这一过程中，即使信息技术革命都难以让以美国为代表的发达国家用高端产品交换足够的自身所需的中低端产品，而是必须依靠虚拟资产吸收境外美元，进而导致经济虚拟化和失衡。[1] 目前由西方国家主导的全

---

[1] 段文斌、张文、刘大勇：《从高速增长到高质量发展——中国改革开放40年回顾与前瞻》，载于《学术界》2018年第4期。

球化，形成了新的"中心—外围"格局，看似对西方国家有利、对发展中国家不利，其实是一种对双方都不利的局面。这是因为，以中国为代表的发展中国家的产业被牢牢锁定在产业链的低端，难以实现理性的工业化进程；对于发达国家而言，它们稳居产业链的高端，占据着竞争优势，然而却失去了实体经济，不得已而去发展虚拟经济，长此以往，国内经济是难以形成合理的国民经济体系的，最终难逃崩溃的结局。为此，发达国家、发展中国家都有动机调整现有的产业链格局，以求各自国民经济的可持续发展。这样，双方都希望通过降低世界经济的增速，把优质资源从现有的经济体系中抽离出来，培育新的产业、形成新的组合，从而摆脱既有格局的限制，实现全球经济的可持续发展。这也是中国经济增长速度下调的一个重要原因。

四、我国改革开放进程具有阶段性特征

对于改革开放具有阶段性特征这一问题，相关研究认为，"开放型经济发展战略是一国依据其开展国际贸易与投资所依托的特定条件而提出的，其内容必然包含着开放经济发展的'阶段论'思想，即开放型经济发展战略旨在基于现实条件达成特定的发展目标，当经过一定时期的努力，完成发展任务后，一国开放型经济发展所面临的现实条件也就发生了变化，此时就需要依据新的发展条件，提出适应新阶段特征的开放型经济发展新阶段"。[①] 中国的开放型经济已经经历了两个完整的阶段，目前正处于第三发展阶段。国内学者的研究结论认为：从改革开放开始到 20 世纪末，中国积极融入世界分工与贸易体系，发展重心在于"出口导向型"经济，依托廉价的劳动力、土地等资源优势，承接了来自亚太后期工业化国家转移出的轻纺工业、日用品工业等轻工业低端产业。这一时期由于开始与世界接轨，国民经济增长开始提速。2001 年中国加入了 WTO，一直到 2009 年，中国经济发展的重点表现为"出口"和"利用外资"规模的高速增长，良好的制度环境、受教育程度和技能水平快速提升的青壮年劳动力、

---

① 郭周明、张晓磊：《高质量开放型经济发展的内涵与关键任务》，载于《改革》2019 年第 1 期。

逐渐完善的国内产业链以及高速扩张的国内需求市场，是支撑这一阶段中国参与国际分工和贸易的核心比较优势。这一时期是中国 GDP 增速最高的时期，国民经济实现了飞速发展。2009 年开始，受外部经济不景气的拖累，中国出口和利用外资的高增长难以持续，加之国内劳动力、土地、自然资源等生产要素的价格纷纷上涨，传统的劳动密集型工业逐渐失去了生存空间。然而，前一阶段开放型经济高速增长已经积累下充足的资本要素，高技能劳动力也形成了一定的规模，新兴产业已初具规模，内需市场也能与美国并驾齐驱。这时，由于内外环境的变化，中国开放型经济发展模式也开始由"高增长"转向了"高质量"。[①] 然而，经济阶段性转型会降低 GDP 的增速，需要国民经济的平稳运行，如果没有国民面经济平稳运行作基础，那么经济的阶段性转型也就不能实现。这是中国经济由追求高速度到稳中求进发展模式的又一种解释。

第二节　传统的经济高速增长环境条件不复存在

经过改革开放 40 年的发展，中国的经济面貌已经发生了翻天覆地的变化，社会生产力已经由落后状态转变为发展不平衡不充分的状态，这其中一个核心的原因，就是中国经济社会发展的环境发生了实质性的变化，诱使国民经济开始实现转型。

一、彻底摆脱社会生产力的低水平状态

自工业革命出现衰落的端倪，到中华人民共和国成立时跌落到谷底的中国经济，经过计划经济时代数十年的徘徊以后，于改革开放起开始逐渐上扬，在其后 30 多年的时间里一直是高速增长。在这一进程中，经济发展的核心支撑要素——社会生产力也从"落后"状态发展到"先

---

① 郭周明、张晓磊：《高质量开放型经济发展的内涵与关键任务》，载于《改革》2019 年第 1 期。

进"状态，再也不会出现因为生产力落后、难以实现有效的产出而影响
广大人民群众的物质文化生活水平的情况。这样一种社会生产力低水平
的特征，也引致了新中国成立以来中国经济发展模式具有鲜明的短缺特
征。在绝大多数生产领域，为了产出能够满足人民群众物质和文化生活
的需要，我们可以不顾经济社会发展是否可持续、是否会对资源环境造
成破坏，也不顾经济是否平稳运行，而是一味地专注于产出的数量，看
其是否能够满足人民群众的消费需要。这样一种经济社会发展模式，自
然以产出数量为首要指标，而不管经济社会发展的其他支持系统是否处
在一种理想的运行状态之中，这当然会实现一种正常发展状态下无法实
现的经济高增长。但这种畸高的增长速度自然是不可持续的，它会带来
一系列的衍生问题，进而影响社会的进一步发展。对比过去 30 余年，经
济高速增长的重要原因已经发生了实质性的改变，GDP 高速增长，特别
是不顾其余只顾高产出的高速增长就变得不那么必要，甚至还会对经济
社会发展有所损害，这时就应该及时调整发展方向与发展模式，使中国
经济沿着健康的轨道继续发展。而一个重要的影响因素就是社会生产
力，它已经由落后发展到了先进。

对我国 GDP 总量和人均水平进行分析可以发现（见图 14 - 1、图 14 - 2），
改革开放以来，在高速增长基础上，我国 GDP 总量目前已经达到了相当于
美国 40% 以上的高水平，稳居全球第二位；人均 GDP 也早已跨越中等收
入国家的门槛，正在向高收入国家水平迈进。这样的 GDP 总量和人均

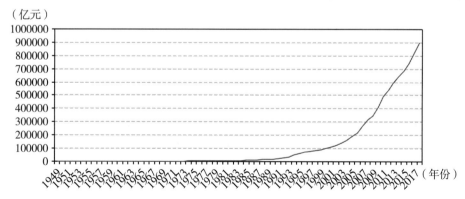

图 14 - 1 新中国成立以来 GDP 总量变化趋势

资料来源：相关年份《中国统计年鉴》。

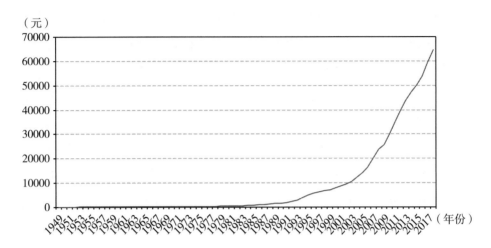

图 14 - 2　新中国成立以来人均 GDP 变化趋势
资料来源：相关年份《中国统计年鉴》。

GDP 水平，总不能说我们的社会生产力还是落后的。我国制造业的产出水平也是非常巨大的，足以满足人民物质文化生活的需要。但此时由于前 60 多年不计后果地追求高产出，对发展环境造成了伤害，因此，今天是应该调低增长速度，实现可持续发展的时候了。

二、全球化模式发生了根本性变化

美国政治学家塞缪尔·亨廷顿（Samuel Huntington）认为："人们需要一个新的框架来理解世界政治，而'文明的冲突'模式似乎满足了这一需求……同时在全世界，人们正在根据文化来重新界定自己的认同。""对于那些正在寻求认同和重新创造种族性的人们来说，敌人是必不可少的，而潜在的最危险的敌人会出现在世界主要文明的断层线上。""国家日益根据文明来确定自己的利益。它们通常与具有同自己相似或共同文化的国家合作或结盟，并常常同具有不同文化的国家发生冲突。国家根据其他国家的意图来确定威胁，而这些意图以及看待它们的方式受到文化考虑的强大影响。公众和政治家不太可能认为威胁会产生于他们感到能够理解和可信任的民族，因为它们具有共同的语言、宗教、价值、体制和文化。他们更可能认为威胁来自那样一些国家：它们的社会具有不同的文化，因此他们对之不理解或感到不可信任。"[1] 这似乎就构成了西方版全球化的思想与理论基础,他们会在与自己拥有同一文化的国家中寻找贸易伙伴,共同构成世界经济体系中的"核心",而不同文化来源的国家则没有可能进入他们界定的全球化体系中的重要集团,而只能处于"边缘"位置,为核心国家的经济发展提供原材料、市场等必要条件,并不能获得核心利益。中国则不然,中华民族文化是具有开放性的,欢迎任何民族或国家加入我们的经济发展进程之中,大家共同发展经济,追求美好的生活。按照马克思主义国际交往理论的脉络,就是各民族都需要与其他民族交往,扩大市场的规模与范围,实现世界经济的大发展、生产力水平的大提高。目前,中国已经发展成为全球经济规模第二大的经济体,我们也向世界提供了全球化中国版本的"一带一路"倡议,就是希望拆除世界经济贸易活动中业已存在的樊篱。世界上各个国家以平等的地位参与人类的经济活动,共同实现人类的福祉。这时,世界上就没有了任何利益集团,也不存在各集团间为了形成各自的优势而快速发展各自的经济,以形成竞争优势;而是更加强调分工与合作,来充分发挥各个国家的比较优势,共同开发利用好人类共同的生存资源,让人类生活在美好的社会之中。这时,我们就会摒弃沿用多年的增长速度竞争,代之以经济的平稳发展,使我们的产出最优化,促进人类福祉的改进。

三、传统经济发展环境条件发生了本质变化

目前,我国人口红利逐渐消失,国民经济发展步入新常态,2014 年中央经济工作会议对我们面临的新经济形势与环境做出了准确评估。会议认为:从消费需求看,过去我国消费具有明显的模仿型排浪式特征,现在模仿型排浪式消费阶段基本结束,个性化、多样化消费渐成主流,保证产品质量安全、通过创新供给激活需求的重要性显著上升。从投资需求看,经历了 30 多年高强度大规模开发建设后,传统产业相对饱和,但基础设施

---

① 〔美〕塞缪尔·亨廷顿:《文明的冲突与世界秩序的重建》(周琪、刘绯等译),新华出版社1999 年版,第 2、4、15 页。

互联互通和一些新技术、新产品、新业态、新商业模式的投资机会大量涌现。从出口和国际收支看，国际金融危机发生前国际市场空间扩张很快，出口成为拉动我国经济快速发展的重要动能，现在全球总需求不振，我国低成本比较优势也发生了变化，同时我国出口竞争优势依然存在，高水平引进来、大规模走出去正在同步发生，必须加紧培育新的比较优势，使出口继续对经济发展发挥支撑作用。从生产能力和产业组织方式看，过去供给不足是长期困扰我们的一个主要矛盾，现在传统产业供给能力大幅超出需求，产业结构必须优化升级，企业兼并重组。从生产要素相对优势看，过去劳动力成本低是最大优势，引进技术和管理就能迅速变成生产力，现在人口老龄化日趋严重，农业富余劳动力减少，要素的规模驱动力减弱，经济增长将更多依靠人力资本质量和技术进步。从市场竞争特点看，过去主要是数量扩张和价格竞争，现在正逐步转向质量型、差异化为主的竞争。从资源环境约束看，过去能源资源和生态环境空间相对较大，现在环境承载能力已经达到或接近上限，必须顺应人民群众对良好生态环境的期待，推动形成绿色低碳循环发展新方式。经过改革开放30多年的发展，从2012年开始，我国的经济发展环境就发生了实质性的变化，体现为短缺时代的结束，人们再也不用为了基本的生活需要担忧，生活消费需求开始丰富化、多样化；随之而来的是供给结构也发生了根本性的变化，从努力生产尽量多无差别的普通产品，发展到了需要提供日益丰富的个性化产品，来满足人民群众生产生活的需要。同时，我们的出口产品结构也发生了实质性的变化，从大量出口换取外汇储备货币财富，到因为人口红利的日渐消失而开始生产出口高附加值、高资本与技术含量的价值链中高端产品。特别是经过30多年的"有水快流"式的高速增长，我们的自然资源储存在许多方面亮起了红灯，生态环境也开始出现问题，已经不能支持传统经济增长模式的长期持续发展，经济发展转型势在必行。

第三节 现阶段改革的指导思想是"稳中求进"

自2013年我国经济发展步入新常态以来，从2014年开始，每年中央经济工作会议确定的下一年经济发展的总基调都是"稳中求进",只是对这个总基调的认识不断深化,使"稳中求进"的内涵越来越充实,成果越来越丰富。

一、党的十九大之前,"稳中求进"改革指导思想的内容

2014 年中央经济工作会议提出:"坚持稳中求进工作总基调,全面深化改革。"2015 年中央经济工作会议进一步指出:"引领经济发展新常态,要努力实现多方面工作重点转变。推动经济发展,要更加注重提高发展质量和效益。稳定经济增长,要更加注重供给侧结构性改革。"2016 年中央经济工作会议继续强调:"稳中求进工作总基调是治国理政的重要原则,也是做好经济工作的方法论,明年贯彻这个总基调具有特别重要的意义。稳是主基调,稳是大局,在稳的前提下要在关键领域有所进取,在把握好度的前提下奋发有为。"从 2013 年开始,我国的 GDP 增速出现大幅下降的情况,引起各界的高度关注。为什么持续 30 多年的经济高速增长会突然失速?什么原因导致的经济增速急速下降?经过各方的认真分析,发现了引起经济增长失速的主要原因,就是我们一直依托的人口红利开始消失,新增劳动年龄人口出现了负增长;由于 30 多年的生产力大发展,我们的产出水平已经跨越了一个大的台阶,彻底告别了短缺时代,表现为生产生活用品产出的充裕,存在的问题只是供给与需求的结构性矛盾;经过 30 余年的工业化进程,我们虽然在一定程度上克服了先污染、后治理的不良模式,但工业化还是在一定程度上形成了对生态环境的损害,表现为生态环境逼近承载力的上限;加之我们为了实现工业化,解决十几亿人的吃饭问题,在改革开放初期,一直是采取"有水快流"的办法实现工业化,经济发展对自然资源的依赖程度较大,目前许多自然资源面临枯竭,出现了传统发展方式中的短板。正是在这种情况下,中央提出了稳中求进,全面深化改革的思路,是希望盘点改革开放的经验,找出尚存的问题,通过改革的办法加以完善。其后又进一步提出了进行供给侧结构性改革,希望正确看待改革开放前 30 年形成的供给能力,结合现实的需求水平与结构,对供给侧进行根本性的改革,使我国的工业产出水平与人民的消费需求相

吻合。在2016年末召开的中央经济工作会议上，提出"稳是主基调，稳是大局"，要在稳的前提下实现关键领域的突破，在把握好度的前提下奋发有为。这更加让我们认识到供给侧结构性改革不是一件简单的事情，也不会一蹴而就，它注定是一个艰难的过程，需要我们稳住经济发展的良好势头，在此基础上实现供给侧结构性改革，达到稳中求进的目的。

二、党的十九大进一步确定了"稳中求进"的改革指导思想

在党的十九大结束后不久召开的2017年中央经济工作会议指出："坚持稳中求进工作总基调，坚持新发展理念，紧扣我国社会主要矛盾，按照高质量发展要求，统筹推进'五位一体'总体布局和协调推进'四个全面'战略布局，坚持以供给侧结构性改革为主线，统筹推进稳增长、促改革、调结构、惠民生、防风险各项工作，大力推进改革开放，创新和完善宏观调控，推动质量变革、效率变革、动力变革，在打好防范重大风险、精准脱贫、污染防治的攻坚战方面取得扎实进展，引导和稳定预期，加强和改善民生，促进经济社会持续健康发展。"会议还特别强调，"稳中求进工作总基调是治国理政的重要原则，要长期坚持。'稳'和'进'是辩证统一的，要作为一个整体来把握，把握好工作节奏和力度"。党的十九大洞悉了我国社会出现的重大变化，认为1956年提出的社会主要矛盾是人民日益增长的物质文化需要同落后的社会生产力之间的矛盾，已经不能很好地解释我国社会发展的现状，进而提出了新时代社会主要矛盾是人民日益增长的美好生活需要的不平衡不充分发展之间的矛盾。而要解决主要矛盾，就要做到平衡充分发展。过去30多年改革开放形成的经济社会发展结构，本身就不是平衡充分指导思想下的产物，是非均衡发展的成果，这势必与主要矛盾的解决形成一定的悖论。所以才提出了"五位一体"和"四个全面"的战略，就是要使社会在创新、和谐、绿色、开放、共享五大理念的指导下健康发展，使经济、政治、社会、文化平衡充分地发展。要实现上述平衡充分发展的目标，最大的障碍就是供给结构与需求结构的不协调，因此才有了以供给侧结构性改革为主线，全方位进行改革的指导思想。就是希望以供给侧结构性改革为突破口，彻底改变过去30多年形成的

与新时代要求不能有机衔接的经济社会结构，从而最终实现平衡充分发展。

三、党的十九大后，"稳中求进"改革指导思想不断充实新内涵

2018 年中央经济工作会议认为："在以习近平同志为核心的党中央坚强领导下，全党全国落实党的十九大做出的战略部署，坚持稳中求进工作总基调，按照高质量发展要求，有效应对外部环境深刻变化，迎难而上、扎实工作，宏观调控目标较好完成，三大攻坚战开局良好，供给侧结构性改革深入推进，改革开放力度加大，稳妥应对中美经贸摩擦，人民生活持续改善，保持了经济持续健康发展和社会大局稳定，朝着实现全面建成小康社会的目标迈出了新的步伐。"认为"我国经济运行主要矛盾仍然是供给侧结构性的，必须坚持以供给侧结构性改革为主线不动摇，更多采取改革的办法，更多运用市场化、法制化手段，在'巩固、增强、提升、畅通'八个字上下功夫"。党的十九大明确了未来相当长一段时间内我们的发展方向，同时也提出了上下左右有机衔接的政策理论体系，让我们的经济社会发展有了明确的指导思想。稳中求进继续被确定为一切工作的总基调，在现实工作中具有重要的意义。为了应对我国参与全球化过程中面对的不确定性，我们提出了全球化中国版本"一带一路"倡议，以期用我们的全球化经验指导全新的全球化实践。然而，在这一新旧全球化模式转轨的过程中出现了许多新问题，对我们既有的经济社会发展进程形成了挑战，需要我们运用智慧加以解决。党的十九大以后，党中央把稳中求进的总基调推广运用到国际经济贸易交往之中，希望我们在应对全球化带来的挑战的时候，也能稳妥行事，待机进取。提出坚定推进供给侧结构性改革，以此来改善我们的供求结构，实现经济发展模式的现代化。通过自身经济发展模式的现代化，解决由于传统经济发展积累下来的弊端而引起的中美、中西经济贸易矛盾，更好地融入全球化的发展潮流，实现我们自身经济社会的健康发展，造福本国人民、造福世界各国人民。为稳中求进总基调和供给侧结构性改革找到更好地实现路径，希望运用市场化、法制化手段推进我们既定目标的实现，希望在巩固、增强、提升、畅通方面下功夫，为既定目标的顺利实现找到理想通道。总的看来，在党的十九大以

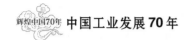

后，我们在稳中求进总基调上下了大功夫，也提出了一些稳中求进的具体措施，使稳中求进的内涵进一步扩大了。

第四节 坚持"稳中求进"的具体措施

中国是文明古国，在农业社会曾经有1600余年的时间经济社会发展领先于世界，由于历史的包袱等原因，我们在工业化社会大大落后于世界主要工业化国家，好在新中国成立、改革开放等重要节点事件的出现，才让我们在工业化后期重新补上了工业化这一课，成为重要的工业化国家。然而，由于工业化来得急促，我们在不够从容的40年里迅速实现了工业化，在我们重新屹立于世界强国之林的过程中也积累了一些发展中的矛盾，需要我们回过头来破解。在这样一个过程中，坚持稳中求进就显得非常必要，千万不能让我们得来不易的工业化功亏一篑，这其中最为重要的，就是找准稳中求进的具体措施，理顺我们在发展过程中积累的各种问题，让国民经济继续快步前行。

一、持之以恒地进行供给侧结构性改革

我国经济发展面临的问题是结构性问题，而不是发展动力或体制机制出现了问题，这样就相对好解决一些。我们面临的结构性矛盾，主要是供给结构与需求结构不够协调的问题，一是表现为供给的传统低端性特征和需求的快速升级及其发展性特征；二是表现为供给结构的不尽合理，由于计划经济年代和改革开放初期形成的许多供给能力在今天看来已经不能算作有效供给，导致许多供给并没有满足广大人民群众的合理需求；三是在过去的发展过程中，由于指导思想以及供给导向的原因，我们的有效供给并不具备自我形成、自我完善的机制，一直依赖政府政策这个外力来推动有效供给的形成。目前，社会主义市场经济体制在我国已经初步建立，市场在资源配置过程中已经开始发挥决定性的作用，有效供给的形成也越来越依靠市场这种资源配置的手段，否则就难以达到优化配置的目标。然

而，政府也并不是无用武之地的，在供给侧结构性改革过程中，有些领域中市场机制的形成还是存在障碍的，需要政府积极介入，引导企业加入供给侧结构性改革的大潮之中，特别是对于国有企业，政府在引导其进行供给侧结构性改革过程中，还是具有重要作用的。为此，我们认为，中国的供给侧结构性改革是一项长期艰巨的任务，需要我们持之以恒地进行改革。

二、保持国民经济长期平稳运行

国民经济健康发展，需要经济增速保持在一个平稳的状态，切忌经济增长忽高忽低，更忌讳经济增长的"急刹车"和人为随意拉高国民经济的增速，否则国民经济将没有健康可持续发展的可能。经济发展需要生产要素的投入，什么规模质量的生产要素支撑什么样的经济增长速度和什么水平的经济发展质量。在经济发展过程中，如果不能有效控制增长速度，可能会出现生产要素供给不足，从而拉高一国产品的生产成本，降低其竞争力，进而丧失掉应有的市场；如果人为调低经济增长速度，也会造成既有生产要素供给能力和已建成基础设施支持能力的浪费，同样也会间接提高一国产品的生产成本，降低国际竞争力，失去既有的国际市场。我们在进行供给侧结构性改革的时候，要根据合理需求来确定有效供给，切不可主观臆断。国民经济的增长速度主要由市场机制来进行调节，注重发挥市场在配置资源方面的决定性作用。这个过程中，经济增长速度的降低要缓慢进行，调到可以保持供需平衡为止，然后在较长一段时间内维持在一个相对稳定的增长速度，待供给侧结构调整到一个相对理想的状态，并与合理需求相互协调以后，再逐渐提高经济增长速度，做到稳中求进。

三、积极推进中国版全球化"一带一路"进程

中国的经济发展和社会进步，在很大程度上得益于对外开放和积极融入全球化的改革实践。只有打开国门积极吸纳国外的资本技术，才能逐渐实现我国经济与世界接轨，才能摒弃掉我们与工业社会格格不入的、陈腐

落后的观念，才得以引入与工业化相适应的先进理念，进而支撑我们大踏步迈进工业化社会的门槛，从而迅速实现工业化，成为全球工业化大国、强国。在这一历史性进程中，积极融入全球化是我们改革开放成功、工业化得以实现的关键因素。如果没有融入全球化，我们可能还在闭关锁国的状态之中，不但远离工业文明，也远离世界市场。我们可能还处在农业社会之中，缺乏一个支点去撬动中华文明走向世界，推动中国经济与世界相融合。正是因为我们做出了正确选择，中国经济才与世界经济相连接，才在全球工业文明的带动下走向了工业化。在中国实现工业化的过程中，也出现了一系列与世界经济发展之间的矛盾与问题，确切地说就是西方全球化进程中存在许多与中国的发展现状不相适应的问题，于是我们才提出了全球化的中国版本。其核心就是摒弃西方版本的"中心—外围""核心—边缘"思维，讲求互为核心、互为边缘，提倡在全球化进程中所有国家一律平等，大家共同推进世界经济的发展。这一全球化的中国版本一经推出就得到了广泛拥护，并取得了积极的成果，推动世界经济向前跨出了一大步。在未来的工业化进程中，我们还应积极推进中国版全球化"一带一路"进程，让中国经济融入世界，让中国智慧推动世界经济加速发展，在这一进程中，中国经济也会持续健康发展，实现稳中求进。

第十五章

内外压力助推创新驱动

自 2013 年开始，中国经济增速开始下降，国民经济由高速增长阶段转轨到高质量增长阶段。究其原因是人口红利趋于消失、传统的经济发展模式面临转型，改革开放 40 年来形成的经济发展方式，需要进行根本性的调整，其方式就是要从要素驱动、投资驱动转向创新驱动。

第一节 中国经济步入新常态

由于人口红利渐趋消失、二元经济结构环境条件发生变化等内部原因，以及全球化进程加速、模式变迁等外部因素作用，中国经济自 2013 年开始逐渐步入了新常态。具体表现是，国民经济由高速增长转变为中高速增长，经济发展主要目标由增长速度转换为发展质量，驱动因素由投资和生产要素转化为全方位的创新。

一、GDP 增速放缓

改革开放的前 30 余年，中国的 GDP 平均增速是 9.9%，个别年份的增速甚至超过 15%，这种高速度助推着中国经济实现了 30 多年的高增长，而今这种高增长的内外部环境条件均已不复存在，国民经济进入了高质量发展阶段，集中表现就是 GDP 增速明显放慢（见图 15-1）。

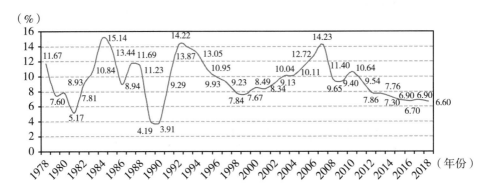

图 15-1　改革开放 40 年中国 GDP 增长率变化趋势
资料来源：相关年份《中国统计年鉴》。

从图 15-1 可以看出，在改革开放前 30 年的发展过程中，是存在 3 个波峰和 3 个波谷的，而且每个波峰到波谷的时间均不超过 10 年，这符合经济波动的时间特征，说明中国经济是存在正常周期的。然而，自 2007 年GDP 增速达到波峰开始下降以来，11 年过去了，周期还没有到达谷底，明显超过了以往的周期特征，说明中国的经济发展模式有可能出现了问题，需要及时调整才能促进国民经济的健康发展。

二、人口红利消失的中国经济容易掉入刘易斯陷阱

按照熊彼特的理论解释，经济活动就是一个循环之流，如果没有强有力的外力扰动，这个循环之流就是一个没任何增长的、周而复始的经济运动，除非创新进行扰动，否则不会有任何经济增长。这个结论有两条推论，一是对生产者来说，产品的最后一个增量没有收益，因为这个产品的效用被成本抵消殆尽，任何产品都不例外；二是一般情况下，在扣除生产资料的价值后，生产实现的价值不会有任何剩余。[①] 对于中国自古至今的经济发展，西方学者是这样解释的：

丹尼尔（Little Daniel）认为：由于中国历史上的农业实践把传统技术

---

① ［美］约瑟夫·熊彼特：《经济发展理论》（郭武军、吕阳译），华夏出版社 2015 年版，第26 页。

和生产要素组合到尽善尽美的程度，以致维持了一个与欧洲早期历史相比更高的生存水平，从而人口增长较快，相应导致劳动力过多和过于廉价，使劳动节约型技术不能得到应用。因此，中国经济在古代一直处于一个"高水平陷阱之中"。[①] 按照刘易斯（Arthur Levis）的理论解释，在二元经济发展阶段，是指在一个国家中，整个经济被明显地划分为存在大量剩余劳动力的农业和能够获得无限劳动力的非农部门，农业释放剩余劳动力与非农产业吸收劳动力的过程，构成一个经济增长过程。当人口转变发生很快，并且进入高出生、低死亡、高增长阶段时，劳动力剩余就会形成。由于某些制度因素阻碍劳动力的充分流动，从而不能一下子结清劳动力供大于求的不均衡现象，因此，逐步消化剩余劳动力就构成经济增长的基本特征。[②] 按照刘易斯的理论解释，可以说中国改革开放40年来，我们的经济一直就是二元结构的经济，农业剩余劳动力的无限供给，就是我们经济发展的重要源泉。

那么，为什么在改革开放以后我国广大的农村剩余劳动力被唤醒，这种中国式的二元经济结构又是否存在问题？这些都需要我们认真思考，并加以解答。蔡昉（2013）认为，"把妨碍物质资本和人力资本形成的根源，归结为产权制度不健全，不如归结为激励机制不健全，在理论上来得更充分，因为激励这个概念的概括性更周全"。[③] 关于激励问题，金碚（2015）进行了深入的分析，他认为，"前30多年的改革动力是：'贫穷不是社会主义'，触发改革的心理动机是'脱贫'与'先富'。支持改革的优惠、特殊政策往往具有排他性，即适用于一些人或一些地区，而不适用于其他人和其他地区。改革的推进很大程度上基于'有效冲动'而非周全的'理性权衡'：'不争论''大胆突破''敢闯敢试'，以成效论英雄。这样的改革成为中国经济发展的强有力的引擎，成效显著，成果巨大，有目共睹；但也付出了'不平衡、不协调、不可持续'的代价，并形成了一些实力很

[①] Daniel Little, 1998, Microfoundations, Method and Causation: On the Philosophy of the Social Sciences, Transaction Publishers.

[②] Arthur Levis, 1954, "Economic Development with Unlimited Supply of Labor", Manchester School, 22（2）：139–191.

[③] 蔡昉：《理解中国经济发展的过去、现在和将来——基于一个贯通的增长理论框架》，载于《经济研究》2013年第11期。

大、意志顽固的特殊利益集团"。[①] 基于人口统计数据，也基于中国学者的研究成果，而今，我们的人口红利几近消失，由于改革开放40年来在激励机制取得重大成效的同时也累积下巨大的问题，其影响中国经济继续高速发展的负效应已经明显显现出来，其激励效应也越来越微小，为此，中国经济发展方式已经到了进行彻底转变的当口，需要我们认真把握。

三、从要素驱动、投资驱动到创新驱动的转轨

对于中国现行的经济发展模式，柳卸林、高雨辰等（2017）评价，"我国现有的经济高速增长存在着发展质量和效益较低，生态环境破坏严重，实体经济水平有待提高等问题，使得我国的发展不平衡、不充分"。未来经济发展的方向，"首先，是经济增长动力的转变，从'要素驱动''投资驱动'向'创新驱动'转变；……其次，是经济增长的结构转变，将以低端产业为主的增长转为以高附加值产业为主的增长，以工业为主的增长转为以服务业为主的增长；……最后，是经济发展质量的转变，从过度重视经济增长速度向注重经济发展质量和效益转变，强调经济社会的协调发展，强调均衡平等的包容性发展"。[②] 面对着不平衡、不充分，中国经济发展就要解决好动力、结构、质量三个转变，以适应新时代的要求。

中国经济在过去的40年中，主要是依赖要素驱动来实现经济增长，而今，人口红利几近消失、生态环境压力不断加大、物质资源耗费已经接近储备的底线等不利因素相继出现，已经开始提醒我们要反思过去的经济发展模式是否科学合理。随着新型全球化的逐渐到来，投资驱动模式也面临着巨大的挑战，国际贸易在经济发展中的地位逐年下降，对外直接投资的流量与存量结构不断增加，利用外资水平稳定在一个基准线上，这些都使国内经济的投资驱动模式面临挑战（见图15-2、表15-1）。

---

① 金碚：《中国经济发展新常态研究》，载于《中国工业经济》2015年第1期。
② 柳卸林、高雨辰、丁雪辰：《寻找创新驱动发展的新理论思维——基于熊彼特增长理论的思考》，载于《管理世界》2017年第12期。

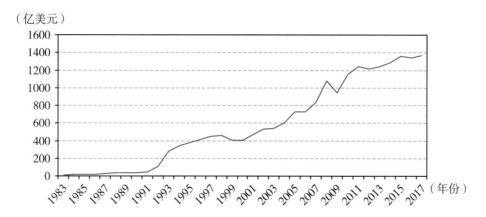

（亿美元）

图 15 - 2   1983 ~ 2017 年中国实际利用外资金额变化趋势

资料来源：根据相关年份《中国对外经济贸易年鉴》和《中国商务年鉴》数据整理。

表 15 - 1   **2008 ~ 2017 年中国对外直接投资量表**   单位：亿美元

指标	2008 年	2009 年	2010 年	2011 年	2012 年	2013 年	2014 年	2015 年	2016 年	2017 年
流量	559.07	565.30	688.11	746.54	878.04	1078.44	1231.20	1456.67	1961.49	1582.88
存量	1839.71	2457.55	3172.11	4247.81	5319.41	6604.78	8826.42	10978.65	13573.90	18090.37

资料来源：《中国商务年鉴（2018）》。

从上述统计数据可以看出，中国对外进出口增速明显下降，利用外资额维持在一个平稳的水平，对外直接投资水平却是大幅增加，这些都不利于投资驱动型经济的迅速增长。按照熊彼特的理论，这时中国的经济就会陷入一个高水平陷阱之中，除非创新扰动，否则难以有大的发展。因此，创新驱动就被提上了新时代中国经济发展的议程，需要我们认真研究。

第二节 中国经济发展的外部压力

随着科学技术的进步，产业形态发生了很大变化，产业链构成也与以前有了本质的区别，在全球范围内实现了产业链的重组。同时，科学技术的进步也改变了全球化的既有格局，经济全球分工已从产业分工发展到产品分工，甚至是产品内不同工序的分工。由于信息技术的出现，改变了全球经济结构的布局，也在一定程度上影响了全球经济分工。在这样的外部背景下，中国的经济发展开始面临巨大的不确定性，外部压力越来越大。

一、包括信息技术在内的科技进步对中国的经济发展方式形成挑战

改革开放40年中，中国主要依靠数以亿计的农村剩余劳动力，加之相对丰富的自然资源和比较宽松的环境政策，实现了经济的高速增长，国内绝大部分地区迈入了工业化门槛，这是人类历史上的一大创举。然而，随着人口红利的逐步消失，自然资源的消耗逼近红线，以及生态环境保护重要性的逐步提升，中国既有的经济发展模式开始显得不适应，迫切需要转轨，转移到创新驱动的轨道。创新就需要科学技术含量的不断增加，而我们以前发展经济的主要驱动要素是劳动力和投资，如果在新的发展模式到来时，传统经济没能与时俱进地实现彻底的转型，那么经济发展中心可能就会转移，可能会转移到发达国家，也可能转移到我们周边发展环境相对较好的发展中国家，这无疑对中国的经济发展形成了强大的外部压力。

随着信息化时代的到来，在科学技术得到发展的同时，信息技术业实现了突飞猛进的发展，其作用扩散到国民经济的各个角落，可以说，信息技术正在逐步主宰着全球经济的走向和经济中心的分布。关于信息社会的特征，笔者是这样描述的，在未来的一段时间里，人类社会将从工业化社会转向信息化社会，人们的经济活动将从大量创造新的分子结构、创造新的物品来满足生产生活的需要，到开始基本停止分子结构的创造，尽量减少人类活动对各种物质资源的依赖，让地球这个我们唯一的家园得以休养生息、恢复元气。人类的经济活动将从量的扩张转向质的改善阶段，我们将主要依靠信息技术实现价值链和产业链的重组，提高资源的配置效率，在不提高资源利用规模的前提下，提高资源的利用效率，更好地满足广大公民对美好生活的需求。在这一过程中，信息技术的高低关乎一国经济的盛衰成败，直接影响着各国产业的国际竞争力。在40年传统经济模式中

成长起来的经济大国——中国，迫切需要彻底实现经济发展方式的转型，要以创新驱动替代要素、投资驱动，从而迎接信息化社会带来的挑战。这也是中国经济面临的巨大外在压力，唯有创新才能破解。

二、"一带一路"带给中国的机遇与挑战

中国提出"一带一路"倡议，是有着深刻理论与现实背景的。从 16 世纪欧洲工业革命出现端倪开始，由于生产力的发展使贸易活动越出了国界，不同国家之间就因为经济利益的不均衡而不断出现争端乃至战争。为了消弭战争，促进欧洲经济的发展，欧陆国家签署了以民族国家为利益单元的《威斯特法利亚和约》。有学者认为，1648 年和约签署以后，国家领土主权受到国际法的保护，国家边界空间形态的演化受到国际法的限制。但是，人类本质上具有不断拓展经济行为空间的需求，在其领土空间控制的范围受到约束以后，这种经济空间的开拓行为就表现为经济交往空间范围的拓展（柳思思，2014）。与此同时，由盎格鲁—撒克逊国家主导的海洋秩序却为人们展现出另一种理论情境，即不承认民族国家是基本利益单元，整个世界要在海洋观约束下成为一个没有界限的自由的空间。格劳修斯认为，"根据自然，海洋似乎是抵制所有权的"。"我们称之为头等重要的法则或首要的原则，其精神不证自明且永恒不变，即每个民族均可以与另一民族自由交往，并可以自由地与之从事贸易"。"自然法是正当的理性的命令，它指示任何与合乎本性的理性相一致的行为就是道义上公正的行为，反之，就是道义上罪恶的行为"。[1] 这可能就是当今利益以民族国家为基本单元，而经济却在不断全球化这种现实悖论长期存在的一个重要理论诱因。"当前，全球治理的困境在于全球相互依赖正在接近他们的制度限度，制度合法性正在褪色"。[2] "旧有全球治理结构的提升空间有限，中国为此需要提出新的国际制度战略，应对全球治理问题"。[3]

---

① ［荷］格劳修斯：《论海洋自由》（马忠法泽），上海人民出版社 2005 年版，第 158 页。
② Tiberghien, Y., "An Uncertain World: Rising Powers, Systemic Risk and the Role of Institutions and Entrepreneurship", *Pacific Affairs*, 2014, Vol. 87, No. 2: 288.
③ 王明国：《"一带一路"倡议的国际制度基础》，载于《东北亚论坛》2015 年第 6 期。

中国提出的"一带一路"倡议,就是中国版本的全球化,旨在消弭民族国家利益分置与海洋是连续的这样由西方全球化理论诱致的悖论,以中国传统文化中的"互为中心""互为边缘""和谐共存"为指导原则,积极推进全球化进程。中国版本全球化的核心,就是世界各国互相合作、互利共赢,在事关人类福祉与全球发展的问题面前,各个民族国家都要摒弃自己的一己之念,以人类福祉为共同福祉,推进人类社会的进步与发展。在这样的背景下,世界经济就越发全球化,在前全球化阶段形成的依靠民族市场塑造的国家经济模式受到了强有力的冲击。按照现代经济发展的逻辑脉络,我们应该大力推进创新要素的扩散,使国民经济从要素驱动、投资驱动转向创新驱动的轨道上来,实现民族经济的进一步发展。

三、中国经济面对新型全球化开始彻底转轨

所谓新型全球化,就是在世界范围内阻碍生产要素自由流动的樊篱日益消除,人类的经济社会生活越来越一体化,经济活动所需的资源可以在全球范围内有效配置,经济效益达到了极致的程度。对于国家而言,就是生产要素的配置越来越全球化,以前积累的基于要素禀赋形成的区隔的竞争优势会随着经济发展方式的转变而逐渐丧失,国家间的经济依赖关系越来越紧密,任何一个国家都难以在国际经济舞台上不依靠其他国家而一枝独秀。当然,在国际经济合作、资源互补的国家关系中,也存在国家间的产业间、产业内的分工与合作,会使有些国家居于产业链的顶端以及产品内工序的核心位置,有些国家则处于从属地位,这是不言自明的。这种相对地位的高低差异,主要是通过一国在全球经济中的产业竞争优势表现出来,这种实力地位的形成,既是竞争产品的成本,也是竞争产品的创新。其中成本的优势容易丧失,创新的优势容易保持,可以说,在新型全球化背景下,竞争优势的取得主要依赖于一国创新要素的充裕程度和创新发生的频度。

对于中国而言,改革开放以来经济高速增长的重要源泉,就是充裕的农村剩余劳动力、相对丰富的自然资源、比较宽松的环境政策,加上能够

唤起人们对财富追求的激励机制，共同促成了经济高速增长的中国模式。而今，我们姑且不论人口红利的日渐消失，单就新型全球化时代日益降低的资本、劳动力等生产要素跨国流动的门槛而言，流动性不断加大的资本要素与廉价劳动力要素结合在一起，就能生产出成本更低的产品，而对我们的劳动密集型产品形成冲击。在过去 40 年间，我们靠引进大量的外国资本，加上廉价的劳动力，大量开发了天然赋存的自然资源，才形成了某些劳动密集型产业的国际竞争优势，而今自然资源的储备已向我们亮起了红灯，过去的模式也开始变得不可持续，亟待改变。

鉴于此，中国未来的经济发展，就应该面对新型全球化的现实，尽量减少对劳动力、自然资源和环境的依赖，增加创新要素的培育，使我们的经济发展建立在创新要素发展的基础之上，形成创新型经济。

第三节　中国经济发展的内部压力

中国经济除了要面对巨大的外部压力，还要面临人口红利消失、经济增长速度降低、经济社会发展不平衡不充分等诸多的内部压力，迫切需要进行经济发展方式转变。

一、由于人口红利消失使得传统的二元经济无以为继

对于中国的经济增长，经济学界曾经多次尝试用现有的西方理论进行解释，但很多理论都无法诠释中国经济发展的现实。被提出最多的西方经济学理论就是新古典经济学理论，它以自由竞争为前提，强调产权、对私有产权的保护，促使企业家的出现；强调市场的调节作用，即市场的供给自动创造需求，以保证需求总量充足，从而使经济获得平衡增长。[1] 然而，中国改革开放 40 年来的经济并不是充分竞争的市场经

---

[1]　Solow, R. M, 1956, "A Contribution to the Theory of Economic Growth", *The Quarterly Journal of Economics*, 70 (1): 65–94.

济，我们的产权也并非是以私有产权为主，可是我们却创造了经济发展的中国奇迹。难怪蔡昉（2013）认为，"传统增长理论从新古典经济学诸多与中国现实不一致的教义出发，不能圆满地解说中国奇迹"。[①] 出于对中国经济高速增长的不解，西方经济学界重新提出了马尔萨斯陷阱，认为其本质在于，任何增加的产出，都会因改善人均拥有的生活资料（主要是食品）而降低死亡率，提高出生率，从而刺激人口增长，继而摊薄人均拥有的生活资料（资本）。但这一理论，也根本无法解释中国经济高速增长的事实。于是经济学家们想到了刘易斯的二元经济结构理论，就是在发展中国家存在着农业和非农产业两大特征差异十分明显的部门，农业中又有大量等待转移的剩余劳动力，非农部门又拥有大量的资本可以随时大量吸收这些劳动力。在这个资本和劳动力投入规模不断扩大的循环往复的过程中，劳动力从剩余状态转变为生产性使用，同时意味着从边际劳动生产力很低的农业，转移到边际劳动生产力高得多的非农产业，形成一个资源重新配置过程，从而获得一种二元经济发展阶段特有的全要素生产率源泉——资源重新配置效率。[②] 从二元经济结构理论研究中可以发现，这种经济发展方式的主要增长源泉，就是充裕的农业剩余劳动力和大量的非农产业中的资本。

对中国改革开放以来的经济统计数据进行分析可以发现，从 2010 年开始，我们的农村剩余劳动供给就隐约出现了问题，到 2012 年则是人口红利基本消失，过去的经济发展模式开始面临挑战。人口红利消失，使得改革开放 40 年来形成的二元经济发展模式由于失去了重要的人口支撑要素，开始面临转型；同时，自改革开放以来，我们经济发展所需资本的很大一部分是国际资本，它是追逐着劳动力低成本来到中国的，而今剩余劳动力几近消失，使得国际资本向我国的流动也开始日益减缓。从上述两方面来看，传统的二元经济模式的支柱已经失去，该经济发展模式也变得越来越失去了存在的基础。未来中国经济的发展将面临模式的转轨，新的以创新为主要特征的发展模式将取代传统的二元经济发展模式，成为带动中

---

①② 蔡昉：《理解中国经济发展的过去、现在和将来——基于一个贯通的增长理论框架》，载于《经济研究》2013 年第 11 期。

国经济发展的新引擎。

二、新时代的主要矛盾成为经济发展方式转变的重要推动力

党的十九大报告中指出：中国特色社会主义进入新时代，我国社会主要矛盾已经转化为人民日益增长的美好生活需要和不平衡不充分的发展之间的矛盾。必须认识到，我国社会主要矛盾的变化是关系全局的历史性变化，对党和国家工作提出了许多新要求。我们要在继续推动发展的基础上，着力解决好发展不平衡不充分问题，大力提升发展质量和效益，更好地满足人民在经济、政治、文化、社会、生态等方面日益增长的需要，更好地推动人的全面发展、社会全面进步。在党的十九大报告中对新时代我国主要矛盾的阐述，既包括经济，也包括政治、文化、社会、生态等诸多方面，其中，经济因素起着重要作用，如果没有强大的经济力量作为支撑，其他方面的不平衡、不充分也难以得到改善；如果没有经济的率先发展，其他领域由于缺乏强有力的经济支持，也不会得到长足的发展。所以说，解决经济发展不平衡不充分问题，是解决新时代主要矛盾的"牛鼻子"，只有牵动它，才能实现社会主要矛盾的化解。除此之外，解决新时代主要矛盾，其归宿是实现人的全面发展和社会的全面进步，这正吻合了马克思主义的历史观、发展观。马克思眼中人类的历史，就是人类自我解放的历史。而"每一个单个人的解放的程度是与历史完全转变为世界历史的程度一致的"①。就像马克思在《共产党宣言》中两句著名的话：一是"全世界无产者，联合起来！"② 二是"代替那存在着阶级和阶级对立的资产阶级旧社会，将是这样一个联合体，在那里，每个人的自由发展是一切人自由发展的条件。"③

以马克思主义历史观和发展观为指导，解决新时代主要矛盾问题，就要实现社会生产力的大发展，促成劳动者自身的大解放，达成社会物质财富的大丰富。在改革开放 40 年里形成的生产力水平和经济发展模式，都

---

① 《马克思恩格斯文集》（第 2 卷），人民出版社 2009 年版，第 691 页。

② 同上，第 66 页。

③ 同上，第 53 页。

无法满足我们解决新时代主要矛盾的要求，逼迫我们必须改变经济发展方式，实现生产力的大发展，劳动生产率的大提高。为此，我们就应该转换过去经济增长的驱动方式和要素，从要素驱动、投资驱动转换为创新驱动，将创新因素纳入经济发展体系，使之从外生变量转变为内生变量，从内部推动经济增长方式的转变与升级，实现生产力高度发展的目标，更好地满足人民群众对美好生活的需要。

三、资源环境压力不断加大

习近平总书记在党的十八大以来就一直强调，绿水青山，就是金山银山，说明生态环境的优化在我们经济社会发展进程中居于十分重要的地位。这种生态环境居先的思想，也是在对事实的深入思考后得出的，如果没有优良的生态环境，我们纵使创造再多的物质财富，也是徒劳无功的，这不仅不会给后代留下宝贵的财富，还会殃及后人。北京与河北地区的经济发展与环境状况就能说明这一道理（见表15－2）。

表15－2　　　　　2000～2013年经济发展与生态环境状况

年份	河北钢铁产值（亿元）	北京第二产业产值（亿元）	北京汽车保有量（万辆）	北京空气质量轻度污染及以上天数（天）
2000	393.4	1033.3	150.7	189
2001	528.6	1142.4	169.6	180
2002	809.7	1250.0	176.5	162
2003	1657.5	1487.2	212.4	141
2004	2256.19	1853.6	229.6	137
2005	3692.31	2016.5	258.3	131
2006	3874.61	2191.4	287.6	124
2007	5445.05	2509.4	312.8	119
2008	7367.19	2626.4	350.4	92
2009	7626.46	2855.5	401.9	80
2010	8748.29	3388.4	480.9	79

年份	河北钢铁产值（亿元）	北京第二产业产值（亿元）	北京汽车保有量（万辆）	北京空气质量轻度污染及以上天数（天）
2011	11464.03	3752.5	498.3	79
2012	11069.58	4059.3	520.0	85
2013	13794.14	4352.3	543.7	189

资料来源：《北京统计年鉴》《河北统计年鉴》相关年份数据及相关网站。

众所周知，在京津冀地区的一省两市中，经济社会发展水平是存在巨大落差的，北京最为发达，天津次之，河北相对落后，环绕京津两市的河北省的地区多为不发达地区，经济内涵与产业结构也与我国欠发达地区没有太大差异，这从河北以小钢厂为主的钢铁产业结构就可见一斑。这种基于廉价劳动力和自然资源的产业构成，加上京津地区的巨大市场，就形成了畸形的产业结构与市场结构，它也诱致了京津冀地区严重的生态问题，至今也没有完全解决。

解决生态环境问题的根本办法，就是摒弃过去40年来形成的依靠要素驱动和投资驱动粗放发展经济的做法，大力引入创新要素，实现经济社会发展的创新驱动，减少物质资源动用，抑制有形污染物排放，从根本上实现国民经济的可持续发展，为世界树立一个人与自然和谐可持续发展的样板。

第四节　国家政策引导

对于从要素驱动、投资驱动到创新驱动转换的问题，我国各级政府都是非常重视的，特别是中央政府，自党的十八大以来就出台了一系列举措予以引导。

一、习近平总书记在两院院士大会上提出创新驱动指导思想

2014年6月9日，习近平总书记在参加中国科学院第十七次院士大会

和中国工程院第十二次院士大会时发表讲话指出，"我们比以往任何时候都更加需要强大的科技创新力量"。"必须清楚地看到，我国经济规模很大、但依然大而不强，我国经济增速很快、但依然快而不优。主要依靠资源等要素投入推动经济增长和规模扩张的粗放型发展方式是不可持续的。……老路走不通，新路在哪里？就在科技创新上，就在加快从要素驱动、投资规模驱动发展为主向以创新驱动为主的转变上"。"实施创新驱动发展战略，最根本的就是要增强自主创新能力，最紧迫的是要破除体制机制障碍，最大限度解放和激发科技作为第一生产力所蕴含的巨大潜能"。"要解决这个问题，就必须深化科技体制改革，破除一切制约科技创新的思想障碍和制度藩篱，处理好政府和市场的关系，推动科技和经济社会发展深度融合，打通从科技强到产业强、经济强、国家强的通道，以改革释放创新活力，加快建立健全国家创新体系，让一切创新源泉充分涌现"。习总书记的讲话切合我国经济社会发展的实际，在发展方式转型的关键时刻提出了创新驱动战略，为党的十八大以后我国经济社会加速发展指明了方向。在这一讲话中，习总书记不但提出了创新驱动战略，还提出了要实现创新驱动，就必须改革体制机制，以及处理好政府和市场的关系。在创新驱动的过程中，体制机制改革是保障，处理好政府与市场的关系是关键，两者不可或缺，如果缺少任何一个支持因素，创新驱动都可能只是一句空话。在未来的经济社会发展过程中，我们应认真处理好政府与市场的关系、大力推进体制机制改革，保证创新驱动战略落到实处，体现创新对经济发展的引领作用。

二、党中央国务院提出创新驱动指导意见

2015 年 3 月 13 日，《中共中央国务院关于深化体制机制改革加快实施创新驱动发展战略的若干意见》（以下简称《意见》）正式发布，《意见》明确指出，"创新是推动一个国家和民族向前发展的重要力量，也是推动整个人类社会向前发展的重要力量"。要"把科技创新摆在国家发展全局的核心位置，统筹推进科技体制改革和经济社会领域改革，统筹推进科技、管理、品牌、组织、商业模式创新，统筹推进军民融合创新，统筹推

进引进来与走出去合作创新，实现科技创新、制度创新、开放创新的有机统一和协同发展。"《意见》把创新提到了空前的高度，它既关系一个国家民族发展的未来，也关系着人类的发展方向，如果没有创新推动，可能人类就没有发展与未来。除了强调科技创新的重要作用以外，还特别强调了经济社会领域改革的重要性，突出以改革促创新、促进科学技术的进步。《意见》还特别强调了管理创新、品牌创新、组织创新和商业模式创新，这在党中央、国务院的文件中，首次对创新做出了超越科技创新的全面界定，对我们的改革开放，特别是创新引领发展，具有重要的指导作用。《意见》提出了科技创新、制度创新、开放创新三位一体的有机统一，认为科技创新离不开制度创新的支撑，也离不开开放创新的保障，只有三种创新有机结合、同步进行，我们的创新驱动战略才能落地实施，才能从战略设想变为改革发展的实践。

三、中共中央、国务院发布国家创新驱动发展战略纲要

2016 年 5 月 19 日，中共中央、国务院印发了《国家创新驱动发展战略纲要》（以下简称《纲要》），强调"在我国加快推进社会主义现代化、实现'两个一百年'奋斗目标和中华民族伟大复兴中国梦的关键阶段，必须始终保持抓创新就是抓发展、谋创新就是谋未来，让创新成为国家意志和全社会的共同行动，走出一条从人才强、科技强到产业强、经济强、国家强的发展新路径，为我国未来十几年乃至更长时间创造一个新的增长周期"。"创新驱动就是创新成为引领发展的第一动力，科技创新与制度创新、管理创新、商业模式创新、业态创新和文化创新相结合，推动发展方式向依靠持续的知识积累、技术进步和劳动力素质提升转变，促进经济向形态更高级、分工更精细、结构更合理的阶段演进"。战略要分三步走："第一步，到 2020 年进入创新国家行列，基本建成中国特色国家创新体系，有力支撑全面建成小康社会目标的实现"。"第二步，到 2030 年跻身创新型国家前列，发展驱动力实现根本转换，经济社会发展水平和国际竞争力大幅提高，为建成经济强国和共同富裕社会奠定坚实基础。""第三步，到 2050 年建成世界科技创新强国，成为世界主要科学中心和创新高

地，为我国建成富强民主文明和谐的社会主义现代化国家、实现中华民族伟大复兴的中国梦提供强大支撑。"《纲要》前所未有地将创新作为实现"两个一百年"奋斗目标和中华民族伟大复兴的基础，具有无可比拟的重要地位。把创新作为引领发展的第一动力，而且把科技创新、制度创新、管理创新、商业模式创新、业态创新和文化创新放在了同等重要的地位，特别是首次提到了文化创新的重要性，所有这些创新，都是中国经济社会发展的重要驱动力量，说明我们的创新已经进入全方位创新的阶段，创新也已成为未来中国经济发展的灵魂所在。

第五节 推进创新驱动的措施

既然创新驱动的动因已经找到，党中央国务院也已经确定了创新驱动的路径，下一步就是要寻找到创新驱动的具体措施，认真贯彻实施，确保创新驱动思想能够落到实处，发挥积极的引领作用。

一、生产内涵创新要素的新产品

创新要素最明晰的承载物就是创新产品，这种产品可能是消费者还不熟悉的新产品，也可能尚未引起消费者的消费兴趣，并没有形成实在的消费需求。然而，我们不要轻视内涵大量创新要素的新产品对创新活动的拉动作用，一旦一种内涵多种创新因素的新产品上市，并引致消费者的巨大消费欲望，那么这种产品就可能蕴含了巨大的市场能量，可能会引起市场的剧烈波动，甚至还会改变原有市场的结构，从而塑造出一个全新的巨大市场。现实中这种例子不胜枚举，例如，由于智能手机的出现和互联网技术的改进，人们许多日常消费都可以在手机上完成，而不需要人们亲力亲为地到实体店去完成消费活动，导致许多实体店倒闭或重组，物流业变得异常发达，网络经济营业额突飞猛进，这些都是内涵大量创新要素的新产品引致的结果。

在未来的经济社会发展过程中，我们要注重将创新要素融入产品生产之中，用内涵丰富创新要素的新产品吸引潜在的顾客群，塑造新的市场需求，扩大市场规模，增加广大消费者的消费选择和消费范围，满足人民群众对美好生活的需要，用可持续的方式推进社会主义市场经济的发展。

二、推出蕴含大量创新因素的新生产方式

生产方式的创新比科技创新更加便捷适用，熊彼特曾经解释过新的生产方式，他说："所在行业尚没有积累到足够的经验，来证明这种生产方式行得通；这种生产方式不一定非要有新的科学发明作为后盾；以一种新的商业手法来操盘某种产品，也算是这种情况。"① 新的生产方式创新比起其他创新的界定要宽泛得多，它可以是一种新的生产工艺，可以是一种新的技术，也可以是一种新的管理方式，还可以是一种新的商业模式，总之，只要是经济发展过程中实现了对既有方式的彻底突破，无论是全方位的还是集中在某个特殊的点，都可以算作生产方式上的突破，都是生产方式的创新。例如，互联网金融就是突破了传统金融的束缚，任何经济活动都可以通过微信等互联网手段实现，其金融服务部分则是通过后台支持银行的规模结算来实现，从而大大提高了金融工具的工作效率。再如，网约车通过微信互联网平台约到各种出租车辆，解决了多年来都无法解决的出租车垄断和稀缺的问题，提高了交通运行效率。正是积极应对信息化时代带来的挑战与机遇，中国经济才实现了跨越式的发展，一跃成为全球第二大经济体、第一大贸易国，这其中积极运用信息手段创新生产方式功不可没。

三、积极开拓新市场

这种市场进入与以前的市场开拓具有很大的不同，以前我们要开拓的

---

① ［美］约瑟夫·熊彼特：《经济发展理论》（郭武军、吕阳译），华夏出版社 2015 年版，第 56 页。

目标市场是既有的有形市场，只是需要我们挤走在位的市场拥有者，实现市场主体的重组。在创新驱动背景下，我们要开拓的新市场与从前有所不同，就是我们以前是否进过这一市场并没有关系，这个目标市场存在与否也没有关系，我们就是要在创新活动的引导下，进入一个饱含创新要素的目标市场。例如，海尔进入的白色家电市场就是以前并不存在的新型市场，这个市场中的家电产品和以往具有很大的不同，就是所有家电产品的操控都不需要人工现场操作，只需我们借助互联网的支持，适时远程操控，这极大地方便了广大消费者，也使海尔在激烈的家电市场竞争中，不但站稳了脚跟，而且实现了长足的发展。全球最大的互联网产品经销商阿里巴巴也是在开拓新市场方面占得了先机，从而实现了爆发式的成长，一跃成为全球知名的企业。可以说如果马云不能洞悉互联网产业的走向，没有预先锁定从未出现过的互联网衍生产品市场，那么不光马云不会成为世人瞩目的企业家，就是阿里巴巴也不会存在。

总的看来，创新活动不仅在科学技术领域，市场空间范围的创新也是创新活动的重要组成部分，从而在创新驱动经济的过程中起着积极的引领作用，有时甚至起决定性的作用。

四、寻找新的价值链上游产业

在工业化时代，绝大多数生产商都在锲而不舍地寻找新的原材料产地和新的半成品供应商，以求在创新活动不甚活跃的时代提高资源配置的规模与范围效益。到了信息化时代，上述逻辑依然存在，但寻找的目标与标的物都发生了很大变化，生产商追求的已经不仅是规模与范围效益，而是更多地追求创新对既有生产函数改写后创造的创新效益。这种例子在现实经济生活中比比皆是。例如，腾讯公司就将文字编码信息传递产业链的上游产业从依靠微波信号的手机短信，转而衔接了依靠互联网传输的微信，虽然只是上游产业的一次转换，但却实现了产业的一次巨大飞跃。文字传输功能大大增加，人们日常传输文字的速度加快，传输规模倍增，大大提高了我们的工作效率。同时，还对原有的传输手段进行改造与升级，使得我们利用微信手段不仅可以传输文字信息，还可以传输图片、动画、视频等多种交流信息，极大地提高了社会信息的交流速度，以科技提高了经济社会的运行效率。腾讯集团也一跃跻身于全球大型互联网运营商的行列，如果没有在价值链上游产业选择上的创新，我们能够想象腾讯可以在一夜之间完成远景目标吗？

因此，我们认为，在创新发展过程中，对价值链上游产业的创新导向选择，也是创新活动不可分割的重要组成部分，有时其对创新活动的完成，还起着至关重要的决定性作用。

五、探索建立全新的组织

创新活动不仅存在于技术领域，有时制度创新的作用更加重要，其中的全新组织的设立，可以收到倍加的创新效果。在工业化时代，企业家为了规避竞争带来的利润下降，更多地采取纵向一体化手段，不断加大企业的规模，这在带来好处的同时，也带来了摩擦和效率的损失。于是，日本经济学家提出了在供应领域的革命性主张，认为竞争可以将产业链上下游的企业挤压到一起，大家依靠供应链关系就可以实现紧密结合，而不需要股权作为纽带。这可以激发各个所有者主体的积极性，而不像股权约束时只有一个人思考，大多数人盲从的情况。思想多了，就可以发生倍加的效果，从而提高企业的竞争力。到了信息化时代，供应方式也开始落伍了，由于信息技术的突飞猛进，许多原来不可能实现的企业规模得以实现，企业可以追求以前无法想象的规模效益；同时，企业各主体之间的连接方式可以更松散，大家在各自完成自己目标的同时，还能兼顾企业目标，从而实现了技术、文化、运行方式的多元化，通过企业内的要素优势互补，提高了企业绩效。

在信息化社会，全新的组织形式会创造出巨大的经济与社会效益，在竞争与发展中的作用也丝毫不逊色于技术创新，有时还能发挥出技术创新无法发挥的作用。

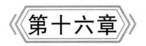

第十六章

金山银山不负绿水青山

经过 40 年的改革开放，我国的国民经济得到了长足的发展，GDP 已经位居全球第二，2018 年 GDP 总量超过了 91 万亿人民币，在不远的将来就会超过 100 万亿人民币，经济体量不可谓不大。然而，在发展经济的同时，我们并没有能够很好地顾及生态环境方面的问题，致使一些地区出现了经济发展、生态环境恶化的局面。今后，我们的经济发展模式应该是可持续的发展模式，真正要做到经济社会生态协调可持续发展，要把生态环境放在一个突出的位置，做到金山银山不负绿水青山。

第一节　我国分区域经济增长与绿色发展指数相关关系

我国的经济发展具有典型的非均衡性特征，因为我们是在非常落后的农业社会基础上迅速实现工业化的。面对改革开放之前的现实，邓小平同志毅然推动实行改革开放，在东部沿海地区率先实现了工业化，然后向中部、西部地区循序推进，而今已经全面实现了工业化。然而，由于发展具有渐进式特征，东中西部不同区域的发展进程与阶段各不相同，对待生态环境的看法也不尽一致，致使不同区域的经济增长出现了迥异的生态后果。

一、绿色发展指数

随着 2013 年 GDP 增速从高速变为中高速开始，标志着中国经济发展进入了新常态。由此，人们开始思考，是什么因素导致中国经济发展速度的下调，是人口红利的消失？是消费模式开始转型？还是生态环境的倒逼？其实各种因素都在发生作用，影响着中国经济的增长速度，如果我们只是深究生态环境对经济增长的影响，就会发现，"由于过去中国经济增长主要依赖要素投入，发展方式较为粗放，对于环境、资源可持续关注不够，因此带来了不利影响"。[①] 为此，2015 年 4 月中央出台了《中共中央 国务院关于加快推进生态文明建设的意见》，提出了新型工业化、信息化、城镇化、农业现代化和绿色化"新五化"，将发展与绿色融合列为国家战略。2016 年 3 月发布的《中华人民共和国国民经济和社会发展第十三个五年规划纲要》，确立创新、协调、绿色、开放、共享"五大发展理念"，并起到关系发展全局的作用。同年，习近平指出："坚持绿色发展，就是要坚持节约资源和保护环境的基本国策，坚持可持续发展，形成人与自然和谐发展现代化建设新格局，为全球生态安全做出贡献。"[②]

在此基础上，由北京师范大学经济与资源管理研究院、西南财经大学发展研究院、国家统计局中国经济景气监测中心共同编制的《中国绿色发展指数报告——区域比较》，于 2010 年推出了绿色发展指数，经 2012 年和 2016 年两次修订，目前形成了包括 3 个一级指标、9 个二级指标、62 个三级指标的经济绿色发展指标体系，来具体评价衡量不同区域的绿色发展水平，具体指标体系如表 16 - 1 所示。

[①] 北京师范大学经济与资源管理研究院、西南财经大学发展研究院、国家统计局中国经济景气监测中心：《2016 中国绿色发展指数报告——区域比较》，科学出版社 2016 年版，第 1 页。

[②] 《习近平总书记谈绿色》，人民网，2016 年 3 月 3 日。

表 16 - 1 绿色发展指数指标体系

一级指标	二级指标	三级指标	
经济增长绿化度	绿色增长效率指标	1. 人均地区生产总值	6. 单位地区生产总值，化学需氧量排放量
		2. 单位地区生产总值能耗	7. 单位地区生产总值氮氧化物排放量
		3. 非化石能源消费量占能源消费的比重	8. 单位地区生产总值氨氮排放量
		4. 单位地区生产总值二氧化碳排放量	9. 技术市场成交额占 GDP 的比重
		5. 单位地区生产总值二氧化硫排放量	10. 人均城镇生活消费用电
	第一产业指标	11. 第一产业劳动生产率	13. 节灌率
		12. 土地产出率	14. 有效灌溉面积占耕地面积比重
	第二产业指标	15. 第二产业劳动生产率	18. 工业固体废物综合利用率
		16. 单位工业增加值水耗	19. 工业用水重复利用率
		17. 规模以上工业增加值能耗	20. 六大高载能行业产值占工业总产值比重
	第三产业指标	21. 第三产业劳动生产率	23. 第三产业从业人员比重
		22. 第三产业增加值比重	
资源环境承载潜力	资源丰裕与生态保护指标	24. 人均水资源量	27. 自然保护区面积占辖区面积比重
		25. 人均森林面积	28. 湿地面积占国土面积比重
		26. 森林覆盖率	29. 人均活立木总蓄积量
	环境压力与气候变化指标	30. 单位土地面积，二氧化碳排放量	37. 人均氮氧化物排放量
		31. 人均二氧化碳排放量	38. 单位土地面积氨氮排放量
		32. 单位土地面积二氧化硫排放	39. 人均氨氮排放量
		33. 人均二氧化硫排放量	40. 单位耕地面积化肥施用量
		34. 单位土地面积，化学需氧量排放量	41. 单位耕地面积农药使用量
		35. 人均化学需氧量排放量	42. 人均公路交通氮氧化物排放量
		36. 单位土地面积氮氧化物排放量	
政府政策支持度	绿色投资指标	43. 环境保护支出占财政支出比重	46. 单位耕地面积退耕还林投资完成额比重
		44. 环境污染治理投资占地区生产	47. 科教文卫支出占财政支出比重
		45. 农村人均改水、改厕的政府投资	
	基础设施指标	48. 城市人均绿地面积	53. 人均城市公共交通运营线路网长度
		49. 城市用水普及率	54. 农村累计已改水受益人口占农村人口比重
		50. 城市污水处理率	55. 人均互联网宽带接入端口
		51. 城市生活垃圾无害化处理率	56. 建成区绿化覆盖率
		52. 城市每万人拥有公交车辆	
	环境治理指标	57. 人均当年新增造林面积	60. 工业氮氧化物去除率
		58. 工业二氧化硫去除率	61. 工业废水氨氮去除率
		59. 工业废水化学需氧量去除率	62. 突发环境事件次数

二、我国区域经济增长与绿色发展指数相关关系现状

我们结合 2014 年、2016 年的绿色发展指数以及我国东部、中部、西部、东北等地域划分，对我国区域经济增长与绿色增长的相关关系进行分析，以求发现一些规律性的特征，用来分析我国经济绿色发展的现状与问题，并提出解决问题的办法。具体如表 16 - 2 所示。

表 16 - 2　　　　　30 个省份绿色发展指数排序

省份	2014 年	2016 年	省份	2014 年	2016 年
北京	1	1	新疆	16	17
青海	2	12	广西	17	20
海南	3	10	贵州	18	26
上海	4	2	重庆	19	15
浙江	5	3	辽宁	20	16
内蒙古	6	5	湖南	21	25
福建	7	6	黑龙江	22	9
天津	8	4	安徽	23	27
江苏	9	7	吉林	24	19
陕西	10	13	湖北	25	21
广东	11	8	山西	26	28
四川	12	14	河北	27	24
云南	13	18	宁夏	28	22
山东	14	11	甘肃	29	29
江西	15	23	河南	30	30

资料来源：《中国绿色发展指数报告——区域比较》（2014 年、2016 年）。

对 2014 年绿色发展指数排名进行分析，我们可以发现，东部地区绿色发展水平相对较高，西部地区绿色发展水平整体处于中游水平，中部地区和东北地区的绿色发展水平相对较弱。对 2016 年我国分区域绿色发展指数进行分析，我们发现，东部地区的绿色发展水平依然相对较高，东北地区和西部地区绿色发展水平整体处于中游水平，中部地区的绿色发展水平相对较弱。

进一步对二级指标进行分析我们会发现，东部地区政府政策支持度及经济增长绿化度优势明显，但受地区资源环境约束较为明显，环境承载力相对较弱。西部地区经济增长绿化度及政府支持度相对较低，但资源环境承载力表现突出。除黑龙江外，东北地区和中部地区绿色发展水平均低于全国平均水平。

对应上述分区域绿色发展指数聚类现实，我们可以发现，我国东部地区已经走完了工业化的大部分路程，正处在工业化的后期阶段或信息化社会的初始阶段，这一时期的工业开始具有高科技含量、高资本含量、低污染的特征，工业化前期、中期形成的污染已经得到治理，表现为经济发展具有可持续性特征。西部地区则处于工业化中期或初期阶段，处于农业社会向工业社会转变过程中，经济发展对生态环境的影响从微乎其微到影响程度逐渐加大，如果不改变经济发展方式，这一地区的生态环境状况将不断恶化。近年来，东北地区经济增长乏力，增长率几乎都处于全国后 1/3 的行列，这种状态势必带来工业排放水平的下降，所以才有该地区绿色发展水平由较差恢复到中等水平的事实，然而，依目前该地区的经济发展模式来看，一旦经济回暖，该地区的绿色发展水平排序就会下降。中部地区各省份的经济发展阶段几乎都处于工业化的中后期，在传统的经济发展模式之下，污染排放也都达到了最高值，所以才有该地区绿色发展水平最低的现实。

再进一步分析 2014 年到 2016 年绿色发展指数排序变动较大的几个省份，多数也是 GDP 增速排名异动较大的地区，具体情况如表 16 - 3 所示。

表 16 - 3　　　　　　　分省份 GDP 增速及排名

序号	省份	2014 年增速（%）	省份	2016 年增速（%）
1	重庆	10.9	重庆	10.7
2	贵州	10.8	贵州	10.5
3	天津	10.0	天津	9.0
4	新疆	10.0	江西	9.0
5	福建	9.9	安徽	8.7
6	江西	9.7	云南	8.7

序号	省份	2014 年增速（%）	省份	2016 年增速（%）
7	湖北	9.7	福建	8.4
8	陕西	9.7	河南	8.1
9	湖南	9.5	湖北	8.1
10	安徽	9.2	宁夏	8.1
11	青海	9.2	青海	8.0
12	河南	8.9	湖南	7.9
13	甘肃	8.9	江苏	7.8
14	江苏	8.7	四川	7.7
15	山东	8.7	山东	7.6
16	广西	8.5	陕西	7.6
17	海南	8.5	甘肃	7.6
18	四川	8.5	新疆	7.6
19	云南	8.1	浙江	7.5
20	宁夏	8.0	广东	7.5
21	内蒙古	7.8	海南	7.5
22	广东	7.8	广西	7.3
23	浙江	7.6	内蒙古	7.2
24	北京	7.3	吉林	6.9
25	上海	7.0	河北	6.8
26	河北	6.5	上海	6.8
27	吉林	6.5	北京	6.7
28	辽宁	5.8	黑龙江	6.1
29	黑龙江	5.6	山西	4.5
30	山西	4.9	辽宁	-2.5

资料来源：各省份相关年份统计年鉴。

我们从中抽取 2014~2016 年绿色发展指数变化最大的 5 个省份，并结合它们的 GDP 增速排名进行相关行分析，希望从中能够提炼出规律性的东西，供我们以后进行绿色发展时参考，具体如表 16-4 所示。

表 16 - 4 分区域 GDP 增速及绿色发展指数排序情况

省份	GDP 增速排序		绿色发展指数排序		经济增长绿化度排序		资源环境承载潜力排序		政府政策支持排序	
	2014年	2016年	2014年	2016年	2014年	2016年	2014年	2016年	2014年	2016年
黑龙江	29	28	22	9	16	11	5	2	29	27
青海	11	11	2	12	28	29	1	1	25	26
贵州	2	2	18	26	29	30	2	4	26	25
江西	6	4	15	23	20	25	12	9	11	21
海南	17	21	3	10	11	13	8	7	2	18

资料来源：《中国绿色发展指数报告——区域比较》（2014 年、2016 年）及各省份相关年份统计年鉴。

2014 年和 2016 年，绿色发展指数异动最大的 5 个省份中，除海南以外，GDP 增速排序变动都不大，而且都处于高增速和低增速两个极端板块；经济增长绿化度排序也比较稳定，没有大起大落的情形，说明经济发展的模式没有太大的改变；资源环境承载潜力排序普遍靠前，说明在这些省份经济发展的生态环境约束相对较小；政府政策支持要么排序非常靠后，要么变动巨大，使得区域的生态环境政策难以做到持之以恒。从统计数据我们可以看出，区域绿色发展指数排序变化与 GDP 增速排序变化相关性不强，影响排序的主要因素是反映经济发展模式的经济增长绿化度排序，我国目前的经济发展模式普遍没有做到环境友好；资源环境承载潜力是区域绿色发展指数排序变化的重要直接诱因，由于其承载能力较强，致使区域经济发展对资源环境的关注度不够；政府政策支持也是区域绿色发展指数排名变化的一个诱因，由于政府在资源环境领域的监管不力，致使不同区域的绿色发展指数出现"打摆子"的情形，这也是应该引起高度注意的。

总的看来，我国各区域的经济发展还都没有把资源环境优化放在首要位置加以关注，传统经济发展模式还占据重要地位，环境友好型经济模式远未建立起来，未来我们仍需加大力度关注经济发展过程中的资源环境问题。

第二节 经济社会可持续发展

人类自 18 世纪迈入工业化门槛以来，就一直没有很好地关注生态环境问题，而是一直关注产出和消费，而留给后人的地球在许多领域也是难以可持续发展的。可以说，可持续发展对于中国乃至于人类，都是至关重要的。

一、马克思主义关于人与自然的关系

马克思在《1844 年经济学哲学手稿》中阐述了人与自然的关系，他认为："自然界……是人的无机的身体。人靠自然界生活。这就是说，自然界是人为了不致死亡而必须与之不断交往的、人的身体。所谓肉体生活和精神生活同自然界相联系，也等于说自然界同自身相联系，因为人是自然界的一部分。"[1] 马克思在这里进行了清晰地阐释：人有两种身体，一种是有机的身体，即人的身体；一种是无机的身体，既是自然界。人类离开了自然界将无法生存，只有与自然界融为有机的整体，才能实现人类可持续地生存发展。恩格斯甚至举例进行了说明："美索不达米亚、希腊、小亚细亚以及其他各地的居民，为了想得到耕地，把森林砍完了，但他们梦想不到，这些地方今天竟因此成为荒芜不毛之地，因为他们使这些地方失去了森林，也失去了积聚和储存水分的中心。"[2] 恩格斯的描述与今天有许多相像之处，人们为了眼前的经济利益不惜毁坏我们赖以生存的自然环境，让我们子孙后代的生存变得不可持续，这是非常悲哀的一件事情。看来，自工业化社会起始以来，人们就一直没有正视自然环境对我们的重要影响，而是一味地加以利用，把自然环境视为可以永续为我们提供各种资源的供给库，并没有想过有朝一日自然资源枯竭以后人类该如何可持续地生存下去，从而导致对自然资源不间断的开发，直至其枯竭，出现千疮百

---

[1] 马克思：《1844 年经济学哲学手稿》，人民出版社 2000 年版，第 56 页。
[2] 《马克思恩格斯选集》（第 20 卷），人民出版社 1972 年版，第 519 页。

孔的局面。其实，马克思对自然环境的未来是有前瞻性论断的，他认为：到了共产主义社会，生态环境的问题才会得到有效解决，"这种共产主义作为完成了的自然主义，等于人道主义，而作为完成了的人道主义，等于自然主义，它是人和自然界之间、人和人之间的矛盾的真正解决"①。马克思通过共产主义，在人与自然界之间架起了一座桥梁，有机地将人与自然融为一体，从而彻底消灭了人与自然界之间的矛盾。我们今天提倡的可持续发展，一定要以马克思主义理论为指导，建立在理论与实践相统一的基础上，这样才能实现真正意义上的经济社会可持续发展。

二、经济发展与生态环境之间的关系

经济增长与生态环境之间的关系并不是天然和谐的，有些时候，"由于工业化、城市化的过程，大大加剧了耕地、淡水、森林和矿产的消耗，当人们庆祝经济这棵大树结出累累硕果的同时，人类赖以发展的环境却被破坏的十分严重，百孔千疮"②。这表明，自然界的承载能力是存在极限的。"增长的极限是由地球的承载力所决定的，特别是由其接纳来自世界经济系统的越来越多的废物的能力所决定。""如果没有给予环境——无论是人工环境还是天然环境——以充分注意，经济增长不会是可持续的。""进一步说，如果对这些生态资源的保护水平高于最低标准的话，可以不断促进而不是阻碍经济的发展。""直觉告诉我们，只要经济决策中将环境影响全面、系统地考虑进去，不损坏环境的可持续增长是有可能的；换句话说，经济增长同负的环境影响之间的关系是可以缓解的。"③ 由此我们可以发现，人与自然界之间的关系，一是经济活动不可能脱离自然环境的约束任意发展下去；二是自然环境也不是经济发展的羁绊，时时刻刻阻碍着经济的快速发展。经济增长与自然环境之间的关系，就是可持续的经济

---

① 马克思：《1844年经济学哲学手稿》，人民出版社2000年版，第81页。
② 李文潮等：《民族经济增长乘数论——西部经济增长质量研究》，中国对外经济贸易出版社2000年版，第79页。
③ ［英］戴维·皮尔斯、杰瑞米·沃福德：《世界无末日——经济学、环境与可持续发展》（张世科等译），中国财政经济出版社1996年版，第3、9、19页。

发展方式可以促进自然环境的优化，不可持续的经济发展方式会恶化自然环境，其中核心的影响因素就是经济发展方式。为此，要改变我们发展经济时固有的观念，转变经济发展方式，使经济发展与自然环境优化目标协调一致，发展经济是为了自然环境的优化与可持续，自然环境的可持续也不是终极目的，而是要更好地促进经济发展，这样，我们的经济发展与资源环境就会协调发展，共同进步。这也恰好与马克思等革命导师对人与自然关系的论证相吻合，将人作为自然界的一个组成部分，我们的发展是要与自然环境的优化同步进行的，绝不能为了短期的利益而损害自然环境的长远健康。

三、人与自然都需要可持续发展

联合国环境规划署在 1989 年曾经发表过《关于可持续发展的声明》，对可持续发展进行过诠释，认为："可持续的发展系指满足当前需要而又不削弱子孙满足其需要能力的发展，而且绝对不包含侵犯国家主权的含义。环境署理事会认为，要达到可持续的发展，涉及国内合作及跨越国界的合作。可持续的发展意味着走向国家和国际的均等，包括按照发展中的国家发展计划的轻重缓急及发展目的，向发展中国家提供援助。此外，可持续的发展意味着要有一种支援性的国际经济环境，从而导致各国特别是发展中国家的持续经济增长与发展，这对于环境的良好管理也是具有很大重要性的。可持续还意味着维护、合理使用并提高自然资源基础，这种基础支撑着生态抗压力及经济的增长。再者，可持续的发展还意味着在发展计划和政策中纳入对环境的关注和考虑，而不代表在援助或发展资助方面的一种新形式的附加条件。"[①] 从可持续发展的定义来看，我们在发展经济提高人民生活质量时，不能以牺牲自然环境为代价，特别是要注重代际间的可持续，千万不能为了我们本代人利用自然资源实现生活条件的改善，就占用了本该属于子孙后代的自然资源，这样人类的经济发展就是不可持续的。我们发展经济的时候，也不能为了本国人民生活水平的提高而对其

---

① 李文潮等：《民族经济增长乘数论——西部经济增长质量研究》，中国对外经济贸易出版社 2000 年版，第 83 页。

他国家形成不利的影响，而是应该注重国家间在经济社会发展方面的平衡，甚至为了可持续发展，应该对发展中国家进行必要的援助，这样的发展才是可持续的。在经济发展过程中，势必形成对自然资源的一定耗费，这时，我们应该考虑自然资源的可再生性，我们的经济发展应该建立在对可再生资源的耗费上，而不应该依靠不可再生资源发展经济，如果这样，其经济发展方式也是不可持续的。在发展经济过程中，各国政府都要制定经济发展政策，这种政策是否引致自然环境优化，也是一个分水岭与方向标。如果我们的经济发展政策重点关注自然环境的可持续性问题，那么，其发展方式就是可持续的；如果我们的经济发展政策只关心经济增长本身，并不关注自然环境的优化，那么这种发展方式就是不可持续的。

第三节　发展方式与发展理念方面存在的问题

在改革开放 40 年的进程中，我国经济实现了大发展，无论是经济总量还是经济发展水平都实现了大跨越，说明我们的方向选择是正确的，然而，我们在发展经济过程中，却没有同时实现自然环境的同步优化，说明我们在发展方式或发展理念方面还存在一定的问题，需要改进。

一、关于培根机械科学观的反思

科学技术是欧洲文艺复兴后发展起来的，在工业革命后得到了迅速推广，可以说，它是工业革命的孪生兄弟，对推动工业革命起到了重要作用。正因如此，科学技术被推到了巅峰，似乎用科学的逻辑可以解释一切问题，人类赖以生存的自然环境也不例外。自文艺复兴以来、特别是欧洲工业革命以来，我们就对科学形成了崇拜，有时甚至是顶礼膜拜，认为科学阐述的一切逻辑都是放之四海而皆准的，可以用来指导我们人类的一切活动。岂不知，任何真理都是存在时空条件的，一旦跃出了它赖以存在的时空范围，就有失去真理性的可能。学科的真理性特征也是如此，它并不能用来解释一切现象，特别是人类社会面临的社会现象，其中就包括人类如何面对自然环境的问题。培根在其代表作《工具论》中提出了工具理性，认为从事科学工作一定不能具有主观色彩，而是要忠实于客观现实，应秉持像工具一样的理性进行科学研究工作。其后这一理性扩展到了人类社会活动的一切方面，这就要求人们从事一切工作都要压抑主观判断，听从客观世界的召唤，使得人类社会只受冥冥之中一只手的指挥。其实这样做是违背马克思主义哲学原理的，马克思主义既强调客观的实在性，也强调主观的能动性，只有主客观的统一，才能推动社会历史的进步。我们认为，近代以来人类按照科学的逻辑对待自然环境，就有机械论的嫌疑，并没有很好地运用马克思主义哲学的思想来看待世界，才从思想本源上形成了对自然环境不利的底层逻辑，并一直延续到今天。

二、视自然环境为可以无限消费的环境

自工业革命以来，人们就一直将自然环境视为可无限供给的生产要素，进行无休止的消费，从不认为有朝一日自然环境也会出现问题。西方研究可持续发展的学者对此问题进行了明确的校正："在传统模式中技术和资金极为重要，而免费的自然资源投入也至关重要。""80 年代的事实表明，如果不从环境的角度来管理经济的话，经济增长确实面临着极限。但是，重要的是，一定要把这种极限同那种经济增长和发展的绝对极限区分开来，后者只是在经济管理得很好、好像环境并不重要时才用到。"[①] 在人类工业化的早期，我们的工业活动远未达到自然环境容纳的极限，而是存在着巨大的发展经济活动的空间，于是给人们形成了一种印象，就是自然环境是上帝提供给人类的一个可以免费使用的宝库，我们可以从其中得到大量的生活品，满足人们生存的需要。这种观念一直延续到 20 世纪的后半叶，只有当自然环境开始出现巨大的不适应时，人们才开始意识到，其实自然环境并不是可以无休止地使用的，其实它也存在着使用的极限，一旦超越这个极限，固有的生态循环被打破，那么，我们的地球就可能面

---

① ［英］戴维·皮尔斯、杰瑞米·沃福德：《世界无末日——经济学·环境与可持续发展》（张世科等译），中国财政经济出版社 1996 年版，第 9 页。

临灭顶之灾，人类的生存与可持续也会面临巨大的挑战。我们今天面临的许多可持续发展方面的问题，都是由于人类对自然环境的错误认识所引致的，由于我们错误地认为自然环境是可以无限支撑人类经济社会发展的，导致我们对自然环境没有形成一种珍惜的观念，而是一味地向自然进行索取，并没有考虑到自然也要恢复自身的有机循环，导致自然环境的不断恶化。今后人类在进行生产生活的同时，也要考虑自然环境自我良性循环的问题，对自然环境的休养生息给予一定的关注，让自然环境一直处于良性循环之中，通过自身的新陈代谢，不断地修复由于大力使用而带来的"磨损"，并继续为人类的经济发展提供支撑。

三、区域间经济发展一直通行锦标赛规则

美国经济学家刘易斯曾经说过，只要是社会主义社会，经济发展就一定离不开对 GDP 的考核。这说的可能有些绝对，但他恰恰指出了我们经济发展过程中的一个特点，就是衡量区域间经济发展水平的重要手段是比较它们 GDP 的大小，进一步也就体现为区域间经济发展的竞争采取锦标赛的办法。用锦标赛的办法加强竞争，促进各地区经济的加速发展本是无可厚非的事情，它有利于区域经济的发展壮大。然而，由于我们对经济增长与自然环境间的有机联系缺乏深入的认识，致使许多时候的经济增长是以牺牲自然环境为代价的，锦标赛制可能还会加重对环境的危害。我们现在的体制是，每个地区的经济增长都与地区政府的绩效挂钩，也就是说，对地方政府执政成绩的考核，其中有很大一部分是与地方经济增长的成果结合起来进行的。这就会在一定程度上刺激地方领导，大力追求经济增长的速度，实现考核等级的最优化，而不是从经济与自然环境协调的角度思考经济增长问题，也不会考虑经济的高增长速度对自然环境是否会带来负面影响的问题。长此以往，最重要的发展要素——自然环境就埋下了恶化的诱因，在工业化发展的早期和中期，这种不良诱因积累的不够严重的时候，还不至于形成严重的问题，一旦不良诱因超过某个极限，就会形成总爆发，对自然环境造成的影响是巨大的，进而还会对经济增长形成损害。可以说，我们在经济增长过程中的制度设计还存在着潜在问题，即锦标赛制

的地区间经济增长速度竞争，一方面可以带来区域经济的高增长，为我们的社会积累大量的物质财富；另一方面也会因为只关注经济增长速度而忽视自然环境的可持续发展而为经济的进一步发展人为地设限。一旦自然环境问题积累到严重的程度，就可能形成总爆发，让经济发展陷于瘫痪。为此，我们要以可持续发展为中心，寻求经济增长与自然环境优化之间的和谐，而不是单纯追求经济的高增长，不顾自然环境持续健康发展。

第四节　经济与生态环境协调发展对策

经济发展是中华民族伟大复兴的物质基础，是广大人民群众对美好生活向往的必要前提，是我们实现现代化必不可少的重要步骤。生态环境优化则是我们一切活动的前提，如果没有生态环境的优化，一切活动都没有了归宿，人类失去了美好的家园，所得到的其他成果都没有意义。所以，我们需要经济与生态环境协调可持续发展。

一、建立可持续发展的世界观

世界观就是人们对世界总的看法，是指导人类实践最重要的思想武器。因此，我们在面对经济发展与生态环境优化这一对矛盾时，首先要解决的就是世界观问题。我们要建立可持续发展的理念，明确生态环境优化是人类社会存续的第一要务，如果没有生态环境的健康发展，我们纵使取得再大的经济成果也是徒劳的，这些成果不但不会为人类带来美好的生活，可能还会使人类唯一的地球，一步步走向不可持续的境地。为此，我们从事任何活动，都要牢固树立可持续发展的世界观，决不能因为经济发展的需要而破坏生态环境的可持续发展。

二、坚持金山银山不负绿水青山的发展理念

习近平总书记提出了"既要金山银山，也要绿水青山；宁要绿水青

山，不要金山银山"。① 这从根本上概括了经济发展与生态环境优化之间的辩证关系，即经济发展不能破坏生态环境，经济发展的归宿应该是生态环境的不断优化；在生态环境和经济发展不能兼得的时候，我们要首先选择保护好生态环境，然后才是经济发展，因为没有了良好的生态环境，经济发展也是毫无意义的。有鉴于此，我们的发展理念是，生态环境是第一位的，只有生态环境得到保护，才能推进经济的发展，否则就是本末倒置。

三、对自然环境的消费也是存在极限的

在人类处于农业社会的时候，由于生产方式自给自足式的特点，生产活动规模不大，对自然环境的影响程度较浅，经济发展对生态环境的影响微乎其微，人们形成了生态环境是没有极限的并且是可以永远为发展提供支撑的这一观念。然而，进入工业化社会以来，人类对自然环境开发使用的力度越来越大，不断地逼近自然环境的极限，有许多资源开始从人们认为的无限供给型，变为存在短板且不可再生的状态。这都极大地影响了生态环境的可持续生存，也影响了人类的生产生活，不是人类希冀的状态。为此，我们要彻底转变对自然环境的看法，要明确自然环境不是可以无休止消费的资源，它也是存在极限的，一旦消费过度，我们人类的存在将首先会变得不可持续。我们要善待自然环境，让她得以健康可持续发展，如此，我们人类才能够实现可持续发展的目标。

---

① 《习近平总书记系列重要讲话读本（2016 年版）》（十三、绿水青山就是金山银山），载于《人民日报》2016 年 5 月 9 日第 9 版。

中国工业发展大事记

（1949～2019 年）

1949 年

10 月 1 日，在北京天安门广场举行开国大典，宣告中华人民共和国成立。

11 月 17 日，中央燃料工业部召开全国煤矿会议，会议分析了煤矿的现状及存在的问题，安排了 1950 年全国煤矿生产 3668 万吨的计划。

12 月 16 日，中央重工业部召开钢铁会议，会议主要研究 1950 年的生产任务及投资安排。会议还决定：（1）钢铁工业系统的组织机构实行重工业部—钢铁工业局—钢铁企业三级制，并且将计划与生产分开，基本建设与生产管理分开；（2）进行技术人才的调查及登记，由重工业部统一分配；（3）在现阶段实行低薪制，但为了提高技术、刺激生产，对生产管理已上轨道的企业可施行超额奖金制。

12 月 29 日，中央重工业部召开有色金属会议，确定 1950 年生产计划。会议还决定：（1）在管理机构上实行重工业部—有色金属工业局（或大行政区工业部）—厂矿企业三级制；（2）全国地质勘探人员由中央统一调配，建议组成几个勘探队，分头工作；（3）大力发展金矿。

1950 年

3 月 15 日，中央财政经济委员会发出《关于抛售物资、催收公债、回笼货币、稳定物价的指示》。为了完成物价由长期剧烈波动到基本稳定的转变，中财委决定采取以下措施：（1）不抛出货币，加紧催收公债、税款，使银根紧的现象遍及全国各中小城市，使全国物价平均可能下降10%；（2）在物价下降至一定程度时，有把握地增发通货，使物价恢复正常；（3）贸易部要改变过去由于通货不断膨胀形成的保守思想，放手抛售物资，大力回笼货币。

11 月 7 日，中共中央提出了关于统一调整全国工资问题的几个原则。

12 月 29 日，政务院颁布《中华人民共和国私营企业暂行条例》。

1951 年

2 月 12 日，中财委召开全国工业会议。会议主要讨论了 1951 年工业生产、基本建设控制数字和实现这个任务的有关问题。

6 月 6 日，全国合作社第一次手工业生产合作会议在北京举行。

1952 年

1 月 9 日，中央财政经济委员会发布了《基本建设工作暂行办法》。

9 月 29 日，天水到兰州的铁路正式通车。

11 月 17 日，全国地质工作计划会议在北京召开。

11 月下旬，中财委与全总联合召开了国营企业工资工作会议。

12 月，中共中央政治局召开会议，毛泽东在会上提出了党在过渡时期的总路线和总任务。他指出，从中华人民共和国成立，到社会主义改造的基本完成，这是一个过渡时期。党在这个时期的总路线和总任务，是要在一个相当长的时期内，逐步实现国家的社会主义工业化，并逐步完成对农业、手工业和资本主义工商业的社会主义改造。

1953 年

2 月 15 日，中共中央正式通过《关于农业生产户助合作的决议》。

5 月 15 日，中苏两国在莫斯科签订了《关于苏维埃社会主义共和国联盟政府援助中华人民共和国中央人民政府发展中国国民经济的协议》。按照协议，援助项目总值约 30 亿 ~ 50 亿卢布。

12 月 2 日，中央财政经济委员会批准中央人民政府商业部和全国合作总社《关于划分国营商业与合作社对工业品、手工业品经营范围的共同决定》。

1954 年

4 月 19 日，中央成立编制五年计划纲要的八人工作小组，由陈云主持。

9 月 2 日，政务院第 223 次会议通过《公私合营工业企业暂行条例》，于 1954 年 9 月 6 日正式公布。

1955 年

3 月 21 日，中国共产党全国代表会议和第七届中央委员会第五次全体会议召开，会议通过了《关于发展国民经济第一个五年计划草案的决议》。

1956 年

1 月 15 日，北京各界 20 万人举行庆祝社会主义改造胜利联欢大会，庆祝北京市农业、手工业全部合作化，并且第一个实现了工商业的全行业公私合营。《人民日报》为此发表社论《在高潮的最前面》。到第一季度末，除西藏等少数民族地区外，全国资本主义工商业基本实现了全行业公私合营。

4 月 25 日，毛泽东在中央政治局扩大会议上做了关于《论十大关系》的重要报告。

9 月 15 日，中国共产党第八次全国代表大会在北京召开。

1957 年

2 月 27 日，毛泽东在最高国务会议第十一次会议上做了《关于正确处理人民内部矛盾的问题》的重要讲话。

7 月上旬　毛泽东发表《一九五七年夏季的形势》，提出用 10～15 年时间建设现代化的工业基础和农业基础。

1958 年

1 月 3～4 日、11～22 日，分别召开杭州会议、南宁会议，正式提出了工业生产建设"大跃进"的口号。

1 月 21 日，毛泽东亲自撰写了《南宁会议上的结论提纲》，共 42 条，并在此基础上形成了《工作方法六十条（草案）》。

3 月 17 日，我国第一台黑白电视机在天津诞生。当时我国电视机研制技术与日本基本处在同一起跑线。

5 月 5～23 日，中国共产党第八届中央委员会第二次全体会议正式通过了鼓足干劲、力争上游、多快好省地建设社会主义总路线。

6 月 21 日，《人民日报》发表社论《力争高速度》，指出速度是总路线的灵魂。

7 月 20 日，中国自己制造的第一台拖拉机下线，中国农耕历史掀开崭新的一页。

7 月 27 日，包兰铁路通车。包兰铁路全长 990 公里，其中有 140 公里穿越沙漠。

8月1日，中国第一辆"红旗"牌高级轿车在长春第一汽车制造厂诞生；同日，我国制成第一架小型通用数字电子计算机。

8月17日，党中央北戴河政治局扩大会议决定，1958年的钢产量要达到1070万～1150万吨，比1957年翻一番。

8月30日，中国第一座原子反应堆回旋加速器开始运转。

9月6日，毛泽东在第十五次最高国务会议上要求把工作重点放在工业方面。

9月9日，中国第一台内燃电动机车试制成功并上线试运行。

9月20日，中国科技大学成立。

1959年

4月21日，全部由中国自行设计和修建的郑州黄河新大桥通车，它是黄河最大的一座永久性铁路复线桥。

6月29日，毛泽东在庐山同各协作区主任的谈话中总结"大跃进"的经验教训。

7月2日至8月16日，中共中央政治局在江西庐山召开扩大会议以及中国共产党第八届中央委员会第八次全体会议。

9月4日，中国第一座生产合成纤维的工厂——北京合成纤维实验工厂建成并试车生产。

9月14日，北京站建成。

9月25日，中国石油勘探队发现大庆油田。

1960年

3月22日，毛泽东代表中共中央起草的关于《鞍山市委关于技术革新和技术革命运动开展情况报告》（即"鞍钢宪法"）的批示发表。

4月23日，我国自行设计、自行建造的第一艘万吨级远洋货轮——"东风号"在上海江南造船厂下水。

5月7日，中共中央政治局常委在北京举行工作会议，通过了由中央财经小组起草的《关于1962年调整计划的报告》。

7月16日，苏联政府决定撤走全部在华的苏联专家，撕毁有关协定与合同，停止供应重要设备。

8月14日，中共中央发出关于开展以保粮、保钢为中心的增产节约运动的指示。

9月30日，中共中央首次提出对国民经济实行"调整、巩固、充实、提高"的方针。

1961年

4月27日，中国成立了第一家海洋运输企业——中国远洋运输总公司。

7月19日，中共中央颁布《关于自然科学研究机构当前工作的十四条意见（草案）》（简称《科研十四条》）。

9月16日，中共中央讨论试行《国营工业企业工作条例（草案）》（简称《工业七十条》）。

1962年

4月2日，周恩来在中央财经小组会上指出，国民经济各部门、各环节的调整要"争取快，准备慢；争取好，准备差"。

1963年

3月1日，中共中央颁发了关于厉行增产节约和"五反"运动的指示。

3月12日，毛泽东指出，"一切统一于中央卡得死死的，不是好办法"。他批评中央部门对下放的工厂收多了。

1964年

6月29日，"东风二号"导弹在酒泉发射场点火升空，标志着我国导弹事业从此走上了自主研制的道路。

8月17日，中共中央、国务院批转国家经济贸易委员会党组《关于试办工业、交通托拉斯的意见的报告》。

8月17日、20日，毛泽东强调要准备帝国主义可能发动的侵略战争。

10月16日，中国自行制造的第一颗原子弹在新疆罗布泊爆炸成功。

12月21日，周恩来在第三届全国人民代表大会第一次会议上，第一次提出建设"四个现代化"。

1965年

4月12日，中共中央发出《关于加强备战工作的指示》。

5月11日，中共中央颁布《关于在全国工业交通系统建立政治工作机关的决定》。

1966 年

5 月 16 日，中共中央政治局扩大会议在北京通过了毛泽东主持起草的《中国共产党中央委员会通知》，即"五一六通知"。

7 月 2 日，中共中央、国务院发出《关于工业交通企业和基本建设单位如何开展文化大革命运动的通知》。

8 月 1 日至 12 日，中国共产党第八届中央委员会第十一次全体会议肯定了毛泽东提出的"备战、备荒、为人民"的思想，作为"文化大革命"时期工业建设的基本指针。

9 月 7 日，《人民日报》发表社论《抓革命、促生产》。

9 月 14 日，中共中央发出《关于抓革命促生产的通知》。

1967 年

1 月 1 日，《人民日报》《红旗》杂志联合发表题为《把无产阶级文化大革命进行到底》的社论。

3 月 16 日，中共中央发布《关于保护国家财产，节约闹革命的通知》。

5 月 26 日，中国首次成功发射地对地中程导弹。

6 月 17 日，中国第一颗氢弹在西北核武器研制基地爆炸试验成功。

1968 年

6 月 2 日，中共中央发出《关于 1967 年大专院校毕业生分配问题的通知》。

6 月 16 日，中共中央、国务院、中央军委、中央文革小组发出《关于 1968 年城乡居民棉布定量的通知》。

1969 年

4 月 1～24 日，中国共产党第九次全国代表大会召开。

9 月 23 日，中国首次地下核试验成功进行。

1970 年

2 月 15 日至 3 月 21 日，全国计划会议重新强调要大力发展地方"五小"工业。

4 月 24 日，在酒泉卫星发射中心成功发射的"东方红一号"卫星，开创了中国航天史的新纪元。

7 月 22 日，成昆铁路建成通车。

12月16日，全国计划会议召开，会议要求，在1971年的经济工作中，注意保持清醒的头脑，不能不顾条件什么都要大办。

1971年

6月20日，《人民日报》发表社论《工业学大庆》。

1972年

7月23日，周恩来要求加强基础科学研究。

1973年

8月26日，我国第一台每秒钟运算100万次的集成电路电子计算机在北京试制成功。

10月4日，童第周和牛满江第一次通过动物实验证明细胞质里的信息核糖核酸对细胞的分化、个体发育和性状遗传有明显作用。

1974年

8月1日，中央军委发布命令，将中国自行设计制造的第一艘核动力潜艇命名为"长征一号"，编入海军战斗序列。

9月28日，中国在渤海湾地区建起了第二大油田——胜利油田。

10月4日，毛泽东提议邓小平出任国务院第一副总理，并陆续发表"以安定团结为好"和"把国民经济搞上去"的意见。

1975年

5月8日，中共中央在北京召开全国钢铁工业座谈会。

8月18日，国务院公布《工业二十条》。

1976年

7月5日，中国在太平洋成功进行了第一次远洋科学考察。

1977年

3月10～22日，中共中央工作会议在北京举行，揭开了"拨乱反正"的序幕。

4月20日至5月14日，中共中央先后在大庆油田和北京召开了工业学大庆会议，提出要建设大庆式企业、普及大庆式企业。

10月21日，教育部在北京召开全国高等学校招生工作会议。

1978年

3月11日，国务院同意国家计划委员会、国家建设委员会、国家经济委员会、上海市、冶金部《关于上海新建钢铁厂的厂址选择、建设规模和有关问题的请示报告》，决定从日本引进成套设备，在上海宝山县新建钢铁厂。1978年12月宝钢工程开始建设，分两期进行。

12月18~22日，党的十一届三中全会在北京举行。全会作出了进行经济体制改革的重大决定。

1979 年

7月1日，第五届全国人民代表大会第二次会议通过首部涉外经济法——《中华人民共和国中外合资经营企业法》，允许外国合营者按照平等互利的原则，经中国政府批准在中华人民共和国境内同中国合营者共同举办合营企业。

4月5~28日，中央工作会议召开，讨论经济调整问题。会议同意中共中央提出的调整、改革、整顿、提高的措施，通过了调整后的1979年国民经济计划。

1980 年

1月8日，国务院决定对轻纺工业实行"六个优先"的原则，确保轻纺工业加快发展步伐。六个优先是：原材料、燃料、电力供应优先；挖潜、革新、改造的措施优先；基本建设优先；银行贷款优先；外汇和引进技术优先；交通运输优先。

1981 年

4月26日，经国务院批准，国家对石油部实行原油产量包干办法。

1982 年

9月4日，国务院印发国家物价局等部门提出的《关于逐步放开小商品的价格，应在国家政策指导下，实行市场调节，企业定价》。

1983 年

4月29日，财政部发布《关于对国营企业征收所得税的暂行规定》。自当年6月1日起，国营企业开始普遍推行"利改税"制度，迈出了企业税制市场化的第一步。

1984 年

5月10日，国务院发布《关于进一步扩大国营工业企业自主权的暂行规定》，规定了扩大国营工业企业10个方面的自主权，标志着扩大企业自主权已经完成了试点，进入规范化阶段。

5 月 15 日，第六届全国人民代表大会第二次会议《政府工作报告》中正式提出："在国营企业中逐步实行厂长（经理）负责制。企业的生产指挥、经营管理由国家委托厂长（经理）全权负责"。

11 月 18 日，上海电声总厂发起设立上海飞乐音响公司，这是我国工业领域第一家向社会公开发行股票的股份有限公司，筹资 40 多万元。

12 月 14 日，国家计划委员会、财政部、中国建设银行发布了《关于国家预算内基本建设投资全部由拨款改为贷款的暂行规定》，决定从 1985 年全面推开"拨改贷"，国家预算内基本建设投资全部由财政拨款改为银行贷款。

1986 年

7 月 12 日，国务院发布《国营企业实行劳动合同制暂行规定》《国营企业招用工人暂行规定》《国营企业辞退违纪职工暂行规定》《国营企业职工待业保险暂行规定》。这是新中国成立以来劳动制度的一次重大改革。

1987 年

8 月 21 日，《财政部关于国营大中型工业企业推行承包经营责任制有关财务问题的暂行规定》，明确了企业对国家承包的范围是上缴国家的所得税、调节税。

1990 年

12 月 19 日，新中国成立以来在中国大陆开业的第一家证券交易所——上海证券交易所正式开业。

1991 年

3 月 6 日，国务院发出《关于批准国家高新技术产业开发区和有关政策规定的通知》，决定继 1988 年批准北京市新技术产业开发试验区之后，在各地已建立的高新技术产业开发区中，再选定武汉东湖新技术开发区等 26 个开发区作为国家高新技术产业开发区。

7 月 3 日，深圳证券交易所正式开业。

1995 年

9 月 25～28 日，中国共产党第十四届中央委员会第五次全体会议提出"从战略上调整国有经济布局和改组国有企业"，着眼于搞好整个国有经济，推进国有资产合理流动和重组，调整国有经济布局和结构，坚持"抓大放小"。

1997 年

7 月 18～24 日，朱镕基在辽宁考察时强调：必须坚定信心，扎实工作，用三年左右时间使大多数国有大中型企业走出困境。主要从三个方面入手：一是继续加强国有企业领导班子建设，尤其是要选好企业的厂长、经理；二是必须坚决走"鼓励兼并、规范破产、下岗分流、减员增效、实施再就业工程"的路子；三是要利用多种方式，包括直接融资的办法，帮助国有企业增资减债。

1998 年

3 月 5～19 日，第九届全国人民代表大会第一次会议批准了《国务院机构改革方案》。按照改革方案，组建信息产业部，组建新的国防科学技术工业委员会，将上一届国务院组成部门中的煤炭、冶金、机械、化工这 4 个工业部，与轻工、纺织、建材、有色、烟草共 9 个相关行业管理部门改成国家经济贸易委员会管理的国家局，并在 2000 年全部撤销。

2001 年

11 月 10 日，在多哈举行的世界贸易组织第四次部长级会议上审议并批准了中国加入世贸组织，我国随即递交了全国人民代表大会常务委员会批准中国加入世贸组织议定书的通知书。按照世贸组织的规则，1 个月后，即 12 月 11 日中国正式成为世贸组织成员。

2002 年

11 月 8～14 日，中国共产党第十六次全国代表大会在北京举行。江泽民作《全面建设小康社会，开创中国特色社会主义事业新局面》的报告。大会制定了全面建设小康社会的战略目标，把"三个代表"重要思想写入党章，与马克思列宁主义、毛泽东思想、邓小平理论一起作为党必须长期坚持的指导思想。中国共产党第十六届中央委员会第一次全体会议选举胡锦涛为中国共产党中央委员会总书记，决定江泽民为中国共产党中央军事委员会主席。

2003 年

6 月 29 日，国务院总理温家宝出席在香港举行的《内地与香港关于建立更紧密经贸关系的安排》签署仪式和香港回归祖国 6 周年庆祝活动。

10 月 14 日，中国共产党第十六届中央委员会第三次全体会议讨论了关于完善社会主义市场经济体制的若干重大问题，并通过《中共中央关于完善社会主义市场经济体制若干问题的决定》。

10 月 15 日上午 9 时，"神舟五号"载人飞船在酒泉卫星发射中心发射，将航天员杨利伟及一面具有特殊意义的中国国旗送入太空，2003 年 10 月 16 日 6 时 23 分返回。这是中国首次发射载人航天飞行器，标志着中国成为苏联（俄罗斯）和美国之后第三个将人类送上太空的国家，实现了我国在航天技术上的又一座里程碑。

11 月 6 日，龙滩水电站工程实现大江截流。龙滩水电工程是国家西部大开发的十大标志性工程和"西电东送"的战略项目之一。2007 年 5 月 27 日，龙滩水电站一号机组提前试运行。

2004 年

12 月 30 日，"西气东输"工程全线建成并正式运营。"西气东输"工程是我国距离最长、口径最大的输气管道，西起塔里木盆地的轮南，东至上海。全线采用自动化控制，供气范围覆盖中原、华东、长江三角洲地区，全长 4200 千米。

2005 年

12 月 31 日，中共中央、国务院发出《关于推进社会主义新农村建设的若干意见》，提出要统筹城乡经济社会发展，推进现代农业建设，促进农民持续增收，加强农村基础设施建设，加快发展农村社会事业，全面深化农村改革，加强农村民主政治建设。

2006 年

5 月 20 日，三峡大坝全线建设成功。

7 月 1 日，青藏铁路全线通车。

2007 年

2 月 26 日，国务院常务会议原则批准大型飞机研制重大科技专项正式立项，同意组建大型客机股份公司。中国商用飞机有限责任公司（简称"中国商飞"）于 2008 年 5 月 11 日在中国上海成立。

10 月 15～21 日，中国共产党第十七次全国代表大会在北京召开。胡锦涛代表第十六届中央委员会向大会作了题为《高举中国特色社会主义伟大旗帜，为夺取全面建设小康社会新胜利而奋斗》的报告。

10月24日，18时05分（UTC＋8时）左右，嫦娥一号卫星在西昌卫星发射中心升空。2009年3月1日完成使命，撞向月球预定地点。

2008年

5月12日14时28分04秒，四川省阿坝藏族自治州汶川县发生地震，即"5·12"汶川地震。这是中华人民共和国成立以来破坏力最大的地震，也是唐山大地震后伤亡最严重的一次地震。经国务院批准，自2009年起，每年5月12日为全国"防灾减灾日"。

8月8~24日，第29届夏季奥林匹克运动会在北京举办。中华人民共和国主席胡锦涛与国际奥林匹克委员会主席罗格出席开幕式和闭幕式。

2009年

1月14日至2月25日，分别召开国务院常务会议，审议并原则通过钢铁、汽车、船舶、石化、纺织、轻工、有色金属、装备制造业、电子信息以及物流业十大产业调整振兴规划。十大产业调整振兴规划是中国应对国际金融危机，保增长、扩内需、调结构的重要措施。

2010年

5月1日至10月31日，中国2010年上海世界博览会，即第41届世界博览会在中国上海市举行。本次世博会是由中国举办的首届世界博览会，主题为"城市，让生活更美好"。

2011年

7月1日，庆祝中国共产党成立90周年大会举行，胡锦涛总书记发表讲话，强调要高举中国特色社会主义伟大旗帜，坚持和拓展中国特色社会主义道路，坚持和丰富中国特色社会主义理论体系，坚持和完善中国特色社会主义制度。

2012年

9月10日，中国政府发表《关于钓鱼岛及其附属岛屿领海基线的声明》。同日，外交部发表声明，对日本政府宣布"购买"钓鱼岛及其附属的南小岛和北小岛实施所谓"国有化"表示坚决反对和强烈抗议。

11月8~14日，中国共产党第十八次全国代表大会在北京召开，标志着中国特色社会主义进入了新时代。大会将科学发展观确立为党必须长期坚持的指导思想。大会提出了全面建成小康社会目标，在发展平衡性、协调性、可持续性明显增强的基础上，实现国内生产总值和城乡居民人均收入比2010年翻一番。

11月15日，中国共产党第十八届中央委员会第一次全体会议选举习近平为中央委员会总书记、中央军事委员会主席。

11月，中国共产党第十八次全国代表大会召开，将生态文明建设列入"五位一体"的总体布局，明确要求必须把生态文明建设放在突出地位，建设美丽中国。党的十八大明确提出"科技创新是提高社会生产力和综合国力的战略支撑，必须摆在国家发展全局的核心位置"，强调要坚持走中国特色自主创新道路、实施创新驱动发展战略。

2013 年

11月12日，中国共产党第十八届中央委员会第三次全体会议通过《中共中央关于全面深化改革若干重大问题的决定》，提出要加快生态文明制度建设，必须建立系统完整的生态文明制度体系，实行最严格的源头保护制度、损害赔偿制度、责任追究制度，完善环境治理和生态修复制度，用制度保护生态环境。

2014 年

5月9~10日，习近平在河南考察时指出，我国发展仍处于重要战略机遇期，我们要增强信心，从当前中国经济发展的阶段性特征出发，适应新常态，保持战略上的平常心态。这是新一代中央领导首次以新常态描述新周期中的中国经济。

6月9日，习近平在中国科学院第十七次院士大会、中国工程院第十二次院士大会上提出"加快从要素驱动、投资规模驱动发展为主向以创新驱动发展为主的转变"。

11月9日，国家主席习近平出席2014年亚洲太平洋经济合作组织工商领导人峰会并做题为《谋求持久发展 共筑亚太梦想》的主旨演讲，首次系统阐述了新常态。

2015 年

4月25日，《中共中央 国务院关于加快推进生态文明建设的意见》出台，正式把"坚持绿水青山就是金山银山"的理念写进中央文件，成为指导我国加快推进生态文明建设的重要指导思想。

3月13日，中共中央、国务院印发《关于深化体制机制改革加快实施创新驱动发展战略的若干意见》，意见明确指出："创新是推动一个国家和民族向前发展的重要力量，也是推动整个人类社会向前发展的重要力量"。

5月19日，国务院正式印发我国实施制造强国战略第一个十年的行动纲领——《中国制造2025》。

9月，中共中央、国务院印发《生态文明体制改革总体方案》，加快建立系统完整的生态文明制度体系，加快推进生态文明建设。

2016年

1月11日，国家发展和改革委员会印发《"互联网＋"绿色生态三年行动实施方案》，推动互联网与生态文明建设深度融合，促进生产生活方式绿色化。

3月，《中华人民共和国国民经济和社会发展第十三个五年规划纲要》发布，确立创新、协调、绿色、开放、共享五大发展理念。

5月20日，中共中央、国务院印发《国家创新驱动发展战略纲要》。

6月30日，工业和信息化部制定出台工业领域第一部绿色发展的综合性规划——《工业绿色发展规划（2016—2020年）》。

9月14日，工业和信息化部、发展和改革委员会、财政部、科技部联合印发《绿色制造工程实施指南（2016—2020年）》。

2017年

2月7日，中共中央办公厅、国务院办公厅印发《关于划定并严守生态保护红线的若干意见》。

3月5日，全国两会期间，《政府工作报告》指出政府工作要把握好五点，其中第一点就是"贯彻稳中求进工作总基调，保持战略定力"。

5月19日，工业和信息化部印发《工业节能与绿色标准化行动计划（2017—2019年）》。

7月21日，国务院印发《关于强化实施创新驱动发展战略进一步推进大众创业万众创新深入发展的意见》。

10月18日，中国共产党第十九次全国代表大会在人民大会堂开幕。习近平代表第十八届中央委员会向大会作了题为《决胜全面建成小康社会 夺取新时代中国特色社会主义伟大胜利》的报告。

2018 年

2月，中国共产党第十九届中央委员会第三次全体会议召开，通过《中共中央关于深化党和国家机构改革的决定》。

3月，第十三届全国人民代表大会第三次全体会议经投票表决，通过《中华人民共和国宪法修正案》。

5月18～19日，全国生态环境保护大会召开。大会发出了新时代推进生态文明建设的伟大号召。

6月16日，中共中央、国务院印发《关于全面加强生态环境保护坚决打好污染防治攻坚战的意见》。

9月18日，国务院印发《关于推动创新创业高质量发展打造"双创"升级版的意见》。

2019 年

6月6日，中国电信、中国移动、中国联通、中国广电获得5G商用牌照，我国正式进入5G商用元年。

8月2日，国务院国有企业改革领导小组办公室印发了《关于支持鼓励"双百企业"进一步加大改革创新力度有关事项的通知》，明确提出了九条有针对性、操作性的政策措施。

9月30日，北京大兴国际机场投入运营。

参 考 文 献

［1］北京师范大学经济与资源管理研究院、西南财经大学发展研究院、国家统计局中国经济景气监测中心：《2016 中国绿色发展指数报告——区域比较》，科学出版社 2016 年版。

［2］《钢铁工业在调整中前进》，载于《钢铁》1982 年第 4 期。

［3］薄一波：《若干重大决策与事件的回顾》（上卷），中共中央党校出版社 1991 年版。

［4］蔡昉：《理解中国经济发展的过去、现在和将来——基于一个贯通的增长理论框架》，载于《经济研究》2013 年第 11 期。

［5］蔡宁林、吴国贤：《基本建设的当务之急是缩短建设周期——从一个侧面谈如何提高投资效果》，载于《经济研究》1982 年第 1 期。

［6］陈真编：《中国近代工业史资料》（第 3 辑），三联书店 1961 年版。

［7］陈宗胜、康健：《反全球化的逆流与经济全球化的深化》，载于《全球化》2017 年第 6 期。

［8］崔大沪：《外商直接投资与中国的加工贸易》，载于《世界经济研究》2002 年第 6 期。

［9］《当代中国》丛书编辑部：《当代中国的经济体制改革》，中国社会科学出版社 1984 年版。

［10］《当代中国的基本建设》（上），中国社会科学出版社 1989 年版。

［11］《当代中国的物价》，中国社会科学出版社 1989 年版。

［12］邓洁：《中国手工业社会主义改造的初步总结》，人民出版社 1958 年版。

［13］段文斌、张文、刘大勇：《从高速增长到高质量发展——中国改革开放 40 年回顾与前瞻》，载于《学术界》2018 年第 4 期。

［14］郭周明、张晓磊：《高质量开放型经济发展的内涵与关键任务》，

载于《改革》2019 年第 1 期。

[15] 国家统计局：《伟大的十年》，人民出版社 1959 年版。

[16] 国务院：《关于对私营工商业、手工业、私营运输业的社会主义改造中若干问题的指示》（1956 年 7 月 28 日），引自《中国工业经济法规汇编（一九四九——一九八一）》1981 年版。

[17] 何建章：《我国全民所有制经济计划管理体制存在的问题和改革方向》，载于《经济研究》1979 年第 5 期。

[18] 胡鞍钢、王蔚：《从"逆全球化"到"新全球化"：中国角色与世界作用》，载于《学术界》2017 年第 3 期。

[19] 胡锦涛：《在中国共产党第十七次全国代表大会上的报告》，载于《人民日报》2007 年 10 月 25 日。

[20] 黄建康、詹正华、孙文远：《产品内国际分工条件下我国产业升级路径探讨》，载于《江南大学学报（人文社会科学版）》2010 年第 4 期。

[21] 黄荣生：《经济调整与能源问题》，载于《中国经济问题》1979 年第 6 期。

[22] 黄速建：《国有企业改革三十年：成就、问题与趋势》，载于《首都经济贸易大学学报》2008 年第 6 期。

[23] 江泽民：《全面建设小康社会，开创中国特色社会主义事业新局面——在中国共产党第十六次全国代表大会上的报告》。

[24] 金碚：《关于"高质量发展"的经济学研究》，载于《中国工业经济》2018 年第 4 期。

[25] 金碚：《技术创新离不开国有企业》，载于《光明日报》2015 年 4 月 1 日 015 版。

[26] 金碚：《论国有企业是特殊企业》，载于《学习与探索》1999 年第 3 期。

[27] 金碚：《中国经济发展新常态研究》，载于《中国工业经济》2015 年第 1 期。

[28] 金碚、刘戒骄：《西方国家应对金融危机的国有化措施分析》，载于《经济研究》2009 年第 11 期。

[29] 经济结构调查研究组：《关于改善我国经济结构的意见》，载于

《经济管理》1980 年第 12 期。

[30] 剧锦文：《中国传统工业管理体制的形成与改革》，载于《中国经济史研究》1997 年第 4 期。

[31] 李文潮等：《民族经济增长乘数论——西部经济增长质量研究》，中国对外经济贸易出版社 2000 年版。

[32]《列宁全集》（第 32 卷），人民出版社 1958 年版。

[33] 刘戒骄：《关于国有企业存在依据的新思考》，载于《经济管理》2016 年第 10 期。

[34] 刘戒骄：《国有企业下一步改革的几个关键点》，载于《中共中央党校学报》2013 年第 3 期。

[35]《刘少奇选集》（下卷），人民出版社 1982 年版。

[36] 刘友金、周健：《"换道超车"：新时代经济高质量发展路径创新》，载于《湖南科技大学学报（社会科学版）》2018 年第 1 期。

[37] 柳随年、吴群敢：《中国社会主义经济简史》，黑龙江人民出版社 1985 年版。

[38] 柳卸林、高雨辰、丁雪辰：《寻找创新驱动发展的新理论思维——基于熊彼特增长理论的思考》，载于《管理世界》2017 年第 12 期。

[39] 吕东：《建材工业的当前形势和今后的主要任务》，载于《中国建材》1985 年第 5 期。

[40] 马洪：《实现四化与我国经济结构的改革》，载于《经济管理》1979 年第 9 期。

[41] 马洪：《现代中国经济事典》，中国社会科学出版社 1982 年版。

[42] 马克思：《1844 年经济学哲学手稿》，人民出版社 2000 年版。

[43]《马克思恩格斯文集》（第 2 卷），人民出版社 2009 年版。

[44]《马克思恩格斯选集》（第 20 卷），人民出版社 1972 年版。

[45] [美] 热拉尔·罗兰：《私有化：成功与失败》，中国人民大学出版社 2013 年版。

[46] [美] 塞缪尔·亨廷顿：《文明的冲突与世界秩序的重建》（中译本），新华出版社 1999 年版。

[47]《树立"绿水青山就是金山银山"的强烈意识，努力走向社会主义

生态文明新时代》，载于《人民日报》2016 年 12 月 3 日。

[48] 宋群：《改革 20 年来我国计划管理体制的两次重大变革》，载于《宏观经济研究》1999 年第 1 期。

[49] 唐任伍、马骥：《中国对外开放 30 年回顾及争论解析》，载于《改革》2008 年第 10 期。

[50] 陶传平：《我国外贸体制改革进程述评》，载于《外向经济》2000 年第 6 期。

[51] 屠新泉、娄承蓉：《改革开放 40 年：中国与多边贸易体制关系的演变》，载于《东南学术》2018 年第 5 期。

[52] 汪海波：《新中国工业经济史》（第三版），经济管理出版社 2017 年版。

[53] 汪海波：《新中国工业经济史（1949.10—1957）》，经济管理出版社 1994 年版。

[54] 汪海波：《新中国工业经济史》，经济管理出版社 2007 年版。

[55] 汪海波：《中国国有企业改革的实践进程（1979—2003 年)》，载于《中国经济史研究》2005 年第 3 期。

[56] 王梦奎：《建国以来国营工业企业领导体制的沿革》，载于《经济工作通讯》1986 年第 16 期。

[57] 王培荣：《我国股份制企业试点工作概述》，载于《经济研究参考》1993 年第 6 期。

[58] 王向升、利广安、薛吉涛、张国福：《关于四川扩大企业自主权的调查报告》，载于《计划经济研究》1981 年第 5 期。

[59] 温家宝：《2007 年国务院政府工作报告》。

[60] 温家宝：《2008 年国务院政府工作报告》。

[61] 温家宝：《2009 年国务院政府工作报告》。

[62] 温家宝：《2011 年国务院政府工作报告》。

[63] 赵艺文：《我国手工业的发展和改造》，财政经济出版社 1956 年版。

[64]《习近平、李克强、张德江、俞正声、刘云山、王岐山、张高丽分别参加全国人大会议一些代表团审议》，载于《人民日报》2014 年 3 月 8 日。

[65]《习近平谈治国理政》，外文出版社 2014 年版。

[66]《习近平总书记谈绿色》，http://env.people.com.cn，2016 年 3 月 3 日。

［67］《习近平总书记重要讲话文章选编》，中央文献出版社、党建读物出版社 2016 年版。

［68］《携手共建生态良好的地球美好家园》，载于《人民日报》2013 年 7 月 21 日。

［69］［美］约瑟夫·熊彼特：《经济发展理论》（郭武军、吕阳译），华夏出版社 2015 年版。

［70］张文魁：《现代企业制度的政策脉络、实施效果、发展方向》，载于《中国浦东干部学院学报》2016 年第 3 期。

［71］张卓元、张荣庆：《中国价格改革纵深谈——中国社科院经济研究所所长张卓元访谈录》，载于《首都经济》1995 年第 10 期。

［72］张卓元：《从"管企业为主"到"管资本为主"：国企改革的重大理论创新》，载于《新视野》2016 年第 3 期。

［73］《中共十八届三中全会在京举行》，载于《人民日报》2013 年 11 月 13 日。

［74］《中共中央关于全面推进依法治国若干重大问题的决定》，载于《人民日报》2014 年 10 月 29 日。

［75］《中共中央关于完善社会主义市场经济体制若干问题的决定》（2003 年 10 月 14 日中国共产党第十六届中央委员会第三次全体会议通过）。

［76］《中共中央关于制定国民经济和社会发展第十一个五年规划的建议》（2005 年 10 月 11 日中国共产党第十六届中央委员会第五次全体会议通过）。

［77］中共中央宣传部：《习近平总书记系列重要讲话读本》，学习出版社、人民出版社 2016 年版。

［78］《中国工业经济统计资料（1949—1984）》，中国统计出版社 1985 年版。

［79］《中国共产党第十九次全国代表大会文件汇编》，人民出版社 2017 年版。

［80］《1950—1985 中国固定资产投资统计资料》，中国统计出版社 1987 年版。

［81］中国社会科学院工业经济研究所情报资料室编：《中国工业经济法规汇编（一九四九——一九八一）》，经济管理出版社 1981 年版。

[82]《中国手工业合作化和城镇集体工业的发展》（第 1 卷），中共党史出版社 1992 年版。

[83]《中国统计年鉴（1983）》，中国统计出版社 1984 年版。

[84]《中国统计年鉴》，中国统计出版社 1983 年、1984 年版。

[85] 中国人民解放军国防大学党史党建政工教研室：《中共党史教学参考资料》（第二十册），第 583～590 页。

[86]《中国物价统计年鉴（1988）》，中国统计出版社 1989 年版。

[87]《1949—1952 中华人民共和国经济档案资料选编》（工商体制卷），中国社会科学出版社 1993 年版。

[88]《1949—1952 中华人民共和国经济档案资料选编》（基本建设投资和建筑业卷），中国社会科学出版社 1989 年版。

[89]《1949—1952 中华人民共和国经济档案资料选编》（综合卷），中国城市经济社会出版社 1990 年版。

[90] 周叔莲、谭克文、林森木：《基本建设战线过长的问题为什么长期不能得到解决?》，载于《经济研究》1979 年第 2 期。

[91] 周叔莲、刘戒骄：《尚未完成的国有企业改革》，载于《理论前沿》2008 年第 18 期。

[92] 周太和：《我国经济体制改革的历史经验》，人民出版社 1983 年版。

[93]《朱德选集》，人民出版社 1983 年版，第 334 页。

[94] 朱嘉明：《速度·比例·结构——对我国经济发展速度和经济结构关系的探讨》，载于《学习与思》1979 年第 6 期。

[95] 邹至庄：《中国经济转型》（第三版），电子工业出版社 2017 年版。

[96] Arthur Levis, 1954, "Economic Development with Unlimited Supply of Labor", Manchester School, 22 (2): 139 – 191.

[97] Daniel Little, 1998, Microfoundations, Method and Causation: On the Philosophy of the Social Sciences, Transaction Publishers.

[98] Solow, R. M., 1956, "A Contribution to the Theory of Economic Growth", *The Quarterly Journal of Economics*, 70 (1): 65 – 94.